商业·洞察

2019

杨宇东　蔡云伟　主编

复旦大学出版社

序 专家型记者时代来临

约瑟夫·普利策曾说，倘若一个国家是一艘航行在大海上的船，新闻记者就是船头上的瞭望者。他要在一望无际的海面上审视一切，及时观察海上的不测风云和浅滩暗礁，并及时发出警报。

在这个被引用无数次的比喻背后，也暗含着一个先决条件——媒体人的专业性。如果不具备相关报道领域的专业能力，记者即便在船头上站得再高，看得再远，也不能保证每次都能发出准确的警报。

第一财经已经是连续三年推出以产经记者为主的专栏合集，在此前两次为《商业·洞察》所写的序中，我都反复强调专业对于财经报道的重要性，而今年初这场横扫全球的新冠肺炎疫情，几乎事关每个家庭安危，则更让媒体和受众们感受到提高报道专业性的紧迫性和必要性。

在一个社会风平浪静的时候，媒体提供各行业的新闻，受众对所谓的专业性并没有太大的感受，比如说很多时政新闻、金融市场新闻、消费市场新闻，甚至农业新闻，而且媒体在发布新闻时也尽可能深入浅出，让受众看得懂，所以不会有人觉得这些新闻很专业、很高深，更不要说那些比较通俗易懂的体育新闻、娱乐新闻了。

长期以来我们一直强调新闻记者应该是一个"杂家"，这并没有错，但是当某些领域突发重大事件时，会陡增对报道专业性的要求，记者"博而不专"一时成为短板。比如科技领域，像大家极度关注的芯片产业，中国媒体做了连篇累牍的报道，真正能写明白并让读者看懂的文章并不多；在医疗健康领域也非常典型，比如在这次新冠肺炎疫情中，就有非常多看似简单但经常被混淆的概念，像病毒、蛋白和细菌的区别，核酸检测和血清抗体检测的区别，疫苗研发的不同技术路线，临床和研究的不同，治疗和预防的不同，等等。

在这个新闻大爆炸的时期,读者对媒体专业性的要求凸显,媒体必须拥有一批专家型记者,否则只能做些外围性的报道,无法突破到核心事实。

像这次疫情期间,涉及病毒、药物、疫苗的研究论文是一个重要报道方向,中外医学界发表了无数相关研究论文,但是我们看到很多媒体不求甚解地把论文的内容直接照搬到新闻稿里面,记者成了论文的搬运工,以其昏昏,使人昭昭,非专业读者根本无法看懂这些新闻。

还有一些医药企业和研究机构,为了商业目的发布一些不实新闻,我们也看到不少媒体不加辨别地发布报道,更不要说能够提出质疑;还有些记者在新闻发布会时向临床专家提问疾控问题,向病毒学家提问临床问题,这些都是不专业的体现。

如果一家媒体没有一批专业记者,没有一批不同领域的专家型记者,就不能准确地探寻真相,传播真相。公众甚至是政策制定者一旦不能准确了解真相,就可能会导致各种灾难性的后果。

这次疫情让我们更深切地体会到专家型记者有多么重要,在移动互联网时代、社交媒体时代,信息已经呈现爆炸的态势,但是显然也极度困扰受众,难辨真伪,这个时候更是凸显专业媒体、专家型记者的价值。

这也是在这次突如其来的重大疫情中,一批长期从事深度报道的专业媒体,特别是极其讲求专业性的财经媒体能够脱颖而出的一个重要原因。

第一财经医疗健康条线记者马晓华在接受媒体采访时对此一针见血地说道:"在整个疫情报道中,科学态度很重要,科学性的把握需要专业基础。在公共卫生事件报道中,多数媒体缺乏专业基础。医学讲的是科学性、系统性、专业性和人文性。尤其是在医疗卫生领域,它首先是一门科学,既然是一门科学,就有基本的事实和客观规律,同时也有不断的探寻、实践和进步,记者需要谨慎对待自己笔下的文字,不能人云亦云,也不能不求证和罔顾事实。"

对媒体更大的挑战在于,2020年很有可能是21世纪人类历史的一个重要分水岭,以新冠肺炎疫情为导火索,原本就已经摇摇欲坠的全球政治经济秩序近于崩塌,一个新闻大爆炸的时代也已来临。突发事件、热点话题层出不穷,全球政治危机、经济危机、金融危机、卫生危机叠加。像国际政治摩擦、医疗健康危机、贸易争端、以现代货币理论(MMT)为代表的经济政策争论、以5G芯片为代表的全球高科技产业链重构、以中概股为代表的全球金融市场脱钩风险,都对媒体的专业性提出了越来越高的要求,不只是相关领域的专业能力,还包括

序

在宏观层面,媒体核心团队对全局政经、产业、金融领域大变局的透彻理解和预判能力。

当然,媒体在推进专业能力建设的道路上,还有一个重要的认知无法绕开,就是"新闻专业主义",尤其是在重大公共事件发生之时,媒体报道更应该服务于公众利益,更应该是独立的观察者和事实的报道者,而报道的标准是真实、客观、科学、理性。在这次新冠肺炎疫情报道中,我们也看到了一批媒体的积极实践。这次前所未遇的巨大疫情涉及真相、科研、社会治理、无数家庭安危,必然导致极其错综复杂的利益冲突,因此,客观、公正、真实、全面的报道原则尤显重要。

2020年已近过半,新冠肺炎疫情的防控还没有找到根本性的解决方案,全球依然深陷危机之中,所以,媒体作为瞭望者的角色,此时此刻更显得无比珍贵。危机时刻,更需要专业的记者、专业的报道,也会因此催生一个专家型记者的时代。媒体同行们,请一起努力!

杨宇东
2020 年 6 月 7 日

目录 Contents

商业·洞察 2019
BUSINESS·INSIGHTS

第一部分 商业篇

一、姗言两语　　　　　　　　　　　　■ 陈姗姗 / 003

- 003 东航试水基础经济舱，要抢廉价航空生意？
- 007 拼多多的大 bug 非个案，但"薅羊毛"也需谨慎
- 009 机上 Wi-Fi 离高速还有多远？
- 011 这样的飞机座位值得买吗？
- 014 机票越搜越贵，是大数据"杀熟"吗？
- 017 数字化，快递业竞合的新战场
- 020 谁是上海第三机场？
- 024 上市航司半年业绩多下滑，补贴却越来越多了
- 027 破碎的航空联盟，还能走多远？
- 030 盈利秒杀中国三大航，美国航司强在哪？

二、乐言商业　　　　　　　　　　　　■ 乐　琰 / 032

- 032 全家过期食品风波，安全问题犹如达摩克利斯之剑
- 035 "拷贝全走样"的上海老佛爷百货能否成功？
- 038 "看门人"单霁翔在故宫留下了什么？
- 041 复仇者联盟的终局之战，商家掘金的开局之机
- 044 日本全家与顶新纠纷后，加盟商的未来猜想
- 047 永辉与腾讯的新零售"豪华朋友圈"
- 050 《哪吒》大火，周边衍生产业亟待发展
- 053 从迪士尼模式看文化产业如何持续经营
- 056 为什么便利店都爱卖咖啡？
- 059 景区"二消"的商业秘密

三、推本溯源　　　　　　　　　　　　■ 李溯婉 / 062

- 062 宁德时代赢了比亚迪却遭四面埋伏
- 065 没有戈恩的日产蒙上阴霾
- 067 站在风口的新能源车企也焦虑
- 069 自主品牌为何产生不了日系车的"白T恤效应"？
- 072 6月销量增幅一正一负，车市下半场命运几何
- 075 雷克萨斯为何成为不国产的豪华车异类？
- 078 恒大半年核心利润303亿元，新能源汽车成新增长极

商业·洞察 2019

081 SUV能否带动自主品牌触底反弹？

083 恒大"换道超车"：联手全球汽车工业巨头"站在巨人们的肩膀上"起跑

四、燕说车市
■ 杨海艳 / 088

088 巨头抱团入局，但出行不是一桩容易的生意

091 遭遇经销商维权、多次变卖资产，谁会是下一个重庆力帆？

094 造车新势力为何热衷布局出行市场？

097 经销商库存高企，后流量时代经销模式如何变革？

100 让中国的年轻人为高性能车买单，时机到了吗？

102 年末"车宴"背后的二八法则：有人缺席，有人升级

五、唐言柳语
■ 唐柳杨 / 104

104 为什么丰田和本田没有被寒流击倒？

107 车市洗牌，剩者为王

110 自主高端品牌领克和WEY最大的敌人究竟是谁？

113 禁售燃油车时代真要来了吗？

六、老刘说地
■ 刘展超 / 116

116 华润置地、中海地产等央企入局，优客工场们迎来搅局者？

120 房地产调控"一城一策"试点扩围，楼市何去何从？

124 "豪宅税"调整搅动楼市！深圳先行，北京、上海不跟进

七、秀言城事
■ 李秀中 / 128

128 透视重庆经济降速之谜：引发高增长的两大支柱产业疲软

133 错失30年战略机遇，广西能否靠"新通道"翻盘？

138 陕西着急了：如何摆脱"黑色"产业结构之困？

142 投资和工业双降，西北经济的出路在哪里？

146 四川和重庆都在发展大数据，在贵州落户的产业巨头会变心吗？

150 中西部城市房地产高依赖预警：西安经济"摔跤"

154 投资不过胡焕庸线？西南、西北房地产两重天

八、歆闻杂谈
■ 张歆晨 / 158

157 地产、农业、机器人：碧桂园未来的三个重点

160 孙宏斌与卢志强的朋友圈交易

九、晓说消费
■ 刘晓颖 / 163

163 红星美凯龙想靠"买买买"成为中国家得宝

166 外国品牌更好卖吗？不，现在外来的和尚也不好念经

168 当年要排队才能吃到的翠华如今也亏了

十、快消栾谈　　　　　　　　　　　　　　　　　　　　■ 栾　立 / 170

- 170　一部电影带火一个酒庄,国产葡萄酒突围要更接地气
- 173　高端白酒集体涨价,切莫一厢情愿脱离消费者
- 175　老字号复兴不能只靠"怀旧"
- 177　王朝酒业的艰难日子才刚刚开始
- 179　酒业新零售再现跑马圈地,增长质量将是关键
- 181　中国乳企国际化从买资源走向全球产业协同
- 183　白酒消费税维持不变,但长期变数仍存

十一、知晓健康　　　　　　　　　　　　　　　　　　■ 马晓华 / 185

- 185　疟原虫:传染病源能成为癌症克星吗?
- 188　国家免疫规划或将调整,疫苗市场扩容有望增12亿元
- 192　彻底解决供应短缺!业界呼唤一类疫苗储备机制
- 195　疫苗行业整合箭在弦上!这一类企业前景堪忧
- 197　结核病治疗难破藩篱:研发经费缺口每年达12亿美元

十二、晋谈养老　　　　　　　　　　　　　　　　　　■ 郭晋晖 / 200

- 200　企业到学校"抢人"!养老护理人才缺口超500万
- 204　居家养老资本困局:九成老人在家养老,资本却独爱高端机构
- 208　试点三年实现社会和经济效应双赢,长护险能否成为社保"第六险"?
- 213　6万亿元医养产业面临"落地、盈利、留人"三大难,90%的老人难享福利

十三、海斌访谈　　　　　　　　　　　　　　　　　　■ 彭海斌 / 217

- 217　家电下乡,有多少市场红利可以重来?
- 219　消失的印度手机龙头

第二部分　科技篇

一、一佳之言　　　　　　　　　　　　　　　　　　　■ 刘　佳 / 225

- 225　7个月3次架构调整:雷军释放了小米未来的哪些信号?
- 228　雷军输了"10亿赌局",但IoT的竞赛才刚刚开始
- 231　硅谷的世界不只有"996"
- 234　"甲骨文们"为什么输了?
- 236　从贾跃亭到冯鑫,风口明星为何跌落?

二、如数家珍　　　　　　　　　　　　　　　　　　　■ 王　珍 / 238

- 238　折叠柔屏的世界,与其碰瓷不如合作
- 241　乐视网退市,贾式故事时代终结
- 244　中国显示面板业如何从大到强?
- 246　"格奥之争"背后,家电业的"6·18"恶战
- 248　华为、小米跨界凶猛,家电企业与"跨界者"如何竞合?

- 250 谁解TCL李东生的股价之惑？
- 252 格力牵手威马，美的牵手吉利，白电巨头的汽车野心
- 254 国内不宜盲目引进落后液晶产能
- 256 董明珠加码投资半导体，格力入股三安显野心
- 259 彩电公司改名容易改命难
- 261 海尔电器酝酿私有化或是整体上市前奏

三、娜姐笔记　　　　　　　　　■ 李　娜 / 264

- 264 5G基带芯片"上路"，苹果的第三种选择
- 267 5G杀手级终端应用，我们能期待什么？
- 269 TWS耳机玩家激增，价格杀入百元"红海"
- 271 十年来最糟糕的半导体市场正在进入复苏周期
- 273 台积电14纳米受限？谣言背后不能忽视的差距

四、滴水成海　　　　　　　　　■ 王　海 / 275

- 275 阿里影业能否从"喝汤"到"吃肉"？
- 278 互联网巨头与实体经济融合正当时
- 280 过高的营销成本阻碍了在线教育产业盈利
- 282 电商平台要赚钱，更要有趣
- 284 跨境进口电商格局重构
- 286 电商下半场：竞逐供应链

五、智丽观察　　　　　　　　　■ 邱智丽 / 288

- 288 熊猫谢幕后直播行业还好吗？
- 291 20亿美元回购投资人股权，OYO速度背后的资本隐忧
- 294 游戏出海正当时，国产游戏迎来转型关键期
- 296 退潮后的共享单车，产业链迈入"共生"时代

六、科技心语　　　　　　　　　■ 钱童心 / 298

- 298 在证明了电动车市场的需求后，特斯拉走向何方？
- 301 苹果高价策略受挫后，三星会不一样吗？
- 303 苹果要发信用卡，能否赢回市场芳心？
- 305 买特斯拉比炒股损失更大？
- 307 中端市场仍是手机厂商竞争的主战场
- 309 底层技术决定人工智能"跑速"
- 311 苹果的无人驾驶还有戏吗？
- 313 脸书被罚50亿美元，社交野心如何继续扩张
- 315 智能可穿戴产品抢滩IFA展，生态系统闭环仍待构建
- 317 5G成工业互联网引擎，消费级应用尚未爆发
- 319 IPO估值遭质疑，优客工场会成为下一个WeWork吗？

第三部分　商业领袖访谈

- 323 默沙东全球研发总裁罗杰：押注中国市场，提高销售额——吕进玉
- 326 对话张勇：乐趣来源于创造价值，而不是毁灭别人——王　海　刘　佳

338 美敦力全球CEO伊什拉克:要更贴近中国本土早期医疗创新企业——吕进玉
342 达美航空首席执行官:94岁的达美航空何以"老当益壮"——陈姗姗
346 沃尔玛全球总裁董明伦:实体店与电商结合才有效——乐琰
350 对话英特尔CEO司睿博:最大挑战在于如何激发内部潜力——来莎莎
360 荷航首席执行官:百岁航企如何更健康飞行——陈姗姗
364 英特尔CEO司睿博:推动文化变革以应对更大市场和更激烈的竞争——来莎莎

第四部分 调查

375 上牌发证、穿制服"执法",私企"山东特勤"把监管做成生意——张剑
382 650%暴利!奢侈品海外代购造假调查——陈慧 林志吟 乐琰 陈姗姗
390 奇瑞:何以"变道"?——唐柳杨 杨海艳

附一 一财朋友圈 / 399

399 电影产业新力量启示——何天骄
401 套现约2 840万美元,微软CEO纳德拉又给自己领工资了——赵陈婷
404 只靠烧钱的中介迟早会"死"吗?——陈淑贞
406 物业公司对规模的追逐永无止境——陈淑贞
409 为什么不建议买学区房?——陈淑贞

412 5G将深度变革电影内容与渠道——何天骄
414 《哪吒》"大闹"暑期档,国漫业却已跌入谷底——何天骄
417 用集体土地建可销售住宅,中小房企探索生存空间——陈淑贞
419 对比港资,内地开发巨头转型为何步履艰难?——陈淑贞

附二 时间轴索引 / 422

后记 / 430

商业·洞察 2019
BUSINESS·INSIGHTS

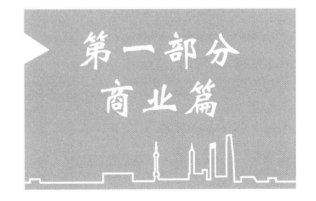

第一部分
商业篇

一、姗言两语

陈姗姗｜第一财经产经频道主编，首席记者，毕业于上海外国语大学国际新闻专业，复旦大学EMBA，关注航空等大交通物流以及工业制造业领域超过十年，"姗言两语"专栏通过解析热点产业事件，揭示背后的商业逻辑。
chenshanshan@yicai.com

东航试水基础经济舱，要抢廉价航空生意？

1月10日起，东航在部分航线上推出一项全新的"基础经济舱"产品。

这一全新的舱位，其实在国外已不陌生，是对经济舱的进一步分级。比如美国航空巨头达美航空的经济舱位，就分为基础经济舱、标准经济舱以及优悦经济舱。

达美-舱位比较	基础经济舱	标准经济舱	优悦经济舱
座位体验			
座椅倾斜度	标准，最高4"	标准，最高4"	比经济舱多50%，仅限特定航班
伸展空间	标准型	标准型	最高多4"
头顶行李架	可用	可用	专属
预订时选座	×	√，可能需付费	√，免费选座
旅行套装和机上寝具	长途国际航班提供助眠套装	长途国际航班提供助眠套装	特定国内和长途国际航班提供旅行套装
机场和行李服务			
天合优享登机	×	付费	免费，优先

(续表)

达美-舱位比较	基础经济舱	标准经济舱	优悦经济舱
舱内服务			
免费零食或餐盒	长途国际航班和特定国内航班提供零食和餐食	长途国际航班和特定国内航班提供零食和餐食	长途国际航班和特定国内航班提供优质零食和餐食
免费酒	仅限长途国际航班	仅限长途国际航班	✓
退改签政策	不可退改	可改，不可退	可改，不可退
托运行李收费	首件 $25，第二件 $35，≤23 kg	首件 $25，第二件 $35，≤23 kg	首件 $25，第二件 $35，≤23 kg

达美航空的"品牌运价"体系

与国内传统的经济舱按照价格划分舱位不同，"基础经济舱"等产品按照服务的不同进行区分。

通常，基础经济舱不包含免费托运行李额度，也不支持选座、升舱、改期，旅客需要排在最后登机。由于减少了运输之外的服务，降低了运输成本，"基础经济舱"的票价普遍比标准经济舱更低。

比如东航推出的"基础经济舱"，就是在原有座椅、餐食、娱乐设施及客舱服务基础上，有条件地提供更优惠的票价和有限制的行李额，并且退改、升舱、选座、值机权益也会有所限制。

"基础经济舱"只是第一步，东航称还会推出"灵活经济舱"（改期免收手续费，允许升舱，可免费选择优选座位）和"超级经济舱"（拥有专属物理舱位及更宽敞舒适的座椅，旅客改期免收手续费，优先升舱），通过把经济舱这一标准化的服务产品细分为"基础经济舱"、"标准经济舱"、"灵活经济舱"、"超级经济舱"四大产品，让经济舱的旅客由"不同票价一个服务"变为"按价服务"。

事实上，在全球最大的 30 家航司中，已有 20 家实施了经济舱分级的"品牌运价"体系，亚太区的澳航、国泰和新航 3 家航司也已实施，国内则是东航第一家"吃了螃蟹"。

全球前30大航司"品牌运价"普及率为什么要做这样的改变？

首先是细分旅客。航空公司传统的收益管理是以购票时间来区分旅客，不同时间购买经济舱的旅客付出的票价不同，而"品牌运价"则可以利用服务对旅客进行细分。比如不需要行李托运、不需要餐食、可以最后一组登机的旅客，就买更便宜的"基础经济舱"；有消费能力，需要更多服务的旅客，就可以买"标准经济舱"，甚至更贵的"超级经济舱"，从而以个性化的服务精准满足不同旅客的需求。

其次是增加更多收入。目前，欧美很多全服务航空公司的辅营收入占比远超国内，2016年，美联航就从每位旅客身上赚了289元"机票外收入"，这里面除了选座、行李收费外，"品牌运价"的贡献也是功不可没，反观国内，辅营收入最多的春秋航空只有50元。

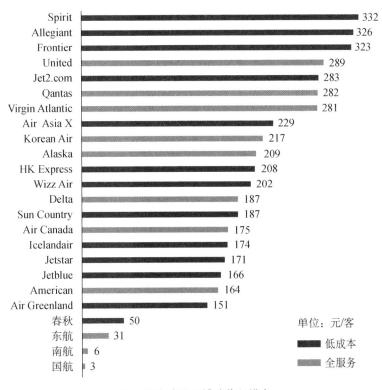

2016年全球航司辅助收入排名

不过,要在国内实施"品牌运价"也不是件容易的事,还有不少问题需要解决。

一是现有系统的升级改造。不同舱位的旅客要有不同的行李配额以及不同的选座权限,而这些现在的航信系统都不支持。

二是服务流程的改造和国内运输客规的调整。不同舱位旅客要有不同的登机顺序以及不同的餐食,现行的"一视同仁"服务和客规限制条件的升级改造在所难免。

三是市场的培育。由于大部分旅客还是乘坐全服务航空出行,旅客习惯了"一票即走"的体验,认为机票本就该包含所有服务,这也使得很多国外能做的收费,国内却做不了,比如国内航线不支持选座收费。这应该也是东航的"基础经济舱"产品率先在上海—曼谷、上海—普吉2条国际航线上试点销售的原因。

不过,在民航大众化与低成本航空盛行的背景下,推行"基础经济舱"将是未来的趋势,在东航率先"吃螃蟹"后,预计也将有更多航空公司跟进。

2019 年 1 月 13 日

分享链接

拼多多的大 bug 非个案，但"薅羊毛"也需谨慎

拼多多也中枪了。

1月20日凌晨，电商平台拼多多被曝出现重大 bug（漏洞），用户可领100元无门槛优惠券，这一漏洞引来了大批用户"薅羊毛"。

拼多多并不是唯一被"薅羊毛"的电商平台。记得去年11月，多家 OTA 上就曾出现大量外航 bug 票，中日往返含税不到出租车起步价，洲际往返含税还没你从机场叫车回家贵。

随后，一家代理商发出公告书，表示当晚共产生了逾200单 bug 机票订单，损失差额预计超过500万元。由于自身无力承担巨额损失，因此，将联系购票人取消订单。

从公告书中得知，当晚的 bug 机票事件，是由于银行外汇牌价系统错误引发。简单地说，银行系统出错，导致前一天晚上的美元一度"贬"成了日元。

其实，这也不是第一次发生因为汇率导致的机票异常事件。去年8月，土耳其里拉暴跌，网上传出只要在某 OTA 国际版网站上购买机票的时候，选土耳其里拉付款，付款完毕之后再去某航 App 退票，可以获得约17%的收益。

该事件过后，该 OTA 开始使用双外汇牌价系统，同时加强了自身系统对异常价格的监控。

实际上，每一次发生 bug 机票事件，客观上也在推动当事方对系统作出改进。

而在客票系统不断改进的同时，却也催生出通过软件监测票价异常，甚至恶意囤购大量 bug 机票、有偿出售 bug 机票信息的群体。

在最近几年的 bug 机票事件中，国内航司、OTA 一般会照顾到旅客的合理出行需求，对于出行受到影响的旅客，国内航司或 OTA 在取消订单时会给予购票者一定的补偿。

但也有人盯上了航司、OTA的善意。在2016年新航bug票事件中，就有人恶意购票并企图向售出bug票的平台索要高额补偿。

需要指出的是，在国际范围内，这样的"补偿"并不是一种惯例，境内外的航司、OTA都有不给任何补偿的案例。

笔者特意为此咨询了几位法律界人士，如果机票出票了，航司/代理人与旅客的运输合同就正式建立了，擅自解除或者更改合同，属于违约，须赔偿。这时候，旅客可以举证损失，比如可主张按照重新购买的机票差价赔偿，或者已经支出的不可退的酒店预订等损失。

《中华人民共和国合同法》规定，如果因重大误解而订立的合同，当事人一方有权请求法院变更或者撤销。不过，这里的"重大误解"是要错得多离谱，是否达到了常人可判断的程度，还需要具体事件具体分析，最终由法官判决。

所以，每次"薅羊毛"的过程，也是跌宕起伏的斗争史。

发生bug票事件，一般旅客基于个人需求购买还可以理解，但如果是恶意囤票，不仅可能触发平台的报警机制，导致订单被冻结，更有违道德，也有被列入黑名单的风险，损人不利己。

羊毛虽好，可也别把羊薅死了。

2019年1月21日

分享链接

机上 Wi-Fi 离高速还有多远？

对很多旅客来说，机上 Wi-Fi 已不是什么新鲜事，但是提起它，大家又总觉得一言难尽，一个是覆盖面小，中国民航能提供机上上网服务的飞机仅 10%；二是网速慢，大家时常会抱怨连文字消息都发不出。

飞机上上网的速度，跟卫星容量直接相关。目前，国内所有提供机上 Wi-Fi 的航空公司，都是选择传统的 Ku 波段卫星。这种卫星理论上能够提供 50 Mbps 的带宽（通俗地说，就是网速），但在实际服务中会有损耗，因此，速度只能达到 30 Mbps 左右，大致接近家用的 30 兆宽带。

这样的速度，如果只有少数人使用还是能保证流畅的，但是天上那么多飞机，飞机之间抢网速，机上的旅客也互相抢网速，每位旅客实际能用的带宽自然也就很慢了。

为了解决机上上网体验差的问题，早在几年前，行业内就开始尝试通过各种方式为机上 Wi-Fi 提速。

一种方式是飞机与地面通信基站连接（air to ground）。好处是可以利用电信运营商已经建成的地面基站，而且速率取决于地面基站。例如，国内已经建成大量 4G 基站，在飞机上也能享受到 4G 的上网速度。国航在 2014 年验证过这一技术，为了证明速度真的快，还在航班上开了一段视频会议。

不过，这种方式的缺点也很明显，因为海上没有基站，飞机飞到海上就会断网。

另一种方式是接入带宽更大的 Ka 波段卫星，近年来，全球发射的 Ka 波段卫星的通信容量普遍超过 20 Gbps，理论上能提供约 120 Mbps 的带宽，是传统 Ku 波段卫星的数倍。

目前，汉莎航空、以色列航空等一些航司已经在使用 Ka 波段卫星，但由于国外的 Ka 波段卫星一直未获得工业和信息化部的许可，无法在国内"落地"，所以，国内航司目前还无法使用外航正在使用的 Ka 卫星接入方案。

2017 年，中国卫通发射了中星 16 号卫星，还将在今年发射中星 18 号卫星，两颗卫星将完成对全中国及周边国家的覆盖，提供通信容量总共 32 Gbps 的高速率机上互联网接入,并填补国外 Ka 波段卫星在中国境内的空缺。

2018 年,中国卫通重新获颁基础电信业务经营许可证,从而成为国内唯一拥有通信卫星资源且自主可控的卫星通信运营企业。

有了卫星和通信网络的支持,相关硬件、系统集成商也在加快行动。比如霍尼韦尔就推出了针对中国市场定制的 JetWave 互联解决方案,通过接入中国卫通以及国际海事卫星组织的 Ka 波段卫星,实现全球的信号覆盖以及机上 Ka 波段的互联无缝接入,并选择北京悦航天翼信息技术有限公司作为其新一代 JetWave 卫星通信系统中国地区独家经销商,为中国的航空公司提供具备高速机上 Wi-Fi 服务能力的一体化解决方案。

霍尼韦尔亚太区互联飞机解决方案负责人贾智骏透露,JetWave 系统已经完成了 FAA、EASA 的主流机型适航取证,预计在年内能完成中国民航局的取证,从技术上来看,国内航司理论上最快在年内可以用上 Ka 波段卫星通信方案,从而实现与地面办公室相媲美的机上 Wi-Fi 速度。

让航空公司掏出真金白银投入到机上 Wi-Fi 的建设,也不是一件容易的事,毕竟,停场改装一架飞机的费用要 300 万元左右,还需要占用 2—3 天的时间。而目前国内机上 Wi-Fi 还是免费供旅客使用,航司则需要付出流量成本,还未形成成熟的运行模式和商业模式。

当然,也有通信运营商或设备提供商提出了为航空公司免费提供相关软硬件,并参与后续商业运营的分成。这样分成模式的实施,预计更多会被中小航司接受。

悦航天翼 CEO 周宏证实了笔者的观点,他透露,悦航天翼在 2018 年就与 4 家航司签约相关空中互联网建设的合作关系,共有 100 多架飞机。大航司(对新技术)的考量会更稳健,而中小航司的需求更旺盛。

更多类似 Ka 卫星资源的投放,以及霍尼韦尔等产业链上相关方技术的升级,有望让机上 Wi-Fi 成本和带宽的魔咒不断地被突破。

2019 年 4 月 3 日

分享链接

这样的飞机座位值得买吗？

南航近日宣布推出"一人多座"服务，通过支付一定的费用，一名乘客可以"占座"多个位子。

这一服务的价格根据航程长短分为三档，旅客可自行选择购买1—3个座位。

航线类型	价格（人民币元）		
国际长航线	￥650 （+1个座位）	￥1200 （+2个座位）	￥1700 （+3个座位）
国际短航线和地区航线 （第一档）	￥350 （+1个座位）	￥650 （+2个座位）	￥900 （+3个座位）
国际短航线和地区航线 （第二档）	￥250 （+1个座位）	￥450 （+2个座位）	￥650 （+3个座位）

南航表示，"一人多座"服务仅在该航班完成值机后在现场柜台开售，不影响其他旅客正常选座。此外，"一人多座"不享受额外手提行李额和额外餐食等服务，目前仅适用于经济舱，后续也将适用于明珠经济舱。

事实上，类似"一人多座"的服务以前也有，但主要用于大提琴、高尔夫球杆等大件行李的随身运输，现在的"一人多座"不仅能利用航班空余座位创收，还能满足旅客个性化需求，可以说是一举两得。

不过，要把"经念好"也不容易。一方面，旅客提前选座时如果有整排空座，肯定会优先选这一排的值机，所以，常常只要三分之一的旅客就基本能让航班没有完全空一排的座位，如果航司不提前锁定座位，旅客想买"一人多座"也买不了；另一方面，如果航班的客座率不高，上飞机后发现不购买"一人多座"也可以免费独占多排空座，可能就会有"买亏了"的不好感受，甚至出现让空乘们最头疼的机闹。

因此，"一人多座"要想顺利实施，首先就要确保飞机上不让旅客自己换空座，严格"对号入座"；此外，可以考虑逐渐放开让旅客能够提前买，比如在航班起飞前三天对比预订情况，只要预计不满座，就能提前在官网买了锁定座位；或是放开卖，提前告知旅客如果满座可退并给积分补偿。

南航并非国内首家推出"一人多座"产品的航司。去年下半年，祥鹏航空和深圳航空就已推出类似产品。

不过，两家的产品与南航有所不同。例如，深航的"宽享座"目前仅在深圳—伦敦航线销售，固定只能额外购买一个座位，价格则是在经济舱最低公布价格的基础上进行联动定价，可以提前在网上购买。

深航之所以推出一人两座的"尊享座"产品，与南航消化空座的目的还不太一样，最初主要是想消化因减载而无法销售的座位。由于使用空客330飞伦敦，根据公司的安全运行标准需要减载，被"减掉"的座位就拿来做了"尊享座"产品。

目前，深航的"尊享座"产品也在线下代理和携程等OTA上销售，不过查询携程上的页面展示，却是以超级经济舱的名义在销售，而且产品描述也并不清晰，并没有体现出一人可以占两座，这可能会对实际的销售效果有影响。

祥鹏航空的"一人多座"产品则覆盖了祥鹏航空的国内、国际航班，旅客可以购买多个额外座位，而价格根据购买时间、购买时的航班客座率变化，例如，航班离站前24小时（含）内，且客座率≤80%，旅客可以经济舱全价票2折的价格购买。

在国外，这样的产品更早就已出现。新西兰航空在2010年就首次推出"空中沙发"，飞机上部分经济舱座位设有额外脚踏，可以通过升起脚踏将一排座椅变成长1.55米、宽0.74米的沙发。

新西兰航空的"空中沙发"产品目前在用波音777或波音787-9执行的长途航班上销售，价格则根据旅客人数变化。

笔者曾经体验过新西兰航空波音787-9飞机的"空中沙发"，发现选择"空中沙发"的主要是夫妻或者带着孩子的家庭。

不过，也不是所有效仿的航司都能取得满意的效果。华航曾在2014年推出过"亲子卧舱"，其也是首家取得新西兰航空座位专利授权的航空公司，同样在三个同排经济舱座椅装上特殊装置，让腿靠垫可抬升与座椅齐平，成为一组沙发式的卧铺。

但亲子卧舱推出后叫好不叫座，许多航线陆续停售，华航后来坦陈此举没有经过审慎评估，如东西方文化不同、乘客消费观念不同等。

创新虽有风险，但也值得鼓励。"一人多座"产品属于近年来国内航司针对旅客的不同需求推出的更多差异化产品。

　　在此之前，东航推出了"差异化服务打包"而成的品牌运价系列产品，把经济舱细分为高端经济舱、灵活经济舱、标准基础舱、基础经济舱；南方航空、吉祥航空则推出热门航班的"抢票"功能，在机票售罄时，旅客也可以预付票价，候补抢票；此外，吉祥航空还推出了"拍卖升舱"。这些其实都是航司对市场的细分，既满足了旅客的需求，又增加了航司的收入。

2019 年 4 月 14 日

分享链接

机票越搜越贵，是大数据"杀熟"吗？

近日，北京市消费者协会发布的大数据"杀熟"调查结果显示，网购平台、在线旅游和网约车等领域成为大数据"杀熟"的重灾区。

其中，OTA平台等根据用户的搜索频率、消费习惯等判断用户对于机票、酒店的迫切程度，从而进行动态浮动加价，被列为"大数据杀熟"的主要表现之一。

现实生活中，的确有消费者反映，搜索时明明看到的机票价格很便宜，临到付款时票价却涨了，或者两个人同时搜索同一个时间的同一航班，看到的价格却不一样。

到底是不是大数据"杀熟"？这要从机票价格的变化原理说起。

一张机票的价格由票价、燃油附加费、机场税等组成。其中，机票价格主要是由航空公司根据季节、运力、供需关系等因素统一调控。

航空公司是在民航局的审批下，制定每条航线的全价机票票价，并在全价机票的基础上划分出不同折扣的舱位。

这里说的舱位，并不是头等舱、经济舱这样乘坐飞机时服务不同的物理舱位，而是指销售机票时用来区别票价的销售舱位（一般用不同的字母来划分不同的子舱位），它是航空公司进行运价管理、控制机票价格的直接工具。

比如不久前国家公布"五一"小长假增加到4天后的1小时里，去哪儿网上的机票搜索量就直线上升，机票价格也像火箭般迅速增长，1000多元的差价就发生在重新刷新搜索的短短零点几秒之间。

这其实就是航空公司的航线收益管理员在后台修改了热门目的地的机票价格，也是他们工作的日常——在机票被疯抢时放出价格高的子舱位；没人买时放价格低的子舱位，追求的是每条航线上座率和收益之间的平衡。

再来说说机票价格是如何在携程、去哪儿网等平台上显示出来的。消费者从搜索到下单，背后的过程其实很复杂。确定不同的子舱位数量后，航空公司会将运价数据录入GDS，包括携程、去哪儿等平台以及机票代理商，会从GDS系统查询舱位及价格，并将结果展示给消费者。

GDS 是全球分销系统（global distribution system）的简称，专门帮航司提供库存、运价和订单的管理，国内航空使用的是中航信，国际上使用较多的是三大 GDS 运营商：Amadeus、Saber、Travel Port。

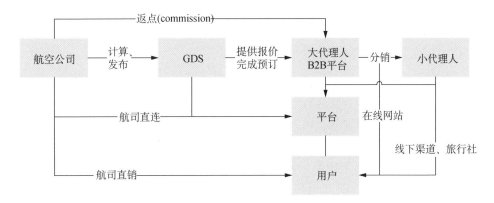

当消费者在平台上输入日期、出发及目的地后，平台就需要向 GDS 调取相关数据，GDS 随后会展示所需航线下所有航班和这个航班每个舱位的剩余舱位数量给平台或代理，而平台给消费者显示的则是不同航司提供的不同航班。

消费者选定某一航班后，平台需要再次向 GDS 反馈数据信息，GDS 也需要和航司核对价格及舱位信息，航司会将最新的价格和舱位信息反馈给 GDS，再通过 GDS 反馈给平台，进而显示到用户手机上。

GDS 数据准确率也不是 100%，每一家航空公司都会选择一家 GDS 做 Host（主操作），做 Host 的这家 GDS 能拿到这家航空公司的数据是最准确的，而其他 GDS 都得通过做 Host 的 GDS 才可以拿到数据，这就存在二次数据传输和处理，就可能在数据传输或计算的环节出现差错。

以去哪儿网为例，平台上覆盖 68 万多条航线，每天有上亿次查询量，每次查询需要搜索 1 万个左右的舱位，对于舱位查询来说，每天就有千亿次查询量。这些数据会在航空公司、GDS、代理商，甚至 GDS 与 GDS 之间流转，每次请求数据都会依据节点的多少，速度有所不同，有时一个单向请求（比

如需要不同航司、不同航线组合的复杂拼接航班）就可能长达一分多钟。

也就是说，如果你正在搜索的是一条热门航线的热门时段，如果从搜索到下单的时间过长，价格的确有变高的可能，因为在你考虑下单的这段时间，相对低舱位的机票已经被别人抢走（下单）了。

当然，变价不只是价格变高，也会发生价格变低的情况，比如航司发现销售客座率低于预期时，就可能降价促销。

此外，平台每一次向 GDS 请求查询数据，都要支付查询费用，并且价格很贵（比如去哪儿网每年支付的数据费用就是千万元级别），所以，很多平台都会选择隔一段时间查询一次，并将查询的数据放入缓存供给用户。

这样，消费者在 OTA 平台搜索某一航班时，最先看到的可能就是系统中缓存的数据。而当他来到支付环节时，平台会通过 GDS 与航空公司的最新"库存"进行匹配。如果该航班的相关舱位已售完，就会发出"该价位舱位已售完，请重新搜索"的提示，这样一来也可能造成搜索时有票，支付时无票的问题，也就是技术缓存导致的库存更新不同步。

对去哪儿网等平台来说，主要精力实际上是通过技术手段从 GDS 拿到更准确的数据，并减少从搜索到最后支付的时间段中变价的情况。比如对于一些用户预订比较多的热门航线，会根据远近时间或剩余舱位数量来控制缓存的时间，也就是增加向 GDS 数据请求的频率，当然也意味着查询成本的上升。

总体来看，在如今机票价格越来越透明的时代，依靠所谓的大数据"杀熟"进行加价销售，越来越没有生存空间，尤其是对主要依靠流量、航司佣金和信息服务费变现，获客成本越来越高的平台来说。

当然，大数据不"杀熟"，却可以用大数据进行精准营销。据笔者了解，已经有航司和平台在研究用户画像，根据每个用户的需求偏好、购买习惯、购买偏好、行为特点等，对特定产品进行定向投放，吸引购买和出行。

2019 年 4 月 29 日

分享链接

数字化，快递业竞合的新战场

2019 全球智慧物流峰会上，申通快递（002468.SZ）、圆通速递（600233.SH）、韵达股份（002120.SZ）、中通快递（NYSE：ZTO）和百世集团（NYSE：BEST）多家民营快递巨头的创始人聚在一起，关注的话题不是包裹本身，而是数字化。

这几家快递公司是国内包裹量排名前五的巨头，也是中国快递量突破 500 亿件、超过美国跃居世界第一的主要承运方。

不过，几家民营快递巨头面临的挑战也一致：越来越严重的同质化竞争，成本的不断增加，价格却提不上去，无论是在国际化程度还是客户满意度方面，都与国外快递巨头还有不小的差距。

因此，如何降本增效，寻找到新市场，将决定哪家快递企业未来能走得更远。目前看来，它们把投入的重点放在数字化上。

事实上，中国快递数字化的加速，是从一张电子面单开始的。以前，民营快递公司都是使用人工分单，那时候公司最难招和最难培养的就是分单业务员。

2014 年，菜鸟开始牵头推广电子面单，通过统一标准、规划流程、统一入口，首先带来的就是分单成本的降低，全网揽签时效也从平均 4 天提速到 2.5 天。

之前的纸质面单多是不同快递公司自己定制，格式不统一，电商为了批量发货不得不接入不同快递公司的打单系统，接入成本高，并且由于纸质面单没有接入数据平台，快递公司需后期手工录入简单信息，录入成本很高，这也导致快递行业一直未能实现智能信息化管理。

如今，国内排名前 15 的快递公司已全部实现电子面单的普及使用，意味着占全国电商市场份额 90% 以上的主流快递企业全部完成了快递寄出业务的信息化。

随后基于电子面单串联的发货上架，送货快递公司与收货消费者以及干支线路的数据打通而实现的自动分拣，更是推动了整个快递效率的提高，分拣效率提升50%以上。

事实上，在快递的收、转、运、派四个环节中，数字化都能让效率更高。比如要实现更多包裹、更远距离的次日达，单单靠人是做不到的，需要基于大量数据进行动态路由的分配，形成时效最好、成本最优的路线。再比如通过对天猫"双11"物流全链路的数据分析和智能算法，对商品销量以及购买人群进行预测，可以提前将爆品调拨到离消费者最近的仓库。

阿里巴巴集团CEO、菜鸟网络董事长张勇在会上提到，六年以来，无论是菜鸟还是整个物流业，都发生了脱胎换骨的变化，变化的起点正是数字化，而未来的物流一定是从数字化到数智化，数字化是智慧物流的初心和基石，所有的数字化都在为未来的智能化做必要准备。

相信这也是几家民营快递巨头先后与阿里系形成更深层资本绑定的重要原因。

2019年3月，阿里斥资46.6亿元入股申通，间接获得14.65%的股权。在此之前，阿里已是百世集团的股东，持股约27.79%，并与云锋基金共同投资圆通，持有约17%的股份。2018年5月底，阿里巴巴又联手菜鸟投资中通13.8亿美元，持股约10%。至此，"四通一达"中只有韵达快递还没有接受阿里投资。而早在2013年菜鸟成立时，几家快递巨头也都是发起股东。

目前在国内快递市场，顺丰的市场份额在逐年减少，已从2014年的11.5%减少到2018年的7.6%，并被"四通一达"超过，但在未来以技术为导向的PK中，自身技术能力落后于顺丰的"四通一达"，显然希望借助阿里和菜鸟"弯道超车"，推进技术整合与升级。

毕竟，作为技术平台企业，菜鸟在技术层面和数据层面与快递公司有很大的合作空间，而依靠菜鸟技术带来的改变也已在发生，当所有物流要素被充分数字化之后，就有可能对部分局部甚至全局物流要素进行重构。

与阿里系的资本绑定，还让"四通一达"开拓新市场有了更多可能，尤其是在新零售、快递末端、海外仓、跨境业务等阿里和菜鸟正在频繁布局的领域。

比如从三年前开始，菜鸟就联合快递物流伙伴们，在全球各地开通物流专线，并在全球寻找仓库。2018年，菜鸟智能物流骨干网已聚集100多个全球物流合作伙伴、231个跨境物流仓库，覆盖224个国家和地区，实现秒级通关，9小时1 000万单，西班牙、荷兰、法国以及东南亚多个国家都实现了

72小时送达。

在2019全球智慧物流峰会上,菜鸟总裁万霖又宣布启动智能物流骨干网数字化加速计划,包括与中国主要快递公司共建菜鸟驿站等。现在各家快递企业在干线方面的差距不大,服务差距的关键点在于最后100米,而菜鸟驿站正是为了解决这一痛点。

正如圆通速递董事长喻渭蛟所说,千万不要认为快递还很好做,现在是上游和下游融合的时代、快递和物流融合的时代、国内和国际融合的时代、资本和技术融合的时代,如果你只是来做快递的,你不要来做,你要来做快递物流,你要来做整个生态圈。

2019年5月29日

分享链接

谁是上海第三机场？

苏州市交通运输局发布的最新消息称，苏州市已经完成了苏州机场的规划选址、空域研究等前期工作。

这一进展再次引起业内对上海第三机场之争的热议。

在此之前，南通新机场的选址消息一度把南通新机场推上上海第三机场的"热搜"。

苏州求建机场

江苏省的机场密度在中国名列前茅，全省13个省辖市、约10万平方公里面积内共有9个机场。

而作为省内经济的"领头羊"，苏州没有机场一事长期是公众讨论的热点。

随着2007年位于无锡的硕放机场新航站楼正式投运，苏州周边的上海、无锡、常州、南通等地均有机场建成，苏州当地对建设机场的迫切性越来越大。

从去年8月开始，苏州市就成立了工作专班对苏州机场的建设进行规划和研究，今年两会期间，全国人大代表，苏州市委副书记、市长李亚平在江苏代表团审议政府工作报告时，提出了两条苏州主动参与长三角一体化发展的建议，其中一条便是"考虑到上海两大机场趋于饱和，恳请支持规划建设苏州机场，并尽早将其列入国家相关规划之中"。

全国人大代表、启迪设计集团董事长戴雅萍在提交的《关于加快推进苏州机场规划建设工作的议案》中，更是提出苏州机场未来可以作为虹桥机场的超远距跑道进行运营，同时实现大型通用机场的服务功能。支持沪苏两地城际铁路、轨道交通的互通互联。加快推进苏州—淀山湖—虹桥机场城际铁路建设，抓紧开展上海轨道17号线延伸至苏州机场的相关工作，共同打造长三角核心区"轨道上的机场群"。

南通新机场疑云

希望利用"上海机场"概念获得建设新机场"通行证"的并不止苏州一家。

今年2月,"上海第三机场选址江苏南通海门"的消息一度引起各方关注。

当时披露的消息称,南通新机场确定选址于江苏海门四甲及周围乡镇,规划面积20平方公里,一年吞吐量设计是5 000万人次,控制面积120平方公里。

海门市是南通的县级市,位于万里长江入海口,与上海的直线距离60公里。从海门出发,200公里范围内可覆盖上海、苏州、无锡等20多个城市。

在消息传出的当天下午,民航总局华东局相关人士则回应表示,上海第三机场的选址目前还在比选过程中,候选方案有海门、崇明、奉贤和苏州等地,还没有最终敲定。

一个月后,对于坊间流传的"上海将建第三机场以及有关选址博弈"的消息,中国民航局综合司副司长顾晓红则表示,经向有关部门了解,民航局没有受理过上海第三机场选址的申请。在全国民用运输机场布局规划中,也没有上海第三机场。

上海第三机场争议

综合各方的回应可以看出,关于上海第三机场的规划,还有很长的路要走,而上海目前的规划重点是浦东机场的继续扩建。

当初设计上海浦东机场和虹桥机场时,年客运总量极值是1.2亿人次,2018年上海两大机场年客运量已超过1.1亿人次,很快将逼近极值。

2018年5月,中国民用航空华东地区管理局局长蒋怀宇表示,按照《上海市城市总体规划(2017—2035年)》,2035年机场旅客和货邮吞吐量1.8亿人次、650万吨的预期,"上海应当在现有基础上再增加1.5个虹桥机场和1个大型通用机场"。

目前,虹桥机场不再可能增加新跑道,在2016举行的上海国际城市与建筑博览会上,上海机场建设指挥部设计管理部部长林晨透露:"浦东机场正在建设卫星厅，未来在2035年前，为应对航空运输不断增加的大客流，浦东机场还将在卫星厅的南面再建一个航站楼，也就是第三航站楼，届时，浦东机场的年吞吐量将达到1.2亿人次。"

林晨还说，在更远的2040年前后，将在现有浦东机场的东南方区域，填海建造第二航站区，包括2座航站楼和3条新跑道，届时，浦东机场将有5座航站楼和8条跑道，年旅客吞吐量将达1.6亿人次。

也就是说，从上海的角度出发，是否迫切需要第三机场，还有极大的讨论空间。

长三角机场协同

在机场密度已经极高的长三角地区，属于不同行政区划管理的地方机场之间如何能够协同发展，实现区域整体利益最大化，才是更为迫切的问题。

目前，长三角地区已有7个千万级机场，分别为上海浦东、上海虹桥、杭州萧山、南京禄口、宁波栎社、温州龙湾和合肥新桥。根据民航局公布的数据，这7个机场2018年的年吞吐量分别为7 405.4、4 362.8、3 824.2、2 858.0、1 171.8、1 121.9和1 111.1万人次。

江苏境内的9个民航机场也均步入了百万级机场行列，不少地方为追求机场的规模，容易形成重复建设和浪费。

民航业内专家李晓津指出，在东南沿海发达地区，目前高铁交通发达，而且空域资源比较紧张，没有必要建过多过密的机场，即使有必要修建，也要保持适度的规模，不能建得过大。

值得注意的是，2018年9月15日，南京禄口国际机场有限公司更名为东部机场集团有限公司，并以现金方式收购徐州、常州、连云港、淮安、盐城、扬泰等6家机场公司51%以上的股权，6家机场公司成为机场集团的控股子公司，苏南硕放机场、南通兴东机场并未加入东部机场集团。

而在南通新机场选址落定后，江苏地方台在报道时曾披露沪通两地共同提出"1+4"一揽子统筹协调合作项目，其中，"1"是指上海的军用机场大场机场搬迁至南通新机场，"4"则是指南通新机场、北沿江高铁、沪通城际和通州湾。未来至少将有北沿江高铁、沪通城际和南通地铁2号线连接新机场，周边200—300公里范围内的城市，包括上海、苏州、无锡、泰州、扬州、盐城等城市,都可在 60 分钟内到达新机场,希望助力承接上海两大机场部分溢出客源。

2019 年 8 月 25 日

分享链接

上市航司半年业绩多下滑，补贴却越来越多了

过去一周，八家航企上市公司陆续公布了上半年的业绩报告，尽管与去年相比，油价上涨和人民币对美元贬值带来的汇兑损失影响在减弱，但大部分国内航企的净利润仍同比下滑，只有华夏航空和春秋航空实现了逆势增长。

这样的成绩单其实在不久前的民航半年工作会上已露端倪。工作会上披露，今年上半年，民航全行业累计盈利316.1亿元，同比下降2.4%，其中，航空公司盈利同比减少24.5%。

半年报显示，中国国航（601111.SH）、东方航空（600115.SH），南方航空（600029.SH）、海航控股（600221.SH），吉祥航空（603885.SH）归属上

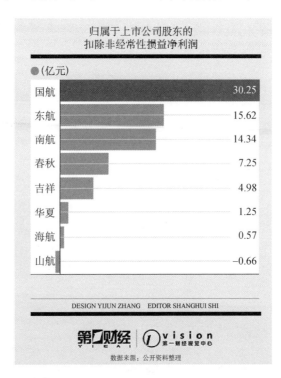

市公司股东的净利润都同比有所下滑，山航（200152.SZ）更是录得亏损。

都说民航"靠天吃饭"，意思是航空公司的业绩极大地受宏观经济、油价、汇率等客观因素的左右。去年几家上市航企的业绩不理想，就是因为油价同比上涨，以及人民币对美元的贬值带来的汇兑损失扩大。

但从今年上半年各航司公布的半年报来看，油价和汇率并没有带来多少负面影响，大多数上市航司的汇兑损失是同比收窄的，新的问题则来自客运增速的放缓以及客票收入的难以提升。

民航局统计数据显示，今年上半年民航的客运增速有所放缓，货运更是负增长，全行业的座公里收入下降2.5个百分点，载运率下降1.3个百分点。

国航、东航、南航等几家业绩下滑的航司，半年报中披露的上半年客公里收益都同比下滑，尤其是国内航线的客公里收益。国航更是指出，上半年因收益水平下降而减少收入7.96亿元。

相比之下，业绩逆势增长的春秋航空，则实现了客座率和客公里收益的双升，也显示了宏观经济减速下的民航需求受影响，低成本模式的优势会更加明显。

另一家盈利逆势增长的华夏航空是国内唯一上市的支线航空公司，半年报显示，公司获得的航线补贴数额1.49亿元，已经超过其净利润1.41亿元。

华夏航空是典型的支线运行模式，地方政府的航线补贴是重要的收入来源。笔者查看其他上市航企的半年报发现，目前各家航企获得的补贴数额都比去年同期有所增加，有的补贴数额甚至超过利润总额。

比如上半年实现扭亏的海航控股，在上半年获得的航线补贴就达到10.38亿元，而净利润是5.03亿元，公司上半年获得的所有补贴占利润总额的比例达到142%。

事实上，从去年开始，各家航企获得的补贴数额都比上年有所增长。比如国航2018年收到补贴收入30.27亿元，2017年为24.44亿元；东航2018年收到补贴收入54.3亿元（含合作航线收入），2017年为49.41亿元；南航2018年收到补贴收入34.45亿元，2017年为31.64亿元；海航2018年收到补贴收入14.44亿元，2017年只有9.09亿。

这与在民航局"控总量调结构"的要求下，国内航企新开通的航线更多的是三线城市，部分城市的当地政府会有一些保证公司毛利水平为正的补贴政策不无关系。

此外，对于一些具有战略性意义的航线（尤其是国际远程航线），航空公司在开通的前1—3年，一般都可以从地方政府或者民航局那里获得数量不等的航线补助，比如海航就在深圳开了15条洲际航线，深圳市政府为鼓励航企开洲际航线的航线补贴也是相当大方。

不过，民航局在2019年的重点工作中提出，要联合市场监管部门规范航线补贴行为，推动建立新开远程国际航线专项扶持性金融信贷机制，这或将对近几年依靠补贴推动的高速增长的洲际市场带来不小影响。

2019年9月1日

分享链接

破碎的航空联盟，还能走多远？

又一家航司将退出航空联盟。

国庆节前，全球三大航空联盟之一的寰宇一家表示，收到了南美最大航司拉塔姆航空将在合适时机退出联盟的预先告知。

这是过去 12 个月来第三家决定退出航空联盟的航空公司，也平衡了星空联盟、天合联盟和寰宇一家三大联盟的势力（三大联盟各有一家成员退出）。

2018 年 11 月，南方航空（600029.SH）宣布从 2019 年起不再续签天合联盟协议，标志着南航退出天合联盟。2019 年 8 月，巴西阿维安卡航空宣布退出星空联盟。

除此之外，今年 2 月和 3 月，肯尼亚航空和卡塔尔航空两家公司的 CEO 也分别表示考虑退出各自所在的航空联盟。

尽管各家航司退盟的原因不一，比如巴西阿维安卡航空因为破产而退出星空联盟，但更多航司表示是为了突破联盟限制寻求合作。

拉塔姆航空就计划与一家联盟外的航司合作，同时传出天合联盟成员达美航空计划收购拉塔姆航空 20% 的股权，南航也表示是为了更好地顺应全球航空运输业合作模式新趋势。

一方面，各大联盟不断有成员退出；另一方面，新加入联盟的航司少之又少。除寰宇一家在 2018 年迎来了摩洛哥航空，天合联盟和星空联盟上一次迎来新的正式成员都还是在 5 年前。

还在联盟内的成员也并非一团和气。近年来，三大联盟中都有成员航司开展跨联盟合作：寰宇一家的国泰与星空联盟的汉莎在多个欧洲、澳大利亚航线代码共享；东航也与寰宇一家的日航和澳航分别达成中日、中澳航线联营合作。

在未退出联盟时，南航也已与寰宇一家的美航开始股权合作，并与寰宇一家的英航开展代码共享合作，宣布退盟后的代码共享等合作范围更是扩大到中东的两家航司。

此外，天合联盟的主要成员东航、法荷航、达美还通过股权捆绑，抱团组建了合作紧密的小圈子，在一定程度上也阻碍了区域内其他联盟成员在联盟内开展合作，毕竟，同一区域内要重点打造的中转枢纽只有一个。

三大航空联盟的意义和联盟成员之间的关系紧密度，早已不如联盟诞生之初。

在20世纪90年代航空联盟诞生之初，确实给成员航司带来不小的实惠。它第一次将航司的航线网络、贵宾候机室、值机服务、票务及其他服务融为一体，变成一种跨越洲际的战略联盟。联盟还通过合作减少成员之间不必要的竞争，而航司也可利用航空联盟渠道在国际市场获得更多曝光，这一点对扩张中的中小航司尤为重要。

随着民航业的发展，航空联盟发展遇到了瓶颈。在航线网络逐步完善后，联盟内主导的航司更倾向于"强强合作"进行更深度的捆绑，如开展联营或股权合作，这使得它们对联盟的依赖度逐渐降低。

与此同时，联盟内体量较小的航司尽管享受到联盟票务、宣传渠道的优势，但没有话语权，跟联盟成员的合作往往只停留在基础的代码共享、共享休息室等层面，又受到联盟限制不能寻求跨联盟合作。不同规模的航司在联盟中所能享受到的权益差别不断引起争议。

随着退盟行动的逐渐增多，联盟也出现新的合作模式——非正式会员。

星空联盟于2015年启动"优连伙伴"项目，与成为正式会员相比，成为"优连伙伴"所需要的门槛相对更低，要履行的权利义务也相对要少。比如，正式成员对联盟的一些事务有投票权，而"优连伙伴"是没有的；成为正式会员需要跟所有成员公司达成联运合作，成为"优连伙伴"的门槛则会低很多。

此外，关于联盟之外的航企合作，星空联盟的管理是三大航空联盟当中最严格的，但对"优连伙伴"就比较宽容。

2016年，吉祥航空（603885.SH）就成为星空联盟首位优连伙伴。截至目前，吉祥已与国航、深航、全日空、长荣、加航、美联航等星盟成员达成合作，从星盟常客合作航司已累计实现里程收入及免票互兑收入超过300万元。

之后，吉祥航空又与天合联盟成员东航实现股权交叉，与寰宇一家成员芬航达成合作。

寰宇一家也在2018年推出"Oneworld Connect"非正式会员计划，与星空联盟的"优连伙伴"比较类似,斐济航空成为首位"Oneworld Connect"会员。

这样的非正式会员模式或许能成为航司联盟合作模式改革的新出路。

2019 年 10 月 9 日

分享链接

盈利秒杀中国三大航，美国航司强在哪？

最近，东方航空董事长刘绍勇在中央电视台第1频道节目上的发言，引起业内的关注："航空业也是全球竞争的市场，事实上中国市场的竞争比美国更惨烈，美国一个航线平均3个承运人，而中国一个航线超过7.5个承运人。"

尽管7.5个承运人的数据一度引发讨论，但在经过一系列破产保护、并购重组之后，美国的航空业的确形成了寡头垄断格局：三大全服务航空（达美航空、美国航空、美联航）和低成本美西南航空占据美国70%的市场份额，核心枢纽占比超过60%。

另一个更值得关注的数据是，2018年，美国的航空公司净利润达到153亿美元，中国的航空公司则是27亿美元，其中，达美航空、美西南、美联航任意一家的净利润，都超过我国国有三大航的净利润总和。

这样的盈利差距，既与美国航空业的集中度不断提高不无关系，也得益于美国航司近年来不断增长的辅营收入。

与欧洲航司不同，北美四大航司的辅营收入70%以上来自常旅客运营，主要是将里程出售给银行，也就是将航空里程转化为信用卡积分。由于中美信用卡费率的差别，中国的航司可能无法像美国的航司一样通过向银行出售积分赚到那么多辅营收入，但美国的航司的确也有不少值得借鉴之处。

首先是直击乘客痛点的精细化运营。如今的航空业要"以乘客感受为中心"已经没有什么争议，但能够做到乘客满意，直击痛点，需要大量的调查、分析、测试以及精细化运营的落地。

美联航最近接收的全新CRJ550客机可以算一个例子。从外观上看，这一机型与庞巴迪70座的CRJ700没什么两样，但客舱内饰却是根据美联航的要求特别定制的：10个商务舱座位、20个舒适经济舱座位和20个普通经济舱座位，比CRJ700少了20个座位，却增加了4个头等舱和更大的行李柜、机上Wi-Fi以及提供自助点心和饮料的头等舱吧台。

看起来已经接近一架私人飞机的配置了，美联航却希望将其用在商务客流较多的国内短途航点，初期主要执飞从芝加哥始发的15条航线，随后将被投放到纽约纽瓦克和华盛顿枢纽。

这其实是美联航通过对每年几百万份乘客调查反馈进行统计分析作出的决定：在美国，的确有人流量不大，但含金量不小的细分市场。同样的分析方法也用在越来越细分的其他客舱产品。

目前，全球航空公司都在聚焦数字化转型。曾经使用过美联航的 App 提前值机，不仅选座、升舱和航班信息一目了然，航班起飞前，App 还会自动提示机型和登机口信息，甚至航班上哪些旅客升舱成功，哪些旅客还在候补都清晰可见，还可以随时在 App 上看到自己托运行李的更新位置信息。

要做到这些，表面看只是 App 界面的一些更新，背后却涉及运控、机务、地服等多个业务部门、数据以及信息化系统的无缝配合，甚至需要流程再造。

相比之下，国内航司的 App 这两年也在改进，功能上基本是在原有基础上延伸上下游"做加法"，但各项功能的实用性、人性化方面还有待商榷。旅客真正需要的是哪些解决出行痛点的服务？哪些产品是航司 App 相比其他第三方能独家提供或有优势的？还有不少值得探讨的空间。

此外，美国航司的实用主义也体现在日常运营的各个层面。比如，它们的机上硬件远没有中东等航司豪华，机上服务也没有亚洲航司热情，相比于国内航司的"喜新厌旧"，美国航司的飞机机龄长也是出了名，不少航司被称为"二手机专业户"，而要把二手机飞出新飞机的效果，背后则需要强大的机务维护能力的支持。

不过，它们对员工却一直舍得投入。"旅客拥有选择的权利，这对我们来说意味着要提供最好的产品、最好的航线、最好的餐食以及服务最大的市场，但以上提到的所有'最好'，都需要建立在'最好的人'之上。"美联航 CEO 姆诺兹（Oscar Munoz）曾这样说，"美联航对于员工的培养和投入，最终会向大家证明这才是最值得的与最好的投资，同时也能带来最大的回报。"

2019 年 11 月 20 日

分享链接

二、乐言商业

乐 琰｜第一财经产经频道副主编、资深记者。毕业于上海交通大学国际经济与贸易专业。从2003年开始进入媒体工作，长期专注于旅游酒店和商业零售产业领域报道。在第一财经有"你不知道的商业秘密"专栏、"乐言商业"日报专栏和同名电视节目，"乐言商业"电视节目于每周四的第一财经电视午间新闻时段播出。曾经撰写《我就是喜欢创业》一书，参与撰写反映改革开放30年的《30年30人》等书籍。
leyan@yicai.com

全家过期食品风波，安全问题犹如达摩克利斯之剑

一向口碑不错的全家最近却摊上了事儿——微博用户蓝莓评测发布视频称，蓝莓评测员发现全国10个城市中的21家全家便利店在售卖过期食品，还有临期食品不下架、篡改小票日期等问题。其中涉及上海的有两家，分别为复旦大学店、静安寺地铁站店，两店均被指售卖过期食品。

全家的反应算是很迅速，立即发布声明回应称，全家第一时间已内部自查蓝莓评测文章提及门店，均未出现过期食品。全家严格管控食品安全，绝不允许门店贩售过期食品。全家声明称，全家在内部自查时发现，门店监控视频重复出现疑似蓝莓评测人员异常购买过程行为。蓝莓评测文章内容不能完整反映事实真相，全家将通过法律手段保障合法权益。

这场风波在业界看来有些"罗生门"的意味，双方各执一词。但无论真相如何，这并非在便利店行业内第一次出现食品安全问题，以往在便利店尤其是地铁便利店也被曝光过不洁食品，引发纠纷。

食品安全不再仅限于生产厂商端的制作安全，而是延续到整个运输、流通渠道、零售终端等系统供应链。任何一个环节出现问题，都可能导致食品

安全风波。

按照正常流程而言,所有的便利店都应该有一套完整的货品管理规则,对于过期报废的商品要及时下架。便利店企业的店铺运营部门应该管理店铺的日常经营,而店铺的食品有效期和废弃下架则是店铺最日常、最基本的管理内容。所有的商品都有条码和电脑入库记录,这其中也包括生产日期和保质期等信息,标准的系统门店没有修改日期的权限,且单体门店一般无权打印贴在商品上的价签,连锁门店也没有专门的价签打印机,也就是说,关于日期和价格等信息都是由总部统一管控,连锁门店是无权自行篡改的。

因此,有观点认为,如果全家是严格按此流程执行的话,出现食品安全问题的可能性不大,但若在执行过程中不严格,或者出现人为误操作,则不排除产生食品安全问题的可能。目前有消息指出,一位曾在全家做了5年的店长透露,全家的报废下架检查基本都是靠人力去检查,时间点是每天下午3点、晚上9点,后一班次复查,不论加盟店还是直营店,如果查出过期产品,直营店店长要被记过,加盟店店主一次罚款1 000元。也就是说,负责检查的人员非常重要,若整个过程执行严格则没有问题,万一有所疏漏则会出现安全隐患。

此次事件所反映的更深层次的行业问题,则是便利店企业对于加盟店的管控,这也是便利店行业加速扩张带来的"后遗症"。一般而言,总部对于直营店的管理会更直接有效,而对于加盟店则会相对松散。有业者指出,加盟店销售过期商品可以减少废弃商品,增加营收,可见,加盟店在这方面是具备利益驱使的。

便利店企业总部要如何管控加盟店呢?其实,具有品牌的连锁便利店企业总部对于加盟店的监督主要是日常监督。比如7-11总部管理人员一般一周要去一次加盟店,加盟店可能有一次逃过检查,但不可能每一次都逃过检查,因为进销货都有系统记录,除非这个零售企业的管理非常差,差到进销货都没有电脑记录,然而这种概率不高。此外,单体便利店门店内至少有4—5个摄像头,门店没有删改录像的权限,录像保存期大约在7—10天,门店的摄像头一般和总部联网,加之进销存数据是和企业总部联网的,从进销存数据也能看出有没有商品过期的问题。所以,管理妥当的连锁便利店会很类似咨询公司,咨询对象就是加盟店主。如果加盟店出现过期食品问题,则说明总部的管理能力比较薄弱,而这也与便利店行业扩张过快有关,忽略了品质管理。

  此次全家的风波，不论真相如何，都给了零售业界一个警示——在便利店快速扩张的时代，依靠人工的检查是否100%稳妥？这值得关注。

  业界呼吁，应该依托如今的科技，更多地去实现技术化商品管理，比如用数据辅助管理产品的上架、陈列、销售与废弃时间，甚至是报警系统等，通过这类技术手段来实现严格的流程和品质把控，减少和杜绝此类纠纷。对于便利店连锁业者而言，扩张当然是需要的，但当其具有更大规模时，责任也越大，犹如头悬达摩克利斯之剑，业者们必须如履薄冰，将安全管理放在重要位置，一旦出现问题，则好比剑落扎心，将大大破坏企业形象和名誉。

2019年1月15日

分享链接

"拷贝全走样"的上海老佛爷百货能否成功？

如果不是门口的一模一样字体的店招，很难让笔者将上海老佛爷和巴黎老佛爷百货联系到一起。

日前，位于上海陆家嘴中心 L+Mall 内的上海老佛爷百货开始试营业了。听上去非常振奋人心，感觉似乎要给实体零售业来一针"强心剂"。然而，当笔者实地探访该店后却发现，上海老佛爷百货与巴黎老佛爷百货大相径庭。

抛砖引玉，先说一个浅层面的不同——装修风格和消费场景。有着 120 年历史的老佛爷百货，是全球知名的百货品牌，时至今时今日都吸引着来自世界各地的顾客光临购物，笔者近期还在巴黎老佛爷看到人头攒动的繁华景象。1912 年，巴黎老佛爷百货经天才建筑师费迪南德·乔恩特（Ferdinand Chanut）设计改造后进行扩建，以彩色穹顶而闻名，至今也鲜有百货公司装修成精致奢华的欧式穹顶，尽管上海环球港也建设过类似的穹顶，但无论是质材还是精细程度都无法与巴黎老佛爷媲美。同时，巴黎老佛爷内的货物摆放极具艺术感，独特又不失亲切感。

上海老佛爷的装修还算漂亮，穹顶自然没有复制过来，但也算很用心做了设计，货物的摆放也略有些巴黎老佛爷的风格。只是与巴黎项目相比，上海老佛爷的装修特色还不够显著。而巴黎老佛爷内的玻璃空中走廊体验，上海项目当然也没有。

第二大不同则是品牌，也就是货物。这一点至关重要！巴黎老佛爷之所以一直吸引诸多顾客，就是因为其店内聚集了全球各类知名品牌，从奢侈品牌路易威登、古驰、欧米茄到相对大众化的欧舒丹等一应俱全，且服饰、手表、珠宝、食品、箱包、化妆品、香水等品类全覆盖。关键在于，这些品牌都是大众认知度非常高的，全球顾客大多慕名而来购买。

笔者在上海老佛爷看到，店内品类覆盖主要是服饰、珠宝、箱包等，化妆品和食品比较缺乏。比起品类覆盖不够全面，更为严重的是，上海老佛爷店内品牌的大众化认知度不高。在上海老佛爷商场内，上述具有较高知名度的品牌几乎都没有出现，商场里大量开设的是小众化、设计师品牌的店。

公开资料显示，上海老佛爷百货引入一批欧洲小众设计师品牌，在店内的2—4层开设了汇聚时尚前沿的买手店——"EDIT"，由老佛爷百货的买手们挑选时尚设计师品牌，包括AMBUSH、NAMACHEKO、JACQUEMUS、LEMAIRE等，而这些品牌在北京老佛爷店都没有出现过。

推广设计师品牌本身没有问题，但问题在于大部分中国消费者对于老佛爷百货的期待还是在店内可以买到具有大众知名度的商品，而非小众品牌。尤其是不少曾经去过巴黎老佛爷的中国消费者，更希望可以在上海老佛爷店内买到熟知的品牌。设计师品牌的推广需要一个过程，目前大量的中国消费者还停留在认可和购买具有大众化知晓度的商品，而不是砸钱在小众化商品上。此前，上海高岛屋就有过类似的教训——引入不少日本优质的小众化商品，而中国消费者并不十分愿意买单。

所以，由此引发的第三大不同就是顾客群的不同。巴黎老佛爷有大量来自世界各地的游客，他们就是冲着这些耳熟能详的品牌来的，如果经营者认为上海老佛爷百货并非接待游客，而是定位本地中高端消费者，就要看看这些消费群体是否能接受大量的小众化品牌。

有人说，现在的"95后"消费者正在成长，他们喜欢个性化的东西，设计师品牌应该适合他们。笔者认为这种说法是成立的，但"95后"消费者还在成长中，成熟且具有消费力的"中流砥柱"消费群体是"70后"、"80后"和一部分"90后"。作为面向大众的百货业态，如果要引入大量设计师品牌，就必须有非常成熟的接受小众化商品的主流客群，很显然，目前这部分消费者在中国市场的占比还不够高。

与上述问题相关的第四大不同就是价格。巴黎老佛爷最大优势之一就是高性价比，请注意，并非绝对低价，而是性价比。根据笔者了解，比如某品牌同款手表在上海老佛爷的价格约1.3万元，而在巴黎老佛爷的价格为8 000元左右；一款法国品牌包包在上海老佛爷的价格为1000多元，而巴黎老佛爷的价格约为600元。可能你会说，巴黎老佛爷可以退税。没有错，但退税率也就12%左右，即便不退税，巴黎老佛爷的知名品牌商品整体价格也远低于中国市场上同款商品的价格。

在上海老佛爷店内，笔者粗略看了一下，大部分商品的价格都不菲——

衬衫T恤动辄1 300元左右、某品牌裙装基本都在3 500元左右、休闲鞋5 000多元、一把雨伞的价格为2 000多元……这样一来,老佛爷百货的价格优势完全没有了,而且这些高价商品有很大比例都是上述缺乏知名度的小众化品牌,这就更难以令普通中国消费者买单了。

直到笔者看到第五大不同——上海老佛爷是集中式收银,即品牌柜台不收银,由百货统一设置收银台收银;而巴黎老佛爷则是各品牌自行收银,笔者终于有些明白为何上海老佛爷与巴黎老佛爷会如此大相径庭了,原来与经营方式有关。

集中收银是联营扣点的体现,即品牌方缺乏独立营销和交易的权限,而是集中由百货运营者掌管。可见上海老佛爷百货的运营者具有较强的统一掌控力。公开资料显示,法国老佛爷百货在中国市场的合资伙伴是I.T,I.T与法国老佛爷以50∶50比例运作。而I.T是以集成品牌和买手制著称,这也就不难理解缘何上海老佛爷百货店内有大量小众化和设计师品牌了。而作为主要管理方,惯于统一化运作的I.T或许也更倾向于统一收银管理。

笔者注意到,随着百货业态的落寞,联营扣点模式已经逐步被淡化,大部分商场如今使用的都是各品牌独立收银的模式。

这几大不同,让笔者感觉,相比巴黎老佛爷百货,上海老佛爷百货更像是打着老佛爷百货名号的小众化品牌集成店,并一以贯之地实行I.T的统一化运作模式。其实,老佛爷百货引入中国市场当然可以因地制宜,并不一定要完全拷贝巴黎老佛爷模式,但根据目前中国主力消费群体对于小众化品牌的接受度和价格承受能力来看,上海老佛爷百货未来或许会面临诸多市场考验。

2019年3月27日

分享链接

"看门人"单霁翔在故宫留下了什么？

单霁翔，多年前当故宫陷入各种质疑时临危受命，他可谓是历任故宫博物院院长中最红的一位。单霁翔喜欢把自己称作故宫的"看门人"，而不是"掌门人"。

事实上，故宫也的确在单霁翔的管理下取得了前所未有的傲人成绩——2016年，一部《我在故宫修文物》的纪录片火了，豆瓣评分高达9.4分，也带火了故宫。随后，故宫通过自营、合作经营和品牌授权等方式，趁势推出9 170件文创产品。

公开资料显示，随着故宫IP市场增大，2017年，故宫网站访问量达到8.91亿；9款App下载量累计突破450万；书签、T恤、钥匙扣等文创产品销售在2017年达15亿元，该数字超过A股1 500家上市公司的营收。

如今，这位故宫的"看门人"退休了，敦煌研究院原院长王旭东将成为单霁翔的接任者。一时间，故宫能否延续单霁翔时代的红火？文创商品还能不能继续热销成为业界和游客们关注的话题。

在笔者看来，一个优秀的企业不在于其CEO究竟是哪个人，而在于合适的制度和经营理念的执行，如果这个企业可以一以贯之地实施正确和合适的策略，无论谁做CEO都可以延续企业的光辉岁月。

故宫也是如此，故宫的管理曾经墨守成规并出现过问题，单霁翔打破了这些成规，通过营销和网络化等方式让故宫与时俱进，让文物活起来，也就是说，单霁翔的一些策略可以延续，并且升级改进，故宫及其相关文旅商品自然可以继续火爆。

笔者总结了单霁翔的几大策略和思路。首先是对自身的了解，上任之初的单霁翔用了5个月的时间，走遍故宫1 200座建筑，9 371间房，穿破20多双鞋。这在历任故宫博物院院长中少有。很多业者口口声声说要做文旅、开发文创衍生品等，然而他们对相关文化、历史和项目内涵了解甚少，根本无法形成核心竞争力。迪士尼的衍生品之所以成功，最基本的原因就是迪士尼懂得打造内容和IP。相对而言，很多本土文旅业者缺乏IP。单霁翔身体力行地去了解每一件文物，就是对内容的了解，这对之后故宫打造一系列文物IP衍生商品至关重要。

第二，单霁翔懂得以开放的心态去面向市场。故宫作为世界上规模最大的古代宫殿建筑群，长期以来开放区域只占30%，186万余件文物藏品中的99%沉睡在库房，在单霁翔的努力之下，故宫开放面积由2014年的52%，在2018年达到80%以上。有了这样的开放心态，故宫旅游和文创商品的开发才能有机会去做创新。

第三，在开放心态下，单霁翔懂得与时俱进，抓住文创衍生品要依托IP打造消费者尤其是年轻消费者喜好的特点。比如故宫文物都是数百年、数千年的古物，很多年轻人不甚了解，总觉得这些物件与自己的生活相去甚远。但如果把故宫的IP——上至皇帝下至故宫的猫结合大家喜闻乐见的"萌萌哒"属性，一下子就可以拉近故宫文创与年轻消费者的距离。于是，"奉旨旅行"行李牌、"朕就是这样汉子"折扇等有着"皇帝也卖萌"属性的商品整体年营业收入可达数亿元。

第四，单霁翔通过网络化将故宫门票和商品销售推向高潮。公开数据显示，2011—2014年，故宫博物院网络预售门票比例仅为2%左右。2015年、2016年，网络预售门票比例分别达到17%和41%。2017年"十一"长假期间，故宫博物院首次实现全网售票，正式迈入博物馆全网售票时代。2017年，故宫网站访问量达到8.91亿，并把186万多件藏品的全部信息放到网上。同年，故宫文创产品销售达到15亿元。

如今，各地越来越多的博物馆开设了网络平台营销，一些博物馆开设的官方抖音账号获得众多粉丝，在这些抖音号上，千年古物都活了起来，用现代说唱来展示每一件古物的历史和故事，让人们轻松有趣地增长了知识，自然也就萌发了去博物馆一睹真品风采的想法和购买相关文创商品的欲望。

第五，要懂得结合传统文化进行营销。在单霁翔的策划下，今年正月十五，故宫举行了数百年以来的首次夜游元宵灯会，吸引无数游客前来观灯，也给故宫夜游开辟了新营销和新路径。这些古今结合的活动也让故宫重焕光彩。

单霁翔退休了，但如果能保留其策略和思路，并在此基础上进行升级，那故宫及其文创产业也会一如既往，甚至越来越好。

单霁翔说:"光荣退休,期待已久,但每天还会在故宫博物院走走,看看门。"希望有朝一日当单霁翔故地重游时会看到一个更好的故宫。

2019 年 4 月 10 日

分享链接

复仇者联盟的终局之战，
商家掘金的开局之机

最近有个词很火，叫"首映自由"，意思是说要看一场电影的首映，得财务自由才买得起票。

这个电影说的是即将在4月24日上映的《复仇者联盟4：终局之战》。根据笔者对各大院线的观察，零点首映巨幕场的票价从200多元至400多元不等，甚至还有电影院出现了高价"皇帝位"——巨幕场中间靠后排的黄金位置。

更有黄牛开始出售"皇帝位"票，一度叫价达1000多元。有消息称，北美粉丝更疯狂，在eBay网站上，有个卖家挂出2张《复仇者联盟4：终局之战》票，标价共25 000美元，折合成人民币逾16万元。难怪有网友戏称"首映自由"。

高票价的背后是供不应求的观影市场，尤其是零点首映巨幕场。中国内地的上映时间早于北美，很多观众抱着成为该电影的全球第一批观影者的心态去抢票。且近期还未出现票房"爆款"，这也让观众的消费力借由《复仇者联盟4：终局之战》"井喷"了。

在笔者看来，除去黄牛票的抬价成分，各大院线的挂牌价有不少场次都超过200元甚至300元，可见市场的接受度和需求度之高。进一步说，这也是迪士尼麾下的漫威"十年磨一剑"的商业伏笔。这么多人愿意买单，不仅是为了在首映时晒一下自己成为全球第一批观众，更重要的是多年来伴随着自己一起成长的IP——这些漫威英雄聚集到一起，且进入最终的大战。这场"终局之战"后，这些英雄或许以后就鲜少再出现于大银幕了，不但是故事到了尾声，也有一部分原因是有些演员合约到期或其他因素等。这把漫威粉丝或普通观众对于复仇者联盟这个"英雄组织协会"的内心情结推向高潮。

可以打造这样强大的IP力量，漫威这么多年的努力功不可没。《钢铁侠》第一部于2008年上映，算起来距今已经11年了。同时，《绿巨人》《美国队长》《蜘蛛侠》《蚁人》《雷神》等也纷纷登陆大银幕，在第一部获得成功后，这些电影又陆续制作第二部、第三部等系列，但漫威并未就此满足。当大部分主要英雄都登场、观众对他们的各自经历和人设有一定了解后，把这些英雄聚集起来的《复仇者联盟》出现了，观众在感叹各自心中的英雄联手打怪是多么振奋人心的同时，迪士尼的商业逻辑也逐渐清晰——每个漫威英雄有各自的粉丝群体，可以覆盖不同的观众，单个英雄的电影上映相当于培养粉丝群，有了一定粉丝基础后，将英雄们聚集起来，覆盖各个不同群体的观众，无论你喜欢哪类英雄，"复仇者联盟"总有一款适合你。

而《复仇者联盟》系列也出了4集，期间更多的英雄登场，如神奇博士、黑豹等，为了能解释清楚《复仇者联盟4：终局之战》中逆转大局的操作，在《复仇者联盟4：终局之战》上映前，今年3月，迪士尼赶紧推出了《惊奇队长》，因为这位女英雄是逆转之战的关键人物。

由此可见，漫威作为迪士尼旗下四大品牌之一，差不多耗费10年时间下了一盘"一环扣一环"的大棋，《复仇者联盟4：终局之战》既是高潮也是大结局，漫威粉丝们也从孩子成长为成年人、年轻人步入中年。这种内心的英雄情结和十多年岁月的积淀，怎么能不在《复仇者联盟4：终局之战》这部电影上映时释放？

抓住终局之战的上映时间点，迪士尼还非常精准地看到了中国市场的消费潜力。于是非常适时地在电影上映前于上海进行电影主题特展，特展上创造了包括钢铁侠、美国队长、雷神、浩克、黑寡妇和鹰眼在内的这六位英雄的中国风脸谱，这些中国风脸谱由中国艺术家设计，乐高大师打造。4月18日，迪士尼在上海举行《复仇者联盟4：终局之战》的影迷盛典。据悉，"美国队长"克里斯·埃文斯、"雷神"克里斯·海姆斯沃斯、"鹰眼"杰瑞米·雷纳、"蚁人"保罗·路德拟出席宣传。在4月17日的发布会上，"雷神""鹰眼"和"蚁人"悉数到场为电影宣传。

相比之下，复仇者联盟的"竞争对手"DC系列英雄（超人、蝙蝠侠等）的单个人物知名度和正义联盟的电影普及度在中国市场都不如漫威系列高。且DC系列电影在中国市场的上映也不如漫威来得紧凑和具有逻辑感。

极强的多年IP和粉丝积累让"复仇者联盟"拉动各类相关经济。首先当然是票房，这部电影上映前11天预售票房破1亿，创中国电影市场新纪录。截至笔者发稿时，猫眼平台显示的预售票房已约3亿元，占据物料、微博和百度热度榜的首位。IMAX更是打出"可以多看26%画面"的口号吸引大量观众购买相对高价的巨幕电影票。而与观影相关的餐饮、交通甚至是购物等其他消费也会被带动。据猫眼数据计算，今年一季度的总票房（186亿元）相比去年一季度（202亿元）下跌将近8%，《复仇者联盟4：终局之战》是各大院线非常期待的一剂"强心针"。不仅如此，与复仇者联盟相关的衍生品会长期获得收益，即便电影下档后，粉丝经济效益会持续，且以英雄为主题的衍生品客单价明显要比主打儿童和女孩市场的迪士尼公主系列高。

　　"复仇者联盟"的终局之战其实是商家们商机的开局。值得注意的是，根据计划，《阿凡达2》将在明年上映，或许届时又会出现抢购首映票的情况，巧合的是，通过对21世纪福克斯的收购，《阿凡达》这个IP也归迪士尼了。

2019年4月17日

分享链接

日本全家与顶新纠纷后，加盟商的未来猜想

最近，零售业界最受瞩目的事情就是日本全家与顶新集团的风波了。

原本双方是授权合作关系，日本全家授权顶新集团在中国市场发展全家便利店，然而因经济纠纷，双方对簿公堂，日本全家称顶新试图将品牌使用费从1%降至0.3%或更低，称顶新集团已7个月未缴纳授权费，因此希望终止双方合作。

顶新方面则表示，日本全家在近期发布的声明内容与事实有所出入，恐使外界产生误解，日本全家近日对此事件的一系列声明，顶新集团认为并不是妥适的做法。双方的交涉应参照国际上的商务惯例进行。

在笔者看来，这场纠纷说到底就是在双方的合作中发生了利益分歧，比如进入盈利期后，双方如何分配利润，还有一些相关费用等问题。虽然此前必然都有合约，但很显然在实际执行的过程中并没有让双方都满意，日本全家认为顶新集团缴费少了，顶新集团则认为自己并没有少交费用。且双方在具体的经营管理方面也存在一定的理念分歧。

目前的进展是日本全家败诉了。然而这并不代表这一纠纷就此结束了，因为根据业内授权合约的一般规则，合作期限大约是20年，以此推测，在几年内，双方即将进入合约结束时间，而有过如此大的矛盾后，双方的续约似乎存在一定的难度。

于是，问题来了——如果双方没有续约，日本全家相当于收回了"全家"品牌的使用权，如今在顶新集团的经营发展下，中国市场约有2500家全家便利店，其中有75%—80%都是加盟店，这些门店都是交了费用，且在很大程度上冲着"全家"品牌和体系而来的，如果日本方面在未来收回品牌使用权，这数以千计的加盟店该何去何从？笔者认为，有以下三种可能。

第一种可能是加盟商继续与顶新集团合作，但是撤换品牌，这对消费者的品牌认知度会有影响，毕竟全家已是知名品牌，顶新集团如果再打造一个

新品牌则需要投入巨大的营销成本，且培育数年才有可能见效。目前，全家有不少日系商品，一旦日本全家与顶新集团不再续约，则后台供应链、货品等都会发生变化，加盟商需要在后台货品管理方面做全面的调整。

好处在于，这些现有的加盟店占据了不错的商业地理位置，持续经营应该有位置和客流优势。而且顶新集团也有打造自有商品和自建供应链的能力，可以在一定程度上维持加盟商的经营。

第二种可能则是加盟商结束与顶新集团的合作，改与日本全家签约合作。如此一来，品牌的使用是没有问题的，供应链和货品也全面使用日系模式。但如何操作"改嫁"是一件有难度的事情，因为加盟商与顶新集团的合约中对于双方的合作和权益都有细则规定，而且一些相关的证照、许可文件等应该都在顶新集团手中，如果要"拗断"与顶新集团的合作，则会有不少掣肘和制约。

对于日本全家而言，如果真的结束与顶新集团的合作，则纠纷停止，两者从合作伙伴变成了竞争对手。接下来日本全家需要依靠自己的力量在中国市场一家一家开店，这是非常有难度的，毕竟，一线城市的选址越来越困难，且各类成本高企，要快速进入盈利是不太现实的。所以，收编现有的加盟商是个捷径。然而，要让加盟商先"离婚"再"改嫁"，其中的纷争、手续、合约处理等并非易事。

第三种可能是加盟商结束与顶新集团的合作，改与其他便利店品牌合作。这里有一个微妙的差别，同样是"改嫁"，从顶新集团的角度而言，如果加盟商一定要重新选择，与其"嫁给"日本全家，还不如"嫁给"其他竞争对手，感受上略好一些。因此，加盟商"改嫁"其他便利店品牌的难度或许要小于"改嫁"日本全家。

中国连锁经营协会近期发布的《2018年中国连锁百强》报告显示，2018年，便利店百强企业销售规模同比增长21.1%，门店数量增长18.0%，新增门店11 944家，占百强新增门店总数的62.5%。加盟是便利店门店拓展扩张的主要方式。2018年百强新增门店的加盟店占比超过三分之二，加盟店的平均投资回报期为23.3个月，比上一年略有缩短。

由此可见，便利店正飞速发展，也意味着竞争加剧，拓店的难度加大，优质选址会越来越少。如此背景下，如果有大量的加盟商要改头换面，加入其他品牌便利店，笔者相信，其他品牌便利店都会极度欢迎这些加盟商。不过这样一来，顶新集团和日本全家的压力就都变大了，因为原本的这些合作伙伴突然都变成了竞争对手。

综上所述，对于日本全家和顶新集团，尤其是数以千计的加盟商而言，续约合作是相对损失最小的方式，且大家也不用太折腾。但续约谈判的难度在于，双方在新合约中的利益分配能否一致，大家都要考虑收支平衡与一旦结束合作后的市场格局变化评估。这是一场才刚刚开始的博弈，加盟商和其他同业者都在静观其变。

2019 年 5 月 27 日

分享链接

永辉与腾讯的新零售"豪华朋友圈"

经过数月的筹备,日前,由永辉超市、屈臣氏集团(麾下百佳超市)和腾讯三方联手打造的"百佳永辉 Bravo"超市首家门店开业,这也是继去年 10 月三方宣布成立合资公司后开出的首家门店,也标志着新成立的百佳永辉合营公司正式迈向市场。

笔者注意到,这已经不是永辉和腾讯第一次携手了,从腾讯入股永辉超市开始,两者已经悄然布局了一个新零售的"豪华朋友圈"。梳理公开资料可见,从张轩宁和张轩松创办 2001 年"农改超"政策推动了永辉雏形的诞生,从培育自身农产品采购团队开始的一系列供应链战略成为后期门店得以快速拓展的重要资源。2010 年进入资本市场时永辉超市的门店数量在全国还只有 156 家,此后,永辉超市不断加速扩张,其空间布局从 5 个省、市上升到 16 个省、市。

引入各类资本后,永辉超市开始尝试各种新业态,比如超级物种。永辉创始人之一张轩松曾经指出:"这个时代有很多非常时尚的词:物种、基因、分享、生态。永辉作为实体企业,我们结合这个时代对这几个名词做个解释。永辉做了一个新的商业模式超级物种,是以新时尚轻奢餐饮来组建,是'餐饮+超市+互联网'的商业模式。目前主要以"80 后"和"90 后"为消费主体,这个商业模式我们在整个行业内成为比较有影响力的一个商业模式。超级物种的核心点是基于永辉整个资源平台的支撑,我们在寻求物业的时候有比较好的品牌优势。最核心的一个是我们合伙人体制的优势,其实,里面是多个物种品类集合在一起的,是一个年轻人组织创业的平台。"

在之后很长的一段时间内,这个结合了"餐饮+超市+互联网"商业模式的超级物种被用来和阿里系的盒马对比,也成为被业内津津乐道的"新零售试验田"。

永辉超市的变革之心非常明显,这也促使了其与腾讯的牵手。此前,腾讯对永辉超市股份有限公司控股子公司永辉云创科技有限公司进行增资,取得云创在该次增资完成后 15%的股权。而腾讯入股永辉仅仅是第一步伐,不久之后，腾讯与永辉共同投资了家乐福中国市场业务，战略合作将结合家乐福的零售专业优势与腾讯的数字化技术与创新能力，家乐福将提升其线上曝光率，提高线上与线下零售业务的流量，并利用腾讯的数字和技术专长开发全新的智慧零售项目。

于是乎，腾讯与永辉变成了两个"一致行动人"。去年，永辉超市、屈臣氏系的百佳中国和腾讯合资设立一家企业，并将永辉超市持有的广东永辉和深圳永辉的股权，以及百佳中国持有的广州百佳、江门百佳、东莞百佳的股权和部分现金置入合资公司。该合资公司旗下所有店铺均使用"百佳永辉"品牌。永辉超市、百佳中国出资股权的价值分别为6.22亿元、5.02亿元，占比分别为50%、40%；腾讯投入现金1.25亿元，占比10%。

百佳超市在广东省内共拥有54家分店，截至2018年上半年，永辉超市在广东省的门店共计48家，其中13家绿标店、5家红标店、21家永辉生活、9家超级物种。整合后的"百佳永辉"成为广东超市业态的巨头。日前开业的"百佳永辉Bravo"超市首家门店就是这一新品牌的落地项目，而在未来，消费者应该会看到更多的"百佳永辉"。根据规划，"百佳永辉"的门店将以"百佳永辉Bravo"及"百佳永辉TASTE"双品牌营运。

再进一步看，腾讯和永辉除了家乐福、百佳等，还拥有一群"豪华朋友圈"，2018年12月，永辉超市斥资35亿元拿下万达商管股权，在此之前还售出永辉云创20%的股权；永辉超市还拟持有中百集团不超过40%的股份，更早之前，永辉则与上蔬集团进行过合资合作。值得注意的是，永辉的主要股东中还有牛奶国际，牛奶国际经营万宁和华南市场的7-11便利店等，也是零售圈的巨头之一。

笔者认为，从永辉的角度而言，从区域零售商走到今天，经过自己的一路开拓和资本推动，其实现全国布局和新零售业务的提升，有了腾讯的加持、流量入口和一群零售圈的"豪华朋友阵容"资本合作，对其未来的线上线下发展大有裨益，永辉超市今年一季度净利润11.24亿元，同比增长50.28%。

从腾讯角度来看，实体零售并非其专长，但在新零售时代必须抢占线下市场，实现场景化消费，而不能一味依托在线购物。相比阿里系的中心化战略，腾讯系更喜好的是去中心化战略，让加入生态圈的企业通过为平台提供价值而获得用户回报。在腾讯与永辉的诸多合作中都可以见到，永辉一直都有很大的自主权和业务发展自由度，这也促使了永辉的零售版图一步步扩大。

当然，在发展过程中也必然会经历风波——在得到腾讯投资后，市值已经超过700亿元的永辉超市，在去年年底，由于创始人张轩松和张轩宁兄弟在公司的发展方向上存在不同意见，对于永辉云创的定位等方面均有着不一样的看法，两人经过考虑签署了《关于解除一致行动的协议》，外界将此举解读为"分家"。未来，腾讯与"分家"后的永辉将有些怎样的一致扩张之举，还需拭目以待。

2019年6月16日

分享链接

《哪吒》大火,周边衍生产业亟待发展

一个学医出身的动画导演饺子,在缺乏资金和人工的情况下,凭借自己的坚持和毅力,硬是打造出一部爆款动画电影《哪吒之魔童降世》(下称《哪吒》),上映10天不到,票房已破20亿元,这几天,该电影的票房还在持续增长,截至8月6日中午12时,票房已超25亿元,业内预测《哪吒》票房有望突破40亿元,这些数字都打破了本土动画电影的纪录。

然而,在《哪吒》票房大火之后,系列周边却并未跟上。也就是说,一部本土动画电影好不容易成功后,其收益几乎都是单一化依靠票房,几乎没有衍生品收入。打造一个IP非常难,要获得市场认可更难,而难得成功后却没有跟进任何衍生品周边,这是非常可惜的。

相对而言,美国动画和日本动画可以大量开发周边衍生品,比如迪士尼大量收益来自衍生消费品,其消费品业务涵盖玩具、服装、家居用品、数字游戏和手机应用程序、出版物、迪士尼商店以及shopDisney电商平台等。日本不少动漫也都可以热销公仔玩具,以漫画家宫崎骏系列动漫为主题的久石让"天空之城"音乐会长盛不衰。

上述这些都是在电影播出后票房之外的收益,为何中国动画电影难以开发这些衍生和周边?

笔者了解到,要配合电影开发周边,需要一个完整的工业化体系,从电影剧本的最初创作开始,就要一并开始做衍生品开发的策划,而不是等到电影上映后再考虑。以迪士尼为例,一部电影的剧本创作至关重要,其编剧团队会耗费大量时间创作和修改剧本,在剧本和主要人物确定后,开发消费品的负责人员就会参与编剧和创作团队研讨,在电影制作初期就一起决定,哪些人物适合开发做周边,以什么样的人设形象和品类开发商品,其间还要做反复修改。迪士尼内部将虚拟人物IP分为男孩组、女孩组、幼儿组和成人组等,以此分别对应设计商品。从定人设、研发、开模到反复修改最后成型,一个衍生品的周期可达18个月。

由于对整体产业链的把控力强,迪士尼通常可以知道一部电影上档的时间，按此时间推算，迪士尼会按进度，在电影上映的同时开始销售周边商品，极大地拉动了衍生品收益。一件商品一旦被打上迪士尼 IP 的烙印，则价格可以是同类商品的 3—5 倍。根据迪士尼方面透露，在 2018 年，迪士尼在中国市场上可以做到每秒钟售出 66 件商品，复仇者联盟款 5 000 台手机在 7 秒内售罄，松松系列玩具一年销售的毛绒公仔可以从上海排到北京。

再来看本土动画电影，无论是此番爆红的《哪吒》，还是之前口碑与票房俱佳的《大圣归来》《大鱼海棠》等，几乎都没有跟上太多周边商品，根本原因就是缺乏工业化体系，本土动画制作的同时，没有专门开发衍生品的团队同步跟进。而且并非所有人物和场景都适合开发周边，这需要衍生品团队与内容创作团队紧密配合，在剧情、人物创作的最初就按照适合周边消费品开发的方向来设计。本土动画制作团队缺乏专业衍生消费品开发人员的参与，等电影上映后再去考虑周边商品的开发存在两个问题：一是来不及，毕竟，商品开模和批量生产都需要时间；二是并非所有人物和场景都适合开发周边，未经专业设计难以开发优质周边商品。

同样的情况也体现在配乐方面。迪士尼可以做出《狮子王》《美女与野兽》这些经典音乐剧，久石让的宫崎骏主题动漫音乐会常演不衰，都是因为在动画电影制作的同时，有专门的音乐家以长达数年的合作来专门为动画电影配乐，可以说是全程定制，所以才会在电影下档后，其电影音乐被制作成音乐剧、演奏会、出版物等产生衍生收益。

本土动画电影的制作是作坊式——师父带徒弟，缺乏配乐等专门团队的整体产业化配合。动画制作或配乐都是以分别外包的模式进行，制作团队更像是一单一单接活儿的小作坊，而不是全程跟进、充分理解剧情的整体团队，所以也就比较难产出优质的电影音乐剧或演奏会这样的高端衍生品。比如《哪吒》有 1 300 多个特效镜头，分别由 20 多家中国特效工作室的 1 600 多名员工分工完成。

再进一步说，为何本土动画电影不能做到整体团队制作，衍生品开发和配乐等专业团队全程跟进呢？归根结底是缺乏资金。迪士尼、梦工厂这类公司制作一部动画电影所耗费的资金和人力是巨大的，本土动画产业很难获得资本青睐。电影产业的一个特性是，能否成功是要等上映后才知道，难以预测市场反映，耗巨资打造的作品可能收效甚微，而小制作电影有时能获得满堂红。

鉴于难以预测，很多资本都不愿意投入高风险的电影产业，去年以来，整个影视产业陷入了行业寒冬，资本大撤退。光线传媒董事长王长田曾经对记者表示，从 2016 年影视行业上市公司市值高峰到现在，整个影视行业上市公司市值平均下跌 72%，现在影视公司市值只有鼎峰时三分之一不到，这种情况下资本是无法进入的，导致大量影片找不到资金去拍摄。

  优质的动画电影耗时很长，比如《大圣归来》共耗时 8 年，仅制作周期就达 4 年。《哪吒》耗时 4 年才完成，资本方通常需要快速投资回报，没有耐心等待这么长时间，这就更使得本土动画电影缺乏资金支持，继而难以请到衍生品研发和配乐等整体团队全程跟进。本土动画电影的工业化体系建设和周边衍生品经济发展，任重而道远。

2019 年 8 月 6 日

分享链接

从迪士尼模式看文化产业如何持续经营

从 1923 年起，华特·迪士尼来到好莱坞开启文化事业，迪士尼公司就以一只老鼠打造了巨大商业版图。就在最近，笔者参加了迪士尼 D23 Expo 全球大会，直观地感受了一个文化产业公司如何持续几十年经营的商业秘密。

迪士尼是依靠做电影内容起家的，内容为王是迪士尼的基础，因此，我们看到迪士尼打造了一系列 IP，这些 IP 主要分为四大系列——迪士尼、皮克斯、漫威和星球大战。迪士尼打造一个故事往往要耗费数年时间，一个剧本改写几十遍甚至推倒重来——比如《疯狂动物城》就是写到一半又改了故事架构，这样的事很多。

要创造一个成功的故事还不是最难的，难的是持续创造。从 1923 年开始的黑白电影、彩色动画片、真人电影到 3D 系列，迪士尼一直在持续创作。迪士尼电影分为迪士尼真人电影和动画电影，《狮子王》在 20 世纪 90 年代以二维动画的形式出现，大受欢迎，而再一次出现则是近期真人版《狮子王》；其动画电影在这几年颇受欢迎的作品是《冰雪奇缘》，这是迪士尼的原创，在第一部卖座后，《冰雪奇缘》即将推出第二部；而皮克斯则一直在打造新电影，包括《玩具总动员》系列和全新原创新片《Onward》；20 世纪 70 年代就上映的《星球大战》持续创作了几十年，未来还将上映最新的《星球大战：天行者崛起》；漫威则即将推出《黑寡妇》和《黑豹2》等新作。

这种持续的创作达到的效果是长期吸引观众，继而转化为消费者。在 D23 Expo 大会现场，笔者看到从坐着婴儿车的幼童到白发苍苍的耄耋老人，都会来参会。潜移默化，影响至深。

当下很多影视剧作品，可能成为一时的爆款，却很难长期延续，互联网时代的选择众多，新作迭代太快，如果缺乏持续创作能力，很容易被淘汰。

有了持续创作的内容，接下来迪士尼则是运用科技手段来把故事的呈现做到极致。比如《疯狂动物城》中的动物毛发效果是一根一根制作的，在此次与《冰雪奇缘》的主创、华特·迪士尼动画工作室首席创意官珍妮弗·李（Jennifer Lee）的交流中，笔者了解到，制作该片时为了打造更好的雪花效果，工作室特意开发了一款软件。当然，《冰雪奇缘》也创下12.7亿美元的全球票房，成为史上最卖座的动画电影。

笔者看到，如今市场上有太多的电影采用"五毛特效"，本土动画片《哪吒》的火爆，除了做到故事优质之外，其特效也是非常用心，这也是迪士尼和这一类成功业者的共同点。

迪士尼的生意不仅限于电影，衍生品也是很重要的一部分。迪士尼从构思剧本时就开始对衍生品进行同步开发，对于既有项目要做同步更新。比如，迪士尼两大实体衍生品就是主题乐园和邮轮，其主题乐园始终都在投资扩建，包括日前刚刚宣布的在奥兰多华特·迪士尼世界新纪元乐园（Epcot）主题园区中，将计划新建《海洋奇缘》主题的游乐设施——"Journey of Water"。在加州迪士尼乐园和巴黎迪士尼乐园度假区将打造全新的复仇者主题园区——Avengers Campus。而上海迪士尼乐园正扩建"疯狂动物城"主题园区。迪士尼邮轮方面则将新增邮轮"WISH"号。

这些耗资巨大的项目，在经济学上来看就是主题公园的价值曲线又会上升到峰值。主题公园的高峰通常出现在开园初期，然后就会下降——因为缺乏新鲜感。只有不停地扩建新项目才能吸引游客，增加回头率。而迪士尼、环球影城这类业者正是因为不断创造IP，然后将系列IP持续打造新的落地项目，使线下主题乐园、邮轮等始终处于有新亮点的状态，这样才能吸引游客反复游玩。用华特·迪士尼的话来说，就是"只要幻想存在于这个世界，迪士尼乐园就永远不会完工"。

笔者注意到，不少经营不佳的主题公园就是缺乏IP，技术上难以达到沉浸式体验感，也很少持续打造新项目，最终难以维系业绩。

当然，除了这些内容、技术和衍生品的扩展，要持续将文化产业做好还要与时俱进。互联网时代，传统业者都会遭遇挑战，迪士尼也不例外，多年前，迪士尼先看到了动画电影必将从二维时代走向三维时代，于是，其通过收购皮克斯完成了对三维动画的迈进；随后收购的漫威则是扩大了成年消费者的覆盖面；最近，迪士尼流媒体平台"Disney+"将于11月12日在美国及加拿大正式推出，之后会陆续登陆其他国际市场，最终计划覆盖全球大部分地区。此前，迪士尼与奈飞合作，但迪士尼发现需要自己掌握更多的互联网消费者终端和大数据，于是通过对"Hulu"的收购和"Disney+"的建设，来掌握线上业务主动权，抓住更多年轻消费者。

迪士尼当然也会遭遇挑战和难题,但持续做好内容,依托科技做好效果,同步开发衍生品和落地项目,并且适应时代变化,掌握主动权等,这些都是持续打造一个文化产业公司所需要具备的能力,也是值得业界思考和借鉴的。

2019 年 8 月 28 日

分享链接

为什么便利店都爱卖咖啡？

最近,"隐形"便利店巨头——中石化易捷联合连锁咖啡发布了全新品牌"易捷咖啡",宣布推出多款咖啡产品,首批落地苏州9家中石化加油站,采用"外送+到店消费"的模式。易捷咖啡还在2公里内支持配送。

之所以说中石化易捷是"隐形"便利店巨头,是因为大家比较熟悉的品牌是全家、7-11、罗森这类,但很多人可能没有意识到,依托加油站开设的中石化易捷的门店布局规模远超过上述耳熟能详的便利店品牌。

根据2018年中国便利店TOP100榜单,中石化易捷便利店门店数以27 259家的成绩位居榜首,遥遥领先。而全家、7-11分别排名第七位和第十位。中国石化最新披露的数据显示,截至2019年6月30日,易捷便利店的门店数已经增长为27 362家。

一个零售终端推出一款咖啡本身不算大事,但如果这个零售品牌的网点规模巨大,其影响力可就不小了,更有意思的是,根据笔者多年的观察,全家、7-11、便利蜂等多个便利店品牌都陆续推出了现磨咖啡业务,大多采用阿拉比卡咖啡豆,价格则在10—14元左右。如今中石化易捷也选择同样的策略,在笔者看来,这些便利店业者做出"同款举措"自有其背后的商业逻辑。

第一,如今都讲究体验式消费,很多购物场所提供的不仅仅是商品,还需提供服务,尤其是体验式服务,比如罗森在部分门店设置健身设备来吸引白领锻炼身体、家乐福Easy等业者则都在门店空出相当面积的区域作为就餐和休息用途。售卖咖啡也是提供附加服务和体验式产品的一种。尤其对于开设在商务区的便利店而言,出售咖啡是契合商务消费人群的。而中石化易捷的门店一般开设在加油站这类交通枢纽和休憩区域,其实也是人们补充食物的中转站,在美国的加油站便利店内,提供咖啡和简餐几乎是必备服务。

第二,便捷。便利店,顾名思义就是开设在地理位置便利之处,随着咖啡消费的增加——全家在2014年推出湃客咖啡时,当时的咖啡市场还没有那么成熟；到2016年，全国约有900家全家门店贩售湃客咖啡，当年销售的杯数超过1 000万杯；2017年大概是2 000万—2 300万杯；截至2018年年底，全国有2 300家全家门店贩售湃客咖啡，2018年全年销量累计达5 000万杯。《2019—2025年中国咖啡行业市场供需预测及发展前景预测报告》显示，2018年中国人均咖啡消费量为6.2杯，随着人们生活水平的提高和对咖啡文化认知程度不断增长，加之巨大的人口红利，刺激国内咖啡消费，预计到2019年年末，中国人均咖啡消费量达7.2杯；到2023年，达10.8杯。

这些数据都足以见到消费者对咖啡有越来越强烈的需求，但星巴克、COSTA的门店数量肯定不会比动辄数千甚至上万家的品牌连锁便利店多。因此，作为即时消费品，在便利店购买咖啡肯定比在专业咖啡店购买方便。

第三，高性价比。可能有人会说，虽然方便，但是便利店出售的咖啡口感应该比不上专业咖啡店吧？是的，可是品牌咖啡店的咖啡基本都在20多元至30多元一杯，有些可能更贵，而便利店的咖啡基本都在10元左右一杯，这样的价格优势自然会让消费者觉得性价比非常高。

第四，咖啡售卖给便利店带来的客流增加。上述三点都是在说咖啡本身，但咖啡在便利店的售卖其实是为了增加一个消费场景，来吸引更多的客人进店，继而引发其他消费可能，提升客单价。比如喝咖啡的同时，有些消费者会考虑再买些点心。

第五，吸引客流不仅仅表现在实体店，更重要的是体现在会员的数量和黏性的增加上，尤其是通过线下的咖啡消费场景来向便利店线上会员导流，甚至以一些咖啡优惠或赠送活动来吸引新会员。比如全家采取集享联盟积分，很多线上、线下的活动可以通过咖啡这类产品连接起来。

第六，便利店售卖咖啡，最根本的还体现在互联网思维和盈利模式。其实，究竟是卖咖啡还是卖其他商品，都只是表现形式，关键是通过一个消费者热衷的商品来做互联网平台生意——对于业者而言，只要自身的网点足够多，规模足够大，就可以依托自己的优势去创造一个消费场景，这个消费场景的营收可以作为零售企业的增量，而该消费场景所带来的其他消费拉动以及相关合作会有更多的效应。比如全家推出风格类似咖啡馆的"湃客咖啡角"，打造"外带+到店享用"的复合式场景，之后，湃客咖啡加大了与饿了么、美团等第三方平台的合作。这都将便利店与电商和其他相关平台联动起来，构成一个新的消费圈，而这些则都是一杯咖啡所引发的消费提升。

2019 年 9 月 10 日

分享链接

景区"二消"的商业秘密

　　如今的景区开发、旅游地产投资甚至是主题乐园的扩建等都越来越火热，然而纵观大部分的本土景区，收入结构依旧是以门票为主，除此之外的二次消费（业内简称"二消"）占比却非常低。曾经有公开数据显示，中国本土旅游景点的二次消费在整体收入中的占比不到10%，不少景区的该数字甚至低于5%。

　　随着消费升级，更多的游客现在对于旅游的体验追求已经越来越多样化，并且讲究精神层面的欣赏，而不是简单地到一个地方拍照留念就算"到此一游"了。这样的需求也就意味着旅游业者开发二次消费的商机来了，但是如何开发"二消"产品，投资回报率如何，这些或许都是很多业者所困惑的。

　　笔者认为，首先要拓展"二消"商机，要从与旅游最相关的几个产业入手，如我们一直在说的"吃、住、行、游、购、娱"，所以，餐饮、住宿、购物和娱乐是最应该被结合旅游景区来开发的。餐饮和住宿的开发比较容易做到，但随着消费者多样化和个性化的需求，业者在开发食宿项目时不能简单地做一家餐厅或开设一家酒店，而是需要结合景区的历史文化背景来做当地特色的菜肴和民宿、酒店等，这会增加消费者的体验感，使其更愿意主动买单。

　　不过，开发购物的"二消"说起来容易，实则有难度，海外那些主题景点之所以有过半占比的收益来自"二消"购买，那是因为其商品紧密结合了IP，这需要事先耗费大量资金和人力、创意等打造内容，如迪士尼和环球影城等。对于很多缺乏故事内容的本土景区而言，打造IP绝非易事。

　　是否就不能开发旅游购物了呢？当然不是！旅游购物中非常重要的板块包括文创产品，通过结合当地文化和大好河山风光，可以借由艺术家的创作，制作大量代表当地文化特色的旅游商品。目前，很多景区所售卖的旅游纪念品千篇一律，毫无研发技术可言，10年间卖出来的纪念品就那几件，而且还丝毫不能代表当地特色，因此，业界必须解决这一痛点。

　　再就是景区娱乐与夜游结合。如果人们到了景区除了看风景，就没有其他项目可以互动，自然在天黑前就离开了，这样就不会有过夜游客，更谈不上住宿等二次消费。因此，娱乐的"二消"开发很重要，比如景区的演出，其实在大型山水实景表演《印象刘三姐》出炉后，很多景区已经意识到夜间演出对于过夜游客的拉动效果很明显，于是，《又见敦煌》等"又见"系列纷纷被打造出来。

要制作一系列优质的演出并不简单，所以，在景区植入可复制且易操作的"二消"娱乐项目很重要，这类项目还可以增加夜游人数。比如一些相对低成本投入的户外互动游戏、密室逃脱等。尤其是密室逃脱，非常讲究团队配合，也很适用于企业大客户进行员工队伍建设时使用，这会使得景区增加大量公司客户。有部分业者透露，一些简单的密室项目投资在十数万元至数十万元不等，根据目前的市场情况来看，不少项目一年左右即可回本。且这些互动和密室游戏项目大大延长了游客的停留时间，完全可以拉动夜游和过夜的二次消费。

同时，如今更多的消费者注重的是"二消"的体验式感受，他们更愿意为良好的体验感和服务买单，旅游是一段美好的经历和回忆，因此，需要景区业者在开发二次消费产品的时候非常注重服务和体验感，即便是实体商品，也需要给消费者浓重的体验感，而这种沉浸式的感官需求十分需要技术和文化内涵的支持。

以迪士尼乐园为例，其在平时售卖的门票和装饰是标准版的米老鼠造型，而到了特殊节日则会在门票图案和造型上做出变化。甚至在电影《冰雪奇缘2》上映前夕，其特意打造了真冰制作的活动邀请卡等。在迪士尼公司内部流行一句话，叫作"用心娱乐"。这就体现出在研发消费品时必须用心去体会，让消费者有沉浸式体验感，比如当你拿到门票、邀请函的一瞬间，你已经感觉到身临其境，你自然很愿意为相关商品买单。

如今很多产业都可以跨界合作，因此，在研发景区二次消费的时候也可以充分考虑这一点。比如一些自然生态景区可以结合农业种植，让游客参与种植并研发植物类商品，游客甚至带着自己制作的产品回家。有些景区则可以与教育产业相结合，比如一些与科技相关的场馆可以做一些科普学习项目，这些都可以拉动二次消费，增加景区收益。

总之，可以拉动景区二次消费的方式和形式多种多样，关键是业者需要用心经营，了解消费者需求，不要再盲目投资，不要再做千篇一律的产品。

业者应该根据自身特点，结合当地文化元素来满足消费者的精神愉悦感，那么游客自然愿意进行二次消费。

2019 年 11 月 21 日

分享链接

三、推本溯源

李溯婉 | 2000年大学毕业之后从事财经媒体工作至今。2004年加入《第一财经日报》，现任汽车频道副主编。"推本溯源"专栏主要是通过观察分析汽车产业最新发生的事件，追溯其背后的故事或商业逻辑。
lisuwan@yicai.com

宁德时代赢了比亚迪却遭四面埋伏

当传统燃油车愁云惨淡时，新能源车却阳光明媚，与2018年首次陷入负增长的中国车市背道而驰。

中国汽车工业协会最新发布的新能源汽车产销数据显示，2018年，新能源汽车产销分别完成127万辆和125.6万辆，比上年同期分别增长59.9%和61.7%。作为新能源车的重要零部件，动力电池托了新能源车快速增长的福，正一路向前。据高工产研锂电研究所（GGII）的统计，2018年我国动力电池装机总电量约56.98 GWh，同比增长56%。宁德时代和比亚迪都实现了增长，但宁德时代跑得更快，继2017年之后又一次跑赢比亚迪，以23.52 GWh的动力电池装机总电量拿下第一，在动力电池装机总电量占比与去年相比上升12.23%，而比亚迪是11.44 GWh，占比上升4.54%。

寡不敌众，这是比亚迪被宁德时代赶超的理由。虽然比亚迪从2018年起开始对外开放电池业务，并牵手长安汽车，但真正要走出此前封闭的模式需要过程。比亚迪的电池在去年基本还是自给自足，配套自己的装机数量是22.01万台，供给其与广汽的合资企业广汽比亚迪5 044台，配套给泰开和徐工机械各1台。宁德时代情况则明显不一样，拥有上汽、北汽新能源、东风、广汽、宇通、长安汽车等几十家主机厂客户，装机数量达到43.75万台，几乎是全国三分之一的新能源车都装上了宁德时代的动力电池"心脏"。因此，即使是连续4年蝉联全球新能源车销量冠军的比亚迪,在装机量上依然败给了宁德时代。

2016年还落后于比亚迪的宁德时代,仅花了两年时间就让自己的动力电池装机数量变成比亚迪的两倍,不过,这种高速扩张对自身在制造、服务以及管理等方面皆是不小的挑战,面临着多重考验。与宁德时代在动力电池技术上旗鼓相当的比亚迪,虽然要实现既造新能源车又卖电池这样"两条腿"走路的模式并不容易,但只要将电池业务单独剥离出去,将依然是宁德时代最强劲的竞争对手之一,并将有可能蚕食宁德时代部分市场份额。比亚迪董事长王传福曾透露过有拆分汽车电池业务并于2022年前单独上市的计划。目前,比亚迪动力电池有三个工厂,深圳宝龙工厂和惠州坑梓工厂产能合计16 GWh,青海西宁工厂今年6月底投产,计划产能24 GWh。加上重庆璧山和西安项目的规划,预计比亚迪到2020年规划动力电池产能将达到90 GWh。

与此同时,越来越多的主机厂出于分散风险的考验也尽可能避免将鸡蛋装在一个篮子里,尤其是对于动力电池这样核心的零部件。例如,江淮汽车、北汽新能源等车企"脚踏两只船",在选择宁德时代的同时也选择了国轩高科作为动力电池供应商,甚至江淮汽车将更多订单交给了后者。而东风汽车既牵手宁德时代,又拥抱国能电池。随着可选择的高质量电池制造商增多,宁德时代当前供不应求的格局将会被打破,更多的主动权将逐渐转移到买方手上。

尤其是在2020年之后,由于新能源车补贴可能完全取消,国内电池制造商也将失去补贴的庇护,宁德时代的竞争对手不仅是国内电池制造商,还将与跨国电池制造商一起回归到真正的市场较量。三星SDI、LG化学、松下等国际电池巨头虎视眈眈未来的新契机,正发起对中国市场的进攻。三星SDI在日前重启位于西安的动力电池生产基地二期项目,LG化学在华成立新的合资企业,SK收购上游铜箔生产企业灵宝华鑫加快抢占中国的动力电池市场。松下计划斥资数亿美元在中国电池工厂部署两条新生产线,产能将在原来接近5 GWh的基础上增加80%,紧盯特斯拉以及丰田等车企电动车的订单。

瑞士联合银行(UBS)前不久对松下、LG化学、三星SDI和宁德时代的电池进行测试评估,特斯拉(TSLA)超级工厂生产的松下电池成本是0.11美元/瓦时(约合人民币0.76元/瓦时),远低于其他三家竞争对手,其中,宁德时代的电池成本约0.15美元/瓦时(约合人民币1.03元/瓦时),在四家企业中成本最高。UBS预计这四家电池生产商在2025年之前将掌握70%的市场份额,未来2—3年,电池成本将下降约10%。

一旦补贴取消,电动车企势必会选择更低成本的优质电池,宁德时代面临的压力无疑将会加大,唯有加快提升技术和扩大规模,才有望守住擂主的宝座。不过,随着动力电池市场竞争的加剧,电池的能量密度将会加速提高,成本将进一步下降,这对于电动车的普及是一件好事。

2019年1月20日

分享链接

没有戈恩的日产蒙上阴霾

卡洛斯·戈恩仍在狱中，将戈恩送至牢里的日产汽车公司的日子也不好过。

日产于 2 月 12 日公布 2018 财年（2018 年 4 月至 2019 年 3 月）合并报表业绩预期，预计全年营业利润 4 500 亿日元，此前预计为 5 400 亿日元，净利润也从 5 000 亿日元下调至 4 100 亿日元。此外，2018 财年销量预期从 590 万辆下调至 560 万辆，销售额预期被降至 11.6 万亿日元，下调 4 000 亿日元。

这是日产自戈恩 2018 年 11 月在日本东京被捕以来首次公布财报。日产第三季度净利润下滑 77%，至 704 亿日元，营收增长 5.9% 至 3.05 万亿日元。与此同时，日产全球零售销量同比下滑 2.6% 为 134 万辆。2018 财年前三财季，日产销售额同比增加 0.6% 至 8.58 万亿日元，净利润减少 45.2% 至 3 166 亿日元。

离开戈恩掌舵的日产，正在颠簸中寻找方向。作为全球汽车领域赫赫有名的"成本杀手"，戈恩自 1999 年以"救火队长"的身份进入日产董事会并于 2001 年出任董事长以来，对日产的影响根深蒂固，个人烙印一下难以磨灭，虽然他在 2017 年已卸下日产 CEO 并于日前被免去董事长。

当前的日产蒙上一层阴霾，前景莫测。全球汽车产业处于百年一遇的重要变革时期，各大车企争分夺秒地加速转型升级，而日产的董事长席位却还空着，雷诺和日产正为此争得不可开交。作为日产的最大股东，雷诺提出应该按照此前的协议，由其任命日产董事长。1 月 24 日，雷诺任命塞纳德担任雷诺新董事长，以代替陷入困境的戈恩。同时，雷诺也希望塞纳德继续担任日产董事长。不过，日产 CEO 西川广人对此意见不一。他认为，雷诺和日产的董事长不应该由一人掌权。

近日，外媒曝光了一个"妥协"方案：日产允许塞纳德担任日产董事长，但前提是雷诺减少其在日产的股份，与此同时，法国政府还得削减雷诺的股权。对此，法国财政部否认正在考虑此举。

雷诺日产结盟已有 20 年，双方公司交叉持股，雷诺持有日产 43.4% 的股份，日产只有雷诺公司 15% 的无投票权股份，而法国政府是雷诺的主要股东，拥有 15% 的雷诺股份。此外，日产持有三菱 34% 的股权。随着"铁腕人物"

戈恩出局，股权复杂的雷诺-日产-三菱联盟面临着严峻的考验。

西川广人称，他将在本周内在日本会见雷诺新任董事长塞纳德，当务之急是建立信任，稳定雷诺日产联盟。但他也称，双方长达20年的合作关系仍有改变的空间。

在日产与雷诺博弈的同时，不得不承受着销量与利润下滑的压力。2018年上半年，雷诺-日产-三菱联盟首次超过大众，坐上全球汽车制造商销量冠军的宝座，可惜没坐稳，最终大众以1083万辆夺走2018年全年销冠，而雷诺-日产-三菱联盟以1076万辆再次屈居第二，丰田为1059万辆。值得注意的是，雷诺和三菱在去年分别增长3.2%和18%，但日产下降2.8%至565.4万辆汽车。日产高层的变动，在一定程度上影响到业绩和原有战略的执行。

虽然日产于2018年在中国市场的销量为156万辆，同比增长2.9%，但不及以前多年两位数的增速，也没有达到160万辆的年度目标，这一目标因此又变成2019年的目标。今年，全球车市依然难言乐观，日产正受中国和美国主要车市需求放缓的不利影响，在华开局不利，2019年1月的销量为13.39万辆，同比下降0.8%。日产在美国的情况则更严峻，2018年在美国的零售销售下降6.3%，至149万辆，低于美国整体市场0.6%的增速，今年1月，日产在美国市场的成交量大跌19%，超过整体市场1%的跌幅。

而此时的大众、丰田，正发起更猛烈的进攻。大众密集推小型SUV T-Cross、西雅特Tarraco、全新奥迪Q3等新车型，在新能源汽车、自动驾驶等领域步伐明显加快，其中，奥迪将于今年推出首款纯电动车型E-tron。丰田正从传统的汽车制造商向移动出行公司转型，并在中国按下加速键，计划今年在中国推出亚洲龙、插电式混动车卡罗拉双擎等新车，在华销量继去年逆势增至147.5万辆之后，今年将挑战160万辆，直接逼平日产的销量目标，甚至有望从日产手上夺走日系车在华销量冠军的宝座。

如何提振销量、提高盈利能力以及协同雷诺和三菱削减成本并加快向电动化、智能化和互联化转型等，这些对于新董事长尚未出现的日产而言皆是棘手的难题。

2019年2月13日

分享链接

站在风口的新能源车企也焦虑

销量下跌15.8%和增长138%，这是中国整体车市和新能源汽车分别于2019年1月交出的成绩单。在车市的冬天里，新能源汽车依然春意盎然，成为一道独特的风景线。站在风口的新能源汽车，表面看似春风得意，实际上逆势增长的背后隐藏着不少焦虑。

2019年新能源补贴新政至今尚未出炉，不过，近段时间有各种下调的版本在流传，车企和消费者赶紧抢在补贴进一步退坡前达成交易。近年来，每年新能源车补贴退坡的力度都不小。工信部等四部委曾指出，新能源汽车补贴2017—2018年在2016年的基础上退坡20%，2019—2020年补贴标准在2016年的基础上下降40%。实际上，新能源补贴退坡的速度快于原计划，2017年补贴已经缩水20%，2018年补贴又大幅调整，甚至2020年补贴将可能被取消。

在电池成本以及能量密度技术等未能满足消费者需求时，新能源汽车还不能戒掉对补贴的依赖。仅是退坡已引发车企的焦虑，更遑论补贴完全断奶。近年来，争分夺秒已成为新能源车企的常态，在补贴等政策推动下加速前进。

2018年，中国新能源汽车穿越寒冬，销量为125.6万辆，增长61.7%。不过，高速增长的同时，质量问题也接踵而来。2018年国内新能源车累计召回13.9万辆，约占到当年销量的11%，召回的原因主要包括电池、制动助力真空泵、自动变速器等问题。其中，自主品牌新能源车召回约有11.1万辆，北汽新能源以6.9万辆位居榜首。

质量问题频发成为新能源汽车发展面临的严峻考验。一方面，新能源汽车尚处于起步阶段，连技术在全球领先的特斯拉也未能消除安全隐患，发生多起召回；另一方面，为了赶在下一年补贴退坡之前向市场推出产品，国内一些新能源车企在设计、制造、验证、使用过程中没有严格遵守相关技术标准和规范，如出现新能源电池产品测试验证不足等问题。新能源汽车质量隐患，势必会影响消费者的信心。

今年以来，虽然新能源汽车继续保持快速增长，但值得注意的是，并非所有车企都顺风顺水，而是开始出现分化。多年位居国内新能源销量冠军的比亚迪，在今年1月保持强劲增长，同比上涨291.1%达到2.9万辆，在去年销量仅次于比亚迪位居第二的北汽新能源却后续无力，今年1月的销量为4512辆，同比下滑43.7%，产量更是暴跌98.2%至142辆。

新能源市场竞争愈发激烈是原因之一，东风悦达起亚、北京现代、东风日产等合资车企纷纷推出电动车，抢占自主品牌的市场份额，蔚来、威马、小鹏等造车新势力也开始从新能源市场分一杯羹。不过，北汽新能源最大的危机还是源于自身，这从其去年占到自主新能源车召回数量超半中可见一斑。

主要靠微型纯电动车拉动销量而对补贴依赖度相当高的北汽新能源汽车，在产品、技术和质量等方面依然存在诸多不足。当前，面对市场对新能源产品综合竞争力提出更高要求以及新能源补贴将进一步退坡，北汽新能源正经历转型的"阵痛"。本月初，北汽新能源总经理郑刚以身体原因离职。经历了"换帅"的北汽新能源正加快调整产品策略，力求产品向上和品牌向上。

虽然新能源市场快速发展是大势所趋，但并非所有站在风口上的企业都将会飞起来，未来将会有不少新能源车被优胜劣汰的法则淘汰出局，尤其是将来补贴完全取消之后，更要看车企的真正本领。

日前，工信部发布了2019年新能源车第1批补贴目录，包括49厂企业的106个车型。更多企业进入新能源车的领域，但目录上的车型数量实际上比去年第一批118款的数量相对较少，主要是由于新政策对产品的要求越来越高。这份目录在一定程度上折射出新能源车的发展趋势和企业布局运作，在乘联会秘书长崔东树看来，纯电动汽车主流车型在动力性、经济性、安全性以及舒适性等方面有大幅提升。与此同时，纯电动乘用车平均续航里程大幅提升，低续航的车型推出锐减，本次推出的车型的续航里程普遍在400公里，其中，传祺达到510公里。

对于新能源车企而言，要化解对补贴的依赖以及对补贴退坡的焦虑，新技术和新产品是良药。

2019年2月24日

分享链接

自主品牌为何产生不了日系车的"白T恤效应"?

自主品牌一度与日系车并驾齐驱,成为中国车市里快速增长的两大阵营。然而,当车市寒流来袭时,自主品牌失速,而日系车逆势上扬。

中国汽车工业协会最新的数据显示,2019年1—5月,自主品牌乘用车共销售333.46万辆,同比下降23.35%,占乘用车销售总量的39.70%,占有率比上年同期下降4.24个百分点。同期,日系车销量为178.64万辆,占有率上升至21.27%,是所有车系中唯一取得销量正增长的派系。

当经济不景气时,口红的销量反而会直线上升,与"口红效应"类似,简单、性价比高的白T恤在经济承压时意外地成为时装界最畅销的单品。这种"白T恤效应"有趣的经济现象,也出现在汽车领域,但仅发生在日系车身上,同是以经济实惠车型见长的自主品牌却跌破40%的红线,两者分道扬镳。

自主品牌为何产生不了日系车的"白T恤效应"?

这从广汽集团旗下几家子公司目前的表现可窥一二。今年前5月,广汽本田的累计销量为32.32万辆,同比增长18.28%,广汽丰田销量达到25.57万辆,同比增长25.12%。与这两家日系阵营的车企不同,广汽乘用车前5个月的销量为14.28万辆,同比下滑38.20%。此前,广汽乘用车旗下传祺曾多年是增长最快的自主品牌。传祺快速崛起,除了广汽集团自主研发不断突破外,还与传祺跟日系走得很近密不可分,其不少人才来自广汽本田和广汽丰田,部分供应商等资源也是与日系车共享。即便如此,面对今年来势汹汹的寒流,传祺也终于扛不住而下跌。"画脸画皮难画心",自主品牌在品质、耐用以及品牌力方面与日系车等合资品牌尚存差距。

当前,日系车逆势增长,背后是强大的经营管理体系在支撑着。综合竞争力不是一朝一夕可练就的,需要经过千锤百炼。丰田、本田等日系车企在华的发展也并非一路顺风。2008年全球金融危机爆发后,当年日系车在华的市场占有率领先德、美系等，史无前例超过 25%，但随后由于导入技术和产品缓慢，加上其他一些原因，便走下坡路，在 2012 年陷入前所未有的低谷。痛定思痛，日系车纷纷调整战略，朝年轻化转型，加速导入涡轮增压、混合动力等新技术和新车型，以及学习大众等车企一款新车分别导入两家合资公司的"一石二鸟"战术等。

自 2013 年起，本田在华一下推出逾十款新车。广汽本田的缤智是本田在 2014 年带入中国的全新车型，主攻年轻人青睐的小型 SUV 市场，至今累计销量已超过 60 万辆，而同年本田还在东风本田导入与缤智的兄弟车型 XRV，5 年里也带来几十万辆的增量。面对当前小型 SUV 市场竞争白热化，近日上市的新缤智，首次搭载全新"地球梦科技" 220 TURBO 动力系统和 CVT 无级变速器，不断以新技术刺激消费。

在产品更新换代的速度上，自主品牌与日系等合资品牌相比甚至有过之而无不及。自 2010 年 12 月首款车上市至今，广汽乘用车已陆续推出十多款新车并实现完整布局，包括传祺 GA5、GS4、GM8 等传统车型及 GA5 PHEV、GE3 等新能源车型。虽然传祺曾凭 SUV 车型 GS4 实现高速增长，销量甚至一度超过广汽丰田，但并没有实现像广汽本田、广汽丰田一样在 SUV 与轿车领域平衡发展，一旦 SUV 降温便明显受到冲击。

而日系车依然在车市稳步前行，与其从研发、制造到营销等采取系统化的打法密不可分，更有效地抵御了风险并实现持续增长。2013 年，本田在华推出"FUNTEC"技术品牌，围绕环保、安全、舒适等主题加快导入新技术和新产品。2017 年，丰田在华推出 TNGA 丰巢概念这一全新的造车理念，进一步有效控制成本，其中，一汽丰田于今年推出 4 款基于 TNGA 架构打造的新车。目前，本田和丰田在华继续上扬，在一定程度上得益于"FUNTEC"技术品牌和 TNGA "丰巢"架构下的新车型的销量拉动。

此外，精益的生产管理体系，则让相对低故障率的日系车成为"耐力跑选手"，进入二手车市场也依然备受关注。消费者日趋理性，二手车保值率相对较高也成为消费者倾向选择日系车的原因之一。根据中国汽车保值率研究委员会发布的《2018 年汽车保值率报告》显示，主流日系品牌车型三年的保值率基本都是 70% 以上。在这份报告上，无论是国产小型轿车、国产紧凑型轿车还是国产中级轿车（车龄 3 年），保值率排名前十的车型清一色来自合资品牌，自主品牌无一车型入围，而且这三个类别排名第一的分别是飞度、卡罗拉和雅阁，皆属于日系车企。路遥知马力，这从另一个角度折射出自主品牌与日系等合资品牌依然存在差距。

"白T恤效应"的背后，不仅是价格，更重要的是综合实力的博弈。虽然自主品牌近年来在技术、品质、管理、服务等方面进步很快，但建立一个强有力的体系还需时日。面对车市低迷时，自主品牌恰好可以加把劲练好内功，祸兮福之所倚。

2019年6月25日

分享链接

6月销量增幅一正一负，车市下半场命运几何

增长4.9%与下跌9.6%，这分别是乘联会和中汽协两大协会给6月车市所打的分数。零售和批发增幅一正一负，看似矛盾的数据背后预示着中国车市下半场的坎坷。

乘联会统计的6月零售量增幅终于转正，表面看来，"跌跌不休"一年的车市有所好转。然而，现实是多地实施国六新政这一外力推动，诸多车企抢在7月1日之前以低价刺激市场，甚至不惜用五折的售价来清国五库存车，想方设法实现国六切换的硬着陆，为7月的车市埋下诸多不确定的因素。这从中汽协统计的6月批发量也可见一斑，虽然跌幅已有所收窄，但依然未摆脱负增长。值得注意的是，6月的汽车产量更是下跌17.3%，无论是整车厂还是经销商，对于后市并未看好。

即使库存压力明显缓解，经销商并未轻松起来。中国汽车流通协会发布的数据显示，6月汽车经销商库存预警指数为50.4%，环比下降3.6个百分点，同比下降8.8个百分点。然而，车企对于7、8月的车市淡季依然忧心忡忡，6月用力过猛后带来的市场透支，加上部分国六车青黄不接，今年下半场的开端难言乐观。

自从2017年逼近3000万辆的年销量之后，中国车市便开始走下坡路，今年上半年整体销量仅有1232.3万辆，不仅全年冲刺3000万辆无望，还可能比上年再退一步。今年年初，中汽协预计2019年国内汽车销量将与2018年的2800万辆持平。然而，从目前的走势来看，如果下半年没有新政策刺激，全年销量将可能不如预期。中国汽车工业协会副秘书长师建华近日判断，下半年总体会回暖，但回暖程度不会太高，全年应该仍然是负增长。

陷入低谷的自主品牌，目前市场占有率跌破40%的红线，今年下半场的压力将有增无减。作为自主品牌销量冠军的吉利，近日将全年销量目标由

151万部下调10%至136万辆，成为第一家主动降低目标销量的车企。今年上半年，吉利销售65.2万辆，较去年同期减少约15%，其中，6月的跌幅扩大，同比下降了29%。预计在今年上半年净利减少40%的吉利，对下半场的走势并不乐观，不得不进行多方面的调整。

与自主品牌相比，合资品牌也不轻松。长期包揽车市前三的南北大众和上汽通用，今年上半年除一汽大众微增长0.6个百分点，上汽大众和上汽通用均出现10%上下的跌幅。而长安福特、神龙等合资品牌则压力更大。在2016年销量最高峰曾逼近100万辆的长安福特，今年上半年的销量继续暴跌67%至7.5万辆，而年销量曾突破过70万辆的神龙，今年上半年的销量仅为6.3万辆，同比下滑60%。

国六标准这场大考从7月1日起才真正开始，加快优胜劣汰。本田、丰田、福特等车企正密集地推出符合国六标准的新车抢占市场，但由于产品规划、技术和成本等因素，依然有不少车企或车型尚未搭上国六的"早班车"，即使是以"技术"见长的本田，旗下飞度车型也遇到空窗期，暂时在国六城市停售，飞度国六新车何时推出尚未知，这多少会影响到上半年强劲增长的广汽本田下半场的战绩。

对于许多未完全做好准备的车企而言，在6月抢闸透支体力之后，接下来又面临国六新车青黄不接，下半场抢夺战将更加艰难。尤其是一些弱势自主品牌，面临着不是守稳地盘的问题，而是生存的压力。目前，北汽幻速、力帆汽车、华泰汽车等多家车企还没有国六车型。国六标准有可能成为压垮一些陷入困境中的车企的最后一根稻草。

不仅在燃油车领域，新能源汽车领域也同样存在诸多变数。新能源补贴新政为期3个月的过渡期在6月已结束，地方补贴退出以及中央财政补贴额度大幅退坡，将使新能源车企面临着严峻的考验。在消费者对电动车的热情未充分被点燃、造车新势力频频出现质量安全和定价等短板的情况下，以及上汽、东风、一汽、长安、北汽、广汽等大型汽车集团纷纷抢占公共出行业务，私人电动车市场要活跃起来难度不小。加上富力等房产企业以及其他领域的企业陆续闯入搅局，虽然这些"门外汉"暂时在电动车领域掀不起太多的浪花，但也会让汽车江湖变得更加复杂。

在汽车行业加速朝电动化、智能化、互联化和共享化转型的过程中，原有格局势必被打破。令车企较为辛苦的是，随着车市从增量市场变为存量市

场，以及共享汽车的逐渐兴起，"粥"可能不增反减，"僧"却不断增多，车市颠簸加剧，下半年甚至未来较长时间内依然是一段坎坷不平的路程。

2019 年 7 月 14 日

分享链接

商业篇·推本溯源

雷克萨斯为何成为不国产的豪华车异类？

在中国销量排名前五的豪华车品牌，四家皆已国产，唯独丰田旗下的豪华车品牌雷克萨斯依然100%依赖进口。

在雷克萨斯日本九州工厂的涂装车间里，约有450名员工轮班作业，每天可完成820辆汽车的喷涂工作。曾经，批量生产模式要求对汽车进行同种颜色的批量喷涂。如今，雷克萨斯的涂装车间能够按照客户订单的顺序，自如切换为每辆车喷涂不同颜色的车漆。

一辆车的涂装流程由46道工序组成，共需10个小时才能完成，如果把所有与喷涂相关的流程都算进去，则总共有186项具体作业。单从自动化程度而言，雷克萨斯工厂在豪华车品牌中并非最高，不过，在"匠人精神"影响下，其更具有竞争力的是按非常严苛标准工作的工人。由于汽车内部构造十分复杂，机器人难以胜任，因此，技艺高超的工人会针对局部区域手工喷涂面漆。训练有素的工人和机器人无缝协作。雷克萨斯九州工厂一年可生产逾20万辆汽车，其中约90%出口，有不少销往中国市场。除了这家工厂，雷克萨斯还有日本田原工厂和元町工厂，以及加拿大安大略工厂和美国肯塔基工厂。

近年来，雷克萨斯在华国产的消息层出不穷。甚至，丰田的合作伙伴中国一汽去年年底于其官方公众号里指出，一汽丰田未来用十年左右的时间分三步走，其中的第三步是导入雷克萨斯豪华品牌。不过，这更多是中国一汽美好的愿望，雷克萨斯至今在国产化上始终没有松口。雷克萨斯中国副总经理植田浩一近日就此问题对第一财经记者的回应依然是，短期内没有国产化的计划。

一直坚持不国产，这让雷克萨斯在中国市场错失不少市场机会。自2004年起设专卖店正式进驻中国以来，雷克萨斯一度与ABB（奥迪、宝马、奔驰）并驾齐驱，但陆续国产的ABB如虎添翼，加速前行，逐渐和雷克萨斯的差距拉大。2018年，ABB在华年销量均超过60万辆，而凯迪拉克则以22.8万辆的销量和31.4%的增速，成功防守住雷克萨斯的追赶，多年曾拿下北美市场豪华车销量冠军的雷克萨斯，即使在华增长21%达到16万辆，也只能位居第五。今年上半年，宝马、奔驰和奥迪在华销量皆超过30万辆，稳居豪华车第一阵营，而凯迪拉克通过打价格战，实现同比增长2%至11.4万辆，继续占据豪华车第二阵营的头把交椅，雷克萨斯虽然增长36.5%达到9.4万辆，还是未能赶超凯迪拉克。

假如雷克萨斯一早在华建厂，或许就不是今日的格局和体量，而是有望挤入豪华车第一阵营。至于为何不国产，丰田中国和雷克萨斯方面曾回应过，国产化需要考虑很多因素，如品牌力、供应商的品质管理以及产品品质的管理等，这些都是非常重要的事情，需要时间去考核。

确实，豪华车国产后快速拓展市场，容易引发品质、合同和售后服务等问题。中国消费者协会发布的《2018年全国消协组织受理汽车产品投诉情况分析》显示，与整体汽车投诉量下降相反的是，豪华汽车品牌投诉量突出，奥迪、奔驰和宝马上榜且位列前五。根据市场监督管理总局缺陷产品管理中心日前发布的信息，2019年5月，多个汽车品牌发布了召回信息，涉及车辆110.8万辆。值得注意的是，此次召回的车辆中，豪华品牌数量高达99.4万辆，其中，奔驰和宝马分别召回汽车62.3万辆和32万辆，涉及多款国产车型。

雷克萨斯迟迟未国产，在一定程度上与品控等方面的担忧有关。不过，并非如此简单，其不国产的原因错综复杂，背后隐藏着多重博弈。作为多年全球最赚钱的车企，丰田擅长精打细算，琢磨着每一笔账目，要具备什么条件时才能建厂，要不要将雷克萨斯丰厚的利润与别人分享，这些皆是考量的因素。此外，一汽和广汽作为丰田在华的两位重要合作伙伴，都在争取雷克萨斯的国产化项目，这碗水如何端平也是一大难题。例如，奥迪在一汽大众国产多年后，上汽奥迪项目也将正式与中国消费者会面，而这曾遭到一汽奥迪经销商的抵触，如何平衡两个合资项目之间的关系，这是奥迪面对的烦恼。

随着中国对汽车行业的股比逐渐放开，假如雷克萨斯选择国产，将可以在合资项目争取到超过50%的股比，甚至可以像特斯拉一样在华设立独资项目。要抢占中国这个全球第一大车市的份额，国产是趋势，目前尚未国产的豪华车已寥寥无几，林肯、特斯拉等有望于今年内在华国产。一向谨慎的丰田正在颠覆原有的形象,加快将混合动力和氢燃料等新技术和新产品导入中国,但未来是否会迈出让雷克萨斯在华国产这一步,预计还要花时间去斟酌。

自去年7月1日起,我国对进口汽车的关税由25%下降至15%,雷克萨斯成为获利者之一,目前销量逆势上扬与此有关。单一进口还是国产化,如何能实现利润最大化以及品牌的提升,丰田势必会认真去算好这笔账。同为日系豪华车品牌的英菲尼迪和讴歌,先后加入国产化阵营,但目前日子并不好过,去年在华销量出现不同程度的下滑。国产后并非就会一帆风顺,市场诡谲,在没有做好充分准备时,雷克萨斯不会贸然国产化。

2019年7月31日

分享链接

恒大半年核心利润303亿元，新能源汽车成新增长极

行业环境持续调整的当下，中国恒大（03333.HK，简称恒大）再次凭借深厚"功底"，交出一份亮眼的成绩单。

8月28日，恒大发布2019年度半年业绩。报告期内，公司录得营业收入2 269.8亿元，毛利润772.6亿元，核心利润303.5亿元，净利润270.6亿元，净资产3 453亿元，现金余额2 880亿元，实现高质量发展。

随着房企纷纷寻找"第二增长曲线"，恒大将新赛道锁定在文旅、健康、新能源汽车领域。地产主业高质量发展的同时，恒大已成为以民生地产为基础，以文化旅游、健康养生为两翼，以新能源汽车为龙头的大型综合企业集团。

上半年，集团在《财富》世界500强的排名升至138位，较2016年首次上榜的496位大幅跨越358位。恒大从小到大、由弱变强的发展历程，可以看作中国民营企业蓬勃发展的一个缩影。

各项利润指标稳健增长

今年以来，行业调控持续深入。上半年，全国商品房销售额7.07万亿元，同比增长5.6%；商品住宅6.13万亿元，同比增长8.4%；期末待售面积5.02亿平方米，同比减少8.9%；商品住宅待售面积2.32亿平方米，同比减少15.2%。

近年来，"房住不炒"已经成为政府对地产调控的基调，稳地价、稳房价、稳预期的"三稳"目标已经得到有效落实。恒大作为业内龙头，多年来始终坚持"房住不炒"，坚决贯彻落实"三稳"等各项调控政策。

恒大总裁夏海钧表示，公司坚持民生地产战略，所有产品中120平方米以下的住房占比75%，140平方米以下的住房占比高达96%。同时，恒大购房者中自住需求占比高达86%，有力践行了中央提出的"房子是用来住的、

不是用来炒的"定位。

同时，恒大多年来坚持不捂盘惜售、不哄抬房价。2017 年、2018 年、2019 年上半年，恒大的住宅销售价格分别为 9 960 元/平方米、10 515 元/平方米、10 756 元/平方米，已交楼项目入住率达 91.6%，调控三年以来售价稳定，严格贯彻了"稳房价""稳预期"的政策要求。

截至 2019 年 6 月 30 日，集团总土地储备项目 864 个，分布于中国 232 个城市，覆盖几乎全部一线城市、直辖市、省会城市及绝大多数经济发达且有潜力的地级城市，总规划建筑面积 3.19 亿平方米，土地储备原值为 5 227 亿元。

在房企战略布局逐渐归回一二线的当下，恒大一二线城市土地储备原值达 3 455 亿元，占比 66.1%，平均楼面地价 2 032 元/平方米；三线城市土储原值 1 772 亿元，占比 33.9%，平均楼面地价 1 191 元/平方米。

根据国际著名评估公司世邦魏理仕对恒大土地储备进行的评估结果，其土地原值为 5 227 亿，评估总值为 10 134 亿，土地增值额为 4 907 亿，按照土地增值额扣除 40% 土地增值税后计算，恒大的净负债率下降近一半。

此外，恒大在拥有 3.19 亿平方米土地储备之外，平均楼面地价仅 1 639 元/平方米，还有未纳入土地储备的旧改等项目的建面高达 7 012 万平方米，合计可提供约 5 万亿元的可售货值。

仅仅在大湾区，恒大就拥有 5 421 万平方米储备项目，总货值 1.68 万亿元。在深圳的项目储备高达 3 124 万平方米，总货值 1.24 万亿元，低成本优质土储将为恒大业绩稳健增长提供保证。

恒大总裁夏海钧表示，公司下半年可售货值约 8 000 亿元，即便按保守的 40% 去化率计算，下半年销售额在 3 200 亿元以上，完成全年 6 000 亿元销售目标充满信心。

多元业务成新增长极

随着房地产市场从增量开发转向存量运营，房企纷纷谋划多元化战略布局、寻找"第二增长曲线"。

恒大将新赛道锁定在文旅、健康、新能源汽车领域。据权威组织测算，未来十年我国文旅市场规模最高将达 50 万亿元。而到 2030 年，我国健康服务业总规模将达 16 万亿元，新能源汽车市场规模将达到 14 万亿元。

在备受关注的新能源汽车板块，恒大一年内针对新能源汽车完成全方位布局。从收购 NEVS51% 的股权，到入股动力电池企业卡耐新能源，再到收购泰特机电有限公司 70% 的股份，恒大几乎布局新能源汽车全部上下游产业链条。

打通技术—制造—销售环节之后，恒大继续下沉至充电桩领域。7月28日，恒大与国家电网共同宣布合资成立国网恒大智慧能源服务公司，合资公司同时与碧桂园、万科、融创、恒大等龙头房企签订服务合作协议。该业务将获准覆盖目前全国 5 468 个社区、872 万户、约 3 100 万业主。

截至目前，通过入主瑞典国家电动汽车有限公司、牵手世界顶级豪车制造商科尼赛克、与德国 hofer 组建合资公司、与国家电网成立合资公司、入股广汇集团等举措，恒大已完成从整车制造、电机电控、动力电池、汽车销售、智慧充电、共享出行等领域的全产业链布局。

许家印曾表示，恒大新能源汽车的发展定位为"核心技术必须世界领先、产品品质必须世界一流"。未来恒大将开发并推出涵盖中端、中高端、高端及豪华定位的全系列多品牌产品，据悉，公司与科尼赛克合作的高端新车型将于明年 3 月的日内瓦车展亮相。

在文旅板块，恒大打造两大拳头产品恒大童世界和恒大水世界。据悉，恒大童世界专为 2—15 岁的少年儿童打造，目前已布局 15 个，预计 2021 年起陆续实现开业；恒大水世界由恒大筛选全球现有 170 多项水上游乐项目，组成最受游客欢迎的 120 个项目，未来三年将在全国布局 20—30 个。

在大健康板块，恒大践行"健康中国"国家战略，打造养生养老拳头产品"恒大养生谷"，整合医疗、健康管理、养生、养老、保险、旅游等资源，搭建会员制平台。目前，恒大已布局 16 个养生谷，未来三年计划实现布局 50 个以上，预计 2021 年陆续开业。

在多元产业的协同作用下，恒大已发展成为以民生地产为基础，以文化旅游、健康养生为两翼，以新能源汽车为龙头的大型综合企业集团。在地产主业高质量发展的同时，多元产业将成为恒大新的盈利增长点。

2019 年 8 月 29 日

分享链接

SUV 能否带动自主品牌触底反弹？

SUV 细分市场逐渐靠近正增长的轨道，无论是自主品牌还是合资品牌，皆加快抢道。尤其是自主品牌，其销量上扬或下行，跟 SUV 市场的冷热休戚相关。

10 月 22 日，广汽传祺第 200 万辆整车下线。值得注意的是，这个成立 11 年的自主品牌有逾百万销量是由传祺 GS4 这款 SUV 贡献的。2015 年 4 月才上市的传祺 GS4，在 2016 年迅速以 32.7 万年销量击败诸多竞争对手，拿下国内 SUV 销量亚军，2017 年以 33.73 万辆位居 SUV 市场第三名。

只不过，随着车市寒流的冲击、SUV 市场缩水以及合资等竞品的围攻，传祺 GS4 在 2018 年下滑至 24.66 万辆，名次退居第五，而今年更是跌出 SUV 销量前十，其中，9 月销量下滑逾万辆，广汽传祺跌入低谷。今年 9 月，广汽传祺销量为 3.37 万辆，同比下滑 22.34%，今年 1—9 月累计销量为 27.72 万辆，同比下降 29.75%。

如今，广汽传祺将提振的重任压到刚下线的第二代传祺 GS4 身上，寄望这款基于前沿的 G-CPMA 2.0 全新平台架构打造的新车，能够助力广汽传祺在当下存量竞争中占据重要的市场。

欲借力 SUV 来重归增长的轨道，不只广汽传祺一家。SUV 销量占到九成左右的长城汽车，去年销量跌 1.6%，今年来为守住地盘牺牲一定利润，成为寥寥无几实现正增长的自主品牌之一，其中，9 月 SUV 销量增长 15.4%，以 8.41 万辆居当月国内 SUV 销量前十企业的首位，除了旗下哈弗 H6 长期稳居 SUV 车型销量榜首之外，哈弗 F5、F7 也带来净增长。

而长安汽车随着长安 CS75 在 9 月的销量重回 SUV 销量前十，跌幅由此前两位数收窄至同比下降 8.6%。在上月的成都车展上，长安 CS75PLUS 正式上市，新车在一定程度上抑制了销量的大幅下滑。作为长安品牌的主力车型，长安 CS75 在 9 月排名提升至第五名，销量占其品牌销量的 30%。

从整体车市环境来看，SUV 市场正在逐渐回暖，有望成为乘用车市场里最先实现正增长的细分市场。2019 年 1—9 月，中国 SUV 市场累计销量 660.4 万辆，同比下跌 8.5%。其中，9 月 SUV 销量为 85 万辆，同比下跌

2.8%，跌幅明显收窄；同期，国内乘用车市场整体销量为190.1万辆，同比下跌6.1%。

即使当前形势有所好转，无论是传祺GS4还是长安CS75，欲实现突围，依然阻力重重。

9月，自主品牌SUV的销量虽然依然最高，以43.82万辆遥遥领先于第二名日系的15.40万辆，但随着合资低端车型加速布局，对其形成挤压，市场份额相对去年同期减少2.5%。而且，自主品牌在售SUV多达165款，每款车平均销量不足3000辆，可见其大多数车型竞争力极弱，9月销量过万辆的车型也仅12款。

与自主品牌一样，较早布局SUV领域的日系阵营，开始向SUV市场发起新攻势。本田、丰田等正密集推出SUV新车，作为东风本田CR-V的姊妹车型，广汽本田的皓影在近日已开启预售；一汽丰田的RAV4将于10月25日换代上市，不仅与大众探岳、本田CR-V、日产奇骏等合资畅销SUV进行竞争，还将联合这些合资品牌蚕食自主品牌的地盘。此外，广汽丰田也即将推出全新中级SUV威兰达。

在SUV市场布局稍微慢了一步的德系，也在加速赶追，9月德系销量破万辆的SUV有7款，其中，奥迪、宝马、奔驰各占一款，而大众探岳更是以2.21万辆冲至国内SUV销量榜眼的位置。

SUV市场的竞争格局不断在发生变化，自主品牌由此前占据销量前十的六七个席位，到去年与合资品牌平分秋色，而到今年9月形势刚好逆转，排在前十的自主SUV车型仅有长城哈弗6、长安CS75、吉利博越和上汽荣威RX5四个，而其他六个席位由日系的C-RV、奇骏、XR-V、逍客以及德系的探岳、途观包揽。

曾享受过SUV市场黄金时代的红利的自主品牌，正被合资品牌一步步逼退，能否重归2014—2017年的上行通道，除了有赖于车市的回暖，还势必与合资品牌在SUV市场进行一场恶战。这是重演此前在轿车市场节节败退的悲剧，还是能够在SUV市场杀出重围，这一结果对自主品牌未来的发展而言相当重要。

2019年10月23日

分享链接

恒大"换道超车":联手全球汽车工业巨头"站在巨人们的肩膀上"起跑

恒大开创了逾百年汽车工业史上前所未有的造车模式。

11月12日,恒大新能源汽车全球战略合作伙伴峰会在广州召开,恒大集团董事局主席许家印在峰会现场用5句话生动形象地描绘了恒大的造车路径:"买买买,合合合,圈圈圈,大大大,好好好。"

按恒大对外公布的投资和量产规划,其三年投资450亿元人民币,今年计划投资200亿、明年计划投资150亿元、后年计划投资100亿元。恒驰的第一款车叫恒驰1,计划明年上半年亮相、2021年量产。

不过,作为一家依靠房地产行业发展起来的企业,恒大在汽车领域里可谓是从零开始,将拿什么来造车,又将如何赶超世界上拥有几十年甚至上百历史的汽车龙头企业?

许家印的答案是,从战略上、从策略上,恒大开辟一条和全世界所有汽车企业走的不是一个路子的新造车道,不是"弯道超车",而是"换道超车"。

凭着雄厚的资金实力,恒大迅速买下整条汽车产业链。在恒大新能源汽车全球战略合作伙伴峰会上,恒大让外界看到其"换道超车"的大战略、大目标、大格局、大决心以及超强的执行力。德国FEV集团、德国EDAG集团、西班牙海斯坦普集团、宾尼法利纳集团、德国博世集团新兴市场等206家全球汽车产业工程技术、造型设计、制造设备、零部件、电池、电机等领域龙头企业的CEO及高管共1 100多人出席这次峰会,规模之大、规格之高、影响之广,堪称世界汽车发展史上前所未有的史诗级"聚会"。

与此同时,恒大在峰会上一次性与世界前60大汽车零部件龙头企业签订战略合作协议,这些企业包括博世、麦格纳、大陆、采埃孚、蒂森克虏伯、捷太格特、巴斯夫等。如此强大的阵营,足以让传统车企叹为观止。

参加恒大峰会的合作伙伴都是引领世界汽车工业发展的核心力量,站在众多巨人的肩膀之上，恒大的造车之路的起点就已经一骑绝尘。

恒大的造车路径

成立于1996年的恒大，从零开始，通过23年的努力，发展成为总资产2.1万亿元，年销售规模6 000亿元，年核心净利润700亿—800亿元的世界500强企业。为什么从过着滋润日子的房地产行业跨界到相对艰辛的汽车制造业，当恒大闯入新能源汽车领域时，这令人费解。

现在，恒大确定了以房地产为基础，以旅游、健康为两翼，以汽车产业为龙头的四大产业格局。至于为何要造车以及把汽车产业作为四大产业的龙头，许家印给出三大理由：第一，新能源汽车是保护环境、造福人类的产业；第二，新能源汽车在全球市场巨大，有广阔的发展前景；第三，新能源汽车在世界汽车历史上，它的诞生和发展是世界汽车历史的一场革命，蕴藏着巨大的机遇和商机。许家印称，恒大进入新能源汽车产业，不管从社会责任、产业规模还是发展机遇的角度，都与恒大的多元化发展、打造百年老店的战略不谋而合。

非一时兴起，非盲目跟风，而是经过深思熟虑，恒大制定了造车的目标、造车的定位、造车的规划和造车的策略措施等，其目标是用三到五年的时间，把恒大新能源汽车打造成为全球规模最大、实力最强的新能源汽车集团。为了实现这个目标，恒大新能源汽车定位为"三个必须"：一是核心技术必须世界领先；二是产品品质必须世界一流；三是成本必须大幅度下降。

对于传统车企而言，毫无造车经验的恒大要在短短几年内实现这些设想，简直是天方夜谭。不过，恒大走的不是寻常路。作为造车后来者，许家印正带着全球超级豪华团走上"换道超车"的造车路径。

恒大根据自己独特的造车策略已迈出"买买买"的步伐，把能买的核心技术、能买的企业都买了。例如，恒大在全世界范围内寻找新能源汽车3.0底盘，并找到了FEV和本特勒所研发、世界领先的3.0底盘，在这个底盘基础上做5款、10款、100款车都可以。

按照造车的正常逻辑，一辆新能源汽车要达到各方面技术都是世界最先进的，从研发到量产至少需要4—5年时间，但如果要花这么长时间才把车造出来，恒大将可能错过最好的发展机遇期，因此，通过"买买买"来缩小产品研发周期，缩短造车进程，进而抢占市场先机。

不过，恒大也深谙，并非所有的技术都是可以买过来的，因此用上"合合合"的第二招：与德国 hofer 强强联合成立合资公司，共同研发制造世界顶尖三合一动力总成系统，此次实现了恒大在新能源汽车动力总成技术方面的世界领先；跟科尼赛克联合成立合资公司，共同研发和生产制造世界顶级新能源汽车，科尼赛克是世界超跑的顶级企业，做到百公里起步 1.2 秒、最高时速能跑到每小时 457 公里等世界之最，通过和科尼赛克合资成立公司，恒大计划年产 1 000 辆世界顶级汽车；此外，包括工程技术的研发、零部件的集成和研发，恒大正与全世界汽车产业各领域的龙头企业合作，寄望以此实现恒大新能源汽车在核心技术、产品品质等在全球领先。

除了收购以及合作之外，恒大还发起"圈圈圈"的猛烈攻势。今年以来，许家印带领恒大汽车产业高管奔赴全球 23 个国家、47 个城市，先后考察了 58 家全球汽车产业各领域龙头企业，为实现"汽车梦"拼命奔波于全球各地，经常一天跑两个甚至三个城市。

无论是世界 500 强大企业，还是顶级设计大师的个人工作室，只要具有新能源汽车行业的顶尖技术，许家印都亲自逐一走访，不断扩大恒大造车的"朋友圈"。今年 9 月份，恒大和 5 家全世界最大的、实力最强的工程技术研发企业签订了战略合作协议，建立了工程技术研发方面的第一个"朋友圈"；10 月份，跟全世界 15 位顶级造型大师签订了战略合作协议，建立了造型设计方面的第二个"朋友圈"；在这次峰会上与 60 大汽车零配件供应商、零配件集成的研发企业共同签约了战略合作，建立了世界汽车供应链领域的庞大"朋友圈"。

为尽快坐上全球新能源汽车盟主的宝座，恒大还采取"大格局、大战略、大规模"的"大大大"策略，包括在中国、瑞典及"一带一路"沿线国家建设十大整车生产基地，在整车制造的十大生产基地建设拥有核心技术的零部件配套生产基地，以及同步研发覆盖顶级型、超豪华型、豪华型、尊享型、舒适型、经典型等所有档次及轿车、SUV、MPV 等 15 款车型，这是在世界汽车历史上前所未有的打法。

许家印谈到，十大生产基地中的每个基地规划产能 50 万辆，首期是 10 万辆，计划 2—3 年内年产规模超过 100 万辆，10 到 15 年内年产规模要超过 500 万辆，将为消费者提供品质好、造型好、价格好的新能源汽车。

豪华的造车"朋友圈"

恒大进军新能源汽车领域不足一年,便迅速结识一批全球汽车圈顶尖的"朋友",令其汽车梦迅速照进现实。除了豪门的光环以及自身的努力,恒大还靠什么一下牵手这么多世界汽车产业各领域的龙头企业?

舒勒集团全球 CEO(Demonico Lacovelli)给出与恒大在冲压技术上合作的理由是,中国新能源汽车市场未来肯定会是世界上最重要的市场,而恒大在这个市场里面的地位是举足轻重的。有 180 年历史的舒勒集团与很多车企有合作的经历,而恒大的雄心是非常大的,在未来几年要达到的产量是该集团目前见到的最大项目。

"在电动车方面,恒大和其他中国新创车企都有很大的发展空间。毕竟,我们在一个行业里实现从 0 到 80%,要比从 80% 到 100% 这一步容易。现在,我们一开始就做 15 个车型,在短时间内将达到很高的产量和占据很大的市场份额,这是很重要的一个举措。"Demonico Lacovelli 如是说。

与舒勒集团一样,汽车领域多个细分市场的龙头企业皆看好中国的电动车市场以及与恒大的合作。FEV 集团全球 CEO(Stefan Pischinger)谈到,该公司新 3.0 电动车底盘的主要优势在于它可以适应多种车型。中国市场发展非常迅速、非常开放,中国人非常愿意接受新技术,这对 FEV 集团来说是充满吸引力的地方。至于恒大颠覆式一下开启 15 个车型生产是否存在步子太大的问题,他的回答是,从恒大的发展历程中看到,恒大有能力完成一些很大项目,而且实现飞跃性的发展,它完全有能力完成这个巨大的新变化和这么大的新项目,而对 FEV 集团来说,也是一个非常有挑战性的新项目。

安通林集团家族成员兼副董事长(María Helena Antolin)则称,现在整体新能源汽车行业其实并不太乐观,但是恒大决定加入新能源汽车市场,这是一个非常勇敢的决定。作为一个西班牙的公司,安通林希望成为恒大新能源汽车产业中的一员,一起把新能源汽车产业给带起来,将为恒大提供最新的技术和最新的内部零件。她还谈到,决定和恒大合作也是因为中国的市场。恒大虽然之前没有什么造车经验,但安通林公司已在新能源汽车上积累不少经验,双方可以通过合作共同进步。

宾尼法利纳集团全球 CEO(Silvio Pietro Angori)认为,和恒大合作是一个非常大的挑战。宾尼法利纳参加过不同的竞标,但是从来没有参加过一个规模这么大的竞标并能够胜出，将与恒大一起去进行新的尝试，实现新的飞跃，恒大集团关注的不光是汽车作为产品本身，更多的是汽车行业一种新形势的服务。

另辟蹊径，恒大正快速构建一个巨大的汽车商业版图，未来在造车路上难免会遇到困难和挑战。不过，恒大不是孤独战斗，而是集全球各方的造车力量于一体。许家印自信地说："在造车路上，有这么多世界汽车产业各领域的龙头企业帮助恒大来造车，想不成功都是很难的。"

2019 年 11 月 14 日

分享链接

四、燕说车市

杨海艳 | 第一财经汽车部记者,毕业于山东大学中文系,十年来一直聚焦汽车和出行行业。"燕说车市"试图以小见大,通过市场中的人、事、物揭示背后的商业逻辑和行业趋势。
yanghaiyan@yicai.com

巨头抱团入局,
但出行不是一桩容易的生意

越来越多的车企开始发力出行市场,但看似前景光明的出行生意似乎并不好做。

大众与滴滴悄悄在上海嘉定注册一家合资公司。工商注册信息显示,该合资公司名为上海桔众汽车科技有限公司,由大众汽车(中国)投资有限公司持股40%,上海大黄蜂网络信息技术有限公司全资子公司惠迪(天津)商务服务有限公司持股60%,其法人代表为滴滴快捷出行事业群负责人陈汀。

大众想要在中国开展出行业务由来已久。大众中国执行副总裁苏伟铭曾对外表示:"与滴滴的合资不只是网约车,我们希望可以尝试更多项目,如自动驾驶的出租车运营等。"

多方的研究结果都表明了传统车企发力出行领域的必要性。普华永道的研究表明,到2030年,传统汽车制造商在全球汽车行业的利润份额可能会从85%下降到50%以下。如果传统汽车制造商不及时提供按里程付费的打车服务,将会面临被现金流充裕的技术公司边缘化的风险。高盛集团的研究也表明,在全球出租车市场上,网约车服务目前已占近33%的比例。到2030年,一旦自动驾驶出租车投入使用,其市场规模或将扩展8倍,至2 850亿美元。而如果不进行创新,这些传统车企最终会成为Uber等出行企业的供应商,不再享有较高的利润。

大众之外，几乎所有的车企都在积极布局，吉利推出曹操出行，福特牵手中国的本土企业众泰汽车，上汽集团除了推出分时租赁业务EVCARD之外，近期还推出网约车业务"享道出行"，戴姆勒联手吉利成立网约车公司……

与国外相比，中国市场上对于出行业务热衷的除了传统主机厂之外，还包括滴滴、美团等互联网科技。按照贝恩公司发布的中国出行行业报告，早在2017年，中国就已经超越美国和德国，成为全球最大的出行市场，网约车市场的交易规模更是超过其他各国交易数量的总和。预计到2020年，中国网约车市场规模将达到720亿美元，与2015年相比增长11倍。

如此巨额的市场，难免会引得各路英雄"竞折腰"。不过虽然市场潜力喜人，但当此前滴滴被曝出在2018年亏损近109亿元时，几乎所有人都惊讶得几乎掉了下巴。如此庞大的市场基数，加之三成左右的抽成，滴滴为何还会创下巨额亏损？

要回答这个问题，先来看看滴滴的商业模式。和Uber一样，滴滴的商业模式在硅谷被称作双边市场，即通过互联网平台来撮合交易，平台收取中介费，eBay以及Airbnb都是这一业务模式的代表。短期来看，中介费（业务抽成）是滴滴当下最重要的收入来源，而要获得更为长期稳定的利润，就必须要在现有的业务之外，拓展和培育衍生业务。

滴滴虽然在市场占有率方面做到了遥遥领先，但并未建立起自己的"护城河"。一方面，无论是在司机端还是在乘客端，都没有足够的黏性，一旦补贴降低或者其他搅局者进入，就会受到威胁；另一方面，虽然滴滴拥有大量的流量，但这些流量在短期内并没有非常有效的变现渠道，滴滴此前曾尝试过其他衍生业务，但最后都不了了之。依赖出行为切入口，希望能够打通整个产业链的滴滴，目前的进展并不算顺利。此外，滴滴还面临政策监管、合规等各种问题。

其实，不只是滴滴，美国的Lyft、印度的Ola、巴西的99乃至Uber，都面临着如何盈利的巨大考验。反观车企的移动出行业务，盈利难题依然难解。宝马在2011年就开展了DriveNow业务，戴姆勒的Car2Go业务在2008年就已投入运营。此后，双方都曾将上述业务引入到中国市场，不过，经历一段时间的试水之后，现实的问题使得其不得不选择与中国的本土出行服务商进行合作。而在全球市场,戴姆勒和宝马在前几日公布了将成立包括出行、充电等业务在内的 5 家合资公司。对于习惯单打独斗的车企来说,频繁的抱团正说明,在出行、新能源等新兴的业务领域,依靠一家的力量将很难获得成功,团结起来才可能走得更远。

业内一致的观点认为,无人驾驶或者自动驾驶的实现,可能会推动分时租赁、网约车等移动出行业务走向成熟,而要收割胜利的果实,还必须经历曲折和寒冬,寻找资源互补的伙伴抱团取暖就成为必然之举。

2019 年 2 月 28 日

分享链接

遭遇经销商维权、多次变卖资产，谁会是下一个重庆力帆？

中国第一家在 A 股上市的民营乘用车生产企业，重庆汽摩行业出口第一名，这是力帆实业（集团）股份有限公司（下称"力帆股份"）的官网上对自己的介绍。

不过，这样一家听上去曾风光无限过的企业，最近迎来旗下力帆汽车经销商的第四次维权。5 月 5 日，30 多家力帆汽车经销商聚集在重庆力帆中心门口向力帆方面施压，希望力帆汽车能够解决其提出的诉求。在一封经销商致重庆力帆汽车销售有限公司的函件中，经销商方面详述了其维权的主要原因，其中包括：产品质量低下，迈威、轩朗车型的发动机、变速箱、电路返修率奇高；以各种借口拖延建店验收和拖欠支付建店补偿；侵害经销商权益等。函件同时显示，上述维权经销商希望能够在获得相应的补偿后进行退网。

经销商的维权只是力帆股份当下面临的困窘之一。事实上，在遭遇经销商维权之前，力帆汽车的困局已经显露。从去年开始，就陆续有消息传出力帆被供应商追讨货款，不仅如此，从去年到今年，力帆汽车的母公司力帆实业（集团）股份有限公司开始频繁地进行股权解押和质押操作，以进一步续贷。针对上述经销商追讨货款和股权质押的系列问题，力帆股份方面都以各种理由进行解释，希望向外界传达公司经营以及资金并不存在太大压力。

但这些解释在公开的数据和报表面前显得苍白。查阅力帆股份的财报可见，从 2016 年开始，力帆股份归属于上市公司股东扣除非经常性损益的净利润已经连续几年为负，最高亏损额约 26.13 亿元。2018 年力帆股份的营业收入约 110.13 亿元，同比下降 12.6%；总资产约 279.05 亿元，同比下滑 7.05%。归属于上市公司股东扣除非经常性损益的净利润约 -21.5 亿元，同比下滑 1047.68%。今年一季度，力帆股份一季度营业收入约 22.47 亿元，同比降低 31.07%；归属于上市公司股东净利润约 -9 720.48 万元，同比下滑 257.56%。

为了不被戴帽，力帆在去年曾两次变卖资产。除了将原 15 万辆乘用车项目的生产基地以约33.15亿元的价格出售给重庆两江新区土地储备整治中心外，还在去年12月将旗下子公司重庆力帆汽车有限公司100%股权以人民币6.5亿元的价格转让给车和家。但这些举措对于力帆股份以及旗下陷入困难中的力帆汽车来说，可能只是杯水车薪，在一定程度上能帮助力帆股份止血，但并不能帮助其造血。

1992年从摩托车市场起家，力帆的创始人尹明善是个有头脑的人，早在20世纪90年代末重庆摩托车品牌在海内外都炙手可热的背景下，他就敏感地认识到，随着消费水平的提升，未来汽车产业将会是一个比摩托车更大的市场，力帆要进入这一市场。2006年，推出了第一款汽车产品力帆520，凭借与mini搭载的同款发动机，这款经济车型在当年市场上也曾占据一定的位置，此后，力帆又推出多款经济型轿车，一度年销量保持在15万—18万辆左右。

盘点力帆在汽车行业的过往经历，正如其官网所言，它曾有过辉煌，市值一度达到百亿元，而在对俄罗斯等海外市场的出口上，力帆曾多年排在第一的位置。但昔日的荣光转瞬即逝，过去两年，虽然中国自主品牌的市场份额一度达到新高，但力帆汽车在市场上的地位却节节败退。在上海的外环外，五年前力帆还曾有过4S店，但眼下一二线市场几乎难觅其踪迹，即便是在重庆本地市场，也很难在路上见到力帆旗下车型。从产品上看，虽然力帆旗下车型谱系多达七八款，但市场终端售价都在六七万元之下，多款车的平均月销量不足50辆。2018年，力帆汽车销量不足3.2万辆。

在上述维权的函件中，经销商将力帆的市场表现归咎于产品质量差、发动机、变速箱、电路返修率高以及营销不力等原因。事实也是如此，对于汽车这样一个竞争已经十分成熟的市场，产品的竞争力自然是车企生存状况的最关键原因。过去20年，中国汽车行业呈现爆发式增长，在这片拥有超过14亿人口的土地上，诞生了多个类似力帆汽车一样的汽车制造商，他们抓住市场获得了第一桶金，但是却忽略了在这一市场上进行专注的长期投入，没有建立起自己的技术领先优势和壁垒。有市场分析人士认为，力帆一开始从模仿起步，但多年来一直未能走出模仿的路数，与此同时，力帆造车从一开始就并不专一，除了汽车和摩托车业务之外，旗下还有金融、酒类以及房地产等业务，这也是导致力帆目前困境的原因。

当市场发生转折时，这些不具备竞争力的企业自然会被淘洗和边缘。比如此前的华泰汽车、已经宣布破产的青年莲花，以及从去年开始就已经停产而当下仍在继续遭遇经销商维权的北汽银翔……

2018年是车市28年来的首次下滑，从今年一季度的数据看，市场的分化和淘洗还在加剧。按照业内的说法，当中国市场越来越成熟后，也会像欧美一样，可能仅剩下四五家车企。那么，谁会是下一个重庆力帆？

据易车研究院的数据，目前在售的中国品牌数量近100个，但2018年乘用车终端销量不足万辆的近50个，不足10万辆的近80个，销量超过50万辆的不足5个。关注一下上述车企的名单，相信会找到答案。

2019年5月8日

分享链接

造车新势力为何热衷布局出行市场？

造车新势力都在积极布局出行业务，流量之外，出行市场对于新势力来说还是积淀数据和验证产品的过程。

近日，威马汽车旗下出行品牌即客行宣布第1 000辆威马EX5纯电SUV在海南投入运营。而就在一个多月前，小鹏汽车宣布旗下专车平台有鹏出行在广州上线试运营。与小鹏的专车服务不同，威马即客行的定位主要在旅游租车、企业长租、酒店景点接驳、旅游包车以及网约车等。

威马和小鹏并不是造车新势力中唯二布局出行业务的企业。笔者了解到，除了蔚来汽车明确表示不会进入网约车市场外，绝大部分新势力都有进入出行市场的打算。威马汽车高级副总裁陆斌谈到，汽车销量放缓，用户对出行消费从整车购买转向按里程、出行次数、使用场景来购买。趋势的变化是各个主机厂推出出行业务或者产品的重要原因。

不过，与传统车企在出行领域"试水"相比，造车新势力布局出行市场更加谨慎，毕竟后者在资金、资源上都不占优势，试错的成本显然更高。同时，出行市场是一个非常碎片化的市场，对精细化运营能力要求高，需要企业能够做到一地一策，在某地选择何种合作资源，走什么样的路线，都会有所不同。

陆斌就曾告诉笔者，威马首选海南市场作出行的"试验田"，是因为海南很早就提出了"绿色出行新海南"的目标和大规模推广智能纯电动汽车的规划。同时，作为旅游市场，海南全岛900万人口，但每年进岛包括出差的游客达到7 000万。由于当地铁路交通路网并不密集，因此在整个海南岛，汽车短租业务十分发达。

笔者从官方得到的数据，即客行的旅游租车业务在三亚、海口上线以来，整体租车率达到70%，五一、端午小长假租车率更是高达100%。海南之外，在上海，威马在今年1月份还投入50辆车，联手出行平台试水网约车业务。此外，笔者还了解到，其盈利性不错，包括司机都是赚钱的。

但是出行市场的盈利模型并非简单的规模叠加，投入50辆车在市场上能够赚钱，并不能代表当规模达到上千辆甚至上万辆依然能够保持盈利。因此，对于威马的出行业务来说，赚钱在当下并非首要目的，更多是尝试。

这是几乎所有车企开展网约车业务的共同点，其意义远大于短期的销量、利润，毕竟，汽车业在面临百年变革的背景下，谁也不知道未来将会如何？对于新势力来说更是如此。在造车这场马拉松比赛中，它们除了要去想办法迎合趋势，目前的当务之急更是要与传统车企抢市场。品牌如何搭建？流量从哪里来？市场到底在哪里？技术如何与消费者的需求结合？能否为这些问题给出正确的答案，在某种程度上决定着它们能走多远。

目前市场上的三家头部企业蔚来、威马和小鹏，都走过了呱呱的出生期，流量红利都已经用完。在交付了1万辆以后，每一个新品牌要想持续发展，都需要在第一波流量红利结束之后，快速建立起第二波流量。

如何建立流量？是靠传统的广告模式？还是多方位建立与消费者的触点？在零售行业，品牌方大多会选择"体验式"营销来建立与消费者的多维沟通渠道。汽车如何建立自己的新零售模式？出行也许是一个值得尝试的市场。

据笔者了解到的信息，威马在上海投入的每辆网约车中都尝试性地准备了产品零售二维码。5个月的运营结束，官方统计的数据是，每辆车每天接单量在20—25单左右，这其中，有1.2%会进入威马的销售门店。如果是传统的4S店，单个获客成本可能是3 000—5 000元。

流量之外，出行市场对于新势力来说，也是一个数据积淀和产品验证的过程。众所周知，汽车的可靠性验证需要大量的路况和长时间的数据积累，对于智能电动车企业来说，还包括电池的衰减、充放电情况，以及其搭载的智能化功能，与消费者的需求匹配度。

"在C端市场一辆车平均一年行驶12 000公里，在出行市场一辆车一年的行驶里程至少8万公里。"陆斌告诉笔者。也就是说，通过出行业务，车企能够在很短的时间内验证产品的可靠性，威马在投入运营的车辆上有400多个数据搜集点，通过这些数据反馈，可以高效地获知车辆以及电池等在不同使用场景、路况以及气候下的情况。

从目前来看，这是出行业务能够给予威马最大的价值之一。毕竟，当汽车越来越成为一个智能化设备，消费者对于产品升级换代的频率以及个性化需求也在提升。通过大量的市场数据积累，将有利于车企在配置上进行优化，可以针对不同的市场和消费者定制不同的产品，由此保持持续的竞争力。

2019 年 6 月 26 日

分享链接

经销商库存高企，
后流量时代经销模式如何变革？

在国五清库存带动6月经销商库存指数短暂下降之后，7月汽车经销商库存再度站上高位，达到62.2%。环比6月上升11.8%，同比上升8.3%，超过50%的库存安全线。

车卖不动了，整个产业链都因此承压，笔者了解到，某大型汽车集团开始取消单位员工的补充公积金。一位从事汽车物流相关工作的人士也透露，受前端市场影响，其工资水平今年下降了30%。不过，车市低迷，感受最深的应该是经销商，与此同时，新的经销方式也悄然兴起。

"库里面都是车，放着不动每天都会产生大量的成本。"一位自主品牌的经销商告诉笔者，库存的车辆基本都是通过金融手段从厂商处拿来的，在一定期限内无法出售，将面临大量的资金成本，加之停车的场地和维护成本，每天都感觉"压力山大"。

最让他觉得有压力的并非短期的汽车滞销，"5、6月份库存透支，7、8月份传统淡季，所以，这两个月车市不好也很正常"。他告诉笔者，最让这些一线的营销人看不透的是传统营销模式以及导流模式的逐渐失效。

过去，汽车经销商卖车，除了自然到店的流量之外，集客的方式主要包括展会、垂直网站导流、广告以及各种促销活动。但随着互联网红利的退去，无论是线上导流还是线下集客，流量的转化率都越来越低，成本则越来越高。

据AC汽车联合盖世汽车发布的《2019汽车经销商运营现状白皮书》给出的数据，从单位成本来看，目前，平均集客成本超过240元/条，高端品牌则突破270元的单价，其最终成交订单的转化率则基本徘徊在3%左右。今年年初，汽车之家遭遇的"封杀门"，在某种程度上就是因为互联网导流成本的高企和线索质量下滑，已经达到甚至超过了众多经销商可以接受的临界点。宣称要"封杀"汽车之家的经销商们并没有真正地选择与其撕破脸，毕竟，包括汽车之家在内的垂直类媒体仍然是经销商们目前集客的流量入口。

传统的模式之外，经销商和厂商也在探索一些新的圈层和社交营销模式。与普通的电商零售模式一样，随着流量红利的结束，流量电商阶段也正式成为过去时，而新的社区电商阶段已经到来，与上一阶段的主要依赖于流量不同，社区电商更多基于社区用户群体和场景，打通线上和线下。

比如，国内二手车电商第一股优信集团与今日头条旗下懂车帝达成合作，在懂车帝App页面接入优信二手车网上商城，一方面，拓展优信的流量入口；另一方面，懂车帝的潜在消费群体也能够帮助优信平台上的车商精准地触达目标人群。

在前不久，上汽集团旗下车享平台也与腾讯汽车联手，希望搭建一个汽车新零售生态圈。车享旗下有O2O整车销售电商服务品牌车享新车，同时也有售后服务的车享家，在一二线以及三四线都有立体的渠道布局。在整个腾讯的生态中，除了有微信这样大的流量入口和社交营销的土壤，还有大数据分析以技术支持的能力依托腾讯汽车商城线上丰富的购车场景和车享的线下门店资源，从看车、选车到买车，贯穿线上线下，打破场景限制，为用户提供全过程购车服务，通过协同反应，可在一定程度上实现线上线下流量无缝的转化。

过去，消费者买车要么直接进入线下的销售门店，要么是先圈定品牌和车型，然会通过垂直网站了解相关信息，进而进入预约试驾等环节，然后流向终端4S店。现在，随着汽车的普及，消费者购买一辆车的决策周期在缩短，社交媒体的兴起，让消费者可能因为一些高频出现的推送刺激而产生购买意念。如果能够以很快的速度响应这些年轻消费者的购买需求，并高效对接线下的完善服务，就可能带来新的成交。

这种社区化的场景营销不仅在线上出现，在线下，单一的4S模式也渐渐不被新进入的造车新势力们所选择。越来越多的新生品牌，愿意将它们的智慧门店和体验店设定在商场、购物中心等人流量大且可以与吃穿用等别的消费场景无缝结合的区域，来唤起年轻人的消费需求。还有越来越多的初创品牌选择与滴滴在内的出行公司进行合作，用这种"触手可及"的方式，用切实的体验与消费者建立联系。

传统的4S模式依然会长期存在，但是在新的市场需求和特点之下，更多的经销方式会逐渐兴起，有的也许只是昙花一现，但有的可能给当下重压之下的经销商带来一线曙光。

2019 年 8 月 7 日

分享链接

让中国的年轻人为高性能车买单，时机到了吗？

蔚来汽车从2014—2015赛季就开始赞助Formula E（电动方程式，下称"FE"）车队。2015年6月，蔚来因冠名的NEXTEV TCR车队车手小皮奎特拿下FE首个年度车手总冠军一夜成名。蔚来也在众多车迷心中贴上高性能、前沿科技等高端品牌的形象标签。

不过，目前有消息称蔚来已经将自己的FE车队的绝大部分股权出售给国内赛车运动推广公司力盛赛车。据知情人表示，蔚来仍是这支车队的冠名赞助商。

要运营一支车队的成本显然不是一个小数目。据悉，蔚来打造的EP9赛车一辆的成本就高达130万美元左右，另据蔚来汽车的创始人李斌此前透露，蔚来参加首届FE的花费在5 000万美元左右。有数据显示，2017年，捷豹在其FE车队身上花费1 600万美元，截至2018年3月，这一数字更是累计达到4 000万美元。

因此，从财务压力来讲，蔚来这个时候选择出售FE车队的股权，可以算是一个明智的选择，毕竟，前期的好成绩已经为蔚来在高品牌定位、高品牌溢价以及品牌自豪感上都作出了应有的铺垫。在国内40万元左右的豪华SUV阵营中，蔚来ES8的销量得以与宝马5系以及特斯拉model X旗鼓相当。

由此可见，和全球消费者一样，中国消费者事实上也是很愿意为高科技、高性能这样的概念去买单的，所以也不难理解，为什么新车的评价指标中，都有一个喜欢强调的指标是"百米加速仅需××秒"。

其实，试图通过赛车文化来彰显车辆性能、打响品牌的中国车企不只蔚来一家。

比如由吉利和沃尔沃汽车联合打造诞生于2016年的高端品牌领克汽车。虽然有沃尔沃的技术作为背书，但要在合资密集布阵、自主竞争激烈的市场上建立自己的品牌高度并不容易。毕竟，中国的自主品牌们花了20多年的时间,在品牌力上依然难以逾越与主流合资品牌存在的巨大鸿沟。

怎么办?领克选择了与赛车运动牵手,大打高性能牌。之所以选择这一思路,一方面,母公司吉利汽车多年来一直在发力赛事文化;另一方面,背靠吉利和沃尔沃的技术,领克有希望在赛道上获得认可。因此,无论是领克03选择在全球都极为著名的日本富士赛道发布,还是参赛WTCR,以及在全国各地开展"驾控营"挑战赛,都可以看出其在以运动塑品牌上的努力。

除了领克,上汽旗下的名爵也在努力发掘品牌的赛车文化基因,与领克不同的是,作为一个被中国收购的英国品牌,在名爵的历史中确实有着近百年的赛道文化基因,只不过当这个品牌漂洋过海来到中国,此前一直在为了生存而努力,在品牌差异化和调性上的建树并不多。不过眼下,随着销量和规模的爬升,上汽要处理好旗下荣威和名爵两大自主品牌的差异化定位,将后者带到更为年轻的消费者面前,就不得不发掘其品牌背后更让年轻人感兴趣的动感、刺激的赛车基因。名爵在今年的上海车展上宣布成立MG XPOWER高性能部门,同时一口气推出三款高性能车。领克也表示会以领克03为产品基石,推出从普通量产车型到高性能车型的多款产品,以满足消费者对车辆性能的多样化追求。

这种思路从整体上看符合当下年轻人的消费哲学,在汽车领域,随着新生代消费人群的兴起,包括雪佛兰、福特、斯巴鲁、现代等外资品牌也在加速旗下高性能车的导入,去年10月,国务院在印发的《完善促进消费体制机制实施方案(2018—2020年)》中,明确提到要积极发展汽车赛事、旅游、文化、改装等产业,政策层面的倡导和鼓励有望为高性能车这一细分市场的走热提供基础,中国品牌此时"卡位"也属必需。

不过,汽车毕竟还是一个大宗消费品,高性能牌从品牌认知上固然可以为车企带来一定热度,但在市场层面,要保持品牌的美誉度和市场热情,依然有赖于品质和服务等多重因素建立起来的竞争力。

2019年9月25日

分享链接

年末"车宴"背后的二八法则：
有人缺席，有人升级

自10月份被曝出或将破产之后，众泰汽车、华泰汽车、力帆汽车3家也"意料之中"地缺席今年的广州车展。不过，缺席此轮车展的远不止上述3家企业。据不完全统计，今年广州车展缺席的企业数达到13家，其中包括东风雷诺、雪铁龙、DS、纳智捷、华晨中华、斯威、观致汽车等，而此前如雨后春笋般成长的造车新势力，参展的也仅有蔚来、威马、小鹏、爱驰、合众等少数几家。

虽然不能说是否参展与企业经营好坏有直接联系，但如果查询这些缺席车展车企的市场表现，不难看出市场的低迷多少影响了参展的意愿。

毕竟，广州车展与上海、北京以及成都车展都不太一样，作为年末车圈最大的一场"盛宴"，其寄予车企想在年尾岁末"多收三五斗"的念想。也正因如此，多年来广州车展一直是车企和经销商向市场发起最后"冲刺"的集结号。毕竟，在这个市场低迷的时刻，"信心比黄金更重要"。也难怪，就算是此前"被破产"的海马汽车，虽然已经到了卖房和变卖资产的境地，但依然不愿意缺席岁末汽车圈最大的"盛宴"，顽强地出现在展会现场。

麦肯锡不久前发布了《2030年，中国汽车行业十大发展趋势展望》的报告，对未来10年中国车市变化做出十大预见。其中有三条关乎现实并已悄然发生：一是车市将告别黄金时代，高增速及高利润率难再现；第二是大量品牌或将消亡，或将退出中国市场；第三是大部分中端国际品牌可能在中国市场失去竞争力。

盘点上述缺席车展的企业名单，就会发现麦肯锡的预测与现实的重合。弱势自主品牌在失去市场之后，一旦再失去政府的拐杖，就一条腿跨向了消亡；法系车虽然多年来在市场上并没有那么明显的如韩系一般，成为自主品牌对标和赶超的对象，但这种从来没有被当成"假想敌"的尴尬，也恰好印证了其要在中国市场上成为主流会有多艰难。中国汽车流通协会的数据显示，到今年5月份,法系车在市场上的占比仅为0.63%,创十年最低。

市场上的"二八"法则进一步分明。同样是来自汽车工业协会的数据,前5月市场上除了日系品牌之外,其余品牌的市场占有率都在下降,包括德系。眼下,法系已经快要被挤出中国市场,韩系正在艰难"回血",美系也在市场上苦苦挣扎。在此背景下,头部企业的市场集中度进一步提升。交强险上险数据显示,今年前三季度中国车企的CR10(最大的10项之和所占的比例)达到80%,而在2016年还不到70%,两三年间提高了10个百分点。

另一方面,在市场去芜存菁的过程中,落后产能的淘汰也为创新的企业落地和发芽成长提供了市场空间,比如长城旗下的豪华品牌WEY,诞生三年累计销量突破30万辆。吉利旗下领克品牌,两年销量也达到23万辆,同时在销售价格上,领克01加权平均单车售价达到18万元,可以与主流合资SUV相媲美,领克03的起售价格达到11.38万元,完全进入合资车型的价格区间。

无论是WEY还是领克,它们在市场上能够初步站稳脚跟,在技术和体系实力之外,也在加强自身的品牌形象。比如领克根据年轻人的消费习惯和兴趣爱好,将性能作为"主打牌"之一,基于领克03打造了领克03 TCR赛车,组建车队征战世界顶级赛事WTCR。为了打响WEY品牌的知名度,长城创始人魏建军不仅亲自挂帅魏派公司董事长,也一改此前相对低调的形象,出演小电影,亲自代言这个以自己的姓氏命名的品牌。

中国品牌也正加快着向全球化进军的步伐。领克将在2020年进入欧洲,WEY也正立志于在2021年进入欧洲,2023年进入美国市场。而上汽旗下的名爵也正在利用电动车这一突破点,在欧洲等海外成熟市场撕开一条口子。

提升品牌形象也好,争夺市场份额也罢,在见证汽车工业"西车东渐"几十年后,中国品牌开始努力驶入西方成熟市场。

2019年11月27日

分享链接

五、唐言柳语

唐柳杨 | 第一财经产经中心高级记者。毕业于湖北大学中文系，关注汽车行业十余年。"唐言柳语"通过解读行业热点事件，展现商业逻辑和趋势洞察。
tangliuyang@yicai.com

为什么丰田和本田没有被寒流击倒？

车市的下滑仍在继续，超过80%的车企被卷入寒流之中。强者如大众、通用，也不得不通过"内部价"消化库存来抵御寒冷。

普通合资品牌中（不含豪华车），唯有丰田、本田没有被寒流击倒。在行业整体下滑17.8%的4月，丰田和本田分别上涨19.9%和24%。今年前4个月，丰田和本田在华4家合资公司中的3家都取得超过10%的销量增长。

为什么丰田和本田如此抗跌？赶上产品大年的大众为什么没能继续实现增长？日系车的马自达为什么没能复制丰田、本田应对寒冬的韧性？随着车市下滑的加深，越来越多的车企开始研究这些问题。

东风本田一位人士回答说："差不多每4年就会遇到一次危机，我们整个体系始终绷得很紧，所以，这一轮车市寒冬来的时候，感觉没有那么紧张。"

这或许是原因之一。在其他车企充分享受中国车市高增长红利的10多年里，丰田和本田经历过至少3次日系车整体性的危机，以及1次大规模的单体危机事件，频繁的预演练就了它们更成熟的体系能力以及战略定力。

丰田和本田还有一项其他公司尤其是中国本土公司难以企及的能力：几十年的全球化经验。全球化公司的优势是经历过不同文化背景、不同发达程度的国家，对单一市场的趋势判断更具洞察力，其企业经营方针也更加稳妥、理性。笔者认为，所谓的战略定力，实际上源自企业对市场趋势更深远的研判。

以丰田和大众比较，接近销量规模之下，丰田在日本、美国、中国、欧洲的销量分布比较均衡，其销量规模最大的海外市场美国占全球总量的比例为20%，中国、欧洲的占比分别约为15%。而大众汽车全球50%的销量来自中国，这意味着中国销量一旦失守，大众汽车整体业务将会大受影响。类似的情况则不会发生在丰田。

东风本田也是一家颇有意思的企业。从入行开始，笔者就经常听到媒体对这家企业的争议，认为其过度保守的产品投放和产能扩张策略，导致它错过了中国车市高速增长的黄金时期。

事实上，东风本田最引以为傲的却是其"产销联动型生产体制"。在今年4月之前，东风本田在中国只建成两座整车工厂，合计产能51.2万辆。但是2018年，东风本田批售量超72万辆，产能利用率超过130%，经营质量可想而知。

此外，由于产能全靠柔性提高，在市场不景气时，工厂调低产能也不会致使设备闲置、裁员等"硬伤"产生，避免生产制造和销售体系出现失调。这也是预防危机的一种体制。

在中国车市从100万辆奔向2000万辆体量的洪流中，只有丰田、本田等少数几家车企没有随波逐流，它们坚持自己的战略，对待投资极其谨慎，设置合理的预期管理。它们的确错过了车市爆发式增长的最佳扩张时期；但当市场下滑时，它们的韧性和稳健一览无余。

当然，除了战略，在"术"的层面，丰田和本田至少有四个方面值得对手去研究：技术趋势的把握、产品特色、终端价格策略、经销商管理。

丰田和本田率先在中国推行混合动力技术，本田CR-V、丰田雷凌混动版车型的市区工况百公里油耗仅4升多。这很像10年前大众汽车在中国推行TSI+DSG（涡轮增压发动机和双离合变速箱），在5—10年把技术优势转化为市场优势。

丰田和本田还有一个共性，是产品走起了"不极端"的个性、运动路线。随着中国老龄化趋势加快，车企产品策略全面年轻化其实并不是好事。兼顾老年化趋势和年轻人风潮，才能获得更广泛的用户群体。单一走运动型路线的马自达，连续12个月销量下滑原因即是如此。

更加值得关注的是经销商管理方针，以及随之带来的对终端价格的影响。

"我们现在都是危机感重重,很怕变成当年的北京现代。现在已经不是拼单个产品的时代,品牌的韧性更重要。"就在写稿的间隙,一家合资企业内部人士给笔者发来这段话。

这家合资公司还维持着百万辆级的销售体量,但是旗下产品售价大幅折让。大幅让价的结果,却是销量持续地下跌。

反观去年至今大卖的车型,无论是雷克萨斯 ES,还是东风本田思域,它们的共性都是价格稳定。在紧凑型轿车市场中,思域是唯一一款终端优惠只有5 000元、月销破2万辆的车型。其他如日产轩逸、别克英朗的终端优惠都超过3万元(英朗实际上优惠超过4万元)。

价格稳定意味着消费者的利益不会在短时期内大幅受到伤害,也是保值率的保障。而价格体系的垮掉,背后的原因其实在于主机厂对经销商的管理方针是"狼性"还是"佛系"。

早在2015年之前,东风本田和广汽丰田就取消了经销商年度指标,根据经销商滚动销售能力和库存情况下发指标。经销商没有库存压力,价格稳定,反而增强了客户的购买信心。这是一个正向循环。

2019 年 5 月 22 日

分享链接

车市洗牌，剩者为王

8月，车市仍未能好转，据乘联会数据，前三周乘用车日均零售量同比下滑21%。国六排放正式实施的首月（7月），国内乘用车终端零售量138万辆，同比下降21.4%，环比下降40.6%。

五六月车市清库存的影响还在持续。国五车型清库存运动不仅伤害了市场价格体系，造成全行业性的商家亏损，并且透支了今年三季度乃至整个下半年车市的需求，进一步恶化了厂商处境，客观上还加速了中国车市的洗牌。

在近期举办的一些论坛活动上，不少汽车厂商代表都预测今年车市将整体下滑8%—10%。2018年，中国乘用车总销量为2 323.7万辆，10%即232万辆，相当于中国车市将会减少20家广汽菲克或者40家观致汽车。

清库存运动带来车市整体性的销量下滑，连一直以来逆势上涨的豪华车与日系品牌也受到波及。不过，日系车的下滑幅度相对有限，只有2.5%。

这两年疯狂弥补SUV产品线的南北大众，并未如期大幅提高销量，反而在市场下滑时进入下滑通道。表面上看，大众的下滑是因为捷达等经济型轿车销量萎缩，但是大众的问题或许并不出在产品，而是长期的顺境让团队失去了锐气。曾有一个汽车销售顾问告诉笔者，她当时的愿望就是去大众4S店卖车，因为只有大众的汽车销售顾问不用"巴结"客户。

美系车7月份的下滑幅度达到37.5%，上汽通用、长安福特和广汽菲克三家企业总体都在下滑，但情况各自不同。

上汽通用的主要问题首先在于主力产品在2014年左右开始更新，在接近换代、产品力最弱的节点遭遇市场下滑；其次是这一轮产品的造型整体偏中庸保守，没有充分应对年轻化的趋势；再就是过早地推行三缸发动机。三缸发动机直到现在依然是一个可以让用户掉头就走的配置。

长安福特在最近3个月持续性回暖，7月份再度回归到月销2万辆以上。新上任的全国销售服务机构总裁杨嵩带来很多改变，增加了一线经销商的沟通交流，采取订单式销售系统，大幅降低了经销商库存，渠道的战斗力和信心逐渐在恢复。

广汽菲克也在做调整，最大的调整是总裁郑杰的"被离职"。不过，在郑杰离职3个月后，广汽菲克还是没有让外界看到它的变化和打法的调整。进口车时代的强势与国产之后的弱势，JEEP品牌要总结的还有很多。

法系车则进一步向深渊滑落，神龙汽车、东风雷诺、长安PSA均未展现向上势能，而在3年之前，法系车还处于巅峰之上。从80万台（2017年法系车销量之和）到18万台（2019年预估法系车销量之和），恐怕所有人都不会想到业绩的反转会来得如此迅猛和惨烈。

对于自主品牌来说，不好的消息仍在增加，威尔森统计的终端零售数据显示，自主品牌7月份的销量下滑35%，市占率更是低至27.6%。此外，自主品牌的市场集中度正在快速提升，前十家自主车企的份额之和达到82.1%，10名开外的自主车企生存空间愈发狭小。

另一坏消息是低端车和低价车的销量下滑仍在加速，比如上汽通用五菱。

吉利汽车在去年首次提出战略转型，从追求高速发展到高质量发展。实际上，吉利汽车的转型从2014年就已开始。截至2019年上半年，售价8万元以上车型的销量占71.3%，售价15万元以上的车型销量占比11%。

那些缺乏抱负和远见，缺乏雄心壮志与投入的边缘性企业，则真的走到了生死关头。比如最近传出停产降薪的长丰汽车集团，更早些时候出售401套房产自救的海马汽车。

再次出任海马汽车董事长的景柱说，海马汽车受到体制的制约，对产品、投资、研发等战略决策慢、效率低、效果差；产品经理缺乏创新意识、创新压力、创新能力；产品在决策上过于随意，营销纸上谈兵；盲目追求规模，扩建工厂，造成产能闲置，内部体制僵化。

这何尝不是某一类企业的通病？市场增长时，它们跟随红利分到很小的一杯羹，并未长成参天大树；市场环境恶化时，它们几乎没有反抗之力。

有业内人士提出一种新的观察企业的方法，就是看这个团队的高层和中间层有没有经历过市场炮火，如果是一直过苦日子的，这家公司当前的表现往往会很不错；反之，则会出现很多问题。

2020年，中国车市预估仍将会延续下滑，也会有更多的企业倒下。不过笔者相信，经历狂风暴雨还能活下来的将会更加强大，剩者为王。

2019 年 9 月 2 日

分享链接

自主高端品牌领克和 WEY 最大的敌人究竟是谁？

随着车市寒冬的持续，长城汽车旗下高端品牌 WEY 和吉利汽车旗下高端品牌领克的冲高之路开始遭遇挑战。在产品线都扩充到 3 款车的前提下，领克的销量增速放缓，今年前 7 月共售出汽车 64 495 辆，同比增长 10.1%；WEY 则出现一定幅度的下滑，前 7 个月共售出汽车 54 310 辆，同比下降 36.1%。

领克和 WEY 都诞生于 2016 年，它们联袂拉开了中国本土车企第三次向上突破的大幕。WEY 和领克的开局顺利，迅速突破月销过万辆的门槛，而且它们的主力车型成交价都提高到 18 万元，超过许多二线乃至一线的合资品牌，实现了本土品牌高端化的突围。不过，两者目前都遇到挑战。

为什么领克和 WEY 没能延续初期的强劲势头？

从品牌力、产品力、营销力、渠道力等维度分析，领克的产品和技术源自吉利汽车和沃尔沃联合开发的 CMA 平台，核心动力总成与沃尔沃共享；品牌定位为"新时代高端品牌"，品牌理念是"生而全球，开放互联"。凭借造型独特的产品和品牌理念、市场营销活动，领克营造出汽车"潮牌"的品牌形象，标签化突出，且与对手形成明显区隔。产品与品牌的个性化让领克切入一个相对小众的领域。

此外，领克的产品规划很均衡，除了已经推出的紧凑级 SUV 和轿车，未来领克还计划推出 MPV、中型 SUV、轿跑 SUV 等产品。

然而，领克的短板是品牌知名度较低。这一方面是由于领克在很长一段时间主要依靠线下活动和线上传播扩大知名度，缺乏硬广告的投入；另一方面是因为领克产品上市节奏过于紧密，单一车型的营销难以做透，影响了知名度的扩大。

因此，领克应对市场下滑的策略是主动放缓新产品推出的节奏，今年只推出领克 02 和领克 03 的 PHEV 版，把更多精力放在补齐营销能力上。

WEY走了一条与领克不同的道路：首先，它的品牌以魏建军的姓氏来命名，极具个人化与地域化的风格；其次，WEY的技术源自长城正向研发，而不像领克源自沃尔沃；最后，WEY的品牌定位是"中国豪华SUV"。

短期来看，领克的技术渊源带来竞争优势，WEY则有些欠缺光环。但长期来看，领克过于依赖沃尔沃未必没有风险，WEY坚持正向开发，经过时间的沉淀未必不会成为最核心的竞争力之一。

现阶段来说，WEY的产品力不存在短板，造型、内饰与配置的高档感突出，在J.D.Power等机构新车质量调查中排名靠前。它的挑战首先在于过于专注SUV，产品布局缺乏充分的腾挪空间，后续推出的VV5、VV6和VV7的定位和定价存在一定的重叠和内耗。

其次，WEY"中国豪华SUV"的品牌认知建立，需要更长时间来说服用户。市场上的豪华品牌，即便是年轻的雷克萨斯，迄今也有30多年的历史，奔驰则超过100年。支撑"豪华"二字的不止是产品力，还包括一个品牌的历史底蕴、文化等。它需要与用户建立情感上的关联，赋予品牌区分社会地位乃至阶层的能力。这是丰田皇冠、大众辉腾的产品力比同价位的豪华车更强，但销量始终不理想的原因所在，也是WEY在未来很长时间必须要克服的难题。

最后，WEY与哈弗在技术上以及渠道上的渊源，导致WEY和哈弗的品牌区隔没有充分建立起来。这也是领克面临的挑战。目前能够借鉴的案例只有雷克萨斯，如同领克和WEY，雷克萨斯也是"非原生"的豪华品牌，它经历过从品牌从不被认可到被认可的过程。在创立之初，雷克萨斯内部曾有一个论断：它最大的敌人不是别人，而是丰田。领克和WEY也一样，需要坚定不移地实施品牌区隔的战略。否则，它们无法应对用户类似以下的质疑：这车不就是长城或吉利吗，凭什么要多卖几万元？

长城汽车董事长魏建军曾说过，自主品牌的高端化是一场持久战，丰田旗下的雷克萨斯经过几十年的沉淀才达到今天的成就，"WEY的产品力是足够的，问题在于不会做品牌，缺乏这方面的专业知识或者经验。"

总体而言，虽然领克和WEY还存在着这样或那样的不足，但是已经取得了阶段性的胜利。在领克和WEY推出之前，中国品牌并没有能够在18万元以上的价格区间获得稳定的销量规模。当前两个品牌的销量增速放缓和下滑并不意外，新品牌体系能力还在成长当中，抗压能力和外资大厂相比更弱。

此时更加考验的是战略定力和执行力，坚定既定的战略方向，确保体系健康，等到市场转暖时，领克和 WEY 都将有新机会。如果为了销量规模牺牲价格体系，牺牲经销商盈利性和用户口碑，后面再想往上就难了。

2019 年 9 月 10 日

分享链接

禁售燃油车时代真要来了吗？

"go electric""epower""ready to charge"，法兰克福展览中心无处不在的电动化标语，传递着电动车时代距离越来越近的信号。

欧洲是全球最早提出禁售燃油车的地区。早在2015年，荷兰就提出最早将于2025年禁售燃油车，之后，挪威、德国、英国和法国等欧洲国家纷纷提出禁售燃油车，时间节点从2025—2050年不等。

需要注意的是，并没有一个欧洲国家出台真正意义上禁止燃油车销售的法令。所谓"禁售燃油车"大多是环保部门或某一党派的提议、提案，并没有落到实处。

相比之下，中国的步调更加坚决。今年3月，海南省出台了《清洁能源汽车发展规划》，规定2030年起全省全面禁止销售燃油汽车，成为中国首个宣布禁售燃油车的省份。

今年8月份，工信部在《对十三届全国人大二次会议第7936号建议的答复》中进一步表示，"我国将支持有条件的地方建立燃油汽车禁行区试点，在取得成功的基础上，并统筹研究制定燃油汽车退出时间表。"这又一次引发业内对于中国是否应该禁售燃油车的热议。

近期在东风汽车集团有限公司（下称东风汽车）举办的"隆中Talk"论坛上，东风汽车副总经理尤峥却称，在未来相当长的一段时间内，中国的汽车市场将是纯电动技术、插电式混合动力、燃料电池以及混合动力等多元技术术路线并存发展，禁售燃油车的时代不会到来。

"不可能说单纯地不用燃油了，或者还是全部用燃油，一定是多种能源并存的状态。"尤峥介绍，在东风汽车的规划中，到2025年纯电动化领域会达到20%，其他80%的产品还是传统燃油动力。

尤峥的讲话似乎与全面电动化的言论相悖，但他却有一些重量级的"友军"。

今年7月，宝马研发董事（Klaus Frolich）在接受媒体采访时称，开发新能源汽车是监管机构的需求，而非消费者的需求，"没有消费者对纯电动车有真需求，一个也没有。"

丰田汽车近期公布了其未来30年的汽车销量规划，直到2050年，仍有90%是带有内燃机的车型，纯电动和氢燃料电池车只占10%。

东风汽车副总工程师、技术中心主任谈明强表示，基于全球主要车企规划的2030年、2035年的技术来看，"我们觉得燃油车还退出不了市场，并且我刚刚看到一份资料，欧洲对中国市场的预测认为，到2030年纯电动汽车也只有15%左右的市场份额。"

在法兰克福车展采访期间，笔者还得知一个国内长期被误读的信息，即欧洲车企宣称的停售燃油车，仅仅是指没有配备电动化装置的"纯燃油车"，48伏轻混、油电混合动力、增程式、插电式混合动力都是它们继续生产的对象。

这和中国的"禁售燃油车"有着非常大的区别。《海南省清洁能源汽车发展规划》中明确提出，插电式、增程式混合动力新能源汽车只是过渡型产品，到2030年要"以纯电驱动和氢燃料电池汽车为主"，实现车辆使用端的零排放电动化。

此外，中国原本的产业政策将插电式混合动力、纯电动以及燃料电池都定义为电动汽车，但2018年起许多城市把插电式混合动力定义为节能汽车，大幅降低或取消优惠政策。

"一刀切"式地对带有内燃机汽车实施禁售或取消优惠政策，这是中国燃油汽车禁售政策引发争议的焦点。

今年7月1日，针对新能源汽车的国家补贴和地方补贴进一步退坡之后，中国纯电动车销量连续两个月下滑。今年上半年，无论传统车企比亚迪、北汽集团、奇瑞汽车，还是威马、小鹏、蔚来汽车等造车新势力企业，它们的实际销量均大幅低于去年年底规划的目标值，这说明市场的需求并未如企业预估的旺盛。

蔚来汽车一位管理层人士预测，随着补贴的退坡，今年中国纯电动汽车销量将会出现负增长，因为纯电动车在中国的需求不大，能够降低油耗的混合动力汽车才是用户的"刚需"。

那么，禁售燃油车的时代会到来吗？在欧洲，我们还没有看到任何一个国家把提议变成法令，欧洲的车企也没有停止生产带有内燃机汽车的计划。在中国，除了海南省之外，还没有其他省份推出相应规划。

不管什么车，核心都是要以客户需求为导向，传统车或是新能源车，首先要符合法规、政策的要求，最主要的是市场是否接受。

2019 年 9 月 17 日

分享链接

六、老刘说地

刘展超｜第一财经大政频道主编，毕业于复旦大学中文系，对外经济贸易大学EMBA，关注楼市土地市场领域超过十年，"老刘说地"专栏化繁为简，抽丝剥茧，还原中国楼市真相。
liuzhanchao@yicai.com

华润置地、中海地产等央企入局，优客工场们迎来搅局者？

联合办公行业面临优胜劣汰之际，又不断有新军加入，它们会是搅局者吗？

地产央企华润置地近日推出旗下美好办公品牌润联行，并计划2019年在北京推出三家门店，分别是润联行·西堤、润联行·长安和润联行·优士阁，三处涉及工位近两千。

自2016年美国联合办公巨头WeWork在上海开设中国大陆首家门店以来，联合办公一直是写字楼市场的热门话题，在资本助推之下获得爆发式增长，随着更多类型的参与者加入，这个行业的竞争愈演愈烈。

国际地产服务商第一太平戴维斯近日报告称，成立于北京的联合办公品牌优客工场，在完成了碎片空间、洪泰创新空间、无界空间、微度联合创业社、爱特众创以及方糖小镇等并购后，目前已成为全国项目数量最多的联合办公品牌（截至2018年年末占据43%的市场份额）。

上海和北京是目前国内最大的联合办公市场，2018年门店数量占比分别达到32.5%和32%。目前，上海和北京核心区位的联合办公供应量已几近饱和，预计未来新开门店将拓展至非核心商务区及二线城市。

这个赛道的竞争者也越来越多。近一两年来，除专业运营商和初创公司以外，许多房地产开发商纷纷建立联合办公品牌，欲在联合办公市场分一杯羹，如SOHO中国的"SOHO 3Q"——龙湖地产的"一展空间"、凯德集团的"C3"、佳兆业的"创享界"等。

截至目前，SOHO中国在北京、上海、杭州、深圳等核心地段已有30个SOHO 3Q中心，约3万个工位。

第一太平戴维斯华北区商业楼宇部董事林硕对第一财经表示，老牌地产企业从未远离过联合办公产品的赛道，WeWork刚进入国内市场时，远洋地产就一直以合作伙伴的身份协助其拓展市场，其他传统地产品牌也在最近几年有过或浅或深的市场尝试，通过这两年联合办公市场的飞速发展，有部分试水成功的开发商已经不再局限于跟大的联合办公品牌合作，而是深度参与产品研发并创建自己的品牌。

"从长远来看，拥有更加充裕资金背景的传统房企在多年深耕国内市场的经验加持下，是非常有机会创造出不输于国际品牌的联合办公产品，进而可能影响到整个行业的商业格局及未来走向。"林硕说。

多家央企类地产企业也陆续加入这个战局。除前述华润置地外，中海地产2016年推出OFFICEZIP，中粮地产则推出COFCO FANTASY，与专业运营商相比，这些企业的共同特点就是利用自有物业来操盘联合办公空间，可减少融资和租金压力。

这些地产类央企纷纷加入联合办公的赛道，是一种顺应潮流的主动选择，还是对当前传统商办物业增长乏力的被迫变革？

易居研究院智库中心研究总监严跃进对第一财经表示，从目前房地产开发商自建的共享办公模式看，其对于写字楼市场的业务开拓是有创新的。总体上看，此类企业后续发展的机会更多，很多企业也希望通过改造来实现既有物业的溢价水平。

"从联合办公等操作模式看，这些央企类地产企业后续的优势比较明显。第一，开发商拥有较多的资源，也有较多的资金进行管控；第二，开发商本身在商办领域急需突破，联合办公目前也是一个较好的点。开发商加入此类行业，是当前对于商办物业投资策略的调整。"严跃进说。

房地产开发企业自建联合办公品牌，自有物业将是其最大的底牌，尤其是一些央企类房地产开发商，像华润置地、中海地产等，商办类物业体量更是庞大。

近几年，华润置地创立了"销售物业+投资物业+X"的商业模式，摆脱传统房地产开发商的定位，逐步转型成为城市综合投资开发运营商。目前，华润置地在整个华北拥有近百万体量的写字楼及园区。

运营OFFICEZIP的中海商务，旗下五大甲级写字系列产品遍布全球20多个经济活跃城市，持有运营并处于建设中的甲级写字楼突破70座，经营面积逾600万平方米。

在林硕看来，与联合办公专业运营商相比，这些传统地产企业自建联合办公有几点劣势：空间运营大数据的积累；对用户需求的深层次理解及服务经验；超大体量联合办公定制型产品经验不足。优势则主要集中在成本控制、资金雄厚、对国内政策及市场的熟悉程度、政府关系方面。

一般而言，虽然联合办公对业主方来说是一个机遇，但却会打乱优质甲级写字楼内的租户结构，这意味着更高的租户流动率，租户组合也更为复杂。在甲级写字楼内引入联合办公，对原有租户格局的冲击势必要提前进行测算。

值得关注的是，如果这些写字楼原本就是开发商自己持有，选取其中一部分楼层搭建联合办公空间，吸纳初创企业和成长型企业，而原有传统办公空间定位成熟型企业，两个区域的营运管理均是一家，两者之间的协调自然将更为通畅，而非互相冲击和削弱。

华润置地的做法显然是考虑了这一点。华润置地此次推出两条产品线，即高端商务产品中心系和美好办公产品润联行。中心系产品将占据城市区域核心，以高端的商务硬件标准，为企业营造良好的办公氛围，同时提升区域商务形象。润联行产品则将以其灵活便捷的商务业态植入中心系产品中。

简单来说，就是在中心系物业写字楼中，部分楼层加入润联行，将两种办公空间形式在大物业空间中进行融合，以满足不同办公需求的人群。

林硕对第一财经表示，联合办公产品是对现有市场传统租赁产品的重要补充，由于市场主流开发商在产品设计、空间利用、建造成本以及对租户需求的理解等重要领域均有经验积累，因此更加容易创造出优秀的联合办公产品。

"另外，由于联合办公产品同其他房地产产品一样是不断升级迭代的，当前选择开始研发此类产品的开发商非常具有前瞻性，并有相当的优势及潜力在将来引领联合办公市场的发展，也可以形容是一种积极的创造和变革。"林硕说。

严跃进也认为，对于联合办公来说，更重要的应该是集合创业资源和办公资源，从这个角度看，若是能做出差异性，那么就可以打造全方位的创业环境，这是传统写字楼市场没有的功能。未来更容易形成创业企业租赁共享办公的现象，其对于原有写字楼大客户的租客管理冲击比较小，因为两类产品对应了不同的客户需求。

当前，经济下行压力增大，对于前两年狂飙突进的联合办公行业来说，生存压力也日益凸显。一直被认为财大气粗的地产企业自创联合办公品牌，会对当前联合办公行业的走向和趋势产生什么样的影响？

林硕认为，联合办公行业由于之前几年在国内的群雄会战，大家为了争夺地盘经常不惜成本地疯狂签约，每一份合同的租期通常为8—10年。因此，租金给付的压力非常巨大，如果资金不足将深陷困境。目前，各品牌产品同质化严重，竞争加剧，在这一轮竞争中缺少持续发展潜力的品牌将被并购，甚至倒下。

"当前的经济形势所带来的行业洗牌就是一个优胜劣汰的过程，推动着传统品牌去创新升级，增强品牌的差异化、服务的多元化、运营的精细化，相信通过激烈竞争生存下来的品牌将带领整个行业迈向更成熟的阶段。"林硕称。

2019年4月11日

分享链接

房地产调控"一城一策"试点扩围，楼市何去何从？

2019年一季度，国内一些城市陆续宣布将推进房地产调控"一城一策"试点，以防范高地价、高房价、高杠杆风险，保持房地产市场平稳运行。

第一财经记者梳理发现，2019年年初公开宣布要实施"一城一策"试点的城市大约有十个，有福州、厦门、长沙、杭州、济南、宁波、武汉等。最新信息显示，未来将会有更多的城市推行这一政策，房地产调控的"一城一策"有望大范围推广。

究竟何为"一城一策"？这种房地产调控思路与以前有何不同？在楼市总体销售较为平稳的当下，此举对各地楼市又将影响几何？

地方试点纷纷扩大

清华大学房地产研究所所长刘洪玉撰文表示，"一城一策"是落实"因城施策、分类指导"的重要策略，也是其"升级版"。

他表示，城市在经济发展状况、城市化发展水平、土地资源条件、人口规模和流动状况、区域经济地位和影响力等方面存在差异，不同城市房地产市场的特征会有很大不同。我国幅员辽阔，东中西、沿海内地、一二三四线城市等的发展差异很大，这就决定了中国房地产市场的城市差异更大。很显然，用同样的标准去衡量每一个城市是不科学的。

各地楼市的差异从数据上也可以直接体现出来。第一财经从各地统计部门了解到，今年前三季度，全国多数地区楼市销售较为平稳，但也有一些地方波动较大，冷热两极化。

海南省2019年前三季度房屋销售面积584.95万平方米，同比下降48.6%；房屋销售额928.92亿元，同比下降44.6%。同期，北京商品房销售面积为584.9万平方米，同比增长43.7%，其中，住宅销售面积为495.1万平方米，增长62.2%。

这种房地产市场冷热的差别，需要地方政府提供不同的政策来应对。

刘洪玉表示，"一城一策"既可以理解为中央政府的新调控策略，也可以理解为地方政府在中央政府"因城施策、分类指导"下，结合本地情况制定的城市房地产市场平稳健康发展长效机制工作方案，是地方自己的解决方案，每个城市都是独一无二的。

"将来方案形成并公布后，就成了地方政府对中央和当地百姓的公开承诺，也为地方政府实现从被动调控到主动调控的转变奠定了基础。"刘洪玉说。

2019年年初至今，"一城一策"试点有扩围的态势，且各地在房地产调控上动作不断。据机构统计，2019年前9个月，全国房地产调控次数合计多达400余次，刷新历史纪录。

比如，山东省住房和城乡建设厅厅长王玉志近日接受媒体采访时表示，山东将坚决守住房地产市场调控底线。加快建设房地产市场监测体系，进一步整顿规范市场秩序。指导济南、青岛稳妥实施"一城一策"方案，适时组织其他城市研究制定"一城一策"。

早在2019年3月3日，山东省人民政府就发布了《关于推动"六稳"工作落地见效的若干意见》，关于房地产方面，文件提到，落实房地产调控城市主体责任制，济南、青岛要科学制定"一城一策"的实施方案。

浙江省住房和城乡建设厅厅长项永丹近日接受媒体采访时也透露，今年要全面完成浙江全省11个设区市"一城一策"制定工作。目前，浙江省已建立了重点房地产企业监测制度，全省有86家规模较大的房地产开发企业（总部）纳入监测范围，并与阿里团队共同研发了房地产核心业务信息系统，强化市场分析和监测。

2019年1月，项永丹也曾表示，按照"稳地价、稳房价、稳预期"要求，浙江省将切实落实城市政府主体责任，科学制定并严格执行长效机制和政策措施。2019年，杭州、宁波两市将研究制定"一城一策"方案，其他城市也将做好方案的制定工作。

数据显示，2018年全年，浙江省房地产市场总体保持平稳，浙江全省共销售新建商品房9755万平方米，开发投资9945亿元，连续第三年创新高。

山东和浙江两地住建部门的最新表态，都显示当地"一城一策"试点将在年初的基础上进一步扩围。

近期一些城市发布的吸引人才措施意味着变相松绑限购吗？他们意在"抢人"还是"卖房"？

对此，诸葛找房发布报告认为，当前楼市调控的大方向没有改变，针对过热或房价涨幅明显的城市，仍会有相应的加码措施出台，全面松动很难出现，即便是南京、天津、三亚等城市出台定向放开人才限制的措施，也不难看出，要么局限于偏远地区，要么只针对特定人群，符合"一城一策"的微调，无法对房价上升形成有效支撑，反而有利于减少因楼市下行产生的库存，有利于楼市的健康稳定。

中央有考核手段

在地方推进房地产调控"一城一策"的同时，中央并非放手不管，而是在谋划建立房地产市场监测预警体系，对各城市住房市场进行实时监测和定期评价，建立调控工作评价、考核和问责机制。

房屋网签备案联网，就是全国房地产市场监测预警体系的重要组成部分。

房屋网签备案具有多重目的，一是防范一房多卖，二是让相关部门掌握房屋成交信息，为判断房地产市场走势提供数据依据。

刘洪玉认为，长期以来，我国没有开展住房普查，各地普遍缺乏住房存量及其使用状况的信息，虽然部分城市通过水电等使用信息、房屋产权登记信息或抽样调查等进行过估算，但误差普遍较大，不能满足精确制定住房发展规划的需要。

在近几年中央推进房地产调控长效机制的背景下，房屋网签备案信息全国联网，可为"一城一策"长效管理机制提供有力支撑，为建立房地产市场日常监测、月度分析、季度评价、年度考核新的调控机制奠定基础。

2019年3月18日，中共中央政治局常委、国务院副总理韩正到住房和城乡建设部调研。韩正指出，要建立科学的监控体系，确保数据及时、准确、全覆盖，加快建设以大数据为基础的全国房地产市场监测系统，为分析研判房地产市场形势和开展有效调控提供技术支撑。

第一财经记者此前获悉，推进房屋网签备案联网是住建部今年推进楼市调控的一项重点工作，全国有150个重点城市被纳入这项工作范围之内。截至目前，北京、上海、广州、深圳、天津、重庆等重点城市房屋网签备案系统已经实现全国联网。这项工作旨在摸清全国150个重点城市的房屋基本情况，有望为落实"一城一策"、制定实施房产精准调控举措提供第一手基础材料。

信息的联网可以为中央层面的监测提供直接数据，进而为考核地方甚至问责提供决策依据。

相关案例已经有所体现。2019年4月份，住建部按照稳妥实施房地产长效机制方案确定的月度分析、季度评价、年度考核的要求，对2019年第一季度房价、地价波动幅度较大的6个城市进行了预警提示。

一个月后，住建部又在5月份对新建商品住宅、二手住宅价格指数累计涨幅较大的佛山、苏州、大连、南宁4个城市进行了预警提示。

第一太平戴维斯华北区市场研究部负责人李想表示，虽然房地产调控现在实行"一城一策"，允许地方根据实际情况微调政策，但也要符合中央的大方向，一旦与中央的总体目标不符，被叫停的可能性依然很大。

刘洪玉也表示，将来各个试点城市的"一城一策"，肯定需要对目前实施中的政策进行调整优化，要打破"一城一策"就是放松调控的思维定式，在保持政策连续性、稳定性的基础上，给政策调整留出必要空间；同时，政策出台前要充分沟通，出台后要及时宣传解读，避免对政策的过分解读甚至误读。

2019年10月31日

分享链接

"豪宅税"调整搅动楼市！
深圳先行，北京、上海不跟进

深圳近日调整"豪宅税"的举措一度搅动波澜不惊的楼市，这是调控松动还是落实"一城一策"细化调控？此举将利好刚需还是暗助楼市投机？其他一线城市是否跟进？

虽然业界曾预测热点城市有望近期跟进，不过，北京市住建委近日回应网友提问时表示，目前北京还没有具体修改普通住宅标准的时间。

2019年11月19日，上海市房屋管理局发布关于延长部分规范性文件有效期的通知，表示于2014年11月20日生效并即将到期的上海市普通住房标准将继续实施，有效期延长至2024年11月18日。

普宅被豪宅化

深圳市地税局发布消息称，从2019年11月11日起，容积率在1.0以上、单套建筑面积在144平方米以下的房子为普通住宅，满两年交易可免征增值税。

但官方也表示，这并非对房地产调控进行松绑。深圳市住建局称，本次调整主要是取消之前的普通住房价格标准。这是在坚持"房子是用来住的，不是用来炒的"定位下，落实国家减税降费精神，充分考虑普通居民家庭合理住房消费而采取的一项举措。

对于深圳的做法，业界的评价较为正面。

易居研究院智库中心研究总监严跃进表示，深圳出台普通住宅税费政策的新内容，进一步体现了税费政策和房产政策之间的互动关系，尤其是基于房地产市场的实际情况，对税费政策进行调整，比较务实，也有助于降低相关房产的交易成本。

调整普通住宅认定标准为何能减税？这为何又与业界所称的"豪宅税"相关联？这要从普通住宅与非普通住宅的区别谈起。

从税费角度来看，在多数城市，普通住宅和非普通住宅在二手交易过程中的主要差别在于契税和增值税（此前为营业税）。

如按深圳此前规定，个人将购买2年以上（含2年）的非普通住房对外销售的，以销售收入减去购买住房价款后的差额按照5%的征收率缴纳增值税，而个人将购买2年以上（含2年）的普通住房对外销售的，免征增值税。

简单而言，就是满2年的非普通住宅交易要交增值税，而普通住宅则不用交。

除了增值税，在房地产交易过程中，一些地方税务部门也会对普通住房和非普通住房予以不同的契税税收政策，比如不少城市规定对非普通住房的契税税率定为3%，而普通住房则是1%或者1.5%。

普通住房和非普通住房又如何认定呢？虽然各个城市之间略有差异，但对普通住房的认定一般有三个标准：一是小区建筑容积率在1.0（含）以上；二是单套建筑面积在144（也有地方为140）平方米（含）以下；三是单价不超过最高限，或者是总价不超过最高限。

以上三点需同时满足才为普通住宅。反之，上述三项有一个不匹配即被视为非普通住房。

近年来，一些热点城市房价上涨较快，导致不少住房的成交单价或者总价增加较多，实际上一些面积不大的住房也被"挤入"了非普通住房之列，"普宅被豪宅化"的问题带来交易税费的增加，这些税也被民间俗称为"豪宅税"。

深圳市住建局表示，深圳市目前适用的普通住房标准于2015年9月公布实施。随着房地产市场形势的变化，该普通住房标准与居民合理住房需求日益不匹配。目前，市场上大量中小户型住房交易需要缴纳增值税，这无疑加重了普通居民家庭、刚需购买住房的负担。近两年来，政府有关部门收到很多群众的反映，要求调整普通住房标准，保障刚需购房。

此番深圳调整对普通住宅的认定标准，相当于删去第三个标准，即价格标准，这意味着会有大量在旧规定下被认定为非普通住宅的房源，在新规定下将被确定为普通住宅，进而带来交易税费的减少。

诸葛找房数据研究中心国仕英表示，深圳此次政策调整主要有两点：一方面，之前深圳对于"豪宅"的定义是跟总价挂钩的，但房屋的总价会受区位、周边配套、开发商等外在客观因素的影响，此项政策实施后，即使房价再高，只要符合其规定的容积率和面积的住宅都是普宅；另一方面，新的征收标准规定小区容积率高于1.0，建筑面积144平方米以下的住宅都是普宅，目前市面上很少有容积率小于1.0的小区，此政策调整更加贴合实际，政策调整落实后，将会有更多的房子会被列为普通住宅。

国仕英认为，政策落实后，对于购房者来说是最受益的。"豪宅"房源被划为普通住宅范畴，对于购买自住的房屋来说，基本上能节约20万元左右。

业界呼吁其他城市尽快跟进

深圳根据群众呼声率先调整"豪宅税"，引发业界对其他城市应尽快跟进的呼吁。比如自2014年9月30日发布普通住宅标准至今，北京市已经五年未对此进行调整。

在北京市住建委官网的"政民互动"栏目中，就有网友提问：普宅标准应针对当前的市场现状作出适时、及时的调整。深圳市目前已经修改了普通住房认定标准，请问北京市何时修改？

该网友表示，目前，北京市五环外很多限房价项目都超出了普通住宅标准，而真正住这些房子的人绝大部分是刚需和刚改，他们的收入相对来说并未达到很高水准，这一部分人理应在税费优惠上给予倾斜。

对此问题，北京市住建委2019年11月12日在回复中表示：目前北京市还没有具体修改的时间。

没有具体修改时间不意味着没有修改的空间和必要。中原地产首席分析师张大伟表示："北京市非普住宅标准已经影响和制约市场的正常健康发展了。"

他表示，北京市非普通住宅认定标准更低，市场基本全面"豪宅化"。"由于普通住宅认定标准过低，导致北京市新建住宅市场有86%的成交是非普通住宅，普通住宅基本集中在六环外，六环内只有5%是普通住宅。"

具体来看，依据由北京市住建委、财政局和税务局2014年10月份实施的《关于调整本市享受税收优惠政策普通住房平均交易价格有关问题的通知》，北京市享受税收优惠政策的普通住房，须同时满足以下三个标准：（1）住宅小区建筑容积率在1.0（含）以上；（2）单套建筑面积在140平方米（含）以下；（3）实际成交价格低于按本通知确定的价格标准。

张大伟认为，这个标准自2014年起已经接近五年没有变化，而对于市场来说,经历过2015—2016年的房价上涨后,这个价格已经远远不符合当下市场的实际情况。按照这个单价,北京基本是不可能有符合标准的项目,也就是说,除非二手房造假避税,做阴阳合同,否则,全北京90%以上的房子都是"豪宅"。

之所以会有普通住房与非普通住房的区别,按照中央七部委2005年下发的《关于做好稳定住房价格工作的意见》,主要是为了合理引导住房建设与消费,大力发展省地型住房。但如果市场上多数住房都被划入非普通住房的范围内时,是在对外说明当今住房建设与消费的方向出了问题还是认定标准出了问题?这看起来是个很直观的问题。

张大伟认为,普通住宅被"豪宅化"的问题在很多城市都存在,影响了市场正常交易。调整这个政策将有利于部分刚需项目,虽然可能带来市场的短期波动,但整体看,这属于市场化的政策调整。

严跃进也认为,实际上目前有很多城市都需要在普通住宅的标准上进行调整,一般来说根据房地产周期,每三年就需要进行一次调整。深圳市发布的政策内容,对于全国很多城市也是有启发的,即后续也需要根据全市房价和普通刚需购房需求等,积极进行普通住宅的标准调整,让更多人享受优惠政策。

2019年11月19日

分享链接

七、秀言城事

李秀中 | 第一财经记者，毕业于重庆大学经济学专业，长期关注区域经济与城市发展，"秀言城事"专栏通过对区域发展热点的观察研究，探寻中国经济增长的源动力以及背后的商业机会。

lixiuzhong@yicai.com

透视重庆经济降速之谜：
引发高增长的两大支柱产业疲软

4月19日，重庆市统计局发布了今年一季度经济数据：重庆市实现地区生产总值（GDP）5 102.3亿元，按可比价格计算，同比增长6%。

从去年开始，重庆经济增速大幅下滑就引起各界关注。从2017年的增长9.3%降低到2018年的6%。从一季度数据来看，今年还将延续这一态势，重庆经济为什么会出现大幅下滑？

过去重庆经济为什么高增长

重庆经济的突然降速是与之前的数据相比而言，因此，要回答重庆为什么降速，首先要理清重庆过去为什么会保持高增长。

重庆是老工业基地，其工业体系属于"傻大黑粗"工业，污染比较重，能源材料消耗也比较重，产品的附加值低。不过，在10年前，重庆经济结构发生很大变化，电子信息产业、汽车产业迅速崛起，带动重庆工业飞速发展。

重庆前沿区域经济研究院院长李勇向第一财经表示，电子信息产业和汽车产业是拉动重庆经济过去几年增长的两大引擎。这两大产业的快速发展，使重庆经济保持较长时间的高速增长。

2009年是重庆经济发展的一个关键点,当年惠普落户重庆,带来一批电子代工企业巨头入驻。此后,通过大举招商引资,到现在已经拥有5个世界级品牌商、6个世界级的OEM制造商,还有860多个零部件配套厂商。

"5+6+860"的电子信息产业集群,使重庆一下变身成为世界最大的电子终端产品生产基地。目前,重庆年生产6 000多万台笔记本电脑、近2 000万台打印机、2 000万台显示器,整个终端产品1亿台,占全球的1/5。

笔记本电脑产业是重庆在结构调整中"无中生有"出来的。因此,随着这些项目迅速落地投产,重庆笔记本电脑产量迅速飙升,2009年只有2 000多台,到现在年生产量已经超过6 000万台,形成大规模的工业增量。

与此同时,之前作为支柱产业的汽摩产业也发生很大变化。通过招商引资,重庆的汽车产业形成"1+10+1 000"的格局,也就是以长安为主体,同时引进5个国内重要汽车厂商和5个国外重要汽车厂商,1 000家配套厂。

2009年之前,重庆汽车产量只有几十万辆的规模、几百亿元的产值。2009年,重庆汽车产量首次突破百万辆,达到118万辆,此后赶上汽车工业景气周期,产量迅速扩张,到2015年突破300万辆,位居全国第一,占全国份额超过10%。

自2009年以来,汽车产业和电子工业都保持两位数增长,甚至增速超过20%,工业产值每年可以新增3 000亿元左右。这带动重庆工业总产值从2009年的6 772.9亿元飙升至2016年的近2.4万亿元。而这两个行业就1万亿元,占了近半壁江山。

另外,在这一期间,重庆传统工业(如钢铁行业等)并没有进行大规模扩张,在产能过剩背景下的调整影响也较小。所以,此前近10年的时间里,重庆工业欣欣向荣,每年工业投资都在全市固定资产总投资的30%以上,占1/3左右。

电子代工企业进入更带动进出口的狂飙。2009年重庆的进出口总额只有77亿美元,到2014年飙升至954亿美元,保持多年的全国最快增速。重庆的消费增长也位居全国前列,包括工业投资和基础设施投资的扩张带来固定资产投资高增长,三驾马车协同并进。

新的增长点有待培养

老子云:"物壮则老"。任何事物都不会无限兴盛下去,都会在达到顶峰之后面临衰减。重庆在高歌猛进之后也难掩疲态。最近两年，拉动重庆高增长的汽车和电子工业出现问题，尤其是汽车产业开始大幅下滑。

今年一季度，重庆规模以上工业增加值同比增长4.3%。其中，汽车产业下降17.1%。而在2018年，重庆汽车产业增加值比2017年下降17.3%。

其实，在电子产业和汽车产业等大项目不断落地之后。重庆有关部门在2014年就认为，经过快马加鞭发展，重庆的汽车、电子产业快饱和了，临近增长拐点，以后这两大产业增长力将会衰减。

在2015年重庆工业和信息化工作会议上，时任重庆市市长的黄奇帆对重庆工业前景作出了具体分析。他认为，汽车和电子这两个重庆最重要的支柱产业此后几年仍会持续发力。按照黄奇帆的预测，2015—2017年，重庆的汽车产业和电子终端产品产业还是有可观的前景的。

实际情况却是，重庆汽车行业在2016年达到顶峰之后开始下行。2016—2018年，重庆汽车产量分别是315.62万辆、299.82万辆、205.04万辆。两大产业的产值也没有突破5 000亿元，没有再进一步提升。

其中，重庆汽车产业的龙头长安汽车（00062.SZ）下滑剧烈，2018年公司营业总收入663亿元，同比减少17.14%；归属上市公司股东净利润6.54亿元，同比减少90.83%。到2019年一季度，公司预计亏损高达17亿—25亿元。

笔记本电脑产业也在下滑。2018年，重庆生产笔记本电脑5 730.23万台，下降3.8%。笔记本电脑产业的问题在于重庆几乎囊括了主要笔记本制造厂商，相比前几年的大项目不断落地，重庆在笔记本电脑领域再难形成新的增量，而且受国际市场影响也面临下坡。

汽车产业遭遇寒冬，电子产业增速下滑，就使得重庆工业下行。今年一季度，全市规模以上工业增加值同比增长4.3%。而2018年重庆全年实现工业增加值5 997.7亿元，比上年增长1.1%。规模以上工业增加值比上年增长0.5%。这一数据创下了重庆2001年以来的新低。尤其是，工业投资增速不断下滑，继而影响后续产能，这成为重庆经济降速的主要原因。

可以说，曾经拉动重庆高增长的两大产业，又成为拖累重庆增长的关键因素。

增速从9.3%跌至6%，仅从数据而言是一个重创。那么，重庆经济真的有这么惨吗？其实并非如此。

从产业数据来看，虽然重庆的工业增长乏力，但是，一季度，重庆批发和零售业商品销售总额 7 220.22 亿元，同比增长 13.2%。住宿和餐饮业营业额 549.68 亿元，增长 13.4%。1—2 月，全市规模以上服务业实现营业收入 536.95 亿元，同比增长 13.1%。

从拉动经济增长的三驾马车来看，一季度，重庆社会消费品零售总额 2 181.51 亿元，增长 8.1%。实现进出口总值 1 315.26 亿元，同比增长 21.9%。其中，出口 865.13 亿元，增长 25.1%；进口 450.13 亿元，增长 16.2%。

这些数据显示，重庆经济依然保持稳定运行的态势，并没有表现出衰退的迹象。虽然增速数据大幅下降，但是，重庆经济活动并没有出现断崖式下降，从横向比较来看，重庆经济相比其他地区也并没有多大落差。

值得注意的是，今年 1 月，《重庆日报》发表《科学研判经济形势，坚定信心推进高质量发展》提到，"前些年，受不正确政绩观的影响，我市个别干部和地区存在经济指标弄虚作假现象，使得经济总量和发展速度存在水分。"

该文章认为，"追求实实在在的 GDP 的正确导向，挤出了不健康 GDP 水分，也是近期指标有所回落的因素之一，虽然看似增长速度降低了，但发展质量正向好的方面转化。"也就是说，重庆经济数据恢复了它本来的水平。

李勇向第一财经表示，重庆的问题在于还没有找到像汽车和电子信息产业这样的增量。现在新兴产业的体量还没做起来，缺乏支撑。

重庆从 2014 年开始规划布局了十大战略性新兴产业，包含集成电路、液晶面板、石墨烯、物联网、机器人、新能源汽车、环保工程、页岩气、MDI（一种塑料中间体）、生物医药。

从电子信息产业来看，笔记本电脑下滑的同时，集成电路和液晶显示屏则高速增长，使得整个产业依然保持较高增长水平。2018 年，重庆集成电路生产 54 062.26 万块，增长 16.7%；液晶显示屏生产 14 261.06 万片，增长 56.2%。

今年一季度，全市高技术产业增加值同比增长 8.0%，战略性新兴制造业增加值增长 6.8%。高端装备制造产业和新材料产业增速分别达到 18.9% 和 14.0%。高技术产品实现快速增长，全市新能源汽车增长 1.7 倍，环境污染防治专用设备增长 27.0%，光电子器件增长 24.3%，电子元件增长 42.1%。

新产品产量实现较快增长，除了集成电路和液晶显示屏外，2018 年，新能源汽车增长 33.0%，智能手机增长 59.4%，液晶显示屏增长 56.2%，工业机器人增长 68.8%，风力发电机组增长 45.2%，医疗仪器设备及器械增长 74.1%。

　　李勇表示，随着这些产业的后续项目进来，预计到今年年底，重庆经济将会企稳回升，两三年后，这些产业的能量就会显现出来。

2019 年 4 月 24 日

分享链接

错失 30 年战略机遇，广西能否靠"新通道"翻盘？

身处华南沿海，经济发展却属西部水平，"不东不西"是广西现实发展状况的真实反映。

历史上，广西和广东并称为两广，两地地理位置相近，文化同根同源，可以说是一对亲兄弟。但是，改革开放 40 多年来，广西和广东的差距却十分巨大。

造成这一局面的原因很多，但广西人认为，最关键的是近 30 年来广西的发展没有抓住沿海开放机遇，错过了与中国经济最发达地区广东的联系和融合，转而倾力打造西南大通道。

如今，由这条广西"错判"的西南出海大通道升级而来的陆海新通道成为国家战略。西北、西南将利用铁路、公路等运输方式，向南经广西北部湾通达世界各地。随着这条让广西兴奋和落寞 30 年的西南出海大通道焕发生机，广西将迎来重大新机遇。

广西向西 30 年

虽然广西位列西部大开发范围的 12 省、自治区和直辖市，但广西却曾走在改革开放第一梯队。早在 1984 年，国务院就批准广西壮族自治区北海市成为全国首批沿海对外开放城市。也就是说，广西与其他沿海省份站在改革开放的同一条起跑线上。

但是，相比其他对外开放城市，整个 20 世纪 80 年代，北海的改革开放步子小，取得的进展不大。真正出现大变化是在 20 世纪 90 年代，北海经济因房地产开发焕发生机，但之后也因为房地产的迅速泡沫化，几近疯狂的"北海现象"戛然而止。

也因此，20 世纪 90 年代，广西事实上在沿海开放战略中被淘汰出局。与此同时，广西开始倾力打造西南出海大通道。

1992年，中央提出"要充分发挥广西作为西南地区出海通道的作用"。广西投入大量人力、物力和财力，进行大规模的铁路、公路、港口、水运航道和民航机场建设。

西南地区深处内陆，煤炭、有色金属以及工业产品等大宗物资主要通过长江水道东出上海。北部湾是西南地区最近的出海口，如果这条通道成型，将给广西带来很大的利益。因此，广西当时把发展西南出海大通道作为战略选择。

1997年，全长898公里的南昆铁路打通。1997—2003年，广西高速公路里程从138.4公里跃升至1 011公里。这些高速公路主要建设在广西的西部和北部，广西与云南、贵州、湖南形成密集联系。

然而，事与愿违，西南货物并没有如想象的那样向北部湾云集，广西的算盘被广东抢了。交通部数据显示，2018年，北部湾三个港口的货物吞吐量为2.4亿吨，不及广东湛江港3亿吨的量。

调查数据显示，从北部湾港口货物来源地看，总体上以广西本地特别是北部湾地区为主，约50%来自北海、钦州、防城港3市，30%来自广西区内其他地区，15%来自周边滇黔地区，5%来自国内其他地区。

广西社科院区域经济研究所所长吴坚向第一财经记者表示，铁路、公路建起来了，西南出海大通道构建起了主骨架，之所以货物没有过来，主要是产业没有发展起来，通道作用也就没有发挥出来。

"这存在多方面因素，比如广西境内有一段是地方铁路，会多收一次'起步费'，不像广东境内都是国铁，一次收费，此外还有服务效率等的原因。在这些因素影响下，大部分的货物走了广东，甚至广西货都不走广西港。"吴坚说。

珠三角地区是制造业中心，有大量进出口货源，形成了高效便捷的一条龙服务。迅速崛起的广东也显示出虹吸效应，这也是广西没有重点建设与广东的通道的原因。吴坚表示，受当时历史条件限制，广西不愿意资源外流，因此并不积极建设与广东的通道，广西向东的道路水平一直较低。后来，广西想打通与广东的联系时，广东却又不积极了。

不仅如此，广西大规模建设向西向北的通道，而不建设向东通道，这既与广西财力有限有关，还暗含广西自尊自强的心理。"宁做鸡头不做凤尾"，长期以来，广西的口号就是"背靠大西南，辐射东南亚"，不愿跟随广东大哥，而想做引领大西南的龙头。

除了没有分享到广东发展带来的红利，更无情的现实是，广西再遭"穷苦兄弟"贵州一刀——贵州撇开南宁拉直线建设与广州的高铁，再加上沪昆线，形成了广州经贵阳到昆明再到南亚线的路，与南宁形成竞争。

时任贵州省省长林树森对建设贵广铁路的决策思路就是，广州是珠三角的中心城市，连接广州就是连接珠三角。在当时，珠三角的一些城市，包括深圳、香港、澳门、东莞、佛山、珠海等，任何一个都比北海有更强的经济辐射能力。

2005年，西南出海大通道全线贯通，然而这一概念却在广西逐渐消失，而且广西与广东的发展差距越来越大。因此，很多广西人认定西南出海大通道战略是失败的，广西向西战略是错误的。

能否抓住新机遇？

不过，斗转星移，让广西黯然神伤的西南出海大通道，在"一带一路"倡议下重拾光明前景。因为这条通道，广西成为丝绸之路经济带和21世纪海上丝绸之路的连接点，西南出海大通道与中欧班列连接，在广西形成贯通欧亚的交通物流体系。

这是国家战略。2015年11月7日，中新两国政府签署了第三个政府间合作项目，将建设中新（重庆）互联互通国际物流通道，其中，中新互联互通南向通道就是重要组成部分，从重庆出发，经广西等沿海、沿边口岸，以公路、铁路、海运等多种运输方式，连通到新加坡及东盟各国。

这条南向通道去年被命名为"陆海新通道"。包括"渝黔桂新"铁海联运通道，即重庆铁路口岸-广西北部湾钦州港-新加坡等东盟各国；还有跨境公路通道，即重庆-广西凭祥等陆路口岸-越南-新加坡等东盟各国。

目前，国家发改委正在编制《西部陆海新通道总体规划》，将通道定位为西部地区全面开放开发的战略通道、"一带一路"建设纵深发展的战略通道。

在大战略下，西部省份表现出积极的意愿。2017年8月31日，重庆、广西、贵州、甘肃四方签署《关于合作共建中新互联互通项目南向通道的框架协议》。2019年5月16日，9个西部省份签署合作共建"陆海新通道"协议，所涉省份涵盖西北、西南。

也就是说，不仅是西南，西北地区也加入进来，西部货物可以从广西出海。不仅如此，中欧班列快速发展，广西有了对接欧洲的更大空间，这使得西南出海大通道20多年前的时空场景发生了根本变化。

西南交通大学区域经济与城市管理研究中心主任戴宾向第一财经记者表示，离四川最近的出海港就是广西的钦州港。四川的货物通过长江航运向东出海，受航道升级遇阻等因素影响，走广西出海是现实的选择。

按照传统运输的路径，重庆货物向东从长江出海，再从上海走海运转运至海外。而南向通道则从重庆直达广西北部湾，然后再出海至海外。前者运输2400公里，运输时间需14天左右；后者约1450公里，运输时间仅需2—3天。因此，至东盟主要港口全程将提前10—15天。

不仅如此，成都国际铁路港投资发展公司副总经理张倞向第一财经记者表示，东盟人口密度大，很多低附加值产业转移过去了。人口多意味着市场大，产业多就有运输需求，一些产品还需要到其他国家组装加工。尤其是这条线路将东盟、中亚和欧洲连接起来，与中国各城市开行的中欧班列、中亚班列可以对接，显示出泛欧泛亚国际物流大通道更为广阔的前景。

目前，"陆海新通道"的主要物流组织方式均实现常态化开行。重庆统计数据显示，截至2018年12月31日，兰渝专列、陇渝、陇桂、黔桂、桂陇、青渝桂新等多条线路协同发展，共发运铁海联运班列805班，目的地覆盖全球71个国家、155个港口。

广西也适时提出"南向、北联、东融、西拓"全方位开放发展新格局，积极运筹扩大"陆海新通道"的朋友圈。今年4月下旬，广西党政代表团连续赴贵州、重庆和四川考察学习，其中最主要的议题就是合作共建西部"陆海新通道"。

值得注意的是，最近10余年，两任广西党委书记调任四川省委书记，而且赴任四川之后，他们都将南向发展以及川桂合作作为突出工作来抓。

因此，广西更为积极地推进与西南地区的基础设施建设，畅通高效运输走廊，比如，积极争取黄桶至百色、湘桂铁路南宁至凭祥段、南昆铁路威舍至百色段等关键节点的建设。围绕把北部湾港建成全国沿海主要港口和区域性国际枢纽港的目标，加快推进港口建设。

在软件方面，广西也重点在解决堵点、降成本优服务、打造全链条综合物流信息平台上下功夫。出台了20条优化通关环境、畅通"陆海新通道"的措施。目前，"陆海新通道"海铁联运班列运价下浮10%—30%，推动沿线关键物流节点降费。

  吴坚表示,"陆海新通道"是广西一次新的重大机遇,有助于发挥广西货物出海口的作用,带动广西产业园区等建设,吸引更多企业落地。同时,搭建了西部开发开放的新空间,也为广西拓展了腹地空间,成为增长的新引擎。

2019 年 5 月 27 日

分享链接

陕西着急了：
如何摆脱"黑色"产业结构之困？

全国各省份上半年经济数据陆续公布，其中，陕西省经济增速为5.4%，同比2018年上半年的8.6%，下降3.2个百分点。这让陕西着急了。

近日，陕西省省长刘国中主持召开省政府常务会议，会议指出，今年以来，面对持续较大的下行压力，规上工业增加值、非能工业增速等指标逐月好转，但经济增长仍处低位运行。会议强调，做好下半年稳增长工作，竭尽全力稳增长。

在之后召开的中共陕西省委十三届五次全会上，陕西省委书记胡和平又强调，要把稳增长作为下半年经济工作的首要任务，在稳定工业增长、扩大有效投资、抓好项目推进、扩大消费需求上狠下功夫，保持经济运行在合理区间。

虽然受到产业结构的影响，陕西上半年的经济数据仍处低位，但结构调整的步伐正在加速，并已显示出积极的信号。

"黑色"产业结构之困

今年陕西省政府工作报告中，对GDP的预期增长目标是7.5%—8%。但据初步核算，上半年，陕西省实现生产总值11 625.57亿元，同比增长5.4%。

作为经济增长的动力源，陕西的工业表现乏力。统计数据显示，今年上半年，陕西规上能源工业增加值同比仅增长1.2%；非能源工业增加值同比增长5.3%，回落1.7个百分点。

能源工业是陕西经济的支柱。陕西能源资源丰富，目前探明的能源保有储量均位居全国前列。陕西省统计局的数据显示，2017年，陕西省原煤产量全国排名第三，原油产量全国排名第一，天然气产量全国排名第一。

煤炭、石油和天然气的资源优势支撑了陕西10多年的经济高速增长。陕西能源工业最高峰时，在工业中占比一度超过60%，受宏观经济影响和能源价格波动，这一占比逐渐降至40%左右，但仍然是陕西经济增长的核心动力。

今年，陕西煤炭工业遭遇困境。上半年，全国原煤生产加快，产量同比增长2.6%，增速比一季度加快2.2个百分点。但陕西的原煤产量却下降了8.2%。

根据国务院安委会办公室发布的通报，今年1月12日，陕西省神木市百吉矿业公司李家沟煤矿发生煤尘爆炸事故，造成21人死亡。

今年一季度，陕西规上能源工业增加值同比下降1.4%，较上年同期回落10.6个百分点。4月举行的一季度陕西省国民经济运行情况新闻发布会上，陕西省统计局新闻发言人、总统计师张烨表示，受上述事故的影响，陕西一季度原煤产量较上年同期减少近2 000万吨，煤炭开采和洗选业增加值下降10.6%，较上年同期回落30.2个百分点，对工业增长影响较大。

除了能源工业，上述数据也显示，最近几年陕西着力发展的非能源工业也不尽如人意。其中，汽车是陕西新的支柱产业，但今年上半年，汽车制造业增加值仅增长4.3%，产量下降17.4%。

在主要产业滑坡的影响下，上半年，陕西固定资产投资（不含农户）同比增长2.5%，较一季度回落6.7个百分点。陕西宏观经济学会会长赵锐向第一财经记者表示，陕西长期以来是投资拉动型经济，今年上半年投资增速的下降是多年来未有的。

其中，房地产投资增长放缓。上半年，全省房地产开发投资1 681.61亿元，同比增长11.1%，较一季度回落13.4个百分点；商品房销售面积1 871.57万平方米，增长2.3%，较一季度回落5.2个百分点。

西安房地产退烧

从陕西地市经济来看，上半年，占陕西经济总量约三成的西安GDP增速为7%。2018年，西安以8.2%的经济增速位列全国15个副省级城市之首。

此外，上半年，西安房地产开发投资同比下降1.1%，较1—5月回落15.1个百分点，较去年同期回落6.8个百分点。

赵锐表示，上半年，陕西房地产开发投资占GDP的比重为14.5%，依赖度并不大。西安的这一数据没有具体发布，从2017年的基础数据来计算，当年的占比是38%。

但他表示，并不能就此将投资增速下降、GDP增速放缓归咎于房地产。

一个城市或地区的经济发展对房地产的依赖度，要从房地产开发投资占GDP的比重、占全部投资的比重来严谨分析，一般超过30%属于依赖度较大。此外，还要根据城市功能、产业特点、人口流入等来区别判断。

通过对比一季度和上半年的数据，可以观察到西安的房地产与经济增长之间的一些关联。

一季度，西安市地区生产总值同比增长8.6%，高于去年同期0.5个百分点，创2015年一季度以来新高，但为什么二季度增速下降以至于上半年增速降至7%呢？

2017年以来，西安先后7次升级调整户籍政策，推出了"史上最宽松"的户籍准入新政策。截至2019年4月30日，西安共迁入落户115.1万人，大量人才落户成为推动西安房地产火热的重要因素。

国家统计局的数据显示，截至2019年6月，西安新建商品住宅价格环比已连续40个月上涨，同比则连续42个月上涨。今年6月，西安新房销售价格同比上涨25.2%，涨幅连续7个月位居70城榜首。

在"房住不炒"的背景下，5月27日，西安市政府召开房价调控工作专题会议，提出要加强房地产市场研判调控，拟定完善调控政策。6月20日，西安发布了《关于进一步加强住房市场调控管理的通知》，房地产调控正式升级。

这一调控政策对从西安市外迁入户籍的居民家庭在限购区域范围内购买商品住房或二手住房，设置了社会保险或个人所得税的时限限制，并将临潼区纳入住房限购范围。这给西安的房地产市场带来很大影响。

今年上半年，西安市民间投资增长5.3%，较去年同期回落10.2个百分点，较1—5月回落15.3个百分点。

经济数据正显示积极变化

陕西经济增速的下滑是问题堆积后的爆发，产业结构调整势在必行。

7月25日，中共陕西省委十三届五次全会审议通过了中共陕西省委陕西省人民政府《关于推动高质量发展的实施意见》。胡和平表示，要深化供给侧结构性改革，推动经济发展持续走在上升通道。

赵锐表示，陕西正处于新旧动能转换时期，旧的动能调整还未完成，新的动能还没有达到预期。

从陕西倚重的能源工业来看，能源价格上涨和能源项目投资大量落地，使陕西经济发展速度连续十余年处于全国第一方阵，但如今资源经济的问题逐渐产生和暴露，亟待转型升级。

陕西省统计局的资料显示，"十一五"以来，陕西煤炭占能源生产和消费总量的比重一直保持高位运行，高于全国平均水平，并且差距有扩大趋势。从能源生产构成来看，2005年以来陕西原煤生产占比基本保持高位运行，占比基本在75%上下波动，最高为77.4%，最低为73%。但全国比重呈下降趋势，2005年为77.4%，2016年下降到69.6%，11年来下降7.8个百分点。

对此，陕西省统计局去年曾发文提出，一方面，要转变能源生产和转化方式，着力推动能源化工产业向高端化发展，通过延长产业链提高综合能源利用效率，加快工业产业结构升级换代；另一方面，要发展能源消费少、经济效益高的装备制造业，同时要大力发展旅游、文化等现代服务业，以及金融、信息、科技研发、商务、物流等生产性服务业，提高服务业比重，优化三次产业结构。

作为陕西经济的排头兵，西安一直保持较高的增长速度。其中，工业增长势头良好，上半年，西安规模以上工业增加值同比增长8.7%，增速分别高于全国、全省2.7和5.4个百分点。

西安也在引领陕西优化经济结构，新兴产业活力不断释放。上半年，西安高技术产业产值增长17.5%，高技术制造业投资占工业投资比重达到41.8%，增长10.1%。以新技术为引领的相关服务业继续较快增长，1—5月，规模以上科技服务业、生产性服务业、文化产业企业的营业收入同比分别增长21.4%、14.7%和26.1%。工业新产品随着产业的转型升级，产品的更新换代速度加快，产量保持快速增长。上半年，锂离子电池、单晶硅、光电子器件分别增长28.1%、15.6%、32.0%。

2019年7月28日

分享链接

投资和工业双降，西北经济的出路在哪里？

西北地区经济正面临转型的阵痛期。

除了新疆，西北其余4省区今年上半年的经济数据都已经公布。今年上半年，陕西、甘肃、宁夏和青海的地区生产总值分别增长5.4%、6.0%、6.5%、5.7%。此外，一半位于西北地区的内蒙古上半年GDP增长5.5%。

不难看出，西北地区经济上半年普遍处于低位运行，除宁夏略高于全国上半年经济增速6.3%外，其他省区都低于6.2%，但去年西北地区的增速仍然高于全国水平。

那么，作为欠发达地区，西北的出路何在？

投资、工业双双下滑

西北地区经济是投资拉动型经济，投资在经济增长中起关键作用。同时，西北地区的产业结构又依赖资源禀赋，倚重能源、原材料工业。但在宏观大环境下，西北这两个方面都表现乏力，拖累了经济增长。

国家统计局的数据显示，今年上半年，东部地区投资同比增长4.4%，增速比1—5月份加快0.1个百分点；中部地区投资增长9.4%，增速加快0.1个百分点；西部地区投资增长6.1%，增速加快0.4个百分点；东北地区投资下降3.6%，降幅收窄4个百分点。

但西部地区的投资增长主要来自西南地区。上半年，四川、重庆、云南、贵州的固定资产投资增长分别为10.1%、6.1%、9.1%、12.3%。而西北地区固定资产投资普遍下滑，全国增速倒数的省份基本都在西北。

第一财经梳理发现，上半年，陕西、甘肃、宁夏固定资产投资同比增长2.5%、2.4%、-17.9%，青海全省500万元及以上固定资产投资比上年同期下降9.9%。

陕西省统计局分析，当前全省投资面临连续下行压力，基础设施、房地产等传统动能相继弱化。占陕西投资比重32.9%的基础设施投资，自2018年起结束两位数增长，今年上半年同比下降1.1%；占陕西投资比重21%的房地产开发增速连续回落，影响陕西投资增速回落1.7个百分点。

从去年开始，西北地区投资就开始大幅下滑。2018年8月30日，在西部大开发进展情况新闻发布会上，国家发改委西部开发司巡视员肖渭明表示，西部地区基础设施投资面临土地、资金等多种制约，中低端制造业竞争激烈而中高端制造业技术门槛较高，西部地区投资领域的深层次矛盾导致投资空间承压和投资下滑。

西北大学中国西部经济发展研究中心主任任保平向第一财经记者表示，除了基础设施投资外，工业投资也面临下降。这与西北地区的产业结构有关，传统产业投资边际效应递减，而新兴产业没有成长起来。

统计数据显示，今年上半年，陕西规模以上工业总产值同比增长6.8%；甘肃规模以上工业增加值同比增长3.4%，增速分别比1—5月和去年同期回落0.5和0.2个百分点；宁夏规模以上工业增加值同比增长5.6%；青海规模以上工业增加值同比增长6.2%。

西北地区工业比重大，其中，重化工业和原材料工业占比高。陕西煤炭、油气等能源化工占比近40%；甘肃以石油化工、装备制造、有色冶金、能源电力为支柱，2010—2014年，甘肃的重工业比重一直为83.65%—87.43%，而轻工业比重不到20%。

任保平表示，之前西北地区曾出现的高增长是基于经济总量比较低的增长，高增长掩盖了结构性的矛盾。因此，在宏观经济增速放缓的背景下，西北地区依赖能源、原材料工业的产业结构问题就暴露出来了。

受行业事件影响，上半年，占陕西能源生产75%左右的原煤产量下降了8.2%，导致陕西规上能源工业增加值同比仅增长1.2%；1—5月，甘肃原油加工量同比下降5%，比上年同期回落4.8个百分点，比1—4月回落13.8个百分点。

肖渭明在上述发布会上表示，西北地区的经济增速要普遍低于西南地区，就是因为西北地区工业比重大，能源原材料占比太大。资源依赖性强的地区经济增长普遍比产业转移早的地区要乏力。

"这种局面如果持续，对西部地区的经济增长确实会产生比较大的影响，所以这已经引起了我们的高度关注。"肖渭明表示，"这种拉大的趋势如果不能控制在一定的区间内，让它过快增长的话，一定会导致新的区域发展失调，损害西部乃至全国经济发展的整体效率和质量。"

西北出路何在

西北地处北方和西部，面临南快北慢和东西部差距扩大的双重压力。

第一财经记者梳理了最近 10 年的 GDP 数据，西北五省区 GDP 总量与全国 GDP 总量之比呈倒 V 字形：2009—2014 年，西北地区占全国经济总量的比重分别是 5.2%、5.5%、5.7%、5.9%、6.02% 和 6.06%，呈上升趋势，但此后几年却逐渐下滑，2015—2018 年占比分别为 5.8%、5.7%、5.6% 和 5.7%。

西北的落后是有客观原因的。西北处于胡焕庸线以西，地广人稀，自然条件和地理环境比较差，成为西北地区发展的障碍。从人口来看，在七大地理分区中，西北面积最大却人口最少，五省区 2018 年人口合计约 1.03 亿，其中，陕西人口是 3 864 万人，其他省区人口加起来 6 415 万人，不及四川一省的人口。

不过，任保平表示，西北地区的问题主要在于结构问题和体制问题。在结构方面，旧的动能失去了作用，新的动能没有形成，在体制方面，西北地区市场发育不足，营商环境不佳，交易成本高，市场发挥的作用不够，因此新动能成长不足。

任保平认为，解决西北发展问题的核心是培育新动能。传统重化工和原材料工业产业链太短，只有通过创新延长产业链。

肖渭明也表示，现在西北地区重化工产业的比重太大，所以，这个结构的调整会是一个非常痛苦的过程，但是再痛也要调。要加快补短板，就是调结构的补短板。

比如，陕西近几年一直在摆脱过重依赖能源化工业的发展传统，其能源工业已从工业占比 60% 降至 40% 左右，目前正着力发展电子信息、智能装备、新能源汽车等先进制造业；而甘肃也在挖掘资源潜力，开拓新能源产业、新材料产业、生物医药等领域。

任保平还表示，西北地区的机遇还在于融入"一带一路"倡议，加快推进对外开放。

在国家向西开放上，西北地区从开放末梢变身开放前沿地带。这里既存在交通、能源等互联互通项目建设的机遇，拉动基础设施投资，扩大内需；

又能提升开放水平,深化与周边国家的经贸合作,促进产业升级。

不仅如此,从国家层面来看,西北地区的现状也引起中央的政策调整。在上述发布会上,肖渭明表示,针对西部地区发展分化,需要更加注重西部大开发政策的精细化和精准化,强化问题导向,因地制宜、因地施策来加以解决。

《关于新时代推进西部大开发形成新格局的指导意见》就强化了分类指导的举措。根据西部不同区域的自然环境、经济发展、产业基础、主体功能等特点研究细化区域政策单元,针对不同政策单元提出各有侧重的发展思路和更加符合实际的差异化政策措施。同时,推动新资金、新项目、新举措进一步向西部地区的深度贫困地区倾斜。

2019 年 7 月 30 日

分享链接

四川和重庆都在发展大数据，在贵州落户的产业巨头会变心吗？

大数据产业已经成为贵州的一张名片，但其产业地位正受到相邻两个省市的挑战。

2017年年底，重庆提出实施以大数据智能化为引领的创新驱动发展战略，确定了大数据等12个智能产业重点发展领域；2018年，四川省雅安市规划建设大数据产业园，定位于服务四川及西南地区信息化的"超大规模数据中心"，打造中国西部大数据中心。

但目前三地在大数据产业上的竞争还不明显，并有加强合作及错位发展的趋势。

雅安的进击

雅安发展大数据的战略始于2018年。按照"大力发展大数据产业，打造川西地区大数据基础服务基地、互联网数据中心和算力供应中心，建设川西大数据中心"的要求，雅安规划了总面积2.65平方公里、可容纳服务器210万台的川西大数据产业园。

"贵阳具有的优势，雅安都有。"四川省产业经济发展促进会会长骆玲向第一财经记者表示，雅安和贵阳都在发展大数据产业前端，即大数据的存储和计算，这对气温和空气洁净度都有比较高的要求，最重要的是雅安和贵阳都有电价优势。

贵州以凉都著称，水煤资源丰富，电力价格低廉。雅安也有将近65%的森林覆盖率，被称为天然氧吧，气候凉爽且温差小，同时，雅安水电资源丰富，且弃水现象严重。

其实，雅安发展大数据产业的直接动因就是四川建设水电消纳产业示范区。

四川水电资源丰富，经过几年大规模开发后，弃水问题逐渐凸显。国家电网四川电力公司的数据显示，2012—2017年，四川电网调峰弃水电量分别为76亿千瓦时、26亿千瓦时、97亿千瓦时、102亿千瓦时、141.43亿千瓦时、139.96亿千瓦时。

四川大学能源发展研究中心主任马光文此前接受第一财经记者采访时表示，这些调峰弃水数字，如果按照装机弃水统计，年弃水电量达到500亿千瓦时。

过去几年，四川丰富的水电资源还吸引了比特币挖矿公司的涌入。当地的中小水电站为这些挖矿公司提供了低廉的电价。

2018年，四川省政府出台了《关于深化四川电力体制改革的实施意见》，以电力体制改革为重点深化要素市场化改革，探索建设若干水电消纳产业示范区，争取在两三年内基本解决弃水问题。意见还确定了甘孜、攀枝花、雅安、乐山等水电消纳产业示范区。

雅安是全国十大水电基地之一，截至2017年年底，雅安水电装机容量为1267万千瓦，投产水电装机规模位居四川省第二位。但是，由于电力外送通道受限，加之省内用电负荷增速放缓，雅安市弃水电量呈逐年递增趋势，2017年雅安水电弃水电量超过120亿千瓦时。

大数据中心需要大量电量，属于高载能绿色产业，因此，发展大数据产业成为消纳水电的重点产业。雅安选择发展大数据产业得到四川省的大力支持，并在发展模式上走了一条"贵阳"的道路。

2019年2月26日，雅安水电消纳示范区"川西大数据产业"购售电框架协议签约。根据协议，自2019年1月1日至2023年12月31日五个自然年交易周期内，国网四川综合能源服务有限公司将确保雅安大数据企业享受电价优惠，全年平均按0.34元/千瓦时结算。

贵阳发展大数据也是先从优惠的电价进行突破的。2016年，贵州省为促进工业经济快速增长，推动大工业企业综合用电价格由0.56元/千瓦时平均降至0.44元/千瓦时，其中，大型数据中心用电价格降至0.35元/千瓦时。

根据公开资料，数据中心约有70%运行成本来自电价，相比大工业电价0.5—0.6元/千瓦时，优惠后的价格具有很大竞争力。比如，位于贵州贵安新区的华为数据中心，一期容纳60万台存储服务器，按照贵州当时的电费价格0.456元/千瓦时，每年可以节约6亿多元的电费。

雅安开出比贵阳更有竞争力的电价，吸引了一批企业入驻。今年6月

28日，阿里巴巴、百度、腾讯、天翼云、金山云等12个IDC（互联网数据中心）项目签约入驻川西大数据产业园，总投资45亿元。加上之前落户项目，川西大数据产业园已累计签约落户项目21个，协议总投资超过95亿元。

川渝黔竞合

雅安大数据产业刚刚起步，其目标也比较实际。根据规划，雅安力争到2020年成为省内一流的大数据生态高地；到2021年，基本形成完善的大数据产业生态，信息产业产值达到80亿元以上，大数据相关从业人员达到2 000人以上，大数据产业成为全市新兴支柱产业。

骆玲表示，四川的优势在于产业基础比较好，经济体量比较大，发展大数据有产业依托，很多本地需要大数据中心的行业系统已经落户雅安，形成大数据龙头企业聚集。

同时，雅安的"野心"不仅是大数据产业前端。大数据产业要服务先进制造业和现代服务业，才能有产业融合效应。在建设大数据产业园的同时，雅安还同步规划了大数据创意公园、康养数字小镇、区域电商中心等。

在四川之前，贵州的大数据产业已经受到来自重庆的挑战。在重庆提出实施以大数据智能化为引领的创新驱动发展战略行动计划后，一些巨头的投资风向便发生了改变。

2014年，阿里云大数据中心落户贵州，阿里还宣布将贵阳建成全球备案中心与技术支持中心；2017年，腾讯在贵阳建设了七星绿色数据中心，这也是一个特高等级灾备数据中心。但后来，阿里巴巴、腾讯、百度等巨头又在重庆进行重点投资。

今年1月，阿里巴巴重庆智能中心落户两江新区。近日，阿里巴巴旗下阿里云、B2B、零售通、口碑、大麦、阿里影业、蚂蚁金服、菜鸟、阿里集团客户体验事业部等营团队，已经正式入驻该中心。

与此同时，继贵州之后，重庆也获批国家大数据综合试验区。

骆玲认为，相比贵州，川渝地区发展大数据有自身产业、市场的需求。比如重庆汽车、电子信息等产业基础雄厚，以大数据智能化引领很有前景。

目前，四川、重庆和贵州三个地方在大数据产业上的竞争还不明显。不仅如此，重庆和贵州作为两个国家大数据综合试验区也在加强合作。今年3月发布的《渝黔合作先行示范区建设实施方案》，也将大数据作为渝黔合作先行示范区重点发展的产业之一。

方案提出,整合渝黔两地大数据产业技术创新要素,共同搭建大数据协同创新平台;同时,推动核心支撑软件、工业互联网、工业大数据、智能装备、智能制造云服务平台等在制造业的集成应用,全面推进两地传统产业向智能化、绿色化、服务化转型。

《雅安市人民政府关于加快大数据产业发展的实施意见》明确提出实施错位竞争、差异化发展路线。着力在大数据基础服务、物联网与应急产业、人工智能与无人驾驶、区块链与信用体系、电子商务与产业培育、视联网与公众服务等方向开展示范应用。

2019 年 8 月 1 日

分享链接

中西部城市房地产高依赖预警：
西安经济"摔跤"

对部分城市来说，房地产对经济的拉动作用十分突出。但在"房住不炒"的背景下，此类房地产高依赖度城市的经济脆弱性也被放大。

近期，各个城市上半年经济数据正陆续发布，其中，西安的"成绩单"让人惊讶。

今年一季度，西安市地区生产总值同比增长8.6%，高于去年同期0.5个百分点，排名全国城市增速榜前列。但今年上半年，西安经济增速却降至7%，下滑1.6个百分点，如果单看二季度，增速下滑幅度则更大。

如果对西安市统计局发布的数据进行仔细分析可以发现，房地产投资对其经济增速起到重要影响。

西安经济二季度"摔跤"

为何西安一季度的经济增长势头创下2015年一季度以来的新高，而到了二季度却显著下降呢？

对比西安一季度和上半年的主要数据来看：一季度，西安市规模以上工业增加值同比增长12.0%，上半年这一数据降为8.7%；一季度，西安市固定资产投资同比增长11.9%，上半年固定资产投资（不含农户）同比增长2.2%，比一季度回落9.7个百分点。

虽然西安工业经济有所回落，但依然保持坚挺，8.7%的增速仍然位列全国前列。但作为投资拉动型的地方经济，西安的固定资产投资下滑得厉害，对其经济增长显然形成很大的拖累。

对西安市统计局公布的数据再进一步分析就会发现，在固定资产投资中，房地产开发投资在二季度出现"跳水"。一季度，西安房地产开发投资同比增长15.9%，比上年同期提高12.4个百分点；而上半年，这一数据同比下降1.1%。

不仅如此，今年上半年，西安市民间投资增长5.3%，较上年同期回落10.2个百分点，较1—5月回落15.3个百分点。西安市统计局认为，今年以来，西安市民间投资增速回落，是受房地产开发投资下行的影响。

与此同时，上半年，西安其他的经济指标都相对平稳，甚至增长。综合来看，二季度西安房地产开发投资的大幅下滑与西安经济增速的下滑显示了正相关性，可以说是重要影响因素。

一位陕西房地产研究人士向第一财经记者表示，这也与陕西用地指标不无关系。

4月23日，陕西省自然资源厅发布《关于暂停受理建设用地报建的函》，显示2019年1—4月，陕西省审查上报的建设用地总面积4.83万亩，其中，新增面积2.3万亩，已达到2018年度计划可预支20%的上限。因此，从4月23日起，暂停受理各地建设用地报件。

还有调控升级的因素。自2017年人才争夺战以来，西安先后7次升级调整户籍政策，推出了"史上最宽松"的户籍准入新政策。与之相伴的是西安房地产市场的持续火爆。国家统计局的数据显示，截至2019年6月，西安新建商品住宅价格环比已连续40个月上涨；6月，西安新房销售价格同比上涨25.2%，涨幅连续7个月位居70城榜首。

在"房住不炒"的背景下，今年6月，西安市发布了《关于进一步加强住房市场调控管理的通知》，房地产调控正式升级。

这一调控政策对从西安市外迁入户籍的居民家庭在限购区域范围内购买商品住房或二手住房，设置了社会保险或个人所得税的时限限制，并将临潼区纳入住房限购范围。这一更为严厉的限购政策给其房地产市场带来很大影响。

西安市统计局的数据显示，今年购置土地明显下降。上半年，房地产开发企业土地购置面积21.05万平方米，同比下降78.6%；土地成交价款13.55亿元，下降57.2%，降幅分别较上年同期扩大33.8个百分点和收窄11.0个百分点。

为什么房地产开发投资对西安经济的影响较大呢？从房地产依赖度（房地产开发投资额占城市GDP的比重）来看，2017年，西安以31.2%的房地产依赖度在全国主要城市中位居第二，2018年西安没有发布房地产开发投资总额数据。

还有哪些城市房地产依赖度高？

在4个直辖市和31个省会城市中，由于部分城市2018年的相关数据没有公布，第一财经记者从中统计了20个城市的房地产依赖度，发现中西部城市的房地产依赖度相对比较高。

其中，房地产依赖度超过30%的城市除了西安还有郑州。统计公报显示，2018年，郑州全市累计完成房地产开发投资3 258.4亿元，当年郑州的地区生产总值为10 143.32亿元，其房地产依赖度为32.12%。

与西安相类似，郑州的房地产开发投资也在逐渐下滑。今年上半年，郑州累计完成房地产开发投资1 447.4亿元，同比下降2.1%，增速较去年同期回落9.2个百分点。从走势看，1—2月，房地产开发投资增长3.4%，为上半年最高点，其余月份在-2.1%—2.1%的区间内运行，持续在低位运行。

再从房地产企业到位资金来看，上半年，郑州房地产开发企业本年到位资金1 619.3亿元，同比增长2.5%。其中，国内贷款195.7亿元，同比增长15.5%，占比为12.1%，占比较去年同期增加1.4个百分点；自筹资金773.6亿元，同比下降16.5%，占比为47.8%，占比较去年同期减少10.9个百分点。

继西安和郑州之后，房地产依赖度超过20%的城市还有西宁、兰州、乌鲁木齐、重庆，分别是22.72%、21.46%、20.12%和20.86%。可以看出，西北省会城市的房地产依赖度都比较高。另外，中部的武汉、合肥也接近20%，分别是18.72%和19.52%。

武汉市统计局的数据显示，今年上半年，武汉市房地产开发投资在15个副省级城市中排第1位，排位与上年同期持平，比1—5月提高2位，总量比第2名杭州多46.64亿元，比第3名广州多72.68亿元。

虽然一些城市房地产依赖度相对并不高，但保持增长势头。比如，太原今年上半年房地产开发投资占全市投资的比重为56.9%，比上年同期提高1.4个百分点；对全市投资增长的贡献率为70.1%，拉动全市投资增长7.4个百分点。

这种依赖房地产拉动投资，继而推动经济增长的模式越来越难以为继，尤其是在土地、环保等资源约束下，有些城市的房地产开发投资更是面临骤降。比如，银川2018年全年完成房地产开发投资295.25亿元，比上年下降26.7%，其中，住宅开发投资198.20亿元，下降17.5%；商品房施工面积

3 795.57万平方米，下降8.4%。

近日，中共中央政治局召开会议，分析研究当前经济形势，部署下半年经济工作。会议要求，坚持"房子是用来住的、不是用来炒的"定位，落实房地产长效管理机制，不将房地产作为短期刺激经济的手段。

2019年8月11日

分享链接

投资不过胡焕庸线？
西南、西北房地产两重天

8月份地方经济数据已陆续发布，在较受关注的房地产开发投资指标上，西部地区的增速大幅高于全国，但西南和西北却反差强烈。

房地产开发投资既反映了当前的产业和经济形势，也在一定程度上反映了人和资本的未来流向。"投资不过胡焕庸线"亟待破题的同时，西北省份也在奋力追赶。

西南、西北反差强烈

国家统计局的数据显示，1—8月份，全国房地产开发投资84 589亿元，同比增长10.5%，增速比1—7月份回落0.1个百分点；东部、中部、西部和东北地区房地产开发投资分别同比增长8.8%、9.8%、16.0%和9.7%。显而易见，西部地区的增速远高于全国其他板块。

西部板块包括12个省份，以秦岭为界分为西南和西北地区，在房地产开发投资上，两者反差强烈：增速高于20%的省份都在西南地区，而全国3个该指标负增长的省份中，两个都在西北地区。

第一财经记者梳理发现，今年1—8月，西南板块的云南、西藏、广西、贵州、四川和重庆房地产开发投资分别增长31.4%、30.3%、28.5%、23%、18.3%和7.5%；西北板块的陕西、甘肃、新疆、青海和宁夏则分别增长7.6%、6.2%、3.5%、-4.6%和-14.6%。其中，云南房地产开发投资增速全国最高。

今年以来，云南房地产开发投资增速一直保持在30%左右，广西每个月也以27%左右的速度在增长，贵州则从年初以来逐渐加速。也就是说，除了重庆之外，整个西南省份的房地产开发投资都呈高增长态势。

房地产开发投资的快速增长对经济增长产生的作用也十分明显。上海易居房地产研究院发布的《区域房地产依赖度》报告显示，上半年，全国房地产开发投资占GDP比重最高的是云南，达到21.7%，广西和贵州的这一指标也高达 19.5%。

上半年，云南房地产投资同比增长 28.8%，仅次于西藏的 37.6%。同时，云南上半年实现地区生产总值 7 957.43 亿元，同比增长 9.2%，比全国增速高 2.9 个百分点，经济增速在全国位列第一名。

相较而言，西北地区今年以来房地产投资一直呈下降趋势。

虽然前几年西北地区出现房地产开发的高潮，各省份的投资增速一度高于全国水平。但从去年开始，西北地区房地产开发投资开始下滑，去年还保持高增长的陕西和甘肃，今年也由盛而衰。

上半年，陕西房地产开发投资同比增长 11.1%，较一季度回落 13.4 个百分点；1—8 月，陕西省房地产开发投资增速降至 7.6%，比 1—7 月回落 1.6 个百分点。

省会城市的房地产市场占据全省主导地位，因此，市场形势在省会城市体现明显。西安就是陕西房地产市场的关键，其房地产开发投资占全省 60% 以上。今年 1—8 月，西安房地产开发投资达 1 505.82 亿元，同比下降 3.7%，增速较上年同期回落 14.2 个百分点，降幅较 1—7 月扩大 1.4 个百分点。

同样地，甘肃省省会兰州 1—6 月房地产开发投资增速为-20.08%。但 2018 年，兰州房地产开发投资为 586.62 亿元，增长 35.74%，其中，住宅投资 307.72 亿元，增长 12.19%。

值得注意的是，陕西的房地产开发投资增速在西北地区还处于最高水平。

投资不过胡焕庸线？

实际上，西部地区房地产开发增长迅速与其城镇化密切相关。

在房地产投资领域，胡焕庸线是重要的投资分野线。胡焕庸线从黑龙江省黑河到云南省腾冲，是我国人口密度的对比线，线东南方 36% 的国土上居住着全国 96% 的人口。一般认为胡焕庸线以西的城市，其房地产不具有显著的投资价值，也就是所谓的"房地产投资不过胡焕庸线"。

西部地区目前的城镇化率普遍居于全国后列，比如云南、甘肃、贵州等地都不足 50%。按照国际经验，城镇化率在 30%—70% 时，城镇化会快速发展，人口会加速往城市转移，从而带动房地产市场的发展。

但西北地区在人口密度和城镇密度上又和西南地区相差比较大。西北五省区 2018 年人口合计约 1.03 亿，除陕西外的其他省区人口加起来才 6 415 万人，不及四川一省的人口。

以兰西城市群为例，《兰州—西宁城市群发展规划》显示，2016年人均地区生产总值40 848元，仅为全国平均水平的76%。城镇密度每万平方公里24个，仅为相邻的关中平原城市群的1/3。

而且从人口增长来看，虽然西北地区仍然保持常住人口的增长，但其增长主要来自域内人口自然增长，而不是人口外迁进入。比如2018年，甘肃常住人口2 637.26万人，增长11.55万人，但是人口自然增长达到11.63万人。

房地产投资的数据也从一定程度上反映区域发展未来趋势，因此，"投资不过胡焕庸线"亟待破题。

不仅是房地产投资，从去年开始，西北地区基础设施投资也开始下滑。同时，西北地区的产业结构又依赖资源禀赋，倚重能源和原材料工业，但在宏观大环境下，这两方面都表现乏力。

面对这些情况，西北各省份也在铆足力气追赶。

8月12日，陕西省政府第十六次常务会议强调，把稳增长作为当前经济工作的首要任务。

今年的陕西省政府工作报告也提出，要推进传统产业提质增效。抓好100个总投资500亿元的重大技改项目建设，促进传统产业数字化、网络化、智能化。加大对机械、冶金、建材、纺织、食品等产业的改造提升力度，促进建筑业优化升级，推动能源化工产业转型发展。

一些数据也显示出积极变化。上半年，陕西计算机、通信和其他电子设备制造业增长21.2%，黑色金属冶炼和压延加工业增长20.4%，铁路、船舶、航空航天和其他运输设备制造业增长18.2%，仪器仪表制造业增长17.6%。

2019年9月22日

分享链接

八、歆闻杂谈

张歆晨 | 第一财经地产频道主编，中山大学人文学院汉语言文学专业学士、中山大学岭南学院工商管理专业硕士。2004 年加入第一财经，先后出任第一财经日报地产记者、第一财经地产频道高级编辑、频道副主编。采访报道国内房地产市场及行业新闻达 15 年，是中国房地产行业蓬勃发展、房地产企业快速成长的见证者、观察者和思考者。
zhangxinchen@yicai.com

地产、农业、机器人：
碧桂园未来的三个重点

今年 1 月房企合同销售金额遭遇寒潮，但碧桂园控股（02007.HK）董事局主席杨国强对于国内经济形势以及房地产行业的走向，似乎有着积极的信念。

杨国强在年初的一个会议上提出，当前中国经济形势复杂，但要对经济稳定增长、长期向好抱有坚定信心。"过去不代表现在，现在也不代表未来。"

2018 年，碧桂园以 7286.9 亿元蝉联销售金额榜榜首，其中，权益销售金额为 5203.6 亿元，较 2017 年同期的 3961.1 亿元同比稳健增长 30%。

这是碧桂园在上一轮房地产上涨周期之前提早布局的结果，但随着 2018 年国家层面提出"房住不炒"的高层定调之后，市场的预期已经发生改变，买卖双方正回归理性，大多数房企对行业的前景也变得不再盲目乐观。

碧桂园 2 月 3 日公告称，2019 年 1 月，该集团共实现归属公司股东权益的合同销售金额约人民币 330.7 亿元，与 2018 年同期相比大幅下滑 52.2%。

碧桂园早在 2018 年中期便提出"提质控速"的全新发展思路，主动切换车道，以适应新的市场节奏。

如今，杨国强依然看好房地产行业在中国城镇化进程中的发展机会。杨国强认为："中国的城镇化、现代化是不可阻挡的，房地产行业每年起码有10万亿元的市场。目前行业出现波动是正常的，淘汰一些竞争力较弱的企业对行业健康发展是长远有利的。"

对处于行业头部地位的碧桂园来说，更大的市场份额依然值得憧憬。而当下市场处于调整周期之际，杨国强也对风险作出考量。他要求公司要"财务稳健，接下来要以销定产、量入为出。一定要有质量的发展，一定要科学地去谋划，提升全周期竞争力，精准地投入，实现长期效益和短期效益的有机结合。

这家公司在巩固房地产开发核心业务的同时，已然精心布局了机器人、农业等延伸业务，并试图让这些业务之间产生协同效益，有效调用现有资源，提高企业资源的使用效率。

杨国强表示："去年我们农业公司和机器人公司的框架已经搭起来了，发展的思路也有了，接下来期待他们的精彩表演。未来我们的三个重点是地产、农业、机器人。"如此看来，2019年碧桂园的三个业态将同步发展，协同发展，去全力提升集团的总体竞争实力。

"科技的进步不可想象。"这是杨国强对人类社会发展远景的整体判断。在他看来，只有紧跟时代浪潮的企业，才可以始终伫立于时代潮头。

他表示："现在机器人技术已经比较成熟，如果我们有足够优秀的人把这些做出来，我们会成为最先进的房地产公司，我们现在要朝着一个高科技企业去做，建筑是这样，物业管理也是。我也曾经在工地做过建筑工人，重复的高强度劳动说不过去。我们要迎接'机器人建房子'的到来，只是时间问题，绝对要做出来，这是我们未来强大竞争力的源泉。"

事实上，杨国强在更早之前便袒露过自己对机器人业务寄予的期望："我梦想着建筑工人做的繁重、重复的劳动由机器人所替代……它第一能符合我们对零伤亡和安全的追求，第二能使我们的质量提升，第三能使我们的效率提升。"

据悉，碧桂园将进一步投身智能制造，瞄准世界科技前沿，依托广东机器人谷，自主研发，打造现代机器人产业生态圈，助力国家科技进步。目前，碧桂园已经成立了专门从事机器人研究的博智林公司，并从全球范围引进了大量专业人才，紧锣密鼓地开展着相关研发工作。

杨国强也认为，科技让国家更强大，能帮助人们从繁重的工作中解放出来，让人们过上更好的生活。未来，一些繁重、危险的工作将被机器人取代，"今天加大对科技的投入正是时候，如果再不努力的话就落后了。"

2019 年 2 月 13 日

分享链接

孙宏斌与卢志强的朋友圈交易

目前,融创中国(01918.HK)发布公告称,集团全资附属公司融创房地产与泛海控股(000046.SZ)旗下的武汉中央商务区股份限公司签订协议,收购下属泛海建设控股有限公司(下称"泛海建设")的100%股权。

交易完成后,泛海建设持有的上海董家渡项目及东风公司持有的北京泛海国际居住区1号地块项目均将由融创持有和开发经营。

交易双方以泛海建设在交易基准日(2018年11月30日)的净资产评估值为基础,协商确定总对价为148.87亿元,其中,标的股权转让价款为111.76亿元,冲抵债权债务后,融创需付出的现金代价为125.53亿元。

泛海建设将根据双方协议,剥离其持有的浙江公司和上海御中公司的100%股权、北京泛海东风公司持有的北京泛海国际居住区2号、3号地块的相关资产和负债。剥离完成后,将继续持有北京泛海国际居住区1号地块以及上海外滩董家渡项目的土地。

在房地产业内人士看来,无论北京泛海国际地块,还是董家渡地块,均是京沪稀缺之土地储备,地块的地理位置以及周边资源都较好,两个项目将被定位为豪宅项目的可能性较大。故而,这次收购被视作融创筹划已久的储备补仓行为。

融创中国董事局主席孙宏斌与泛海控股董事长卢志强第一次共同出现在公众视野里,是2017年1月融创入股乐视时,在决定投资乐视系三家公司之前,孙宏斌分别请教了联想掌门人柳传志和卢志强,从此开始了两人的互动与交往。因此,这次融创与泛海的交易可以说是两个大佬之间公开的第一笔朋友圈交易。

补仓一线城市

本次交易的两幅地块位处京沪核心地段,在当下一线城市中心区域土地资源日趋紧张的背景下更显得稀缺。

公告显示,北京泛海国际项目1号地块位于北京市朝阳区东四环,周边商业配套成熟，自然景观资源优越，总建筑面积约 66.85 万平米，目前，项目刚启动建设，尚未开售。周边环绕 CBD、燕莎、丽都、朝青四大商圈；教育、医疗等配套较为成熟。

上海董家渡项目位于上海市黄浦区核心位置，区位环境与配套资源比较优越，总建筑面积约 62.80 万平米，主要用作住宅及商业的开发。

值得注意的是，董家渡项目为外滩仅剩的未开发地块。项目比邻黄浦江、豫园，周边环绕外滩、人民广场等，是上海市区范围内罕有的大面积优质地块。目前，融创在该区域已经开发了上海知名豪宅楼盘滨江一号院，周边在售项目价格维持在 10 万元/平方米左右。

这次交易不仅是融创在北京和上海两大一线城市的储备补仓行为，也为这两个一线城市的黄金地块找到一个合适的接盘者。

融创此番从泛海手中接盘，颇有一点当仁不让的意味。

首先，两大项目所处区位对开发商的产品打造能力提出很高要求，具备丰富顶级豪宅打造经验的开发商才足以驾驭这样的项目，而融创在一线房企中以豪宅开发出名。

其次，两个项目的资金门槛极高，立信会计师事务所受托对交易标的进行了审计，显示标的公司截至 2018 年 11 月 30 日的资产总额为 445.76 亿元，负债总额为 356.17 亿元，净资产为 89.59 亿元。在当下房地产行业资金面趋紧的背景下，资金充足的公司，才具备撬动两大项目的资金实力。

从硬件条件看，这两大项目符合融创发展战略。这两大项目符合融创的发展战略，是不容错过的收购标的，这笔交易也极大地缓解了泛海控股的资金压力。而且，自从融创在 2017 年以来提高购地门槛、严控投资额度以来，保持着相对宽松的流动性，为新的收购做准备。

捕捉市场机会

值得关注的是，此番收购再度展示出融创对市场机会的捕捉能力。

资料显示，泛海控股自 2014 年启动转型战略以来，一直试图剥离旗下地产资产，而泛海旗下最优质的地产项目便是北京泛海国际项目和上海董家渡项目。可以说，融创通过此番收购，将泛海旗下最优质的项目收入囊中。

事实上，融创一直以"对土地资源具有较强的前瞻性和判断力"而闻名行业，并在过去几年融创得以提前储备足够的优质土地资源。

2018年年中报显示，融创土储总面积为2.31亿平方米，在行业中名列前三。数量占优的同时，其质量也堪称强大——总货值高达3.29万亿元，超过92%的土地储备位于供求关系健康的一二线及环一线核心城市。

2017年下半年起，融创基于市场形势判断开始放缓投资步伐，提高了拿地标准，执行严格的拿地纪律，大幅降低资本性支出，从而降低财务杠杆，为新的市场机会悄然积聚能量。该公司2018年中期报告显示，截至6月30日，融创拥有现金余额874亿元。而2018年下半年以来，融创加紧销售步伐并回笼资金。2018年全年实现合约销售金额人民币4 649.5亿元，同比增长27%。

融创一年多以来采取的"深挖洞广积粮"的蛰伏型策略，使得该公司仍旧保持了充分的资金准备来应对新的收购。

今年1月2日，瑞士银行（UBS）对该公司进行首次覆盖并给予买入评级。瑞银在其报告中指出："我们首次覆盖融创并给予买入评级，因为我们非常认同融创在2016年积极获取土地，但在2017年至2018年上半年土地价格过高之际却能保持谨慎。精准把握拿地时机使融创在2015—2018年销售合同额复合增长率达到88%，而这些销售额将在2019—2020年转化为公司的收入和利润。"

在瑞银看来，融创具备充足且优质的土地储备，足以确保其行业前五的地位；同时，2018和2019年净利润分别同比增长35%及55%，从而大幅增厚公司净资产。

2019年6月22日

分享链接

九、晓说消费

刘晓颖｜第一财经资深编辑，关注商业公司，期望挖掘出新闻背后的故事。
liuxiaoying@yicai.com

红星美凯龙想靠"买买买"成为中国家得宝

如果去看一下美国的家居市场，会发现家得宝和劳氏出现频率最高，两者都是世界500强公司，且这两家家居商场占全美家居零售市场份额的43%。

作为全球第二大家居市场的中国，家居行业却全然是另一番模样：行业内以地方性家居品牌居多，而且行业集中度低，最大的两家家居商场红星美凯龙和居然家居合计市场份额还不到20%。

在红星美凯龙董事长车建新眼中，未来依然可期。作为行业龙头，像红星美凯龙这样的全国性家居连锁卖场优势明显：它们有更好的品牌形象、稳定的产品供应和服务、覆盖的地理区域更广而且更受到家居品牌的认可。

如何在偏分散的行业里进行扩张、获取更高的市场占有率，对企业来说也是考验。

红星美凯龙的打法是：一方面，通过自营模式进一步巩固一二线城市的市场领先地位，继续有选择性地在核心城市开设新的家居商场；另一方面，凭借在家居装饰及家具行业良好的品牌声誉、成熟的商场开发、招商和运营管理能力，通过轻资产的委管经营模式快速渗透三线及其他城市，进一步扩大公司在全国范围内的经营覆盖面。

直白来说就是"轻资产+重资产"模式，重资产是自己建商场，轻资产则是委管商场。后者显然可以更加迅速而有效地实现扩张。红星美凯龙在最近宣布用增资和收购股权的方式，以3.48亿元投资山东银座家居，共计获得银座家居46.5%的股权，与鲁商集团并列为银座家居的第一大股东。在双方的协商下，交易成功后，银座家居将由红星美凯龙全面负责运营。

据了解，银座家居是山东省市场占有率最高的地方品牌，其在山东的济南、菏泽、临沂、威海等8个城市拥有12家门店，年营业规模30多亿元。数据显示，在山东区域，截至2019年6月30日，红星美凯龙已经在15个城市开业31家家居商场（27家红星美凯龙商场、4家星艺佳商场）。而此次的并购意味着又可以将12家商场纳入麾下。

对于红星美凯龙来说，这笔交易显然划算，与其花巨资砸钱在当地再开设新的店铺，不如花3亿多元收编整合当地的企业，深耕区域市场。据双方称合作后将注入优质资源，合力加速山东市场布局，预计将在2019年再新开9个卖场。

这样的合作模式也许会在未来一段时间成为主流。

从去年开始，业内的普遍观点是家居销售进入存量竞争时代，而产业整合将成为未来家居行业发展的新趋势。

"从国外的经验来看，家居成长到一定阶段，一定会走产业整合的路径。我看过家电行业的公司动辄都是几千亿元的收入和市值，目前来看（国内）整个家居里面公司偏小、偏分散，从这个角度来说行业一定走整合的路，只不过不确定的是谁、用哪一种方式整合。"申万宏源证券研究所副总经理周海晨说，"一场战争，大家没有开枪就达成了很好的合作和接触，大家发挥各自优势，最终形成一个类似于结盟的模式，是非常好的。"

在国内家居卖场的市场占有率普遍较低的现状下，商场数量代表的是规模，是市场份额，是话语权。但自建卖场这样的重资产模式对资金要求高，而在当前行业并未处于高速发展的情况下，未来收编地方卖场提速连锁这样的扩张模式也许会成为更多行业巨头抢占先机、实现战略布局的重要手段。

乐观来看，对标国际家居建材行业巨头在高营收、高利润、高市值等各项指标，中国家居商场集中度还有广阔的提升空间。那些龙头家居卖场或许抱着一个梦,即在经过一轮又一轮的整合兼并重组后,在规模上有一天能够成为类似美国的家得宝、劳氏一样的企业。

2019 年 7 月 21 日

分享链接

外国品牌更好卖吗？
不，现在外来的和尚也不好念经

也许外国品牌在中国更好卖这一观念得改一改了，因为并不是所有的洋品牌在中国都能吃香。

最近，美国服饰集团 GAP 旗下的 Old Navy 宣布，在即将到来的 2020 年会撤出中国市场。这一撤离让人猝不及防，但也不能说是无迹可寻。根据公开资料显示，进入中国市场六年，Old Navy 一共就开了零星的十几家店铺，可谓进展缓慢。

与之匹配的是其低知名度。一个可参考的标准是，在 Old Navy 的天猫旗舰店上，目前的粉丝数量为 156 万，GAP 的相对好一些为 790 万。相比之下，其欧美同行的知名度则明显多很多，H&M 超过 1 000 万，而 ZARA 的粉丝更是接近 2 000 万。两年前，GAP 集团大中华区电子商务负责人曾告诉笔者，"我们在美国的知名度可以说是 99%。但在中国的知名度确实……"，如今的状况显然并没有改善。

实话是，GAP 在美国算是"国民品牌"，Old Navy 在进入中国之前已在本土市场发展成熟。在集团的业绩中，Old Navy 的销售额占到半壁江山，相对于 GAP 的老化与滞涨，Old Navy 保持了持续增长的良好势头，这也许是当年 GAP 对 Old Navy 寄予厚望的原因之一——一个价格更加便宜、更加年轻的品牌，对于新兴市场的消费者而言也许会是个不错的选择。

只不过，品牌的运气不太好。在下定决心在中国展开业务开辟店铺时，一众外资品牌诸如 ZARA、H&M、优衣库等品牌早已进入中国市场。从价格而言，集团旗下的两个品牌几乎没有优势；从受众定位而言，它的竞争对手更为清晰。比如 ZARA、H&M 主要针对的就是时尚都市女性，高频率的更新增加了消费者的购买频次，这让当年初次接触快时尚的中国消费者欣喜若狂，推动了它两个品牌在中国的高速发展。

GAP 在美国主打 Family（家庭）购物，提倡休闲、舒适以及价格亲民。

可惜的是，这一概念在中国似乎被优衣库运用得更好。如果你去各家的店铺里逛一圈，会发现在那些女性属性较强的店里，几乎看不到男性（除了那些陪着女友、太太来购物的男性）以及年长的消费者（无论男女），但在优衣库的店铺里，倒是常可以看到男同胞的身影。一个流行的网络段子是：中国程序员的标配是优衣库的格子衬衣（T恤衫）加牛仔裤，而在稍微暖和一些的南方城市，优衣库的薄羽绒、摇粒绒衫、发热内衣则是冬季的爆款。

中国服饰市场的竞争激烈、本土平价品牌崛起等都给GAP以压力，但反过来，对其对手也是如此。总体来看，GAP在中国表现不佳的原因有几点，首先，GAP以及Old Navy在中国发展的这些年都没有找准自己的定位，没有摸清当地消费者的喜好。我们很少看到近些年流行的爆款单品出自它们。其次，对于市场的判断也有一定问题。数年前GAP曾揣测中国消费者也许需要价格更低的休闲服饰（这一类服饰则是中国最不缺，竞争也是最惨烈的）。相反，它的竞争对手则注意到中国消费升级这样的商机，纷纷引入更为高阶的品牌以迎合这一趋势，且发展得都不错。需要指出的，相较于其他业务，GAP目前在童装市场上的表现却要出色得多，近些年来，天猫"双十一"童装销售排名中，GAP的童装几乎都能够挤进前三的位置，远远领先其他国际品牌。

当然，Old Navy铩羽而归还有部分原因是出于集团自身的战略考量。GAP集团如今在本土市场也是日渐萧条，最新发布的截至11月2日的三季度财报显示，集团整体的销售额同比减少2.2%至40亿美元，管理层欲将Old Navy独立分拆，需要集中更多的资源和精力在本土市场。

退出一个已进入的市场对品牌而言不算好消息。Old Navy不是第一个败走中国市场的，在此之前，它的美国老乡Forever 21以及其英国同行ASOS、Topshop、New Look都曾折戟。毋庸置疑的是，中国市场确实有巨大的潜力，却也并非想象中那么容易经营。这里的消费者在见识过各式的国际品牌后有了自己的鉴赏力，今后，外来的和尚需知这里不再好念经，想要分一杯羹也得花上大精力。

2019年11月26日

分享链接

当年要排队才能吃到的翠华如今也亏了

人人要吃饭，但开餐厅的却并不都赚钱。

我们经常会见到一些餐厅门口大排长龙，一些却门可罗雀，但后者也许曾是热闹过的，比如香港的翠华茶餐厅。

港星温碧霞当年说自己喜欢去茶餐厅吃饭，首推的是翠华。余文乐则在那部《志明与春娇》的电影里说，深夜里从兰桂坊出来，抬头看见翠华，就一定要去醒酒。

香港地理上离内地近且当年购物价格优势明显，这让其在很长一段时间里成为内地游客的心头好。港城的餐厅里多是内地游客拎着大大小小的购物袋，他们对哪些是必打卡的餐厅心里门儿清。

这让香港餐饮业的经营者意识到内地的餐饮市场是一块大蛋糕，决议北上。十年前，有着香港餐饮名片之称的翠华在上海开了其内地的首店，相较于其同行避风塘和兴旺这样港式茶餐厅晚了一步，但这也并不影响它受追捧。彼时的翠华相当于如今的网红店，开业时生意火爆，大排长龙，等位两个小时算是常态。

此后，这家连锁店在内地以不紧不慢的速度开店，到2012年翠华控股（01314.HK）上市这三年里只开了三家。但上市让翠华得以迅速扩张，其在港交所上市所募集的7.94亿港元资金中，投入中国内地开店资金高达2.78亿港元，占比35%。当时，公司计划上市后三年再开20多家新店，还将在上海和华南设立中央厨房。

有了资本助力，翠华趁热打铁，第二年在内地一口气新开了五家店，但中国的消费者口味变化却日新月异，且中餐市场的竞争对手强者如林，也多如牛毛。如今再去翠华的餐厅，才惊觉原来不用再排队了，哪怕是饭点时分，其位于市中心的餐厅里的人也不过半数，显得有些萧条。

直觉并不错，这家港式茶餐厅的"失宠"也体现在其业绩上。翠华最近披露截至今年9月的中期业绩，公司实现收入7.56亿元，归母净利润为 -4014.12万元，而上年同期为1268.01万元。

虽是翠华上市以来的首次亏损，但业绩放缓其实已经早有苗头。笔者梳理了其三年来的数据，2016—2018年，翠华的营业收入为16.38亿元、14.74亿元、15.33亿元，营业利润和净利润呈现趋势分别为8 668.91万元、5 530.87万元、-928.64万元以及8 032.99万元、6 426.43万元、406.68万元。

公司方面解释称，生意的下滑无外乎几个原因：经济下行、顾客消费欲望下降、市场竞争激烈、成本及费用增加以及人民币贬值，而这种状况或难在短期内得到改善。

相较于其他行业，餐饮市场其实算是"佼佼者"。在购物中心的招商部里，最受欢迎的无疑是餐饮店。一家老牌百货公司的运营负责人曾告诉笔者，现在商场里人流量最多的楼层是楼上的餐饮和一楼的美妆，这就是缘何老百货这几年都会花大价钱重新装修调整楼层店铺的结构，扩大餐饮比例，"过去的百货店鞋服占比太高，但你知道，现在这些产品的销售并不太景气。"

无论去逛哪一家商场，都可以看到那些餐饮的楼层，火锅、川菜、西餐、日料不一而足，许多店铺门口门庭若市。人们对于吃依旧有迫切的追求，但我们也看到不断有店更新换代、关门歇业、摘下招牌。

那些浸淫在业内多年的老手说，在中国餐饮难做是因为中国饮食本就博大精深，不同地域还有不同的菜系，饮食习惯不尽相同。不像美式连锁，一套汉堡可乐的套餐就可以打天下。想要在中华的美食林长久立足，经营者需要应付方方面面，除了迎合不同地方当地人的口味，还需要不断推陈出新，还要面对饮食之外的事，如供应链问题、人力成本和租金成本上涨等。此外，对于经营方来说，希望做大做强，将一家口碑好的餐厅大量复制、拷贝，最后上市获得财富，但对于早前的那帮忠实的老饕来说，一旦当年喜欢的餐饮业主大规模生产，最初的味道就变了。这也意味着失去了那群食客。如何平衡好两者，对于翠华以及它的同行而言始终是一个难题。

2019年12月5日

分享链接

十、快消栾谈

栾　立 | 第一财经产经频道记者,长期关注乳业、酒水、食品等快速消费品领域,"快消栾谈"专栏希望在纷乱的市场中为用户提供不一样的行业观察。
luanli@yicai.com

一部电影带火一个酒庄,国产葡萄酒突围要更接地气

开心麻花的《西虹市首富》已经下映数月,除了留下25.4亿元的票房之外,还给取景地留下一笔意外收获,带火了影片中那家巴洛克风格的饭店——山东蓬莱当地的一家酒庄。

在近日举行的蓬莱产区新酒节上,蓬莱市葡萄与葡萄酒局局长姜福明透露,自影片2018年7月上映,不到半年,这家"网红"酒庄已迎来50万游客,为了感受下电影的拍摄场景,最多时一天涌入1万多人。

日售万瓶葡萄酒是个什么概念?

对于低价跑量的葡萄酒销售企业而言,日售1万瓶不算是小数字;对于国产酒庄酒而言,则难能可贵。去年6月在香港上市的国内知名酒庄怡园酒业(08146.HK),一年的产能是100万瓶;在国内很多产区,很多酒庄一年产能不过就是几万瓶,日售万瓶的酒庄一周可以卖掉人家一年的产量。

而这家网红酒庄50万人次的参观量也比2016年宁夏产区全年的酒庄参观人数还多,就算在酒庄游开发较为成熟的蓬莱产区,这一数字也相当于全年总酒庄游人数的四分之一。

蓬莱酒庄的爆红虽然是一个偶然事件,但对苦于酒香也怕巷子深的国产葡萄酒尤其是国产酒庄酒而言,也许是一种启发。

2012年之后，国产葡萄酒庄日益兴起，尤其在近两年随着资本热潮退却，国内涌现出一批如宁夏贺兰晴雪、怡园酒庄等优秀国产酒庄，在国际上屡屡获奖，也被认为是国产葡萄酒的未来出路之一。

在去年5月举行的第25届比利时布鲁塞尔国际葡萄酒大赛上，国产葡萄酒共斩获131个奖项，其中，大金奖5个、金奖46个、银奖80个，拿奖拿到手软。

拿奖意味着更好的品质，也是酒庄安身立命的根本，国产葡萄酒有好酒，但却没有好品牌。在市场表现上，国产葡萄酒也略逊一筹，尤其在进口葡萄酒的冲击之下。

根据国家统计局发布的数据：2017年1—12月中国葡萄酒产量为100.1万千升，相比2016年下降12%。2018年1—9月中国葡萄酒产量为44.6万千升，同比下降5.1%。

此前，宁夏一家知名酒庄负责人透露，在宁夏产区号称有大小酒庄200家，但在运作的有80多家，其中，经济效益好的不到10家，主要问题出在市场和品牌上。

虽然国产葡萄酒拿了很多国际大奖，但消费者对此却知之甚少。

蓬莱产区也是国内酒庄商业成熟度最高的产区之一，姜福明感叹，2018年是蓬莱产区近5年来葡萄品质最好的一年，区内有包括罗斯柴尔德家族投资的国产拉菲酒庄，君顶酒庄、中粮长城海岸等业内知名酒庄，但大多限于业内，在消费者层面，对蓬莱的酒庄没有太多的概念。

笔者了解到，去年以来，国内的葡萄酒企业和产区政府部门在市场推广上采取了很多新的办法，比如中粮长城在掌门人李士祎的推动下打造东方葡萄酒，强调中国风土特点，在西方葡萄酒知识体系的基础上建立中国概念；中国酒业协会也准备在今年推动葡萄酒官方产区认证，建立行业公信，希望扩大国内葡萄酒产业的影响力。

这些方法在推广国产葡萄酒方面固然有用，但在之前的多次采访中笔者了解到，国内现代葡萄酒产业发展不过40余年的历史，很多国内的酒庄很年轻，各产区特色尚未形成，仍需很长时间去探索。

更重要的是，国内葡萄酒消费者大多还处在初级消费阶段，对葡萄酒还是一知半解，专业知识反倒曲高和寡，笔者以为，国产葡萄酒要想实现突围，也许少一些专业色彩，多一些更多元、更接地气的方式和价格，反倒更容易接近和取悦消费者。

2019 年 1 月 7 日

分享链接

高端白酒集体涨价，
切莫一厢情愿脱离消费者

淡季不淡，接力涨价已经成为今年白酒行业的典型现象。

从五粮液、郎酒到汾酒，再到近期的剑南春等，这一轮白酒涨价不但具有普遍性，而且正在从高端白酒逐渐向下传导，次高端品牌也加入其中。近期甚至有研报称，白酒正在进入"快奢品"时代，高端白酒将超越千元。但让人不禁担心，白酒频频单方面涨价，切莫变成一厢情愿而远离消费者。

近期白酒涨价的消息可谓此起彼伏，应接不暇。

在完成核心大单品换代之后，将第八代经典五粮液的出厂价提升百元，6月1日，五粮液开始执行新的官方零售价，第八代普五为1199元，第七代则上调至1399元，这一价格虽然没有超出市场预期，但比之前着实提升了不少。

同为浓香白酒的泸州老窖也迅速兑现了股东大会上紧跟五粮液的承诺，5月下旬开始，国窖1573陆续对多个区域的经销商下发通知，要求暂停接单发货，并将终端配送价提升至860元/瓶。这也是自今年1月以来国窖1573的第二次价格上调。

汾酒也发布了中高端产品青花汾酒的涨价通知，其中，53度青花30汾酒终端建议零售价将分两次上调75元，最终达788元/瓶。

高端白酒涨价抬升了产品的价格带，也留出了空间，而涨价效果也在向下层层传导，涨价的范围也在扩大。

次高端白酒品牌已经看到了涨价的机会并付诸实施。近日，剑南春就公布了政策，通过减少投入变相地提价20元/瓶；江苏的今世缘也发布通知，对旗下的四开国缘和对开国缘产品分别上调30元/瓶和20元/瓶。

此轮中高端白酒淡季密集涨价有其战略上的考虑。目前，白酒"一哥"茅台的市场零售价居高不下，牢牢站稳2000元大关，部分地区甚至卖到2200元以上，较2015年市场价几乎翻倍。茅台价格带的上移，给其他白酒企业留出了提价的空间。另一方面，随着马太效应加剧，品牌化趋势下，消费向名酒集中给知名白酒企业带来提价的底气。此外，白酒企业也希望借着淡季提价为下一步旺季销售做铺垫。

白酒企业也喜欢提价，在产能不变的情况下，价格的提升无疑带来收益的增长，而直接提价和产品换挡升级带来的变相涨价，也是近两年支撑白酒企业业绩增长的主要因素。另一方面，消费高端白酒与其说是消费产品，倒不如说是消费其社交属性，在酒桌上，白酒的品牌和价格代表着面子和尊重，也是社交的关键要素。

值得注意的是，从2015年白酒行业复苏开始，"小步慢跑"式的涨价已成为白酒行业的常态，而像这样的集体涨价也并非首次。理论上，商品价格由市场供需关系决定，但酒企的单方面涨价很多时候是出于战略考虑，利用资源的不对等性，强加给渠道。涨价拉高酒企的毛利率，让酒企赚得盆满钵满的同时，经销商和消费者成为最终涨价压力的消化者。

知名白酒的经销商曾告诉笔者，酒厂完成销售就是收款发货，不管经销商卖不卖得完，只要一到时间，酒厂就会催促打款，但在经销商这里，不是每个白酒品牌都像茅台不愁卖，目前，高端白酒消费一部分来自商务消费，一部分来自民间消费和礼品收藏，还有一部分是经销商库存。

不难发现，高端白酒虽然理论上供应总量有限，但终究跳不出供需关系的市场规律，白酒企业近年来不断地停货控货，本质上是在制造稀缺性。但反过来说，酒企涨价应该考虑到消费市场的实际接受能力，而不要一厢情愿。在消费者主权时代，假如白酒的价格最终超出消费者的认可和消费能力，消费者就会用脚投票。一旦供需失衡，按照中国人"买涨不买跌"的习惯，对于行业来说无疑是一场灾难。

更何况年轻一代的消费者本身对白酒产品并没有太深的感情，而且在酒类消费低度化、利口化、多元化的趋势下，高端白酒还没有找到取悦他们的有效办法。

2019年6月2日

分享链接

老字号复兴不能只靠"怀旧"

没有太多准备,"大白兔"等老字号们突然就换上"网红"的身份,重新粉墨登场。一时间,大白兔的香水、润唇膏和冷酸灵的火锅味牙膏、上海家化旗下的六神鸡尾酒等不但成为网上的爆款商品,而且由此引发的行业讨论也不绝于耳。

长期以来,老字号们被诟病品牌老化、创新不足、发展缓慢等问题,网红化无疑让市场看到老字号们积极的变化,但在这一系列被认为"很溜"的操作之余,也要看到,当下这些更多的是基于老字号IP的跨界营销创新,真正让老字号焕发第二春而不是老汉撒娇,还需要点真本事。

在这波老字号炒作中最具代表性的,莫过于大白兔品牌。从2018年9月,59岁的大白兔和56岁的美加净推出了大白兔奶糖味润唇膏开始,大白兔就"越活越年轻",近期,大白兔不但推出联名款服装;还在"六一"之前,脑洞大开地上线了大白兔香水、沐浴露、身体乳、香薰等周边产品。

作为1959年诞生的国庆"献礼"产品,大白兔奶糖也是新中国第一代糖果的代表,在那个资源匮乏的年代是当时的网红产品,成为老一代人的美好回忆,就算在物质生活相对丰富的"80后""90后"之中,也颇有人气。

但近年来,随着对健康饮食的重视以及休闲食品产品的种类日益繁多,消费者逐步减少传统糖果类食品的摄入,大白兔如今已经不再是零食的第一选择。

而这一轮营销,让消费者怀念童年的同时,也让大白兔找回了当年的风光感,不但润唇膏、香水等产品被抢购,连大白兔和某商家合作的大白兔奶茶店都直追网红奶茶店,排队一度超过4个小时。

不应小看老字号,它们经历了历史的考验,既是金字招牌,也是时代的缩影,而其一始而终的稳定品质,也深受消费者的信任和青睐,但近年来,国内老字号却面临挑战,尤其是在创新上步履蹒跚,频频拖后腿。

笔者在此前的采访中了解到,除了少数品牌,大部分老字号企业虽然在品牌、技艺、传承等方面有独到之处,但面对消费群体年轻化、互联网文化盛行、产品极大丰富等市场变化，反而显得有些"守旧"。

新中国成立初期，全国中华老字号企业约有16 000家，如今经过商务部认证的中华老字号企业数为1 128家，其中，不少老字号企业熬过了战乱和历史上的风风雨雨，却在新消费时代跟不上节奏而掉队。

曾被誉为"烤鸭第一股"的著名老字号企业全聚德，2007年在深交所上市时也曾风光无限，但随着市场竞争加剧、品牌老化和缺乏创新，2012年以来，公司的营收和净利润却裹足不前甚至屡屡下滑，2018年的净利润甚至还不如2012年的一半多。

网红模式的出现无疑是老字号们迎合新消费时代并进行创新求变的一个积极信号。但也要看到，这些创新大多还是建立在老字号多年历史积累的IP之上，切中了年轻消费群体对"情怀"的追求和童年的回忆，对改变公众对老字号过时守旧的认知有很大帮助，但未必真正是从当下消费者的基本需求和消费趋势出发，对老字号主业的发展帮助有限。部分老品牌的网红化甚至被批只做表面功夫，反而是一种透支。

当然，老字号振兴不走寻常路也并非没有成功案例，故宫博物院就是其中之一。在前院长单霁翔的推动下，故宫博物院从传统的历史博物馆变身成为文化网红，不但成为各大文化类综艺节目的流量保证，而且推出的故宫文创产品更是风靡一时。截至2018年年底，故宫的文创产品已经突破10 000种，一年的销售额超过15亿元。其中的关键之一就是抓住年轻一代消费群体的需求，用他们喜闻乐见的方式去创新、互动和沟通。

在笔者看来，很多老字号颇对前几代消费者的胃口，随着消费者的迭代，年轻一代消费的多元化和个性化，让"一招鲜吃遍天"成为过去式。跨界也好，事件营销也好，只是老字号重获关注的手段之一，核心还是应该重新审视市场变化，契合新一代消费者的痛点，只有推动产品、设计、口味、品牌上的创新，才能真正网红化。

2019年6月9日

分享链接

王朝酒业的艰难日子才刚刚开始

停牌 6 年之后，王朝酒业终于解决了这桩心病，在大限之前完成复牌，根据港交所 2018 年 8 月 1 日新修订的除牌规则，倘若到 2019 年 7 月 31 日，王朝酒业还达不成复牌条件并恢复买卖，港交所就要启动王朝酒业除牌的程序。但这对于王朝酒业来说，艰难的日子才刚刚开始。

最直观的表现就是在股价上，复牌之后，王朝酒业的股价就坐上了过山车，7 月 29 日和 30 日分别下跌 52.08% 和 24.64%，虽然第三天股价迎来反弹，但 8 月 1 日再度下跌 13.79%，较复牌前下滑约 65%。

在外界看来，王朝酒业股价狂泻的背后，是市场对其不断下滑的业绩和尚不可知的前景的担忧。尤其作为昔日的国产葡萄酒三驾马车之一，王朝酒业已经被张裕、长城远远甩在身后。

王朝酒业成立于 1980 年，合资方是大名鼎鼎的人头马集团，在成立的头 20 年里，王朝酒业在国内独领风骚，特别在 1997—2004 年，王朝酒业是国内最大的葡萄酒企业。

这次为了复牌，从 7 月 19 日开始，王朝酒业密集补发了 2012—2018 年的年报，但也把这些年的"家底"暴露无遗。

从数据上不难看到，相比于 2010 年的 16.2 亿港元的营收规模，王朝酒业的收入年年下滑，2018 年收入不过 3.4 亿港元，只有巅峰时的五分之一，停牌的 6 年间，公司累计亏损 15.73 亿港元，市场甚至有激进的评论认为，"停牌或许是王朝酒业这几年难看的财报最好的遮羞布"。

更重要的是，经过连续的亏损，王朝酒业的可持续经营能力也饱受质疑，从近 6 年的财报来看，其现金和现金等价物已经下降到 2018 年的 8 134.1 万港元，而本身应付账款为 1.1 亿港元，应付和应计款项为 1.9 亿港元，并且还有 2.2 亿港元一年内将偿还的贷款，资金链压力较大。

2018 年 7 月，王朝酒业不得不将其标志性建筑大酒堡及相关设施，以 4 亿元人民币的价格卖给天津颐养大健康小镇建设开发有限公司。2019 年 5 月 16 日，王朝天津工厂已经通过天津产权交易中心收取这一款项。虽然这笔钱让王朝酒业暂时摆脱了偿债危机，还有一笔相当可观的运营资金，但这也让公司的生产能力从7万吨下滑至5万吨，带着明显的"割肉"的意味。

大酒堡只有一个，卖资产也不是长久之计，对于王朝酒业的管理层来说，如何尽快地恢复造血、重启增长、提振信心变得尤为迫切。在此轮复牌之后，王朝酒业曾豪气地表示，将2019年视为改革转折年，并希望通过拉升品牌、梳理产品等一系列举措，在2020年重新回归国产三驾马车之列。

在2017年年底更换管理团队后，王朝酒业在2018年就已经推动了一轮改革，虽然在公司减亏上，可以推测新管理团队在营销模式和费用管控上还是作出了不少努力，但公司整体业绩仍在继续下滑。

笔者以为，目前王朝酒业复兴面临着诸多挑战，并不轻松。

一方面，市场环境发生了变化，进口酒的大量涌入让国内葡萄酒市场面临品牌和产品双过剩，市场逐渐从无序走向品牌，王朝酒业虽然拥有品牌优势，但经过漫长的颓废期之后，如今王朝酒业的营收规模尚不及一家国内大型的葡萄酒进口商，品牌认知和影响力以及市场投入能力还剩多少？

另一方面，虽然国产葡萄酒消费近年来逐步回暖，但国内市场逐渐呈现"大品牌+小而美"的趋势。从王朝酒业现阶段传递出的改革逻辑来看，还是要从昔日老对手张裕和长城盘中抢食，但张裕和长城已分别完成了换帅和二次创业改革，形成了"名庄+工业大单品"的产品体系，市场集中度正在不断提升，抢食不易。

此外，王朝酒业也要面对新兴的国产酒庄竞争，比如以西鸽酒庄、怡园酒业为代表的一批既强调种植、风土、工艺又重视市场营销的优质国产葡萄酒企酒庄的涌现，在中高端和商务市场上将是王朝强劲的竞争对手。

最关键的是，国产葡萄酒的三驾马车，虽然先天条件不同，但一直以来面对的行业大环境并无两样，张裕和长城在2012年的行业大调整中同样经历了阵痛期，在业内看来，真正拉开差距的并不是因为停牌6年，而是因为机制和管理等历史问题，王朝酒业的这一顽疾是否得到了彻底改观？

这些问题都有待新王朝酒业新的管理团队去解决和克服，但留给他们的时间不多了。

2019年8月1日

分享链接

酒业新零售再现跑马圈地，
增长质量将是关键

2019 年以来，中国的酒业渠道变革发展正在进入一个新的阶段，在资本的推动下，越来越多的酒业新零售企业进入对传统酒业渠道的收编改造中来，抢夺终端、跑马圈地的意图越来越明显。

中国的酒业新零售渠道变革才刚刚开始，市场足够容纳更多的品牌进入，但"新零售"不仅仅是"新连锁"，决定未来行业竞争的关键仍是增长质量。

从 2018 年年底开始，沉寂数年的酒业新零售就再次受到资本青睐，包括 1919（830993.OC）、易酒批、华致酒行（300755.SZ）、酒便利（838883.OC）等企业纷纷完成了新一轮融资或上市。2019 年上半年，酒商歌德盈香拿到光大控股旗下人民币夹层基金 10 亿元投资，扩张的方向就包括进一步完善酒类新零售的战略布局。国内主要的酒类新零售企业如酒仙网、1919、也买酒等，也陆续公布了未来几年的万店扩张计划。

这一轮酒业新零售的扩张进展迅速，据笔者了解，截至目前，酒仙网已经完成了近千家门店的布局，其中，酒仙网国际名酒城的大店模式门店数已达 700 多家，小店模式酒快到也有 200 多家门店开张。东北地区的区域酒业新零售企业酒直达也提到希望在明年门店总数超过 500 家，销售超过 15 亿元。虽然没有透露具体的开店数字，华致酒行在三季报时提出加大新零售业务华致酒库的开发力度。

不难发现，这一轮酒业新零售的高速扩张，主要来自对传统酒业流通终端的收编和改造，这也被认为是目前酒业渠道变革的风口。

在本月中旬举行的首届中国白酒产业投融资峰会上，虽然近两年白酒行业是个热门话题，但投资界人士大多对白酒产业投资的兴趣不高，反而对渠道变革表示高度关注。正如英诺天使基金创始合伙人林森在演讲中所提及，白酒行业应该提高营销效率，因此，白酒渠道的创新是目前资本关注的重点。

据统计，中国酒类零售总额超过万亿体量，但在流通领域却没有一家巨头，目前，行业大商中规模大的不过 40 亿—50 亿元，而很多省级大商不过 2 亿—3 亿元的年销售额，市场的终端则是由成千上万的小型烟酒店和夫妻店构成。这主要是由于中国地域广阔且消费水平和习惯相差较大，因此，酒企采取多级经销商制对市场分区域分级严格管控，这也让市场变得碎片化，但因此也存在很大的整合空间。

近年来，白酒行业呈现挤压式分化发展，市场向知名白酒消费集中，中小品牌动销艰难，这也导致终端的烟酒店面临利润低、资金占用大、缺乏优质产品等问题，传统渠道终端也有转型发展的需求。

另一方面，曾经阻碍酒业互联网化发展的白酒企业也不再抵触和酒业新零售企业合作，在此轮白酒增长中，品牌驱动增长取代传统的渠道增长，而且消费者在追求产品质量之余，开始对配送效率、用户体验等提出更高的要求，因此，原本高高在上的白酒企业也不得不放下身段，通过酒业新零售企业缩短环节，更直接地沟通和取悦消费者。

酒业新零售企业，与本身拥有门店、拥有客户资源和人脉关系的传统终端门店合作可以快速做大规模，并降低了大规模扩张的资金需求和市场进入难度。

值得注意的是，笔者在走访中发现，由于被改编的烟酒店老板对于酒业新零售的理解有高有低，部分终端门店虽然改换了新零售门头、装修，更换了陈列的产品，但在运营思路上依然是名烟名酒店的陈旧模式。

虽然酒业新零售的模式还在探索之中，但其核心并不仅仅是新连锁，或是简单的线上下单、线下配送，而是要打通线上和线下，充分利用互联网、大数据等新技术，赋能于传统模式，更好地站在酒厂和消费者的角度，提供更便捷的服务和更好的用户体验。

对于酒业新零售企业来说，从资本的角度来看，扩张规模是第一要务，但仅有门店数字的增长远远不够，增长质量同样需要受到重视，在收编传统终端并借用其资源的同时，如何改变其认知，培养新零售人才团队，拥抱新技术，才是长久之道。酒业江湖虽大，但终有兵戎相见的那一天。

2019 年 10 月 29 日

分享链接

中国乳企国际化从买资源走向全球产业协同

中国乳企正在通过新一轮国际化赢得更多的机会。

在第二届中国国际进口博览会上,乳业品牌的展览面积相比于上一届大幅增长,除了雀巢、达能、恒天然等国际乳业巨头,来自中国乳企的海外品牌和产品数量可观。

这一现象背后,是中国乳企的国际化战略正在发生的变化,从简单的海外买资源,转向利用全球产业链布局,在聚集资源服务国内市场的基础上,寻求更多的海外市场扩张机会。

一直以来,中国乳业有着大而不强的特点,这背后有诸多原因,比如国内虽然有很大的消费基数,但是在很长一段时间内,在国内的奶源布局、产业深加工能力、科技研发等方面,与国外乳业发达国家相比还有一定的差距。另外,由于国内的奶牛养殖、土地成本等固有因素,导致国内奶源成本要高出欧洲和澳新主要产奶国的50%以上。

从中国乳业进口数据就可见一斑,2018年中国共进口乳制品281.6万吨,货值金额106.94亿美元(约合748.09亿元),进口产品的货值相当于中国乳制品总产业值的25.6%,进口的乳制品折合成鲜奶,相当于国内奶类总产量的52%。

进口乳制品对国内的乳制品消费形成补充,也带动了国内乳企"走出去"。

在上一轮乳企出海中,大多数乳企还是以控制资源为目标,以解决国内原料缺少和成本过高的问题。

在本届进博会上,笔者注意到,以国内两大乳企伊利、蒙牛为代表的国际化战略正在进入新阶段,从买资源转向与世界顶级产业链伙伴开展深层次战略合作,站在全盘的高度考虑,实现国际化发展。

在本届进博会的农业与食品国际合作论坛上,伊利集团与利乐、嘉吉和芬美意等13家全球战略合作伙伴现场签约，并宣布打造行业内首个"可持续发展供应链全球网络"。在伊利执行总裁张剑秋看来，这也是一种竞合的概念，由于各国资源禀赋不同，发展各有差异，通过完善全球产业链，才能有利于企业和行业的发展。

无独有偶，蒙牛乳业提出全球乳业共同体的概念，蒙牛CEO卢敏放认为，中国乳业的资源短板，决定了中国乳业对进口的依存度会长期保持较高水平，因此，中国乳企必须要走出去，实现全球优质资源配置，中国乳企需要在全球乳业产业链的构建上重新定位。

这一思路的变化，给中国乳企国际化发展打开了一扇新的大门。

经过近年来的高速发展，国内乳企的产品、研发和质量已经和欧美先进国家相抗衡，而且在部分产品的指标上，还要优于欧美标准。

据笔者了解，在海外搭建体系的国内乳企并不在少数，未来，国内乳企可以一方面借助国际产业链的布局，利用全球的资源服务于中国市场，满足国内日趋多样化和品质化的消费需求；另一方面，借助海外产业链的协同，也让中国乳企甩开国内产业的短板，具备了向海外市场扩张的能力。

从2018年开始，伊利和蒙牛就已经进军东南亚市场，该地区市场拥有6.5亿人口，乳业产业相对落后，但却被各国乳企视为兵家必争之地。

从世界乳业巨头的发展轨迹来看，乳企都属于全球市场、全球布局。依靠单一且高度竞争的国内市场，伊利和蒙牛已经进入世界乳业十强之列，随着新的国际化战略推进，无疑让中国乳业的未来更具想象空间。

2019年11月10日

分享链接

白酒消费税维持不变，但长期变数仍存

白酒消费税改革的传言终于在近日尘埃落定，按照财政部发布的《中华人民共和国消费税法（征求意见稿）》，白酒在生产（进口）环节征税，税率为20%加0.5元/500克（或者500毫升），与之前执行的消费税方案相比并无变化。

这一结果在外界看来多少有些出乎意料，因为从今年10月中旬开始，关于白酒消费税的讨论便愈演愈烈，市场对于改革的预期较大。虽然中国酒业协会曾明确表示过，此次消费税改革，白酒并未进入讨论阶段，但市场担忧并未因此减弱，作为今年最热的板块之一，白酒行业的风吹草动都会被市场放大看待。

在笔者看来，白酒消费税征收政策不变也在意料之中，因为从短期来看，目前白酒消费税征收制度已经是相对合理的方案，短期内后移征收的操作难度较大，但长期仍有变数。

从政策变化上看，国内白酒消费税经历四次大的调整。

1994年国家税制改革将酒类产品税分解为消费税和增值税，白酒企业按出厂价课税，粮食类白酒的税率是25%，薯类白酒则是15%。2001年，国家对酒类消费税进行了细化，改为目前执行的"从价税+从量税"的模式，即生产环节销售收入的25%和从量税1元每公斤。2006年又取消了粮食和薯类白酒的差别税率，统一调整为20%，从量税依然按照1元每公斤缴纳。

酒企很快就发现了其中的"操作空间"，转而利用销售子公司来实现避税，也就是把酒以较低的价格卖给自己的销售公司来避税，因此，白酒消费税政策在2009年和2017年分别打了"新补丁"。

也就有了2009年明确了白酒消费税的最低计税价格核定细则，以及2017年将最低计税价格核定比例从销售单位对外销售价格的50%—70%统一调整为60%，并规定对于设置多级销售单位的白酒生产企业，按最终一级销售单位对外销售价格进行核定。

通过两次"打补丁"，我国形成了一套相对严谨的生产端消费税征收解决方案，但要改变这套模式，将消费税改为后移征收却不容易。

一方面，这与中国的白酒流通体系的现实情况有关，虽然白酒销售采用的是"酒厂+经销商"的模式，但中国的酒业渠道碎片化且分散，流通领域尚没有头部企业，构成酒类销售主力的则是全国700多万家的烟酒店，而且体系层级复杂混乱，还存在着大量以关系销售为主的团购商或个体经营者，白酒消费税向下游征收的难度和复杂度可想而知，而生产端收税无疑更简单。

另一方面，消费税本身是中央税，根据改革要求，增量部分留存地方，但白酒企业大多都是跨区域销售，尤其是国内主要白酒企业位于中西部，但核心销售市场在东部沿海经济发达地区，此前消费税统一在酒厂所在地缴纳，如果征收后移，增量如何确认？同时可能出现的税收在不同省份间发生转移、生产大省和消费大省之间的利益如何协调等问题。

因此，征收方案不变也是当下相对合理的方案，对于白酒行业也是利好。

值得注意的是，长期来看，白酒消费税后移的可能性依然存在。从本次消费税改革的思路上不难发现，消费税改革已经从原来的品类和税率，向征收环节和征收对象改变，尤其是消费税后移征收，在很大程度上被认为是扩大地方政府税收来源。

根据计划，改革是先对高档手表、贵重首饰和珠宝玉石等条件成熟的品目实施，再结合消费税立法对其他具备条件的品目实施改革试点。与此同时，国务院拥有进一步实施消费税改革试点，调整消费税的税目、税率和征收环节的权力。由于多级销售模式导致白酒的出厂价和零售价往往还有不小的差距，这部分差额实际上没有覆盖到消费税范围中，未来并不排除在条件允许的情况下也进入改革试点范围。

白酒消费税征收后移对白酒行业也会带来一些积极的影响，征收后移将增加白酒流通行业的税负，而这一部分税负大概率会被白酒企业消化，因此，缺少品牌和溢价能力的中小酒企将面临淘汰，行业集中度也将进一步提升。

2019年12月4日

分享链接

十一、知晓健康

马晓华|《第一财经日报》高级记者，中国人民大学新闻学硕士，多年关注医卫健康领域，报道医疗、公共健康、食品和药品安全等相关话题，"知晓健康"专栏通过剖析公卫热点事件，解读新时代下的"健康中国"。
maxiaohua@yicai.com

疟原虫：传染病源能成为癌症克星吗？

  多年来，一直被列为消灭对象的疟原虫，在2019年似乎得到了新生。
  这两天疟原虫治疗晚期癌症的话题在各大医药群中受到热议。原来在1月28日，中科院官方微博消息称，科学家或许发现了通过疟原虫杀死癌细胞的方法。中国科学院SELF格致论道讲坛所发布的视频内容中，中国科学院广州生物医药与健康研究院研究员陈小平发表了"疟原虫成为抗癌生力军"的演讲，称团队研究发现肿瘤死亡率与疟疾发病率呈现负相关关系，疟原虫对治疗癌症有帮助，10名病人中，有5人治疗效果明显，其中2人可能被治愈。
  陈小平在演讲中表示，疟原虫不仅能激活免疫系统，还能切断肿瘤细胞的营养供给。
  这一研究成果让癌症患者看到了希望。不过，在许多专家看来，这一研究目前仍处于实验阶段，尚不能判断其价值究竟如何。
  艾滋病、结核病和疟疾是世界三大传染病。2010年，中国已经制定了《中国消除疟疾行动计划（2010—2020年）》，总目标是到2020年，全国实现消除疟疾的目标。
  疟疾是经按蚊叮咬或输入带疟原虫者的血液而感染疟原虫所引起的虫媒传染病。寄生于人体的疟原虫共有四种：间日疟原虫、三日疟原虫、恶性疟原虫和卵形疟原虫。在我国主要是间日疟原虫和恶性疟原虫。

"目前中国已经没有疟疾的本地病例，都是外来病例。"一位研究疟疾的专家表示。

但就是这样一个时候，陈小平宣布经过14年的研究发现，疟原虫对人类还可能发挥巨大作用，尤其是在治疗癌症方面。

陈小平在研究中发现，疟原虫感染可以非常强烈地激活天然免疫细胞——NK细胞，这种细胞可以杀灭一部分肿瘤细胞。肿瘤细胞死亡以后，它释放的抗原跟疟原虫感染这两个因素同时存在的情况下，激活了T细胞。T细胞是抗病原体和抗癌的主力军，T细胞被激活，就能更有效地杀灭肿瘤细胞。同时，癌细胞分泌的一系列信号，会让我们的免疫系统不再工作，而疟原虫感染恰好激活了免疫系统，让免疫系统重新认识识别癌细胞，从而杀灭癌细胞。

此外，疟原虫还干了一件非常漂亮的工作，使患肿瘤的小鼠体内肿瘤里的血管几乎消失，也就是说抑制了肿瘤血管生成，从而切断营养供应。

从基础研究的角度看，陈小平的这个灵感似乎并没有错。在青霉素诞生前，疟原虫一度成为梅毒晚期（神经性梅毒）的主要治疗方式。

实验中用于治疗癌症的疟原虫是间日疟原虫。那为何选择这一种呢？

"间日疟比较温和，不像恶性疟疾会带来死亡。它主要通过门静脉进入肝脏，潜伏在肝脏内，然后进入血液，在红细胞内进行繁殖，然后让红细胞破裂，引起发热。它对红细胞的破坏是全身性的，特别是末梢血管内的红细胞。破碎的红细胞有时也会发生堵塞，引发类似脑梗的临床症状。"上述疟疾专家表示。

不过，在免疫学方面，疟原虫能激活免疫系统似乎并不具有特异性。

"从免疫学角度来讲，间日疟主要是破坏红细胞，通过发热机制，激活免疫系统。理论上任何一种外来的感染源都可能激活人体的免疫系统，这是人体自身的保护机制，比如感冒病毒也可以通过发烧来激活免疫系统。"北京大学医学部免疫学系副主任王月丹对第一财经记者表示。

王月丹认为，从免疫学角度，这不并不是一个新颖的工作，100年前就有人研究用发热机制诱发免疫系统，只不过这次换成了疟原虫。其实利用疟原虫也会有副作用，目前淡化了这种副作用，包括对肝肾的影响以及血压下降等。

此外，疟疾作为一种传染病，操作上也存在一定风险。

王月丹表示，疟原虫会复制，在控制传染病上可能还是有一定难度的。通过疟原虫所带来的免疫强度以及所产生的免疫 NK 细胞、T 细胞的量目前都没有公布，所以还不具有科学评估的价值。

上述疟疾专家也表示，间日疟如果治疗不当会有很长的潜伏期，3 个月到 1 年，甚至 2 年。目前青蒿素治疗间日疟是消灭红细胞内的疟原虫，对于红细胞外期，潜伏在肝细胞内的疟原虫还需要氯喹与伯氨喹联合治疗，否则会出现复发。

疟疾作为乙类传染病，《中华人民共和国传染病防治法》有明确的规定，对传染病病原体样本按照规定的措施实行严格监督管理，严防传染病病原体的实验室感染和病原微生物的扩散。同时对病人、病原携带者，予以隔离治疗，隔离期限根据医学检查结果确定。医疗机构发现乙类或者丙类传染病病人，应当根据病情采取必要的治疗和控制传播措施。

陈小平并没有在演讲中详细说明对于此类治疗者的监控情况，只说四川的患者治疗 3 个月便离开了广州回到四川，4 个月后发现疟原虫治疗有效。

"虽然广州市没有按蚊，但是农村地区还是存在按蚊的，如果携带传染源的患者离开监控场所，可能会引发疟疾的传播，这个是需要注意的。"上述疟疾专家表示。

这对于 2020 年消灭疟疾这一国家大政来讲，也是一个挑战。"从目前来看，陈教授使用的是野生疟原虫，而不是经过基因编辑过的疟原虫，依然存在一定风险。"相关专家表示。

目前，陈小平团队正在展开临床试验志愿者招募，称"疟原虫免疫疗法治疗晚期癌症的实验性医学研究，给您带来生的希望"。而参与其中的一个单位是广州中科蓝华生物科技有限公司，成立于 2013 年，陈小平是其中主要成员之一。

2019 年 2 月 11 日

分享链接

国家免疫规划或将调整，疫苗市场扩容有望增 12 亿元

我国将迎来新一轮的免疫规划调整。

回溯 2007 年国家免疫规划扩大，甲肝疫苗、流脑疫苗、乙脑疫苗、麻疹腮腺炎风疹联合疫苗、无细胞百白破疫苗被纳入国家免疫规划，至少为疫苗市场扩容 28 亿元。

此番国家免疫规划调整将出，谁又将成为这一波市场扩容的宠儿？

第一财经记者多方求证后获悉，此次调整将涉及两类疫苗：脊髓灰质炎疫苗和 b 型流感嗜血杆菌疫苗（Hib 疫苗）。不过，目前只是国家疫苗专家委员会推荐阶段，最终方案尚未确定。

具体调整包括：在脊髓灰质炎疫苗接种程序中，将增加一剂灭活脊髓灰质炎疫苗（IPV），替换掉一剂二价脊灰减毒疫苗（bOPV），接种程序将从 1 剂 IPV 注射+3 剂 bOPV 口服滴剂，调整为 2 剂 IPV 注射+2 剂 bOPV 口服滴剂；而 Hib 疫苗将从第二梯队的二类疫苗变身成一类疫苗，免费为儿童接种。

一旦这个调整落实，单就国家采购疫苗的金额来讲，将增加 12 亿元左右。

"国家免疫规划调整的策略是根据世界卫生组织（WHO）的建议制定的，会有新增加的疫苗，也会有需要替换的疫苗。目前主要涉及的是脊髓灰质炎疫苗替换和增加 Hib 疫苗。"一位疫苗行业专家表示。

自 1978 年实施计划免疫政策起，我国国家免疫规划疫苗已从 4 种扩大到 14 种，可预防的传染病从 6 种扩大到 15 种。根据实际情况，国家近年来有动态调整免疫规划，例如 2016 年 5 月起实施新的脊髓灰质炎疫苗免疫政策，停用三价脊灰减毒疫苗（tOPV），用二价脊灰减毒疫苗替代，并将脊灰灭活疫苗纳入国家免疫规划。

2017 年 1 月，国务院发布的《"十三五"卫生与健康规划》提出扩大国家免疫规划，根据防病工作需要，适时调整国家免疫规划疫苗种类，逐步将

安全有效、财政可负担的疫苗纳入国家免疫规划。

扩大免疫服务，对于实现可持续发展目标至关重要。接种疫苗是符合成本效益的健康干预措施。根据儿童疫苗卫生经济学的研究，在接种疫苗上投入 1 美元可以获得 44 美元的效益回报，这个成效主要在中低收入和中等收入国家表现明显。

为此，WHO 建议各国把 Hib 疫苗、轮状病毒疫苗、灭活脊髓灰质炎疫苗、流感疫苗以及肺炎球菌疫苗这 5 种二类疫苗纳入一类疫苗。不过，这个扩大免疫规划的动作在中国并没有那么快，而是循序渐进。

WHO 驻华办公室负责免疫规划的技术官员左树岩表示："WHO 推荐这些疫苗的理由是因为这些疾病负担较为清楚且比较重。至于能不能纳入国家免疫规划，将取决于各个国家自身。"具体来说，国家免疫规划专家咨询委员会推荐的疫苗种类，最终由国家经费情况来决定是否纳入规划。

"目前，我们国家还没有纳入免疫规划的疫苗包括 Hib 疫苗和肺炎球菌疫苗。此外，针对青少年和成人的人乳头瘤状病毒疫苗（HPV 疫苗），我国还需要迎头赶上。"左树岩表示，在这次调整过程中，专家推荐的新疫苗有 Hib 疫苗、肺炎疫苗、轮状病毒疫苗和 HPV 疫苗等目前尚无推荐。

以 Hib 疫苗为例，WHO 资料显示，截至 2016 年，全球 198 个国家中将该疫苗纳入免疫规划的已有 190 个国家，另有 1 个国家部分纳入免疫规划，中国并不在内。

Hib 感染是儿童细菌性脑膜炎的主要病因，也是造成儿童严重细菌性肺炎最常见的两个原因之一。鉴于 Hib 疫苗具有可靠的安全性和效力，WHO 建议 Hib 疫苗应纳入所有婴儿免疫规划。

"在中国，由于滥用抗生素，忽略了细菌性传染病的严重程度，所以 Hib 疫苗一直没有纳入国家免疫规划。"一位疫苗行业专家解释。

就效果来看，接种疫苗仍然是预防 Hib 疾病的唯一有效手段，尤其 Hib 已对越来越多的抗生素产生耐药，接种疫苗尤为必要。

我国疫苗监管体制这两年正在逐步完善，例如，建立疫苗流通和预防接种管理部际联席会议制度、成立国家免疫规划专家咨询委员会等。

2017 年 10 月，国家免疫规划专家咨询委员会成立，其主要职责是综合评估疫苗可预防疾病负担和疫苗安全性、有效性等资料，对动态调整国家免疫规划疫苗种类、修订国家免疫规划疫苗免疫程序等进行审议并形成决议，对国家免疫规划重大政策提出论证意见。

按照流程来讲，哪类疫苗被纳入国家免疫规划，先由国家免疫规划专家咨询委员会进行推荐。目前，Hib 疫苗已被该委员会推荐加入免疫规划，一旦获得国家批准，Hib 疫苗将会带来约 4 500 万支的采购量和至少 6.75 亿元的采购单。

一位疫苗行业人士算了一笔账："Hib 疫苗的接种程序，WHO 推荐为 3 针或者 4 针。按照 3 针、每年 1 500 万新生儿数量来计算，疫苗接种量将达到 4 500 万支。目前，作为二类疫苗供应的 Hib 疫苗，最低招标价格是 62 元，如果按照一类苗招标的经验看，进入一类苗后，它的价格会有所调低，或将按现价的 1/5～1/4（约 15 元）进行采购，粗略算一下，这个大单将会达到 6.75 亿元。"

根据中国食品药品检定研究院 2018 年的批签发统计可以看出，2018 年，Hib 疫苗及其多联疫苗批签发总量为 2 445 万支，其中 Hib 疫苗获批 1 083 万支，占比 44.29%；三联苗获批 644 万支，占比 26.34%；四联苗获批 515 万支，占比 21.06%；五联苗获批 203 万支，占比 8.31%。由于 Hib 多联苗的放量，Hib 疫苗占比逐年下降。

具体到医药公司，2018 年，民海生物获批 896 万支，占比 36.64%；智飞生物获批 702 万支，占比 28.72%；赛诺菲获批 497 万支，占比 20.32%；沃森生物获批 304 万支，占比 12.43%；兰州所获批 46 万支，占比 1.88%。

除新增 Hib 疫苗之外，此次调整还涉及脊髓灰质炎疫苗。2016 年 5 月起，用来预防脊髓灰质炎的疫苗有两类：bOPV（口服）和 IPV（注射，包括含 IPV 成分的联合疫苗）。

上述疫苗行业人士表示："此次调整将进行一剂 bOPV 替换，增加一剂 IPV，免疫程序由 1(IPV)+3(bOPV) 调整为 2(IPV)+2(bOPV)。IPV 全程替换 bOPV 是一种方向，中国正在循序渐进地推进。"

事实上，浙江宁波早在 2018 年 11 月就已启动这一调整。在今年 IPV 的招标采购中，全国已经按照两针 IPV 的量在招标了，价格是 35 元/针。按照每年 1 500 万新生儿计算，IPV 的销售额约将增加 5.25 亿元。"目前，增加一针 IPV 的相关费用已经得到批准。"上述疫苗行业人士表示。

据介绍，与 bOPV 相比，IPV 更安全，覆盖病毒型别更广。但由于 IPV 现在产能有限，价格偏贵，在目前国家的免费儿童疫苗接种计划中，尚无法全部使用 IPV。

  国盛证券 3 月 31 日发布的研报显示，2018 年，疫苗的刚需属性以及疫苗大产品的持续渗透，预计整体市场规模已经达到 300 亿元左右，2019 年仍将保持增长。《中华人民共和国疫苗管理法（征求意见稿）》的出台，将驱使行业在研发、临床、生产、接种、流通、检测以及监督管理全方位进行严格管理，小企业各环节成本明显增高，疫苗行业将呈现强者恒强局势，龙头企业收益明显。

2019 年 5 月 7 日

分享链接

商业·洞察 2019

彻底解决供应短缺！
业界呼唤一类疫苗储备机制

国家免疫规划疫苗的供应是否充足，直接关系到免疫规划是否能顺利实施。

此前，深圳市疾病预防控制中心发布消息称，因疫苗生产企业产能不足，导致部分国家免疫规划一类疫苗供应紧张。"目前疫苗陆续到货，但差距仍然很大，还是不够用。"深圳市疾控中心免疫规划科的工作人员表示。

事实上，补货等疫苗供应系统的调控手段只能解决近渴，如何建立可靠的一类疫苗调剂机制才是重点。

一位公共卫生专家建议，为了解决一类疫苗的缺货问题，国家应该有一类疫苗储备机制，就像国家储备粮机制一样，才能保障一类疫苗在供应层面不出现短缺。面对紧缺，如果手头无疫苗，就会耽误孩子的接种。

一类疫苗短缺不只发生在深圳。

今年1月，有群众在贵州省疾控中心网站上留言问，社区的麻风疫苗已经缺货很久了，何时能补货？对此，贵州省疾控中心回应称，由于疫苗生产企业产能不足，麻风疫苗出现短缺，正积极联系生产企业，由于疫苗短缺而推迟接种不会影响小孩的身体健康。

麻风疫苗是一类疫苗，但据媒体报道，自2018年下半年以来，陕西、四川等多省市群众反映麻风疫苗短缺问题。

"不是我们的企业产量不足，主要是在供应环节上，我们需要做更多准备。有的省份要的多，但是用不了那么多，有的省份要的量不足，就出现了缺货。而国家层面又没有可以用来调剂的疫苗，只能等新的一批签发出来后再供货。这种状况需要改变。"一位疫苗领域专家表示。

事实上，中国疫苗的产能是比较有保证的。80%的一类疫苗供应由中国生物技术集团公司（下称"中生集团"）承担。中生集团可年产50种人用疫苗，年产量超7亿剂次，居全球第六位，其一类疫苗产品覆盖了国家免疫规划针对的全部15种可预防传染病，市场占有率达80%。

但即使是中生集团这样拥有强大生产力的企业，面对因供应和需求之间的距离而导致的一类疫苗短缺，也无能为力。

疫苗采购量的基础来自于各省份的计划预算，预算量大多依据历史经验估算再加上损耗，但估算和真正所需的数量往往存在一定差距，这也是全国各省份之间饥饱不均的因素之一。

"计划年度的多余疫苗会滚动到下一个年度使用，如果过期就销毁。一般省与省之间不进行调剂，因为疫苗与药品的管理比较严格，调剂起来难度大，并且也没有相关的规定如何进行调剂。"一位地方疾控负责人表示。

WHO总干事谭德塞博士在2018年1月发表《解决全球药品及疫苗短缺和可及问题》报告，提到WHO区域办事处也一直在向会员国提供技术支持，以提高国家疫苗预测的准确性，加强需求整合工作（如统一各国产品要求），并改善采购立法和做法。

WHO建议，根据国家重点和国情制定可以用于预测、避免或减少短缺情况的战略。包括实施有效的通报系统，以便采取补救措施来避免药品和疫苗短缺；确保具备药品和疫苗采购、分发和合同管理程序方面的最佳做法，以便缓解短缺风险；制定和加强能够监测药品和疫苗供应、需求和可得性的系统，使采购部门注意可能出现的药品和疫苗可得性问题。

一位疾控系统工作人员也表示："疾控系统正在建立一个信息管理平台，这个平台建立后，可以看到全国疫苗的实时供应情况。"

家中有粮，心里不慌。

"虽然我国一直有疫苗储备机制，但主要是针对一些不常见的传染病，比如炭疽疫苗等，但对于一类疫苗并没有储备机制。当一些地方出现疫苗短缺时，便会有无粮可调的情况。"上述公共卫生专家表示。

虽然即将实施的《中华人民共和国疫苗管理法》对于疫苗储备进行了相关规定，提出"国家支持疫苗基础研究和应用研究，促进疫苗研制和创新，将预防、控制重大疾病的疫苗研制、生产和储备纳入国家战略"。但并没有明确指出储备对象包括一类疫苗。

"一类疫苗属于国家免疫规划，在预防和控制特定传染病的发生和流行、提高群众健康水平方面取得了很大成绩。国家层面应该建立一类疫苗储备机制，便于国家层面调剂，这个储备的费用并不会高出原来的财政支出，因为可以滚动到下一年使用。"上述疫苗领域专家表示。

有消息透露,国家相关部门可能会通过一类疫苗储备计划,用以彻底解决一类疫苗的供应短缺难题。

2019 年 8 月 13 日

分享链接

疫苗行业整合箭在弦上！
这一类企业前景堪忧

疫苗行业整合已箭在弦上，如何进一步推进受到市场极大的关注。

在近日举行的中国疫苗行业协会成立大会上，工业和信息化部副部长王江平表示，工信部会同相关部门正在研究，推动疫苗行业整合重组工作，以通过提高行业准入门槛，加强产业质量监管，鼓励集团化发展，完善招标采购等政策措施，促进优势企业做大做强，逐步提高疫苗行业集中度。

中国是疫苗生产大国，且行业集中度较高。"中国疫苗行业格局非常明显，一类疫苗的提供者多为国字头企业，从批签发上看，占比约70%；二类疫苗为民营企业，占比在30%左右。从某种程度上来讲，中国疫苗行业已经高度集中了。"一位疫苗领域专家表示。

但疫苗行业发展的典型特点之一是品种驱动。

数据显示，2018年，我国二类疫苗批签发市值达364亿元，同比增长61.23%，其中EV71疫苗、HPV疫苗、13价肺炎结合疫苗、多联苗的批签发市值分别高达53.5亿、58.4亿、26.9亿、39.8亿元，占我国二类疫苗批签发总市值的49%。

不过，上述四大品种的疫苗，除EV71疫苗是中国疫苗企业科兴生物生产的之外，其他均为进口。

上述专家表示，20多年来，中国没有新的疫苗技术出现，大多数的疫苗都是仿制类产品，自主研发的产品极少，仅有EV71疫苗等少数几种算是中国自主研发的疫苗。

相关数据显示，2018年，前五大疫苗品种占了全球疫苗市场的近30%、前十大品种占全球市场的37.68%。而几乎所有的重量级产品都来自国际疫苗企业四大"巨头"——默沙东、葛兰素史克、辉瑞和赛诺菲，这四家制药公司垄断了全球疫苗市场90%的份额。

这意味着，对于中国而言，实现疫苗自主可控的必要性极高。事实上，增强中国疫苗企业的能力，正是此次多部门推动疫苗行业整合的根本目的之一。那么，在产能高度集中但研发力仍较弱的情况下，疫苗行业整合将如何进行？

"关于疫苗行业的整合方案出了两三套，但最终还没有确定。有说法是，疫苗品种少于3个的企业将是整合的主要对象，会同时从采购端以及药监审批端进行控制。这些小企业将没有生存空间。"一位消息人士透露。

然而，拥有小于3个疫苗品种的企业在中国占比不小。数据显示，我国目前共有45家疫苗生产企业，可以生产60种以上的疫苗，年产超过10亿剂次。不过截至9月30日，实际有批签发的为40家，其中有36家为国内疫苗企业或生物所，4家为跨国疫苗企业。

另据中国医药创新促进会去年7月发布的数据，疫苗品种超过3个的企业仅为21家。

中国一类疫苗招标价格长期处于低位，导致企业没有更多的资本投入研发，这也是中国一类疫苗质量和技术这么多年无法得到提升的原因之一。

上述专家称，政策导向已定，一类疫苗企业的国有化、集约化趋势将进一步加强，非国有的少品种企业将被整合，以解决其产能落后、工艺落后、缺乏技术优势等掣肘。同时，二类疫苗的市场化、竞争化，可以倒逼民营企业的技术力量不断提升。这一类整合需要靠市场的力量，企业的生存应由市场决定，而不能单纯靠行政指令来进行整合。

值得高兴的是，针对疫苗行业的整合，在政策层面已有越来越强的支撑。今年6月底，《中华人民共和国疫苗管理法》被表决通过，并将于12月1日开始施行。法律明确，国家制定疫苗行业发展规划和产业政策，支持疫苗产业发展和结构优化，鼓励疫苗生产规模化、集约化，不断提升疫苗生产工艺和质量水平。

2019年10月31日

分享链接

结核病治疗难破藩篱：
研发经费缺口每年达 12 亿美元

结核病被称为"白色瘟疫"，如何消除结核病，成为业内各界所面对的难题。

WHO 的数据显示，全球近 20 亿人感染了结核分枝杆菌并长期处于潜伏感染状态。科研创新是消除结核的最有力武器，但该领域研发经费的缺口却多达每年 12 亿美元，这给人类消除结核病带来了巨大的挑战。

WHO 助理总干事任明辉在接受第一财经采访时表示，延迟的研发投入将给结核病的防控带来致命制约。

"快速发现结核病人并提供及时治疗是当下避免结核菌传播的主要途径。"北京胸科医院副院长李亮表示。

根据 WHO 最新数据，中国 14 亿人口中约有 3.22 亿人感染了结核双歧杆菌，占总人口数比例高达 23%。其中，约有 5%~10% 的人会发病并具有传染性，而一个结核患者能够传播的人数可达 15 人。

李亮称，如果结核不能及时被发现并治疗，治疗就不具有依存性，结核菌会产生耐药性，患者进一步传播的就是耐药结核，这是一个恶性循环。

最新数据也显示，每年新发结核病患者约 90 万例，近 10% 为耐多药结核。

此外，中国疾控中心副主任、中国防痨协会理事长刘剑君表示，要抑制结核病的传染，需要达到发病率小于 10/10 万，而中国目前的发病率是 130/10 万。且防控结核的第一步即发现结核的诊断技术和手段，在中国都面临挑战，现在亟须新技术的应用。

目前，结核的传统诊断方式是痰培养和 X 光片，新的生物检测技术因价格较高，没有在所有医疗机构内普及。中国疾病预防控制中心结核病预防控制中心规划部原主任、《全国结核病防治规划》参与起草者姜世闻介绍，耐多药结核必须通过细菌培养才能发现，需要 2~3 个月时间，这期间患者就会产生传播。现在虽然有新技术，2个小时就可以出诊断结果，可是设备费用高，需要100万，在不能进入医保的情况下，检查费用在180~800元，但使用痰涂片仅需15元一次。"目前还有20%~30%的地市没有这个设备，不能快速诊断耐多药结核，县级以下单位做不了。"

根据国家规划，到2020年，东中部地区和西部地区分别要有80%和70%的县（市、区）具备开展结核病分子生物学诊断的能力。

而在治疗药物方面，结核病相关药物历时50年之久才上市了两款，分别是强生的贝达喹啉和大冢制药的德拉马尼。虽然这两款药物国家药监局已经审批通过，但可及性问题依然存在。

"下个月将出台耐多药结核诊疗规范，分为两个方案：纯口服方案和口服加注射剂方案。费用在20万~30万之间，对一般的病人来讲是一个巨大的负担。"李亮表示。

"结核防控很困难，只有在革命性的技术、政府的力量、资金的进入等多重因素影响下，发病率才会下降。"刘剑君表示。

但相比新药频出的肿瘤领域，抗结核药的研发几近枯竭，近半个世纪仅研发了三款新药，且药物可及性偏低，仿制药企积极性也不高，这是包括中国在内的结核高负担国家面临的公共健康挑战。

"研发投入如果延迟5年，可能导致结核病例增加800万，死亡人数增加140万。"遏制结核病伙伴关系新药工作组的扎伊德·坦维尔（Zaid Tanvir）在"第50届全球肺部健康大会"上表示。

事实上，与结核病的抗争长期存在资金不足问题。WHO表示，2019年结核病预防和护理资金缺口预计为33亿美元。如果没有充足的防治和研究资金投入，以及新的诊断工具和预防结核病感染新疫苗、新药品的出现，终止结核病流行的目标将难以实现。

"现在全球结核病年递降率为2%，按照这个速度，100年后才能消除结核病，远不足以完成联合国2030年消除结核病的目标。如果想在2030年消除结核病，我们需要达到17%的年递降率，这就需要新工具的引入，比如更好的疫苗及方案等。"比尔及梅琳达·盖茨基金会高级项目官桓世彤表示。

桓世彤还表示："做结核药是不赚钱的，特别是新药研发，很难让药厂大力投入研发。WHO估算，每年结核病的药物、疫苗结合在一起的研发费用需求约为20亿美元，但真正投入的只有约7亿美元，距离20亿还有2/3的缺口。"

无论是强生还是大冢制药,都在向缩短结核治疗疗程以及应对未来耐药而努力。

强生执行委员会副主席兼首席科学官保罗·斯多弗(Paul Stoffels)说,结核领域的药品研发不仅仅只有新药推出,更重要的是要应对随时出现的耐药以及新药治疗疗程的缩短。

"我们一直在开展结核病领域的研究,在抗生素方面,我们多年以前有一个重大的发现,发现了一个针对肺结核的新分子,能够较好地攻克耐多药肺结核。于是我们携手多个合作伙伴,实现了重大突破,研制出了富马酸贝达喹啉片。"但斯多弗也坦承说道,"富马酸贝达喹啉片不会给公司带来多少经济收入。"

同样地,在中国这个制药大国,大部分药企更关注的是能否带来巨大市场效应。因此,在结核病领域,除了正在致力研发预防性结核疫苗的智飞生物,鲜有企业涉足。

"抗结核病药物研发的缺失主要是因为资金匮乏。研发抗结核病药物跟研发肿瘤药的技术能力是一样的,所需要的科学家、药厂是一样的,问题在于资源投在了哪儿。"业内人士表示。

而作为强生研发投入领域筛选和决策的带头人,斯多弗表示,不管能取得的商业利润将是多少,强生都愿意在重点领域做更多投入,这些重点领域包括肺结核的联合用药方案、艾滋病的联合用药方案等。未来五年,强生将投入 5 亿美元来开展并支持这些领域的研发。

2019 年 11 月 26 日

分享链接

十二、晋谈养老

郭晋晖｜第一财经新闻中心政经部资深记者，毕业于中国人民大学，长期关注就业与社会保障、养老等民生领域，"晋谈养老"专栏立足于打通养老政策和产业的全链条，瞄准养老产业的堵点痛点，为业内人士提供有价值的投资参考。
guojinhui@yicai.com

企业到学校"抢人"！
养老护理人才缺口超 500 万

从一线护理人员到中高层经营管理人才，我国的养老产业正在面临全线的"用人荒"。

北京师范大学中国公益研究院最新公布的一项报告称，即便按照一般口径的 1:3 完全失能人口照护比来看，我国养老护理人才的缺口规模也已达到 500 万人之巨，其余各类相关的专业化服务人才同样缺乏。

养老产业人才缺乏的现状已经引起决策层的关注。5 月 29 日召开的国务院常务会议提出，支持大范围开展养老服务人员培训，扩大普通高校、职业院校在这方面的人才培养规模，加快建设素质优良的专业队伍。

虽然面向 2.5 亿老年人的养老产业有着广阔的市场前景，但养老企业的盈利之路却走得步履蹒跚，从业人员的薪酬水平、福利待遇不尽如人意。我国现阶段的养老服务人才队伍基本以农村出身的四五十岁的人员为主，养老产业对大学生等高素质劳动力的吸引力明显不足。

中低收入家庭孩子选养老专业

北京师范大学中国公益研究院在近日举办的"新动力"中国养老服务人

才培养主题论坛上发布了《中国大学生养老服务就业意愿调查报告(2019)》(下称报告)。这份由摩根大通公益支持完成的报告,是我国第一份专门针对养老服务相关专业大学生进行的调查,反映出当前我国养老服务人才供给中的种种现状。

报告对3 189份问卷的回收分析发现,我国养老服务专业大学生呈现"女生多、农村学生多、低收入家庭多"三多现象。

调查显示,受访大学生中女性占76.46%,农业户口占68.39%。此外,年收入8万元以下的中低收入家庭占78.31%,其中,家庭年收入在3万元以下的占48.60%,在3万—8万元的占29.71%。

中国公益研究院养老研究中心主任成绯绯表示,从上述数据可以看出,养老产业就业中存在"隐形"的就业发展公平性问题。例如,目前年收入8万元以下的中低收入家庭是养老服务相关专业大学生的主要家庭背景,其中,农村户籍学生占养老服务相关专业学生的比例超过三分之二。

成绯绯接受第一财经采访时表示,来自农村以及中低收入家庭的大学生在面对更狭小的就业机遇时,对工作的挑剔性比较弱,因而更愿意投身于养老服务行业。

调查还显示,超七成受访大学生愿意从事养老服务工作,有不到三成的受访大学生不愿意从事。薪资过低、工作辛苦、与老年人沟通困难是受访大学生不愿意从事养老服务工作的前三大原因。

薪资水平与职业要求不对等是养老产业招人难的重要原因。北京市劳动保障职业学院工商管理系主任王建民认为,养老行业工作强度大、心理压力大但收入相对来说不高,这是养老行业遭遇人才瓶颈的根源所在。

"我们调查过我们学校学生的工资期望值是每月不能少于5 000元,这在北京相当于餐厅服务员的水平。"王建民说。

报告对受访大学生期望薪资的调查显示,40.14%的受访大学生选择5 001—7 000元一档,占比最高,其次是3 001—5 000元一档,占比为32.40%。

分类来看,随着受访大学生家庭年收入的提高,大学生对薪资的期待程度上升。此外,来自经济发达地区的养老服务相关专业大学生期望的税前薪资明显高于来自经济不发达地区的大学生。

养老人才供给不足与大量流失并存

在养老产业的人才培养上,国务院提出要加快建设素质优良的专业队伍。从实际情况来看,我国现阶段的养老服务人才队伍基本以农村出身的四五十岁的人员为主,他们文化程度普遍较低,也缺乏职业的养老护理技能训练。

同时,由于社会观念、薪资待遇、福利补贴等各方面原因,上述人员的流失问题也相当严重,很难形成长期稳定的职业队伍。

虽然报告显示高达七成的养老相关专业学生愿意到养老行业工作,但企业反映,越是大学高年级的学生,这个比例就越低。一家养老企业称,很多学生不愿意做养老行业都是在参加实习之后,该企业曾经有20个实习生,但最后留下做养老行业的只有5%—6%。

王建民表示,就高职毕业生来说,现在养老专业人才供给量很小,但需求量非常大,养老企业到高职院校招聘已经到了"抢人"的地步,学生工作很好找。

相关专业的招生院校非常少也是养老专业人才供给不足的一大原因。报告称,目前开设养老服务与管理(开设最多的养老服务相关专业)的院校只有约200所,仅占高职院校总量的14.4%,总在校人数仅为6 000人左右,占高职院校学生总数的比例更低。

此外,从本科及以上专业人才培养方面来看,目前也仅有北京大学、中国人民大学等少数几所大学开设了老年学等养老服务相关专业,占全国所有大学的比例微乎其微。

王建民对第一财经记者表示,虽然近年来开设老年照护的职业院校增速很快,但都面临着招生难题。他建议,职业院校招生实施注册入学或提前招生,降低招生门槛,或是将一些正在从事养老行业的人员纳入高职招生的范围,让他们接受专业化的培训,从而提高养老行业的专业化水平。

政府扶持政策需疾步快行

国家统计局的数据显示,截至2018年年底,我国60岁及以上人口已达2.49亿人,占总人口的比例为17.9%,老龄化规模和比例在持续增长。

成绯绯表示,未来十五年,随着我国老年人口总数相继迈入3亿人、4亿人的门槛,如果仅凭目前的养老服务人才培养层次和规模,将难以满足越来越庞大的老年人口,特别是高龄、失能人群的护理服务需求。

国务院近日发布的《职业技能提升行动方案(2019—2021年)》提出,创新培训内容,围绕市场急需紧缺职业开展家政、养老服务、托幼等就业技能培训。上述国务院常务会议提出,按规定以财政补贴等方式,支持大范围开展养老服务人员培训,扩大普通高校、职业院校这方面的培养规模。

报告显示,补贴机制健全是大学生对养老行业发展的首要政策期待。有73.09%的受访大学生认为应该提高养老服务岗位的入职补贴,占比最大,其次是有63.68%的受访大学生选择了养老服务岗位社保补贴。

虽然国家层面已经作出了明确的方向性引导,但在地方政府的具体落实上,政策力度还有待提升。例如,在大学生最为关心的补贴机制方面,全国仅有北京、天津、上海、江苏、福建、广东、新疆、吉林、山东九个省、区、市建立了养老服务培训补贴制度;北京、浙江、江苏、山东、辽宁五个省、市建立了养老服务入职补贴制度;广东、江苏、山东、浙江、陕西五个省份建立了养老服务岗位补贴制度;上海、山东、四川、甘肃四个省、市建立了养老服务专业大学生学费减免制度。

成绯绯表示,提高大学生养老服务就业意愿,需要进一步加大养老服务相关专业大学生就业支持政策力度。比如放开政策准入,提高补贴水平和覆盖面,减轻专业人才发展的后顾之忧;加紧在二线及以上城市建立各类创业激励机制,推动年轻学生进入养老服务行业等。

2019年6月3日

分享链接

居家养老资本困局：九成老人在家养老，资本却独爱高端机构

一边是数以千万计的失能和半失能老人，一边是社会资本的踯躅不前，我国居家养老服务正在面临需求和供给之间巨大的结构性失衡。

今年6月，社区居家养老服务的议题受到决策层的持续关注，中央已经出台政策鼓励更多的社会力量参与社区居家养老。现实情况是，虽然九成以上老年人在家养老，但社会资本却更加热衷投资中高端养老机构，即使是一些已经涉足居家养老的机构也面临着"自我造血"功能不足的困境。

专业从事养老投资的中国健康养老集团有限公司养老产业发展部总经理张婧对第一财经记者表示，投入大、回报低、物业难找、租金高等因素均制约了资本进入社区居家养老行业。

站上"风口"的社区居家养老

6月12—13日，国务院总理李克强在杭州考察时表示，居家和社区养老服务需求巨大，要大力引入社会力量增加供给；14日，全国政协召开双周协商座谈会，同样聚焦构建居家社区机构"三位一体"的养老服务体系，使老年人就近获得高质量的养老服务。

有政协委员在座谈会上指出，养老服务需求呈现"橄榄型"特征，即高端和低端需求少，对基本生活照料和康复护理的中档需求多。养老服务供给却呈现"哑铃型"特征，追求经济效益的高端服务和政府兜底的低端服务多，普通老年人消费得起、质量有保证的中档服务不足。

可以满足大部分老人"养老不离家""优质中价"需求的居家社区养老，被认为是缓解我国养老服务体系供需矛盾的一个药方。

今年春天，全国政协委员就围绕"构建居家社区机构'三位一体'的养老服务体系"赴北京、湖北等地开展调研。调研期间，委员们形成的共识之一，就是重点强化社区的平台和枢纽作用，让机构进入社区、财力扶持社区、

政策落地社区、功能完善社区，明确社区服务向家庭延伸和覆盖的责任。

为了推动社区居家养老的发展，5月29日召开的国务院常务会议针对社区养老服务推出一揽子鼓励措施，放宽准入，引导社会力量参与，并在房租用水用电价格、财政支持力度及税费优惠方面予以安排。

虽然关于社区居家养老的政策利好频出，但我国养老服务体系的这一短板却并非一朝一夕能够弥补起来的。就在上述税收优惠政策出台前的一个半月，曾为北京明星养老驿站的双旗杆社区养老驿站，因经营不善停止营业。

北京从2016年提出发展社区养老机构"养老驿站"，作为政府向居家养老的老年人派送公共服务的"抓手"。但从这几年的运营情况来看，养老驿站普遍缺乏"挣钱"能力，几乎都要依赖政府补贴运营。由于政府的运营补贴需要一定的时间才能到位，而且并不足以涵盖养老驿站的全部支出，这造成一部分驿站的运营难以为继。

北京师范大学中国公益研究院养老研究中心主任成绯绯对第一财经记者表示，一些养老驿站难以为继的根本原因还是因为没有聚焦刚需，服务可替代性比较大。另外，目前有需要的老年人购买养老服务的意愿不强烈。

对于驿站来说，必须要找到老人们愿意为之付费的"真正刚需"。但显然，很多驿站在这方面所做的需求分析是不足的。

成绯绯说，有刚需的老人主要是失能、半失能以及失智老人，但现在没有统一的老年人能力评估体系，驿站本身并不清楚这些老人在哪里。另外，很多驿站一开始的定位并没有考虑做失能和半失能老年人的照护服务项目，在人员配备上就缺少这类专业的照护人员，因此，驿站很难有像养老机构那样稳定的收入来源。

社区居家养老难以盈利的现状也让社会资本望而却步。张婧认为，从投资回报来说，社区居家养老前期投入大，投资回收期长，投资回报率低，并不适合资本进入。从运营发展角度来说，社区居家养老所需的成熟社区里的物业并不好找，且难以承担商业化租金，即使政府提供补贴也有三年之约，这些都会成为社会资本进入社区养老的制约因素。

对此，参与相关调研的全国政协委员建议，通过无偿提供场所、财政补贴、减费降税等措施降低经营成本，增强社区居家养老服务机构运营的可持续性。

长护险为社区养老打开想象空间

成绯绯认为，我国社区居家养老发展遇到的另一个主要限制，是没有建立支付机制。老年人的刚性需求明显，但却受到支付能力的限制。如果长期护理保险或老年护理补贴能够更加普及，也能为社区养老机构带来一定的盈利空间。

上海从2014年开始探索构建居家养老服务体系，以社区嵌入式养老为基点，链接机构和居家养老服务，形成养老服务骨干网。由于上海是我国首批长期护理保险试点城市之一，在支付体系打通的助力之下，上海嵌入式养老机构也得以迅速发展。

数据显示，上海按照户籍老年人口3%的目标，已建成712家养老机构、14.7万张床位。另外，建成以短期住养照料为主的长者照护之家155家；建成提供白天照料的老年人日间服务中心641家，服务2.5万人；社区居家上门服务覆盖30多万老年人。

上海市的长期护理保险制度，为参加基本医疗保险的60岁及以上老年人，提供生活照料和常用临床护理服务。此外，上海还建立了老年综合津贴制度和养老服务补贴制度，由财政出资购买服务，困难老年人得到托底保障，基本实现"应保尽保"。

北京诚和敬养老健康产业集团董事长梁仰椤表示，实践证明在上海等地推出的长护险显著推动了养老服务业的发展。建议在超大型城市加快长护险的推广，并依托养老驿站的现有设施体系落地实施，节约成本，提高效率。

第一财经记者了解到，启动三年、覆盖超过5 700万人的长期护理保险试点今年有望迎来"扩围"，除了已经试点的15个城市和自愿加入试点的四五十个城市之外，还有一些城市也在做扩大试点或是试点前期的准备工作。

今年的政府工作报告首次提出"扩大长期护理保险制度试点"。6月，国务院办公厅印发《深化医药卫生体制改革2019年重点工作任务》，又提出"扩大长期护理保险制度试点"，并指定国家医保局、财政部、国家卫生健康委、国家中医药局等部委负责。

全国政协相关调研报告建议，总结试点城市经验，研究制定长期护理保险制度发展指导意见。建议将长期护理保险定位为独立险种,纳入社会保险的政策框架;构建以政府、个人、用人单位为主的多元化筹资机制,鼓励商业保险进入护理保险领域。

2019年6月24日

分享链接

试点三年实现社会和经济效应双赢，长护险能否成为社保"第六险"？

最近两个月，上海静安区 90 岁高龄的李奶奶的家中，每天都会来一名穿着制服的护理员。她帮助李奶奶量血压、擦身、复健，天气好的时候还会推着轮椅带李奶奶下楼去晒晒太阳。

李奶奶是上海长期护理保险（下称长护险）试点以来享受到长护险待遇的 18 万人之一。在李奶奶所在的小区，很多失能的老人都申请了长护险，老人们根据不同的评估等级，可以享受到不同的服务时间。李奶奶被评估为最高级别 6 级，护理员每天来一小时，每次服务价格为 65 元，由长护险基金支付 90%，李奶奶只需要支付 6.5 元。

和其他 14 个国家级试点城市一样，上海市长护险试点打开了养老服务产业的支付瓶颈，培育了一大批市场化的专业照护组织。专业护理员的服务不仅提高了老人居家养老的质量，也在一定程度上减轻了家人照护老人的压力。

如今，越来越多的地方政府将长护险作为应对老龄化压力的重要举措之一。除了 2016 年 6 月启动的 15 个国家级试点城市之外，目前有四五十个自愿跟进试点的城市，此外，还有一些城市正在为申请国家第二批试点做准备。

近日，中国社科院世界社保研究中心主任郑秉文在"长期护理保险制度试点三周年：实践探索与经验总结"研讨会上表示，由于各地条件不同，长护险试点有地方特色也是可以的，但如果制度长期难以统一，未来的路径依赖则有可能导致整个制度长期存在"碎片化"，从而造成公平性和持续性的严重失衡。

试点地区启动效果评估

第一财经记者从试点地区获悉，国家医保局近期已经要求一些长护险试点地区启动自评。按照今年政府工作报告提出的"扩大长期护理保险制度试点"的要求，国家第二批长护险试点城市有望在今年秋季亮相。

2016年6月27日，人社部印发了《关于开展长期护理保险制度试点的指导意见》（下称《意见》），上海、成都、长春等15个城市入围长护险第一批国家试点。《意见》提出，长护险试点会持续1—2年的时间，力争在"十三五"期间，基本形成适应我国社会主义市场经济体制的长期护理保险制度政策框架。

虽然从时间跨度上来看，试点已经过去了三年，但各地启动的时间并不相同，比如青岛已试点七年，南通试点了三年，上海、苏州等地启动较晚，迄今为止试点不到两年。

上海市从2018年1月1日在全市开展长护险试点工作，服务模式分为社区居家照护、养老机构照护、住院医疗护理三类。截至2018年11月，上海已接受长护险服务的老人约18.6万人，其中，接受机构护理服务的约7.8万人，接受居家护理服务的约10.8万人。

长护险不仅缓解了试点地区失能人员长期护理保障问题，也节省了医保基金。江苏省南通市医保中心副主任潘涛在上述研讨会上表示，长护险试点优化了医疗资源配置，三年间，南通的失能人员享受长护险前后的医疗费用由1.62亿元降低到9970万元。

江西省上饶市长护办主任蒋勇表示，分析全市764例享受长护险待遇满一年的人群，对比其享受待遇前后一年住院情况发现：享受前住院次数合计981次，基本医保基金支出810万元；享受后住院次数合计620次，基本医保基金支出483万元。住院次数由年人均1.284次下降到0.8115次，下降36.8%；人均年医保基金支出由1.06万元下降到0.63万元，下降40%。

长护短期内不会成为"第六险"

虽然长护险试点无论是社会效应还是经济效应都取得了不错的效果，但据第一财经记者了解，长护险短期内并不会升级为我国社保的"第六险"。

第一财经记者采访的国家医保局和民政部的相关人士，均对长护险向全国扩围持审慎态度，主要原因有两点：一是当前我国的社会保险仍然要以"保基本"为主；二是设立新险种是一件慎之又慎的事情，政府有关部门主张津贴制度要先于保险制度建立，因为从津贴制度过渡到保险制度是可以的，但从保险制度退回到津贴制度是不可以的。

第一财经记者在采访中也了解到，虽然目前试点地区已经或将长护险作为一个独立险种来运作，有独立的资金池和经办系统，但在社保降费率的主基调下，短期内长护险并不会升级为一个真正独立的险种。

可以预期，未来很长一段时间内，长护险仍然将以扩大试点为主，今年有望启动第二批国家级试点。

今年的政府工作报告以及国务院办公厅6月印发的《深化医药卫生体制改革2019年重点工作任务》都提出"扩大长期护理保险制度试点"。第一财经记者了解到，郑州等城市已经开始了长护险的政策调研，将积极申请第二批国家试点。

浙江财经大学公共管理学院戴卫东教授认为，应该遵循三个原则来选择进行长护险试点的城市：一是失能风险已经产生的城市，这不是以老龄化为指标，而是要以失能率为指标；二是养老服务体系发展比较好的地区；三是地方财政有能力支持的城市可以优先考虑。

虽然不是国家试点城市，但北京市于2018年4月在石景山区启动了长护险试点，今年，北京市将继续扩大长护险的试点范围，年底前试点工作在石景山区内全面推开，从而实现全区的费用征缴、支付、服务体系建设和基金监管。

《意见》提出，试点地区可根据基金承受能力，确定重点保障人群和具体保障内容，并随经济发展逐步调整保障范围和保障水平。

今年下半年，第一批试点城市之一的上饶就会将长护险的覆盖范围从职工扩大到居民。这对于只有40万职工，却有超过600万城乡居民的上饶来说，不是一件容易的事情，当地财政将面临较大的挑战。蒋勇表示，上饶的长护险要立足基本，当地政策覆盖期的标准并不高，更多的是要满足基本性的需求。

"一城一策"亟需顶层设计来统一

《意见》提出，长护险的经办在确保基金安全和有效监控的前提下，积极发挥具有资质的商业保险机构等各类社会力量的作用，提高经办管理服务能力。

中国银保监会人身保险监督部健康险处副处长刘长利在上述研讨会上表

示,长护险试点3年以来,商业保险机构也为参保群众提供了方便快捷的护理服务,减轻了政府部门的压力与负担。

截至2018年11月,第一批试点的15个城市中,有13个城市是有商业保险机构参与经办的。据不完全统计,商业保险机构参与长护险项目35个,覆盖人数4 647万,长护险基金规模47亿元,为长护险扩面积累了一定的经验和数据。

以泰康为例,自参与长护险试点以来,泰康已先后经办了荆门、成都、广州、宁波、上饶等8个国家级试点城市和石景山、嘉兴、温州、乌鲁木齐、贺州等10余个地市级试点城市的长护险服务工作,服务人口超过1 000万,累计支付护理待遇4 000多万元,享受待遇2.5万人次。

刘长利表示,试点地区的经办服务中,保险公司参与程度和合作方式也各不相同,有的采取全流程委托方式,有的采取部分流程委托方式,有的设置了风险共担机制。

刘长利透露,针对这些差异,银保监会下一步将建立专项的监管规定和相关的管理制度,研究制订商业保险公司建立长期试点产品精算管理、业务管理、风险防控等业务。

其实,不只是商业保险机构参与试点时遇到不同的标准,由于国家的长护险试点方案没有制定统一的制度框架,各地在制定细则时存在较大差异。

比如,在保障范围上,有的只保障城镇职工,有的是职工和居民全覆盖;在筹资渠道上,有的全部从医保基金中划转,有的是政府、基金和个人三方按不同比例分担;有的规定个人不缴费,有的规定退休人员不缴费,还有的规定所有参保人都缴费。此外,保障水平、筹资标准、服务项目等方面试点地区也各不相同。

郑秉文曾就长护险扩大试点提出建议,他认为应在制度基本框架、基本筹资原则、基本待遇水平三个方面予以统一。

在上述研讨会上,郑秉文又表示,长护险试点中已经出现了"碎片化"的风险,下一步扩大试点应防止制度碎片化现象进一步扩大,以免全国统一制度时很多城市"积重难返",也要避免个别城市出现潜在的财政风险,要注重制度的公平性。

中国社科院世界社保研究中心执行研究员张盈华表示,下一步长护险试点首先要坚持全覆盖,不能再有职工和居民的不一样待遇;其次要低标准起步，包括低筹资和低待遇标准起步，给政策缓冲的空间。未来，医保基金也应该逐步退出，让长护险发展为一个"重养轻医"的独立险种。

2019 年 7 月 8 日

分享链接

6万亿元医养产业面临"落地、盈利、留人"三大难，90%的老人难享福利

经过6年的发展，医养结合已经成为养老产业中的重要一环。然而，这一预期会有近6万亿元规模的产业，现实中却面临落地难、盈利难、留人难等诸多困境。

据不完全统计，从2015年起，中央层面印发的与医养结合有关的文件就已经超过10个，其中约一半是以国务院的名义发布的。近日，医养结合再一次成为国务院常务会议审议的内容，一套包括完善审批、鼓励人才培养、减免税收等在内的利好政策即将出台。

北京师范大学中国公益研究院养老研究中心主任成绯绯对第一财经记者表示，国务院即将推出的这些举措对增加市场供给会有促进作用。医养结合更多的是"医"和"养"在物理空间上的结合、功能上的互补，但不能忽视的是，"医"和"养"在管理上是两套体系。

随着长期护理保险的扩大试点，医养结合的战略重点正在从机构转移到社区和居家养老人群上。第一财经记者在地方采访时发现，受限于长护险的定位，医养结合支付瓶颈尚未突破，一些老年人急需的与医疗相关的服务项目难以纳入护理保险支付的范围。有的地方医保局建议，下一步对长护险进行顶层设计时可将康复等与医疗相关的项目纳入支付范围，以满足老年人的实际需求。

6万亿元的产业急需打通"最后一公里"

医养结合主要是指面向居家、社区、机构养老的老年人，在提供基本生活照料服务的基础上，提供医疗卫生方面的服务。医养结合不仅能满足老年人的迫切需求，也能切实减轻年轻人的负担。

据易观（Analysys）预测，到2020年，医养结合市场的规模将达到5.7万亿元，随着老龄化程度的加深，以及高龄化、失能化趋势的继续发展，医养

结合的市场还将伴随医疗保险、康复护理等刚性需求的增加而快速增长。

我国从1999年进入老龄化，到今年正好是20年。截至2018年年底，我国60周岁以上的老年人口已经达到24 949万，占总人口的17.9%，其中，65周岁以上的老年人口已经达到16 658万，占总人口的11.9%。

国家卫健委的数据还显示，目前，我国老年人慢性病患病率高、失能率高，患有慢性病的老年人接近1.8亿，失能和部分失能的老年人口超过4 000万。

作为健康中国的重要举措，医养结合已被纳入《健康中国2030规划纲要》《"十三五"老龄事业发展和养老体系建设规划》和《"十三五"健康老龄化规划》。医疗卫生服务体系、慢性病防治规划以及癌症防治等专项规划，都特别强调和突出了医养结合。

截至目前，全国共有近4 000家医养结合机构，医疗机构与养老机构建立签约合作关系的有两万多对，已初步形成了4种相对成熟的服务模式：医养签约合作、养老机构设立医疗机构、医疗卫生服务延伸至社区和家庭、医疗机构开展养老服务实现融合发展。

然而在现实中，由于主管部门交叉、专业人才不足、医保支付缺失等原因，医养结合的质量仍然存在较大不足，尤其是"医"这一块的需求难以满足。

德勤发布的一份报告称，医养结合的最终目的是要处理好养老服务的"最后一公里"问题，即让老年人的健康需求不只依靠医院途径解决，而力求能在养老院甚至家中就可以享受到优质的医疗服务。

成绯绯表示，医养结合从满足老年人的需求来讲，是一个很好的提法和导向。一个配有医务室的养老机构一般比没有配的对老人来讲更有吸引力。但如果说从社会力量进入的角度来讲，有能力做医疗的组织一般不去做养老，因为医疗比养老挣钱；对于纯粹做养老的，想做医疗机构就存在困难。

第一财经记者在浙江嘉兴等地采访时发现，养老机构招募医生、护士等医务人员是非常难的，即使设立了医务室的养老机构招募到医生，也难以为医生提供较高的薪资和上升通道，留人很难。同时，医疗机构工作人员的工作量基本都是饱和的，想抽调医护人员来为养老机构服务同样不容易。

针对近年来各方反映较多的制约医养结合发展的堵点和难点问题，由卫健委牵头会同相关部门研究制定的《关于深入推进医养结合发展的若干意见》

（下称《意见》），已于9月11日国务院第64次常务会议审议通过，并拟于近期由多个部门联合印发。

《意见》提出，强化医疗卫生与养老服务衔接，推进"放管服"改革，加大政府支持力度，优化保障政策，加强人才队伍建设。面对医养机构供给不足，《意见》鼓励社会力量举办医养结合机构，支持社会办大型医养结合机构走集团化、连锁化发展道路。鼓励保险公司、信托投资公司等金融机构作为投资主体举办医养结合机构。

全国老龄办常务副主任、中国老龄协会会长王建军表示，人口老龄化形势日趋严峻，相对独立的医疗卫生、养老服务体系难以满足老年人多层次、多样化的健康养老需求，急需推进医养结合，整个社会的需求应该说是刚性的。

医养结合的战略重点向社区居家转移

目前，我国医养结合的主要模式以机构为主，主要服务对象为失能程度较高、照护要求较高的老人，鼓励现有养老机构与医疗机构开展深度合作，实现资源利用最大化。

然而，从老年人养老的模式来看，无论是"9046"（90%居家养老、4%养老机构养老、6%社区养老）还是"9073"，机构养老只占到极小部分，超过90%的老年人依然选择居家养老。医养结合在居家和社区养老服务上的不足，使得绝大部分老人难以享受到这一政策的实惠。

成绯绯表示，国际上很少提到医养结合，更多的是长期照护。老人如果需要医疗服务就去医院进行诊疗，术后康复和生活照料还是更需要长期照护。

《意见》提出要发展医养保险，增加老年人可选择的商业保险品种，加快推进长护险试点。

第一财经记者了解到，长护险试点这三年来，已经承担一部分上门护理居家老人的任务，参保人有了比较高的获得感。

对于家住浙江嘉兴长水街道的张阿姨来说，最近一两年真是有"祸不单行"之感，年逾60本就已经瘫痪多年的她又患上乳腺癌，手术后的护理让家人头痛不已。

今年夏天张阿姨加入长护险之后，护理员顾荣珍每周都会上门两次，给她擦身、洗头、洗脚、剪指甲等，还运用按摩手法给她锻炼腿部和脚部的肌肉。经过这几个月的专业护理,张阿姨本已僵化的关节比以前灵活很多。

嘉兴市医疗保障局副局长王保国对第一财经记者表示,在现实中有些参保人员反映现在长护险项目还是较为单一,偏重于生活照料,参保人更希望能够得到一些更加专业的医疗方面的帮助和指导,从目前长护险的设计来看,这方面是比较欠缺的。

此外,由于目前长护险与医保的保障边界有明确划分,老人无法同时享受两方面的待遇。王保国对此表示,医养结合的矛盾难以有效调和。重度失能人员初步统计有超过72%是由疾病导致的失能,很多人仍然是非常依赖医疗的,但长护险来了之后,他们治病和接受生活护理服务之间产生了矛盾。"医保局作为这两项制度的管理者,要做到的最理想状态是医养结合,但又怕医养不分,既要控制医疗费用,又要解决医保和长护险待遇双重享受、医院压床等问题,在实际操作中难度很大。"

王建军表示,《意见》提出加大医保支持和监管力度,厘清"医""养"支付边界,基本医保只能用于支付符合基本医疗保障范围的医疗卫生服务费用。针对老年人风险特征和需求特点,需要另外开发专属产品,增加老年人可选择的商业保险品种。

2019 年 10 月 22 日

分享链接

十三、海斌访谈

彭海斌 | 第一财经产经新闻部副主任。毕业于四川大学经济系，2010 年开始从事媒体工作，专注产业与公司报道。
penghaibin@yicai.com

家电下乡，有多少市场红利可以重来？

整体黯淡的家电市场中，空调板块 2018 年 4.1% 的销售额增长已算亮点。然而，空调市场也要成为一片红海了。

在 2019 年 3 月的中国家电消费电子展会（AWE）上，海信推出了舒适家 X610 空净一体空调、舒适家 M100/X630 新风净化空调、舒适家 Q600/Q610/H310 变频空调，与这一领域的传统霸主格力、美的抢市场。

海信家电集团副总裁、海信空调公司副总经理王云利在接受第一财经记者采访时认为，在城市市场里，空调已经进入几乎每个家庭。对海信空调公司而言，销售的增长将主要来自城市家庭更新换代的需求，而非消费者的初次安装需求。

按照市场份额，海信空调在国内市场位居第四，前三位企业分别是格力、美的和海尔。即便是在变频柜机这一细分品类里，2018 年也有 262 个新机型上市。传统霸主与互联网品牌交锋，既需要快速迭代产品，也需要革新渠道。

海信方面表示，舒适家系列变频产品能够在 140—270 V 宽电压范围运行，满足用户各种用电环境，尤其是能够有效应对农村市场电网电压波动大、不稳定的状况，提升变频空调的电网适应性，从而加速变频空调在农村市场的普及。

在 AWE 上，海信同时发布了食神 PLUS、银河智能大屏 562 等冰箱新品，海信洗衣机则发布了暖男 X7plus 新品。这些产品都有望进入乡村市场。据王云利介绍，海信集团层面在去年成立了针对农村市场的流通公司，统筹公司的产品下沉。

对于农村市场寄予厚望的不止海信等家电企业。在政策层面，也希望激活乡村市场，以拉动家电消费增长。

1 月 28 日，发改委等十部门联合印发了《进一步优化供给 推动消费平稳增长 促进形成强大国内市场的实施方案（2019 年）》，方案鼓励有条件的地方对农村汽车、家电产品更新换代给予适当的补贴，推动高质量新产品的销售。

新一轮的家电下乡政策出台背景，是冰箱、洗衣机和彩电等多个重要家电品类在 2018 年出现停滞，甚至是负增长。

家电下乡始于 2008 年，财政补贴等手段的介入迅速激活了农民的消费意愿。加之中国的整体经济很快从外部冲击中反弹，乡村市场对提升整体家电消费的作用立竿见影。

但当下不同往日。乡村地区的家电市场红利所剩不多。

从历史的销售数据来看，家电的销售与房屋的销售增长密切相关，野村证券的分析师认为，在一二线城市房地产调控措施放松之前，家电下乡政策对家电销售的整体积极影响有限。

国家统计局的数据显示，2018 年，城镇消费品零售额 325 637 亿元，比上年增长 8.8%；乡村消费品零售额 55 350 亿元，增长 10.1%。2017 年全年，城镇消费品零售额 314 290 亿元，比上年增长 10.0%；乡村消费品零售额 51 972 亿元，增长 11.8%。

对比来看，城镇消费品零售额增速下降 1.2 个百分点，而乡村消费品零售额增速下降 1.7 个百分点，乡村市场比城镇市场的增速下降更快。乡村市场对家电消费的提振作用有多大，需要拭目以待。

2019 年 3 月 15 日

分享链接

消失的印度手机龙头

如印度总理纳伦德拉·莫迪所愿,中国手机产业链确实在向印度转移。不过,受益人不是印度本土手机品牌。

按表面贴装技术(SMT)生产线数量计,伟创力和富士康分别以30条和22条生产线成为印度市场排名前两位的手机代工企业。今创集团(603680.SH)旗下的合资公司金鸿运信息科技(印度)有限公司计划生产线16条,建成后将是印度市场第三大的代工企业。

中国市场的手机代工业务利润薄如刀锋,但印度手机市场却因其国民收入较中国低很多的原因,智能手机普及率相对中国落后很多年,近年来随着其市场发展迅猛,代工业务较中国有更多盈利空间。这促使今创集团等企业在印度寻找机遇。当前,伟创力、富士康以及闻泰等企业在印度的总体代工能力尚不足以满足当地市场需求情况下,今创集团投资部部长陆华告诉记者,在当地设立规模处于第一梯队的工厂,有"巨大的市场机会"。

印度手机市场机会有多"巨大"?

据IDC统计,2018年印度智能手机出货量1.42亿部,功能手机出货量1.81亿部,两者合计3.23亿部,是仅次于中国的第二大市场。更难得的是,它仍在快速增长。

今创的印度项目计划总投资近7亿人民币,工厂预计需要数千工人。国际厂商将产业链上的制造能力带到印度,而不仅仅把印度看作销售市场,这是莫迪大力推行的"印度制造"预期达成的目标。

莫迪于2014年当选印度总理,当时的关税对中国的手机厂商是"友好的",为数众多的中国手机是以整机的形式进入印度市场,制造环节和就业则留在中国国内。近几年,莫迪政府不止一次提高了手机进口的关税,例如,2018年这一数字从2017年的15%提高到20%,而2016年前整机进口关税为10%。

目前,韩国的三星、中国的VIVO和OPPO都在印度有自己的工厂,而中国的小米在印度主要是与富士康等代工厂合作。这些工厂意味着大额的投资，同时将为印度培养起一大批制造业工人。

印度经济结构以服务业见长，尽管有大量的青壮劳动力，制造业却是短板。

印度当地的工人工资约 1 200—1 500 元/月，陆华告诉记者，虽然他们的工作效率远不如中国工人，但整体也划算。何况，工厂流水线上，只专注其中一道工序的职业工人并不难培养起来。

当印度关税撬动中国的工厂和品牌成体系地转移到印度本土，直接受益的是当地的工人与地方税收。印度本土的手机品牌则可能成为牺牲品。

今年，印度又一次提高出口退税率，将进一步吸引手机龙头品牌到印度进行代工制造，通过降低制造成本，增强这些品牌在全球的竞争力，或许会加剧印度手机代工市场产能的进一步紧缺。

2016 年 12 月，记者有一周的时间在印度的新德里、斋普尔和古尔冈等几座城市间往来，既了解中国科技企业 APUS、华为等在当地的情况，也接触了一批印度本土技术企业，其中就有印度最大的手机制造商 Micromax。

在古尔冈，Micromax 有一座由工厂改造而来、颇有艺术风格的办公楼。在这栋办公楼里，它的两位高管与记者聊起印度市场的快速成长和对 Micromax 未来的乐观预期。在 2016 年的年中，Micromax 的联合创始人 Vikas Jain 透露有意进军中国市场，以实现该公司 2020 年跻身全球前五大手机品牌的目标。

那一年，Micromax 是印度市场举足轻重的手机品牌，出货量近千万部手机。按 IDC 数据，2016 年印度的智能手机出货量为 1.09 亿部。Micromax 以 8.8% 的份额位列第三大市场品牌，排在它前面的是韩国的三星和中国的联想（包括摩托罗拉）。紧随 Micromax 排在市场第四位的是印度另一家手机品牌 Reliance Jio，排在第五位的则是中国的小米。

没人能想到，三年后，Micromax 和 Reliance Jio 在印度手机市场上都会变得无足轻重。在激烈的品牌对抗竞争中，这两家手机厂商消失在各类市场调研公司的销量排行榜里。

IDC 的数据显示，小米手机以 1 260 万部的出货量位居 2019 年第三季度印度市场首位，市场份额为 27.1%；三星以 880 万部的出货量位列第二，此后则是 VIVO、Realme 和 OPPO。前五大品牌拿走 87.3%的市场份额，Micromax 与 Reliance Jio 泯然众人矣，与其他所有手机品牌一起分得 12.7%的残羹。

2019 年 11 月 25 日

分享链接

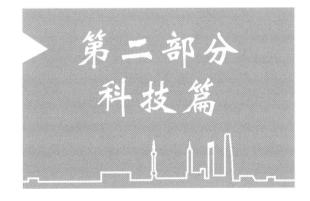

一、一佳之言

刘 佳 | 第一财经科技主编，长期观察和研究科技领域，融合科技与财经的多元视角，深入报道科技产业的变化、商业故事等。
liujia@yicai.com

7个月3次架构调整：
雷军释放了小米未来的哪些信号？

　　从去年7月9日雷军在港交所敲响加大版铜锣至今，7个多月的时间里，小米已经进行了三次组织架构调整。

　　第一次是在上市后两个月。在组织上，小米新设了集团参谋部和集团组织部；业务上，原来的电视部、生态链部、MIUI部和互娱部4个业务重组成包括电视部、生态链部、NB电脑部、智能硬件部、IoT平台部、有品电商部以及4个互联网部门等共计10个部门。

　　第二次是在去年12月，小米将销售与服务部改组为中国区，小米高级副总裁王川兼任中国区总裁，任命多名高管分别负责线上销售、线下销售以及国际业务，原销售运营部分拆分为两个部门，分别负责手机以及电视、生态链等业务。

　　最新一次是在春节后，类似去年9月小米集团的架构调整，小米手机部也成立了参谋部，朱磊为参谋长，负责手机业务销售运营、业务经营分析、成本核算等业务，向小米总裁林斌汇报。产品成本部并入手机部参谋部。此外，小米集团也正逐步推动管理层级化落地。

　　三次架构调整层层递进，透露了小米未来发展的哪些信号？

　　第一次调整，很容易让外界联想到2013年年初阿里巴巴的那次拆分，当时，阿里刚刚组建不久的 7 大事业群拆分为天猫、物流、航旅、聚划算等 25 个事业部。通过这次变革，阿里的业务变得更加垂直细分，管理上分散放权，提拔新人。这也是当年马云卸任 CEO 一职、阿里 IPO 前最重要的一次铺垫。一年后，阿里移动端经历爆发式增长，淘宝、天猫、聚划算等业务的营收和利润实现大幅增长。

变化才是最好的稳定。对小米而言，创业初期，站在风口的小米像一条挤进沙丁鱼群的鲶鱼，以搅局者的角色进入手机领域，直接刺激了一众互联网大佬陷入躁动，一旦遭遇市场变化，"唯快不破"的粗放模式将令它经历一段低迷期。此后供应链和渠道暴露出的问题，其实与管理密不可分。

用雷军自己的话说，早期的小米打法有点像游击队，但今天小米营收过千亿元，员工近两万，再靠打游击肯定不行了；要能打运动战、相持战，更要能打大兵团作战。

具体而言，第一次调整主要释放三个信号：一是让有丰富作战经验的几个合伙人回到集团总部，强化小米的"大脑能力"和集团效率；二是让一大批"听得见炮火"的年轻管理干部站到一线，也开始建立一整套发现、培养、提拔人才的长效机制，激发组织活力；三是伴随着业务的化整为零，小米的业务线更加扁平和清晰，精细化经营有利于挖掘各个细分业务成长空间。

从业务划分来看，10 个业务中包括 4 个互联网部门、4 个硬件产品部、1 个技术平台部和 1 个消费升级的电商部。这也说明互联网、IoT、新零售将是小米未来的关键词。

值得一提的是，上市前一直强调自己"互联网属性"的小米曾面临不小争议。组建 4 个互联网部门足见其对"互联网"标签的决心。从财报上看，互联网业务给小米贡献了不小的利润。

变革不是一劳永逸。第一次架构调整涉及 4 个部门的人员近 5 000 人，只占小米员工数的四分之一。第二次架构调整主要涉及上次未调整的手机部、销售与服务部。

第二次调整的亮点之一是王川受命挂帅中国区，透露小米继续加码中国市场的信号；第二则是对国内销售渠道体系的重新设计，成立的 2 个销售部门也显示了小米在手机业务外，生态链 IoT 业务权重提升，为未来的 IoT 行业爆发期作战略准备；第三是国际化业务的加速展开。

调整背后透露着小米的焦虑。去年第三季度里，小米在国际市场收入增速超 100%，营收占比超过 40%，但中国手机市场大环境并不乐观，小米手机在中国市场下滑 11%，此外，智能手机销售收入的营收占比也在持续走低。而生态链 IoT 将成为小米接下来的增长驱动力。可以看到的是，第二次调整后不久，小米就宣布了"手机+AIoT（人工智能物联网）"双引擎战略作为未来五年的核心战略。

第三次调整主要聚焦手机业务，特别是加强了对包括元器件在内的手机研发体系的打造。

目前，手机业务依旧是构筑小米模式的底盘，但小米已经不再是那个一味追求极致性价比的小米了。联系到年初红米 Redmi 品牌独立，就是基于这一考虑，雷军通过把小米系列"解套"，独立出的红米仍主打性价比，小米开始上攻高端手机市场。不过接下来，还要看用户是否真的买账。

总体来看，小米三次架构调整包括从组织架构到产品线布局、梳理再到小米长期盈利模式调整等多方面内容，同时也不排除有加强市值管理的意思。上市至今，小米的股价仍旧未表现出强劲的势头。和上市首日 3 759 亿港元的市值相比，目前小米市值约在 2 600 亿港元左右。

不过，改革是个渐进的过程，势能的释放需要时间。雷军曾说，未来 2 年内，小米肯定还会陆续进行一系列调整和优化，也需要在各个组织维度上全面进行的工作。"建设不好组织体系就是风险管控远远不足，这事关企业的生死存亡。"

但时间不等人，去年第四季度，小米在中国智能手机出货量被苹果反超，跌至第五，市场份额从 13.9% 下滑至 10.3%。而现在，距离雷军在 2018 年年初喊出的"十个季度内重回国内市场第一"已经只剩一半的时间了。

2019 年 2 月 19 日

分享链接

雷军输了"10亿赌局"，但 IoT 的竞赛才刚刚开始

格力去年营收领先小米 251 亿—261 亿元，这接近于格力去年一年的净利润（260 亿—270 亿元）。

下次见面，不知性格耿直的董明珠会如何让雷军履行"赌约"。

2013 年 12 月 12 日的年度经济人物评选上，小米董事长雷军和格力集团董事长董明珠立下一个"赌约"：如果 5 年之内，小米的营业额击败格力，董明珠输给雷军一块钱。

董明珠立即回应："我跟你赌 10 个亿。"

3 月 18 日，这场长达 5 年、已经上升为互联网业挑战传统制造业的"10 亿赌局"终于基本揭晓答案——董明珠赢了。

根据小米最新发布的 2018 年年报显示，小米去年实现总营收 1 749 亿元人民币，同比增长 52.6%。

格力还未正式发布 2018 年年度报告，不过此前格力电器发布的业绩预告显示，该公司 2018 年全年营业总收入在 2 000 亿—2 010 亿元，归属上市公司股东的净利润在 260 亿—270 亿元。简单计算，在去年第四季度，格力的营业收入约在 513 亿—523 亿元，净利润在 49 亿—59 亿元。

这意味着，在 5 年赌局最后一年的 2018 年，格力整体营收领先小米 251 亿—261 亿元，接近于格力去年一年的净利润。从市值来看，当日格力以 2 840 亿元人民币市值略胜小米 2 915 亿港元（约合 2 491 亿元人民币）的市值一筹。

没有谁是永恒的赢家，也没有谁是真正的输家。过去 5 年时间里，二人每一次公开场合对于赌局的回应、每一次财报业绩发布的较量，都赚足了业界眼球。

"10 亿赌局"最初是以格力为代表的传统制造模式和以小米为代表的互联网思维模式的碰撞，但时间早已将这两家公司重构——5 年时间里，曾经打

出"互联网思维"的小米愈发重视线下渠道和供应链，除了手机，它还投资生态链公司，做了空调及一系列 IoT 产品；而重资产的格力也加强了互联网思维，开起了网店，踏上了多元化道路：造新能源车、投资芯片，还做起了小米的主业——手机。

如果把时间拉回 2013 年，刚刚立下赌约时，不少人替小米捏了把汗。这一年，格力的营收已经突破 1000 亿元，小米只有 316 亿元。雷军曾说，自己的信心来自轻资产。第一，小米没有工厂，可以用世界上最好的工厂；第二，小米没有渠道，没有零售店，可以采用互联网的电商直销模式；第三，小米可以把注意力全部放在产品研发和用户交流上。

走单品爆款、高性价比、互联网营销路线的小米，在立下赌约的第二年就超过了三星，坐上国内智能手机市场的头把交椅。但"唯快不破"的小米，逐渐暴露出因为"基础设施建设"不够牢固而引发的问题，没有自建工厂、对供应链掌控乏力多次导致手机断货，2016 年，小米首次跌出全球出货量前五，并在此后重整，重新恢复增长，实现反弹。

在瞬息万变的手机行业，由于智能手机市场整体放缓以及小米自身业务调整、架构拆分等多方面原因，去年第四季度，小米在中国智能手机出货量被苹果反超，跌至第五。现在，距离雷军在 2018 年年初喊出的"十个季度内重回国内市场第一"只剩一半的时间。

5 年里，格力多元化步伐加快：30 亿元参与闻泰科技收购安世半导体项目；拉上万达老板王健林和京东老板刘强东一起入股银隆；推出格力手机……不断向智能装备和机器人、智能家居、新能源产业延伸。

但多元化随之而来的挑战也不小：银隆陷入纠纷之中，造车前路曲折；未来芯片和手机业务的投入意味着各种费用成本的加大；房地产市场疲软的情形也为 2019 年的空调行业蒙上阴影。从格力的业绩预告看，第四季度格力营业收入约增长 38% 左右，但净利润大跌近 30%。

有意思的是，尽管小米和格力互相进入对方主业，但二者多少有点"水土不服"。例如，小米生态链做空调，董明珠毫不客气地回应："如果你的质量没有别人好，技术没有别人强，才会感觉到有压力。"而格力做手机，放到现在红海厮杀的智能手机市场里，也没有掀起多大浪花。

但二者互相进入对方主业的一个共同点是：都押注了智能家居领域。

智能家居是董明珠对格力未来布局的重要一步，除了空调，格力还推出冰箱、洗衣机、电饭煲等厨房电器和小家电。她未曾放弃的手机业务，其实肩负着实现这些家电互联互通、智能家居生态闭环的关键一步。

  对小米而言，手机行业也许不会再高速增长了，它已开始调整自己的商业节奏，今年把 AIoT 业务和手机业务一起放到小米未来 5 年的核心战略。雷军对外表态，未来 5 年，小米将在 AIoT 领域持续投入超过 100 亿元。

  智能家居及其背后丰富的应用场景、大数据等，无论对格力还是小米，都意味着不小的想像空间。根据市场调研机构智研咨询预测报告，2018 年中国 IoT 行业市场规模突破 2 万亿元，到 2022 年将接近 7.2 万亿元，物联网将对各行业产生间接价值，产业规模到 2025 年将占到国内经济总产值的 11%。

  对于小米、格力还有 IoT 赛道上众多的竞争者来说，智能家居这场仗刚刚开始。不知雷军是否要约董明珠再赌下一局？

2019 年 3 月 19 日

分享链接

硅谷的世界不只有"996"

成功并非只有"996"一条路径。

"工作996，生病ICU。"当互联网公司的程序员们在论坛上声讨"996"时，远在硅谷的工程师K，每天下午5点已经下班回家看娃了。

K在Facebook做了多年的工程师。当我问他硅谷是否流行"996"时，他告诉我，在硅谷，尤其是大公司，加班并不常见。除非真的遇到特殊情况，大家基本上自觉自愿地加班。

"只要是大家都流程合理，其实不怎么用加班。很多加班都是内耗，内部流程不合理、会太多。"K对我举例，在Facebook，只要能完成自己的工作内容，公司会给员工很大的自由度。而且大家也不使用很可能会拉长工作时间的微信、钉钉，工作沟通基本靠邮件和电话。

之前K的妻子生了宝宝，Facebook给他放了4个月的产假陪伴家人。

另一位在硅谷巨头公司上班的朋友J，可以选择在家办公，听上去是不错的福利。但说白了，就是没有下班的时间，遇到关键的项目，也是需要24小时进行监控。

不过，总体而言，硅谷巨头们并没有形成"996"的文化。这里面可能还有法律的因素。Centre Gold Capital管理合伙人陈洁提到，在加利福尼亚州，如果雇主要求员工工作超过8个小时，超出部分必须支付1.5倍工资；如果超过12小时，超出部分必须支付2倍工资。此外，加州法律要求所有公司必须把劳动法和举报电话贴在公司，在这样的情况下，想要形成"996"的文化几乎不可能。

不仅如此，有了像Glassdoor这样对雇主的点评网站，如果一家公司常常加班、员工福利差，很可能会得到无数的差评和低分，这将影响公司未来的招聘。

既然在硅谷巨头们没有"996"文化，为什么这里诞生了众多全球顶尖的科技公司，而且并没有失去创造力？

K总结说，因为大家有更多时间进行深度思考并积累一些别的知识。

他告诉我，在 Facebook，周三是无会日，公司鼓励员工深度思考。而且硅谷没有太多灯红酒绿，程序员也不常出差。每天晚上，他和家人都会留出时间读书、学习和思考。

很多学科的底层逻辑是相通的。"我会告诉你我看小说也会对我做工作有帮助。这些东西一是促进你思考，二是让你活得越来越'像一个人'，也就是在商业生活中有自己的风格。" K 说。

开放自由的创新文化直接影响了科技公司对新产品和新技术的思考方式。比如，早年前谷歌有个做法：允许工程师抽出 20% 的时间，根据兴趣自己确定研究方向。包括 Gmail、AdSense、谷歌艺术计划等不少项目都由此而来。

当然，K 的经历并不是硅谷工程师们的全部。和科技巨头的员工不同，硅谷的创业者是另外一个"世界"。

根据 K 的观察，硅谷分为两类：大公司的员工往往准时上下班，在他眼里，硅谷的男人很可能是带娃主力，甚至餐馆都能看到男人喂孩子吃饭；但硅谷创业者和国内为了梦想而奋斗的创业者们几无差别。

K 也曾经历过创业，他不会要求员工加班，但他自己每天工作到凌晨一点。

投资了不少初创公司的陈洁也说，自己其实是"007"（零点工作到零点，持续工作七天）的状态，他投的大多数初创公司都很拼，"只要有事情，在任何时间找他们都会得到回复"。

硅谷知名基金 Fusion Fund 创始合伙人张璐举例，她投了一家美国生鲜电商 Grubmarke，创始人 Mike Xu 每天只睡三四个小时，就连晚上 11 点和投资人开完会后，也会再开车回旧金山办公室继续工作。当然，努力付出也得到了回报，Mike Xu 花了短短 4 年时间就把公司的年收入做到将近 2 亿美元。

张璐也提到一些细微的差别，在美国，不是每个创始人都愿意在周末见投资人，但国内的创业者一般都是可以的。

讨论了以上几种不同的情况，究竟是像在硅谷的 K 这样工作，还是以"996"的方式奋斗，两种选择谁对谁错其实并没有定论。

在新一轮的创业比拼中，中国科技从业者的努力程度超出常人，业务确实冲得越来越快，而且他们不再是硅谷的模仿者。比如，我们的移动支付已经走在世界前列，我们有人工智能最广泛的应用场景。在快速成长的过程中，"996"的工作状态会成为企业一个巨大的优势。而且，在"唯快不破"的创业时代,慢下一步,很可能分分钟就被竞争对手淘汰。

之前,雅虎创始人杨致远就和人讨论过,他以为硅谷工作很努力,看到中国创业者"996"后还是感到惊讶。"这些是你正在与之竞争的公司,但你能跟得上吗?"

成功需要努力奋斗,但可能不只有"996"一条路径。Facebook、谷歌、亚马逊并没有"996"文化,这些巨头们至今仍保持着创造力。

有时候,方向比努力重要。

2019 年 4 月 15 日

分享链接

"甲骨文们"为什么输了?

"(你)失去的是一块面包,得到的是一个面包店。"

甲骨文中国裁员的第二天,当员工们拉起横幅高喊"High Profit, Why Lay off(高利润为何裁员)",抓住机会的招聘网站开始隔空喊话了,要给他们办个"甲骨文人才专场"。

有人说,这才是互联网的玩法。

上一次,这么引人关注的"抢人"发生在雅虎北京全球研发中心身上,科技企业们甚至直接派 HR 团队去它楼下"抢人"。

从雅虎北研、亚马逊中国电商,再到甲骨文中国,科技巨头们折戟中国市场,到底输在哪儿了?

一是关乎企业领导人目光是否长远。创新工场创始人李开复曾有过解读,中国是一个大市场,要有耐心,但美国公司在全球的业务通常以盈利为优先考虑,经济不景气时在所有地区缩减业务规模。但是这些举措被证明无一不是丢西瓜捡芝麻。短期看确实是节省了一些钱,但长远看是把市场份额拱手让给竞争者。一个典型的例子是:美国在线曾两度进入中国市场,都因为自身财务问题退出,但是中国市场此时却在蓬勃发展。

二是本地团队没有被充分赋予自主权,全球流程过于缓慢。中国互联网市场一向竞争激烈,狼性的本土创业者不在少数,如果不被充分授权,建立一支快速反应、熟谙中国市场游戏规则、战斗力强的团队,"兵败"其实也在情理之中。

多年前一位亚马逊员工离职时,曾对记者讲起一个例子:2012 年夏天,一场特大暴雨袭击北京,广渠门附近发生一起司机被困车中无法破窗导致丧生的惨剧。本土电商网站紧急专题上线了逃生应急工具,但亚马逊要想这么做,等走完漫长的流程,"黄花菜都凉了"。

再如,谷歌要求在涉及产品、数据中心、用户界面甚至是 Google 首页图片标识等问题,全都需要总部批准。

三是即便跑赢了同类竞争对手,却可能输给了时代。

作为全球第一大软件公司的微软，曾和英特尔一起组成 Wintel 联盟，主导全球 PC 市场，但二者错过了移动时代。直到 CEO 纳德拉开始"移动为先，云为先"的全面转型，在近日登顶全球市值第一。对于仅次于微软的全球第二大软件公司甲骨文，面临的挑战并不算小。

一方面，以甲骨文为代表的传统商业数据库，最直接的挑战是价格高、运维难度高。

还记得去年年底亚马逊 AWS re:Invent 大会上，AWS CEO 安迪·加西对甲骨文创始人拉里·埃里森那番调侃。他直言："像甲骨文那样的老数据库和像微软那样的 SQL 服务器又贵又不好用。"在他眼里，甲骨文在全球云计算市场份额太低，已经不是它真正对手，微软、阿里巴巴、谷歌才是。

不久前，阿里云智能总裁张建锋曾对记者回忆，阿里当年"去 IOE"的一个逻辑是：如果要做扩容，一定要一倍一倍地扩容，每增加一倍，就意味着几千万的投资进去。但从实现扩容的那一刻到容量用完的那一刻，中间的时间非常长，可能有 50% 的时间一直是处于容量不足的情况，造成极大浪费。

另一方面，这已经不单纯是企业成本问题，更重要的是，很大一部分企业对计算的需求难以通过 IOE 提供的技术来满足了，这将制约企业的长远发展。

当年的"双 11"，阿里曾是甲骨文亚洲最大的客户。但它在 2010 年"双 11"遭遇惊魂一刻，数据库差 4 秒就崩溃的情形让支付宝技术团队意识到，当年使用的 IOE 商用设备、开源软件，已经完全不能适用于"双 11"交易量指数级增长对技术支持的要求。如果靠堆砌服务器扛过支付洪峰，成本将是天文数字。

甲骨文过去的队友变成了对手，AWS、阿里云都推出了自己的云原生数据库。而此时，甲骨文向云计算转型的步伐慢了。

时代抛弃你，连声招呼都不打。根据 Gartner 预测，到 2023 年，全球 3/4 的数据库都会在云上运行。

2019 年 5 月 9 日

分享链接

从贾跃亭到冯鑫,风口明星为何跌落?

暴风集团创始人冯鑫和乐视创始人贾跃亭,都曾在公开场合拿起麦克风高唱《野子》。他们自认这首歌仿佛是为自己量身定做,唱出了不被外界理解的心声——为了梦想不畏艰难,迎风奔跑,大风越狠心越荡。

当然,不看好他们的人还有另一种解释:互联网老板们之所以都喜欢这首歌,因为里面有一句歌词是——"吹呀吹呀"……

站在风口,猪也能飞起来;风口过了,摔下去的,也是猪。

两个山西商人有不少相似之处:从做视频相关业务起家,一度备受股市追捧尝尽甜头,都选择从内容跨界切入硬件、服务等生态布局,同样因冒进的模式和孤注一掷的做法导致资金链濒临断裂,最终从风口跌落到冰冷的地面,一地鸡毛。

有意思的是,冯鑫曾在某节目中被问及如何评价乐视和贾跃亭。他说两人的思维方式相近,自己最大的问题就是如何控制心里浮躁的欲望,贾跃亭也一样,他如果真的要改变,就得控制自己的欲望,如果完全不理个人欲望、名和利本身应该具备的逻辑,做事就会变样。

道理大家都懂,但知易行难。这或许可以解释贾跃亭为什么坚称"七个子生态一个也不能少",冯鑫为什么一定要收购MPS(英国体育版权公司)。

在乐视的故事里,贾跃亭不断"造"新概念、生态新项目,凭借乐视网大股东的身份,通过抵押股权、上市公司连带担保等方式,为新项目不断吸纳新资金,直至"击鼓传花"的游戏无法继续,乐视急转直下,孙宏斌也难救。

冯鑫也曾站上资本市场的高光时刻,连续涨停的暴风科技市值一度达188亿元,相当于当时的5个迅雷,和优酷土豆32亿美元的市值接近。但包括冯鑫个人原因、从VR到电视到国际化等战略布局过广、A股环境变化等因素聚合,暴风科技陷入亏损,一路下行。

2016年与光大资本投资有限公司共同发起的收购MPS一事,成为风暴的核心。

收购 MPS 曾被冯鑫视作暴风科技入局体育产业的"最后一张入场券"。为了收购，两家公司联合设立了上海浸鑫基金，以 2.6 亿元撬动 52 亿元。但现在回过头看，这笔海外收购犯下不少错误。例如，被浸鑫基金收购时，收购方并没有与 MPS 原管理层签订竞业协议，以至于 MPS 三大创始人拿到大量现金后集体离职；风险预估不足，MPS 集团面临不少体育赛事直播版权到期问题，版权的延续性不足成为一大隐忧。更有传闻称，冯鑫在此项目的融资过程中存在行贿行为。

直至 2018 年，MPS 被破产清算，52 亿元打了水漂，众多金融机构被拖进泥潭。随后，光大证券将暴风集团和冯鑫告上法庭。

但暴风名下早已无可执行财产。此前，北京市海淀区人民法院通过财产调查系统对暴风集团股份有限公司的银行存款、车辆、房产、股权及其他财产进行调查，未发现暴风集团有其他可供执行财产，决定将暴风集团纳入失信被执行人名单。

事后，暴风早期的投资人蔡文胜评论道："有些创业者不了解规则，会同意签订'个人连带责任'，这个是最大隐患，特别是国内机构和银行，经常都有这个条款，创业者必须三思后行。"

创业者不了解规则是一方面，但更大的挑战恐怕在于"如何控制心里浮躁的欲望"。从乐视到暴风，不断地吹出一个大一个的"泡泡"，引入一轮轮资金，为"生态"业务一次次"输血"，蒙眼狂奔直至泡沫破裂。他们都忽略了：只有回归商业常识，保持理性，才能战胜非理性的市场。

据说，冯鑫喜欢《道德经》，工作方法的源头也来自《道德经》。在一次分享上，他曾提到要顺应天道，"任何事物只要有名就必有生有壮，然后有老有死。比如暴风一定会死掉的，是吧？"

一语成谶。但如果现在的暴风就此"死掉"，相信这不会是冯鑫所愿看到的方式。

2019 年 7 月 29 日

分享链接

二、如数家珍

王 珍 | 第一财经高级记者，毕业于中山大学中文系，追踪家电行业新闻超过十年，对家电业的上下游及显示面板行业有深入了解，重点关注物联网时代智慧家庭、智能制造等话题，剖析跨国公司的模式与经验，并为中国家电企业成长为世界巨头鼓与呼。
wangzhen@yicai.com

折叠柔屏的世界，与其碰瓷不如合作

这周，柔宇与小米关于谁第一个推出可折叠手机的纷争"霸屏"。然而，这种争执的实际意义不大。螳螂在前，黄雀在后。究竟谁是全球第一个量产可折叠手机的企业，春节后就会见分晓。柔宇与小米的纷争，只是可折叠手机大战的一道"前菜"。

从发布时间看，柔宇 2018 年 10 月 31 日发布可折叠手机柔派，可以说抢先一步。而小米总裁林斌 2019 年 1 月 23 日公布了小米双折叠手机的视频。由于柔派是屏幕对半外折，是一折；而小米是屏幕两边同时往背后外折，是双折，所以，小米宣称推出第一款双折叠手机也无可厚非。

问题是，柔派说量产有点牵强，无论在天猫还是京东，都没有公开销售；在柔宇的官网只有预售，单台售价 8 999 元，也可先支付 1 000 元定金，货到支付尾款，定金不退还。柔宇去年 10 月底称，开始销售柔派工程机，面对消费者的产品两个月后发货。如果 2018 年 12 月 31 日开始面向消费者销售，现在应该有消费者收到柔派，但是网上没有任何一条用户评论。而小米的双折叠手机离量产就更远了，林斌还在为它征集名字呢。

真正的大玩家也许会"后发先至"。今年 2 月底的巴塞罗那通信展上，三星、华为都将发布可折叠手机。由于三星手握全球九成的柔性 AMOLED 屏产能，技术上多有储备，业界预计三星将发布首款量产的可折叠手机。而华为将发布首款 5G 可折叠手机，拿"第一"的称号也不难。

其实，发布可折叠手机的样机不算难，真正的难点在性能、寿命、产能、配套和价格五个方面。

北京交通大学光电子技术研究所教授徐征认为，相比于液晶屏，柔性是 AMOLED 屏的最大优势。不管一折、两折还是三折，内折还是外折，总之都是对柔性屏性能的考验。由于外折弧度比内折大，所以，内折才是真正的折叠。另外，寿命也是考验，样品可以折叠，真正的手机产品可以挺多久？

作为小米双折叠手机背后的屏供应商，维信诺副总裁黄秀顾去年 9 月 20 日在 2018 中国显示学术会议上演讲时，曾掏出一部可折叠手机的样机，引发现场骚动。黄秀顾当时坦言，柔性显示还面临诸多挑战，一是产品形态，二是市场接受度，三是硬件，四是材料。例如，柔性显示需要电路、基板等相关配件的支持，这些配件也需变为柔性，所以，柔性显示需要产业链上下游协同创新。

价格与产能也是"拦路虎"。奥维云网（AVC）资深分析师哈继青表示，可折叠手机的价格降下去，消费者认可度高，自然就会起量。目前，可折叠手机还处于起步阶段，今年销量可能刚过百万级别，在全球 14 亿台手机出货量中占比甚微，毕竟，现在的价格、形态还不太符合消费者的预期。

不是否定柔宇的创新。事实上，今年 1 月在美国拉斯维加斯举行的 2019 美国消费电子展（CES）上，柔宇有许多柔性显示的创新应用，让人眼前一亮。号称全球第一款可折叠手机的柔派引来许多观众排队体验。此外，还有镶嵌了柔性屏的 T 恤、帽子、手提包、智能音箱、电梯等。可卷成笔状的透明柔性键盘也将在今年第二季度推出，其创新精神可嘉。

不过，相比于中国企业的高调"碰瓷"，被柔宇 CEO 刘自鸿公开点名称最有资格做可折叠手机的三星、LG 却比中国企业低调。

三星电子相关人士去年 10 月曾向笔者表示，三星已经掌握可折叠手机的技术，尚未发布主要是考虑到实用性，希望赋予可折叠手机除折叠之外更多的实用价值，所以先"忍一忍"。

LG Display 在 2019 CES 的展厅内也没有展示可折叠手机屏，只展示了智能手机屏的最新趋势，即从"刘海屏"到"针孔屏"，再到"全面屏"；柔性 OLED 屏则展示了车载应用。当被问及 LG 为何不展示可折叠手机屏时，LG Display 的专家吕相德向笔者微微一笑说，这涉及客户的商业机密。

据奥维云网的研究报告，苹果手机继三星之后，将逐步引入 LGD、BOE（京东方）的柔性 AMOLED 屏，避免依赖三星的柔性屏；而华为预计 2019 年 P 系列和 Mate 系列的旗舰机型全部用刚性 AMOLED 屏，柔性 AMOLED 屏也将逐步引入 LGD、BOE 的面板资源，同样为了避免依赖三星。

据群智咨询的报告，从全球最新的 4.5 代—6 代 AMOLED 面板产线投资情况看，三星产能最大，LGD 产能也不少，中国的 BOE、维信诺等急起直追。三星 6 代线的 AMOLED 屏月产能将达 31 万张基板；LGD 的月产能将达 10.5 万张基板；BOE 到 2020 年在成都、重庆、绵阳三条 6 代线的月产能将达 14.4 万张基板，在福州将再建一条 6 代线；维信诺继固安 6 代线投产后，又将在合肥新建 6 代线。

国内某面板企业的内部人士直言，AMOLED 屏现在是"抢三强"的关键两年。正如徐征教授所言，为什么 BOE、维信诺的 6 代线一个工厂接一个工厂地投资？因为对于手机厂来说，选择 AMOLED 屏供应商，一是看其可折叠屏的技术能否过关，二是其产能能否满足手机厂的需求。

从全球手机屏的技术潮流看，2019 年流行"针孔屏"，2020 年将是真正的"全面屏"；在"全面屏"之后，才是可折叠手机。全球 AMOLED 手机屏生产线的产能，也将从 2020 年开始暴发。

所以，柔宇、小米发布可折叠手机都是提前"卡位"。作为 2012 年才成立的新生代柔性屏供应商，柔宇的 5.5 代柔性 AMOLED 屏生产线去年投产，其规划产能是每月 1.5 万块基板，比三星、LGD、BOE、维信诺等的 AMOLED 屏产能少很多，所以，它干脆直接切入手机领域，并喊出"折叠下一个十年"的口号。

这次小米与柔宇的"碰瓷"引发了公众对可折叠手机的关注。不过，为了抢占下一代手机和显示技术的制高点，中国企业与其相互揭短，不如携手加快 AMOLED 供应链协同创新，以免又落于人后。

2019 年 1 月 31 日

分享链接

乐视网退市，贾式故事时代终结

不断地吹大一个又一个"泡泡"，融入一轮又一轮资金，为"乐视生态"一次又一次地"输血"，延续"生态故事"一个又一个神话……这样贾跃亭式的"神话故事"，在深交所作出乐视网（300104.SZ）暂停上市决定的这个初夏，正式终结。

5月10日，深圳证券交易所发布公告称，乐视网因触及《创业板股票上市规则》的相关规定，深交所决定自2019年5月13日起暂停乐视网股票上市。

这家曾经的创业板龙头企业，鼎盛时期的市值曾达到1 700亿元。如今黯然离场，停牌前股价只有1.69元，市值收缩至67.42亿元，只有顶峰时期市值的4%。

乐视网当晚公告称，暂停上市后，如果2019年乐视网的净利润为亏损、净资产为负、审计报告被出具保留意见、被宣布破产，或者被立案调查认为存在重大信息披露违法等强制退市情形，乐视网可能存在终止上市的风险。

种种迹象显示，乐视网在2019年"翻身"的可能性甚微，除非贾跃亭及时偿还其关联公司所欠乐视网的巨额应收款，同时，乐视网重新找到核心主业、经营层面恢复良性循环。

目前的乐视网千疮百孔、债台高筑，2018年乐视网净资产为-30.26亿元，净利润为-40.96亿元；同时，对供应商、服务商等的欠款约33.55亿元，长短期借款5.55亿元，其他流动负债约33.04亿元；而大股东贾跃亭及其关联企业对乐视网的欠款28亿元，至今始终未有实质性的解决方案。

所以，如今暂停上市，只是乐视网走向彻底退市的又一个步骤。

谁一手建造了这幢"大楼"，又一手毁了它？乐视网的创始人、大股东贾跃亭难辞其咎。他曾经登峰造极，6年前的2013年5月，乐视超级电视以黑马姿态闯入彩电圈，2016年的销量便直逼600万台，似乎眼看就要颠覆整个彩电业的竞争格局，连TCL电子当时都找乐视来战略入股。

贾跃亭的"硬件亏本、内容贴补"的生态玩法，曾经攻城夺寨、势如破竹,而且追随者众。在乐视之后,小米、微鲸、PPTV、暴风等纷至沓来,当年一下子涌现十多家新的互联网电视玩家。

笔者的一位朋友就曾在这股互联网电视的热潮中,从一家传统彩电企业辞职,"转会"到新兴的互联网电视公司。没想到,眼看他起高楼,眼看他楼塌下。在乐视风波之后,互联网电视的"神话"破灭,资本市场由热转冷,这位朋友进入的互联网电视公司也于今年春节前后结束了电视业务。

任何自身不创造价值,依靠讲故事、资本"输血"的所谓商业模式,最终都不长久,迟早会在"泡沫"吹破之后,从高空跌落到冰冷的地面。贾跃亭、乐视网和乐视生态就是一个典型的反面教材。

一位曾经的乐视超级电视经销商、LePar(乐帕)合作人告诉笔者,贾跃亭曾把手握乐视超级电视经销权的 LePar 公司从乐视网剥离,经销商的货款都打入乐视控股的相关账户,资金在乐视网"体外"打转,可能流入乐视手机、乐视汽车等新的项目。

贾跃亭不断"造"新的概念、乐视生态的新项目,乐视网在美好"故事"的烘托下,市值扶摇直上。贾跃亭凭乐视网大股东的身份,通过抵押股权、上市公司连带担保等方式,为新项目不断吸纳新资金。一个例子就是,乐视网为乐视体育、乐视云的股东违规承担担保,涉及巨额担保赔偿。

只要"击鼓传花"的游戏延续,不断有新项目吸引到新资金,乐视生态就能维系,哪怕生态里的项目自身并不盈利。但是当彩电市场变冷,叠加资本市场变冷,乐视的资金链就断了,轰然倒下。

现在,哪怕是新兴互联网电视阵营里尚存的小米,也不会"硬件亏本"。2019 年,中国互联网电视广告市场的规模有望大幅增长,智能大屏的价值实现曙光窄现。但是,无论是酷开、KKTV、VIDAA 等传统电视的互联网子品牌,还是依靠融创集团、重新出发的乐融 Letv,在积极做大智能电视内容、服务"软件"收入的同时,谁也不敢再踩"硬件亏本"的"雷区",顶多成本打平,因为乐视已是沉痛的前车之鉴。

世界上从来没有"救世主",除了自己。孙宏斌两年前斥资约 150 亿元"拯救"乐视系,没料到贾跃亭在乐视网挖的坑这么深,对乐视网的巨额欠款也不还。孙宏斌旗下的融创已经"釜底抽薪",去年获得超级电视业务所在乐融致新公司的控股权,乐融致新今年已不再纳入乐视网。乐视网已几乎变为没有核心主业的空壳。仍在忙 FF 项目的贾跃亭,如果偿还乐视网欠款,乐视网也许还有一丝"生还"的希望，否则，乐视网彻底退市、贾跃亭所持股权"化水"，都将不可避免。

2019 年 5 月 12 日

分享链接

中国显示面板业如何从大到强？

全球显示产业年度盛会 2019 国际显示周（SID）本周五在美国圣何塞落幕。来自中国大陆、中国台湾地区、韩国、日本的亚洲企业继续成为主角，尤其是中国力量的崛起势不可挡。今年第一季度，中国半导体显示面板的出货面积首次超过全球市场份额的一半，达到 50.1%。

在 2019 SID 的展览上，京东方（BOE）、华星光电、天马、维信诺等中国大陆显示面板企业，声势越来越大。五年前，京东方在 SID 上还没有展位，今年却占据展会入门处的显眼位置。

从无到有，从小到大，从跟随到领先，中国已是半导体显示大国，但要成为强国，还需努力。

首先，要从量的领先逐步转变为质的领先。

2019 年一季度，中国大陆面板厂的出货面积首次超过全球面板市场出货面积份额的一半。国内投资剧增，也导致全球显示面板业供过于求，价格下降，令主要的面板上市公司 2019 年一季度的利润下滑。所以，不能再盲目扩产、提升规模，而应注重技术力、附加值的提升。

未来，韩国面板厂将会陆续把现有 LCD（液晶）面板生产线进行改造，聚焦于 OLED 领域，与中国大陆面板厂进行差异化竞争，市场份额将有所丢失，但利润上将比中国大陆厂商更有潜力。因此，中国大陆厂商需要用新技术、新应用去打开市场，有效消化产能，利润才会逐步回升。

其次，要在下一轮成长曲线中实现再次超越。

从 2019 SID 看，4K/8K 超高清显示、柔性显示仍是未来行业发展的两大方向，同时显示的应用领域更加多元化。除了电视、手机、个人电脑、平板电脑、显示器五大传统领域，车载显示方兴未艾，工业互联网、智慧医疗等新兴显示应用领域也潜力巨大。

今年首季，京东方在上述五大传统领域的液晶面板出货面积均居行业首位；华星光电 55 英寸液晶电视面板出货量也居行业第一。不过，当前全球彩电、智能手机、平板电脑市场增长放缓。今年年初，可折叠手机、"8K+5G"

掀起风潮，中国企业当下关键看能否在 8K 显示、柔性 OLED、车载显示等新一轮成长曲线上再次实现赶超。

在 2019 SID 上，京东方、天马等都在车载显示上发力。京东方的智慧座舱内，由 12.3 英寸柔性 AMOLED 面板拼接的三联屏，带来更好的影音娱乐体验，柔性 AMOLED 屏还应用于透明 A 柱、后视镜等领域。天马则展示了透过率超过 60% 的 7.56 英寸 AM MicroLED 显示屏，MicroLED 以高稳定性、长寿命的特点，适用于超高清的车载主驾驶抬头显示。当前，三星、LG Display 依托在 OLED 上的先发优势，也都在车载显示领域积极扩张，中外企业的新一轮较量已经展开。

最后，要从效率领先过渡到技术创新领先。

中国大陆显示面板企业过去五年快速崛起，主要凭效率领先打开突破口。京东方董事长王东升此次获得 2019 SID 颁发的产业成就奖，获奖理由是引领中国显示产业实现量产化，重塑了显示产业格局。的确，中国大陆企业的崛起，打破了过去韩国、日本、中国台湾地区"铁三角"的竞争格局。

王东升向笔者举例说，京东方在全球率先用第 5 代液晶面板生产线切割手机屏，通过需求、产品、产线、技术几个因素整合，快速响应市场，获得了更优的经济效益，实现后来居上。不过，他也冷静地说，只有产品创新、技术创新与理论创新结合，中国企业才能从领先者进一步成长为领导者。

在 2019 SID 的颁奖礼上，浙江大学化学系教授、纳晶科技股份有限公司首席科学家彭笑刚，凭借为溶液量子点应用于显示领域作出的奠基性贡献而荣获特殊贡献奖。他向笔者表示："显示产业正好在快速发展的阶段，它尽管是一个很老的产业，但也是一个朝阳产业，至少从现在看来是永远不会过时的产业，因此，需要不断地发明创造，这对中国是很好的机会。但是，国内在显示方面的技术创新还不够。以往的显示产品很多是由美国发明，由日本或韩国实现产业化，再转移到中国大陆来生产。我们的显示产业做得很大，但技术还不够领先。它（SID）给我颁奖的意义在于，也许在下一代显示技术上，中国有机会不再跟着别人走。"

2019 年 5 月 17 日

分享链接

"格奥之争"背后,家电业的"6·18"恶战

空调"开膛破肚",以前格力、奥克斯都干过,格力为了证明自家空调用铜管、货真价实,奥克斯为了展示空调"论斤卖"、普通百姓也买得起。6月11日下午,格力电器在珠海总部向媒体现场拆解奥克斯空调,却是为了论证奥克斯空调能效不达标。

格力电器6月10日通过微博公开向国家市场监督管理总局举报奥克斯生产销售能效虚标空调,奥克斯回应称格力此举"属明显的不正当竞争行为"。尽管格力称举报奥克斯与"6·18"无关,但这似乎并不妨碍"格奥之争"把今年家电业"6·18"电商大战引向高潮。据笔者观察,家电业在今年的"6·18"电商促销节将有一场恶战。

早在今年5月底,某厨房小家电企业的营销总监就曾向笔者分析了今年"6·18"的形势:首先,宏观经济形势不好;其次,从行业层面看,线上流量在下滑,遇到了瓶颈。今年"6·18"大家都很重视,呈两个趋势,一是付出更大代价;二是价格竞争很激烈,中美贸易摩擦下会有更多产能释放。

他还预测,由于今年1—4月国内小家电零售额在下降,受房地产影响较大,所以,今年"6·18"的价格战将是必然。同时,今年"6·18"资源投入大,因为免费流量减少,更多需要依靠付费流量。

空调业也类似。据奥维云网(AVC)全渠道推总数据,今年1—4月,国内空调零售额为567亿元,同比下降0.2%;其中,线下销售额为390亿元,同比下降9.1%;线上销售额为177亿元,同比上涨27.4%。格力向来在线下渠道有优势,为了抢夺线上市场,于是向近年线上增长较快的奥克斯"开火"。

国内彩电市场今年一季度也出现下滑。一位彩电企业的国内营销负责人坦言,今年行业压力比较大,一季度国内彩电市场从销量到销售额都是负增长。2019年一季度,线上流量增长出现转折点,天猫、京东等电商平台以前一直是高速增长,今年也面临压力。预计今年"6·18"的竞争会比较惨烈。

房地产市场疲软、中美贸易摩擦、家电市场增长放缓、电商流量红利减

退……这些因素碰撞到一起，令今年"6·18"家电业的战场犹如一个大热锅，参战企业就像是热锅上的蚂蚁。

价格战，打还是不打？在哪里要销售增量？能否"推高（高端产品）卖贵（价格）"？这些都是盘旋在家电制造商、流通商脑袋里的问题。

首先，价格战估计不可避免。正如，创维旗下酷开把70英寸液晶电视的价格放低至3 999元，欲抢夺小米电视的线上市场；美的今年把2匹空调柜机的促销价格，放低至一些二线品牌的价位。有供应链优势的主流品牌，不会错过"6·18""放价"的机会，借势向主打性价比的互联网新兴品牌发起进攻，毕竟，今年"存量市场"将上演的是"抢凳子"游戏，这时候不能"心慈手软"。格力举报奥克斯是另一种形式"开火"，向对手低价背后的品质提出质疑，不排除格力跟着也会"放价"。

其次，要推更有质量、满足消费升级的产品。连格兰仕、国美这些过去的"价格屠夫"，如今都在转型。曾几何时，格兰仕的微波炉工厂终日灯火通明、工人一天"三班倒"，以大规模生产、薄利多销的成本优势和低价策略收割市场份额。如今，格兰仕董事长梁昭贤会跟同事探讨App如何引流，在深圳设立研发中心发展智能产品。梁昭贤对笔者说，艰苦奋斗要，但是要有价值。中国制造在全球产业链的分工中，从代工到ODM、自主品牌，从中低端迈向中高端。国美零售总裁王俊洲也表示"低端、低质、低价的时代已经过去"，今年国美首提"精品'6·18'"。当然性价比还是要的。

最后，销售增量在三四线市场、智能化产品和个性化需求。广大的农村市场目前还是家电电商市场的蓝海，京东、天猫"挤压"拼多多，也是因为后者对乡镇用户的吸引力。随着京东、天猫、苏宁、国美等加快"下乡"，打通线上线下渠道，农村家电市场的潜力将进一步爆发。智能化产品、个性化需求是另一片蓝海，所以，今年家电产品定制也变得更多。

今年"6·18"电商大战，预计将加快家电制造商、流通商的优胜劣汰，数字化的浪潮将把不增值、单纯靠信息不对称赚钱的企业淘汰出局。

2019年6月12日

分享链接

华为、小米跨界凶猛，家电企业与"跨界者"如何竞合？

上半年家电市场被形容为"黑惨、空弱、厨卫震荡"（彩电惨淡、空调疲软、厨卫电器波动），不过，这并没有阻止华为、小米等跨界者加紧对智慧家庭布局的步伐。更有趣的是，家电企业与"跨界者"正在形成新的竞合关系。

7月26日，华为宣布，荣耀、华为品牌将于8月、9月正式推出智慧屏，背后有自研的鸿鹄智慧显示芯片支撑。华为Hi-Link系统已有5000多万用户，连接着100多个品类的产品。而小米早已跨入家电市场。今年"6·18"电商大促，小米电视销量在京东、苏宁夺冠，6月销量杀入全国前三名。小米今年还进入空调领域，上半年跃至线上第七名，还有扫地机器人前三名。

刚刚公布的2019《财富》世界500强榜单中，空调老大格力电器首次上榜，美的、格力、海尔三大白电巨头齐聚，而2010年才创立的小米也首次进入榜单，成为最快上榜的中国科技企业。

面对凶猛的"跨界者"，家电企业如何修筑"护城河"？其实，在人工智能的新赛季，守是守不住的，唯有以攻为守。彩电企业对华为跨界纷纷表示"欢迎"，认为这有利于吸引年轻人重回客厅。

它们"迎战"，一方面是加快完善智能产品矩阵。像创维今年3月已抢先发布AIoT大屏；美的去年年底到今年初，相继推出COLMO、BUGU（布谷）两个子品牌，分别打造整套的高端人工智能家电，以及面向年轻时尚人群的智能电器。另一方面是加快开放合作，构建AIoT生态圈。海尔的U+大脑、家庭物联网IoT模块，为自家和合作伙伴的智能产品提供支持。美的去年新成立的IoT公司的总经理佘尚锋近日透露，美的自主研发的IoT智能芯片模组已对外赋能，比如公牛智能插座，而美的App平台已有数千万用户。

值得关注的是，家电企业与"跨界者"正在形成新的竞合关系。今年5G在国内试商用，智慧家庭的前景日益清晰。各大家电企业也加快打破原来的壁垒，促进不同品牌智能电器的互联互通。像美的与创维已相互开放，创维的智能电视可以控制美的的智能家电，美居 App 也可以控制创维智能电视。华为、OPPO、VIVO 的手机也可以控制美的的智能家电。

产品之外，还有资本层面的合作。比如，美的集团与小米集团相互参股。

不过，为什么美的与小米已相互参股了，美的的智能家电不率先向小米智能手机开放呢？可见，合作是有条件的合作，开放也是在不侵犯根本利益前提下的开放。有意思的是，美的与小米不是没有在产品层面合作过，双方几年前曾合作推出"美米"空调，但表现不如预期。如今，小米空调的代工方也不是美的，而是 TCL 和长虹。毕竟，小米已进入了美的空调、电饭煲、净水器、洗衣机等主场。

小米战略投资美的，美的又战略投资小米，可以视作它们俩相互"偷师"的一种形式。小米借鉴了美的家电生产、供应链管理的诀窍，美的也学习了小米的互联网玩法。世界上从来没有救世主，最终在赛场上比拼，还是靠自身的真功夫。

TCL 为了加快智能化的转型，几年前也曾引入乐视作为 TCL 电子的战略投资者。后来，乐视因资金链风波而自身难保。TCL 借鉴乐视的经验，自己成立了子公司雷鸟，发展智能电视的运营业务。虽然经历波折，运营智能电视的套路越来越熟练。

这次华为做"智慧屏"，也离不开家电企业的支持，否则，就成不了智慧家庭控制中心。华为 Hi-Link 系统的合作伙伴涵盖海尔、美的等主流的家电企业，华为的电视面板也由 TCL 华星光电等支持。当然，华为也向 TCL、创维、海信、长虹、康佳、夏普等彩电企业提供 4K、8K 电视显示芯片。

目前，智能家电在整个家电市场中的渗透率还不到 10%，远不如 5 年前预期的那么乐观。未来，人工智能、物联网时代，用户享受智慧家庭自动提供的良好服务，需要不同智能电器之间的"协奏"。所以，需要"你中有我，我中有你"。华为、小米跨界并不可怕，可怕的是打不破内心的"天花板"。

2019 年 7 月 28 日

分享链接

谁解 TCL 李东生的股价之惑？

TCL 集团董事长李东生在 8 月 13 日半年报业绩交流会即将结束时，给了媒体一个"彩蛋"——为何 TCL 股价这么低？请帮求解。8 月 14 日，TCL 集团股价应声上涨 4.64% 至 3.38 元/股。即使这样，TCL 集团的市值也只有 458 亿元，仅为京东方 1343 亿元市值的三分之一，市盈率不到后者一半。

作为中国第二大显示面板企业华星光电的母公司，今年初借超高清、OLED 概念，TCL 集团在 3 月底股价一度冲高至 4.34 元/股，比年初 2.50 元/股上升了七成。今年 4 月 1 日 TCL 集团完成上市公司资产重组，把彩电、空调等家电业务剥离，转型为以华星光电为主体的半导体显示科技集团。

没料到，4 月份之后 TCL 集团的股价"跌跌不休"，8 月更大幅下探至 3.10 元/股。上半年，华星光电收入增长超三成，在行业低潮期仍然保持盈利，而且 TCL 集团花了 15.6 亿元回购股份，李东生也增持了超过 1.7 亿股，无奈股价仍然低迷。所以，李东生才发出"股价为何这么低"的世纪之问。

谁能解李东生的股价之惑呢？

首先看宏观环境。TCL 集团处于制造业领域，而中国制造业今年内外承压。外部，贸易摩擦、汇率波动带来不确定性因素；内部，房地产市场疲软，拖累彩电、手机以及上游面板的需求。TCL 集团的股价脱离不了这个大环境。

其次看行业。资产重组前，TCL 集团以家电为龙头，不过其白电处于二三线阵营，彩电处于一线阵营，全球销量前三，但是彩电均价今年急速下滑、盈利大幅降低。今年二季度，剥离家电业务后，TCL 集团并没有更名，普通投资者对其以半导体显示为主的科技集团形象印象还不深。

李东生坦言，曾考虑把上市公司名称改为华星光电或 TCL 华星，后来放弃。因为半导体显示板块，除了华星光电，还有华睿、聚华等新材料和新技术公司，此外还有金融板块。

除了旧"帽子"没变，TCL 集团股价低迷更重要的原因是，全球半导体显示产业正处于低谷期，至少还将延续两三年。华星光电是全球第四大彩电面板企业，但彩电面板正陷于价格战，连日韩企业都亏损，而其小尺寸面板增长很快，不过最热门的柔性 OLED 屏要到年底才投产。

为了抚平面板业的周期性波动，TCL 集团搭建了"产业+金融"的双轮驱动业务架构，金融板块投资了上海银行、宁德时代、寒武纪等优质公司，单是上海银行每年就可贡献约 10 亿元利润。不过，金融业务再优秀，也是"绿叶"，"红花"仍然是半导体显示产业。

只有主业强大，才具备真正的投资价值。今年 TCL 集团首次向全球开放 13 个对外合作的技术项目，希望突破量子点材料、印刷显示等关键技术，在下一代显示技术领域抢占先机。目前，中国面板业的核心设备、核心材料仍然依赖进口，新工艺、新材料、新设备突破之日才是 TCL 股价的春天。

最后看企业。TCL 集团目前的市盈率为 13.76，京东方则达到 29.85，可以说 TCL 集团仍停留在家电类上市公司的估值水平。两者比较，京东方面板业务规模更大，生产线布局更完善，其彩电、手机、电脑、平板、显示器的液晶屏出货量均居全球首位；华星光电在面板业的地位有待进一步提升，未来几年随着两条 11 代线和 6 代柔性 AMOLED 生产线的量产，其成长性和价值才会逐步体现。

京东方近年谋求在重资产与轻资产业务之间取得更好的平衡。面板业动辄百亿的投资不可能无止境，在面板产能已经十分庞大的情况下，关键是应用，着力在物联网时代，让"显示无处不在"变为现实。京东方在智慧显示、健康医疗上铺设新赛道，将显示、传感技术转化为多种增值解决方案。

TCL 集团的"产融互动"模式其实是异曲同工。面板是重资产，资本折旧压力大；金融是轻资产，利润较高，既能帮助面板业布局产业链上下游生态，又能抚平面板业的周期起伏。借鉴同行经验，TCL 集团在结合各行各业需求，提供超高清显示解决方案方面，还有很大的发展空间。8 月 16 日，TCL 集团的兄弟企业 TCL 电子将在深圳发布 55 英寸智屏产品，也许是一次新尝试。

2019 年 8 月 14 日

分享链接

格力牵手威马，美的牵手吉利，白电巨头的汽车野心

格力电器和威马汽车上周签署战略合作协议，双方将在智能制造、车家智能互联等智能化相关领域，以及整车制造相关、高端设备输出等方面展开深入合作，主要是技术合作，并将共同探索渠道方面合作的可能。

威马是国内新兴的新能源汽车供应商，其创始人沈晖曾在吉利担任要职。有意思的是，三个月前，吉利也牵手了美的，美的集团将发挥暖通空调供应链优势，服务于吉利集团旗下众多传统汽车及新能源汽车品牌。

家电企业与汽车企业抱团为哪般？

首先是两大家用空调巨头加快切入汽车空调供应链。国内家用空调市场今年疲软，高附加值的汽车空调市场成为新蓝海，尤其是中国积极发展新能源汽车，新能源汽车空调商机巨大。

其次，除了"卖空调"，两大白电巨头的智能制造业务也积极在汽车界扩张。众所周知，全球四大机器人企业之一的德国库卡集团几年前已归于美的集团麾下，而库卡的强项之一便是应用于汽车行业的机器人。如今库卡要重点开拓中国市场，作为母公司的美的集团自然不遗余力地帮其"铺路搭桥"。中国汽车行业今年也感受到阵阵寒意，如何在低增长的市场中获得高质量的发展，提升智能制造水平也是大势所趋。

格力电器已把智能装备列为未来四大战略产业之一。最近，格力电器启动三大研发项目，其中有两项与智能装备有关，包括高性能小型化机器人专用伺服系统关键技术研究、模具及装备制造业智能制造系统集成技术研究与示范应用。之前，格力的机器人等智能装备产品，关联企业珠海银隆是主要客户之一，如能应用于威马的整车制造，自然又多了一块"招牌"。当然，威马如能得到格力背书，也为其形象添分。

最后，瞄准5G时代智慧家庭与智能汽车两大空间的互联互通，是家电、汽车企业抱团的长远战略考虑。目前，智慧家庭普及的速度低于预期，智能

汽车要变为现实也还有距离。但是，今年中国已经正式颁发 5G 牌照，智能汽车、无人驾驶将是 5G 通信的重要应用场景，智慧家庭也有望在 5G 时代从蓝图走向真正落地。可以想象，未来在智能汽车内就能启动回家模式，提前打开家中的空调，或者在家里启动离家模式自动预热汽车。

格力、美的都把智慧家庭作为战略重点。格力本周在重庆智博会将展示"零碳健康家"的智慧家庭解决方案，以物联手机、AI 语音空调、指静脉智能门锁为三大入口，实现全屋家电联动，涵盖能源、空气、健康、安防、光照管理。美的在国内已经有 3 000 家智慧家居体验店，提供全屋智能家电、智慧家居解决方案。车联网与智慧家居是美的与吉利合作的重要领域；车家智能互联也被定为格力威马技术合作的重要内容。

当然，家电与汽车企业双方的合作，从目前看，还会遇到许多困难与挑战，如安全保障、便利操作等。如果黑客攻破了智能汽车的操作系统，恶性操控家里的智能电器，怎么办？如果智慧家庭操作系统出现漏洞，给智能汽车发出了错误的指令，又怎么办？智慧家庭操作系统怎样与智能汽车操作系统有效衔接也是一个问题，能否给用户带来便捷的良好体验。

困难再多，挑战再大，这一步也得迈出去。像三星等跨国公司已经在车家互联上抢先布局了，中国领先的电子、汽车企业自然也不甘落后。笔者在 2019 年美国消费电子展（CES）上曾看到，三星用一个大展台来呈现智能家居与智能汽车之间的平滑连接；在 2018 年德国柏林消费电子展（IFA）上，博西家电也曾展示了智能冰箱与智能汽车的联动功能。

未来，汽车将是一个可以移动的"大电器"。任何有想象力的企业家都会对其中的机会垂涎三尺。

2019 年 8 月 26 日

分享链接

国内不宜盲目引进落后液晶产能

三星显示器公司（SDC）上周宣布将斥资约110亿美元上马QD-OLED（量子点-有机发光二极管）面板项目，加上LG Display（LGD）之前已宣布投资10.5代的OLED面板生产线，这意味着韩国两大面板企业加快从LCD（液晶）向OLED转型，在大尺寸领域，OLED也被确立为未来的发展方向。

然而，国内一些地方却接连引入海外淘汰的液晶面板旧产线。例如，广西钦州引进三星的7.5代液晶面板生产线，今年7月已开工；河南郑州引进LGD的5代液晶面板生产线，今年8月项目已封顶。在全球液晶面板产能过剩、韩企加快OLED转型的情况下，国内不宜盲目引进海外淘汰的液晶旧产能，避免资源浪费和恶性竞争。

目前，OLED已是中小尺寸面板尤其是手机屏的发展方向。在大尺寸领域，由于现在只有LGD一家OLED电视面板供应商，所以OLED还需面对多种技术的竞争。三星之前也曾宣布在大尺寸领域押宝Micro LED，但是这次QD OLED投资计划的曝光，显示三星在大尺寸领域也选择了OLED。

三星在QD OLED上投资110亿美元，创下全球单座显示面板工厂最高的投资纪录。一期预计明年建设，2022年年初量产，月产量约30万片基板。三星下大决心转型，是因为在大尺寸液晶面板领域，随着京东方、华星光电的10.5代线投产，中国企业已实现了赶超。

2019年上半年，中国内地企业的大尺寸液晶面板出货量已占全球总量的45.8%，份额居行业首位。与此同时，中国液晶面板产能的迅速扩张，也令全球液晶面板价格连续下跌，出现行业性亏损。

三星今年上半年液晶电视面板出货量同比下降10.6%，库存压力陡增，所以，它策略性地退出大尺寸LCD领域，下半年将关闭部分8.5代液晶面板产能，并加快布局QD OLED，谋求技术创新来突围。

LGD也加快向OLED转型。今年8月底其在广州的8.5代OLED面板工厂投产，同时在韩国新建10.5代OLED面板生产线。到2022年，LGD的OLED电视面板的总年产能将超过1000万块。

OLED 作为下一代显示技术的行业地位已经确立。无论三星的 QD OLED 还是 LGD 的白光 OLED，OLED 的价格都是 LCD 价格的三四倍，短期内难以对 LCD 形成替代。不过，OLED 在黑色呈现、柔性形态上的优势，是 LCD 无法彻底实现的。今年 5G 商用后，OLED 会有很多新的应用场景，到时它在大尺寸显示上可卷曲、可柔性、可折叠的优势将逐渐显现。

所以，三星前年、去年分别关闭了一条 7.5 代液晶面板生产线，广西钦州接手了三星一条 7.5 代线。今年 9 月，三星再关闭一条 8.5 代液晶面板生产线，据说国内又有人想接手。另外，LGD 有计划今年年底、明年年初关闭一条 8.5 代液晶面板生产线。

这令液晶面板的价格有所回稳。群智咨询的最新数据显示，今年 10 月，LCD 电视面板的均价继续下探，但是 32、55 英寸 LCD 面板的价格已经止跌。因为全球 LCD 面板依旧是产能过剩，现在面板厂控制了一些产能的释放，预计今年第四季、明年上半年大尺寸面板价格会企稳。但是，如果产能全开，供给肯定过剩。

在这样的情况下，不宜对 LCD 进行大规模投资，更不宜引进海外的旧生产线。群智咨询总经理李亚琴说，这些生产线已经折旧完成，很多都使用超过十年，设备的精密度已经达不到现在市场的需求。引进这些旧的液晶面板产线，会带来资金浪费、重复建设、加速产能过剩、恶化行业竞争、扩大产业利润的损失。

电视面板持续跌价，让今年上半年国内彩电的均价跌破 3 000 元，彩电企业苦不堪言。创维集团总裁刘棠枝呼吁，国内不要接手外国面板厂淘汰的旧产能。因为中国内地还将新增京东方武汉、华星光电深圳、富士康广州三条 10.5 代线。如果国内不接手旧产能，随着彩电大屏化，新增产能与淘汰产能将抵消，全球液晶面板业将逐步走向供需平衡，有利于显示行业回到良性发展的轨道。

2019 年 10 月 16 日

分享链接

董明珠加码投资半导体，格力入股三安显野心

一个是家用空调龙头，一个是 LED 芯片老大，格力电器与三安光电原来风马牛不相及，却因 11 月 11 日的一则投资公告而"走在了一起"。

今年"双十一"晚上，当人们还沉浸在电商购物的狂欢中，格力电器和三安光电同时公告透露，三安光电将向两个定向投资者发行新股，募集 70 亿元资金，其中，格力电器斥资 20 亿元入股三安。

格力电器刚刚才完成对闻泰科技的入股，间接投资了安世半导体，董明珠还没等格力电器混改协议签订，就在投资半导体的路上"再下一城"，战略投资了中国及全球最大的 LED 芯片企业。

在公告中，格力电器说了两点考虑：一是有助于其中央空调、智能装备、精密模具、光伏及储能等板块打入半导体制造行业；二是与三安光电在半导体领域合作研发，提升技术积累。

作为格力电器的董事长、总裁，董明珠的"野心"超出外界想象。格力电器战略投资三安光电，可以说既在意料之中，又在意料之外。

先说意料之外。从内外环境看，格力电器正处于企业混合所有制改革的关键时期。11 日晚的另一则公告透露，鉴于协议内容尚有未尽事宜，格力集团与高瓴资本旗下珠海明骏签订 15% 格力电器股权转让协议的时间延后。新的大股东高瓴资本正准备一只脚跨进格力电器的时候，董明珠还没等"准大股东"进场，她就在格力电器多元化、尤其是芯片投资这一敏感地带，再次重拳出击。

要知道，不少证券投资界的资深人士预测，高瓴资本入主格力电器后，格力多元化会放缓、国际化会加速。董明珠用行动证明，不管"混改"进程如何，格力电器多元化照做、芯片照投资。

今年国内空调市场"失速"，房地产疲软拖累空调销售的增长，作为空调老大的格力电器第三季度的业绩同比几乎没有增长，而且被美的随身紧追。

董明珠没有如一些投资者所预期那样，只是重新聚焦空调主业，她"双十一"一边出手让利 30 亿元收割空调市场，另一边斥 20 亿元入股三安光电加码半导体领域的投资。

再说意料之中。俗语说"功夫在诗外"。格力电器目前约八成收入仍然来自空调业务，现已布局了冰箱、洗衣机、电饭煲等家电业务，还在智能装备、新能源领域积极推进，但新兴业务的体量还相对较少。在这个节骨眼，需要从更高视野、更大格局来"走通"格力多元化这盘棋。

入股三安，一箭三雕。如前所述，除了把三安光电作为其中央空调、智能装备、新能源等潜力业务新的"试验场"，还可向三安光电"偷师"、学习更多半导体领域的工艺和技术。此外，智能时代，显示无处不在，空调、冰箱、洗衣机等表面都会有显示屏，格力与京东方已在液晶屏上合作，而三安光电积极研发的 Micro LED 显示也日渐成熟，未来 Micro LED 可用于大小屏幕，这对格力也是机会。

如果有一天，格力电器宣布进入彩电业并推出 Micro LED 大屏，也不要惊奇。听闻华为也要推出空调，今年这家手机巨头已经染指彩电江湖，未来智能家居时代，企业边界将变得模糊。

不要用常人的眼光来看董明珠。所幸的是，高瓴资本即将入主格力电器，不是说高瓴资本就比珠海市国资委或者格力集团高明多少，而是它作为一家全球知名的投资机构，将给格力电器带来更合理的治理结构、决策机制，可以在格力电器的实力与董明珠的野心之间做出更好的平衡。

今年，家电龙头企业纷纷涉足芯片领域，以打破智能家居的"瓶颈"。美的 10 月 10 日宣布已定制开发出物联网家电专用芯片 HolaCon，并实现规模应用；格兰仕 9 月底宣布与 SiFive China 联合开发了新一代物联网家电芯片 BF-细滘；TCL 是晶晨半导体的战略投资者；格力设计了视觉识别 AI 芯片、安全加密视觉 AI 芯片。相比之下，格力电器在芯片领域的投资最为大胆、激进。

11 月 12 日，格力电器的股价已连续两天下跌，当天股价下跌 7% 至 59.16 元/股。格力空调"双十一"放价，带动家电行业股价也"打折"。加上，格力电器计划斥资 20 亿元入股三安光电，而三安所处的 LED 芯片行业目前也承受着供过于求的压力，三安光电当然欢迎格力带来资金和下游"出海口",但格力的投资者担心空调价格战和 LED 芯片投资的双重风险,这将考验格力和董明珠的承受能力。

2019 年 11 月 12 日

分享链接

彩电公司改名容易改命难

小米拿下国内彩电出货量冠军，而一些彩电上市公司却忙着改名。

海信电器（600060.SH）日前宣布将更名为海信视像，创维数码（000751.HK）今年7月已改名创维集团，TCL电子（01070.HK）随着TCL实业控股推进全面要约收购预计未来也将改名。那么问题来了，改名就能改变它们的市场命运吗？

曾几何时，彩电是家庭的中心，是家人共享美好时光的象征。如今，手机屏代替了电视屏，成为民众获得信息的主要窗口。国内彩电市场明显下滑，一些龙头企业份额下降。

传统电视的老路已经越走越窄，甚至可以被视为一条死胡同。

群智咨询的数据显示，今年前三季度，中国内销市场彩电出货量为3460万台，同比下滑2.8%；其中，三季度出货量为1220万台，同比大幅减少7.4%，下滑幅度加大。与此同时，价格战白热化，彩电内销均价继上半年跌破3000元之后，下半年进一步跌破2500元，触达成本线。

海信靠激光电视在第三季度扭转了净利润下滑的趋势；创维力推全时AI电视，收缩了海外薄利的代工业务，在上半年营收微降的情况下，稳定了利润水平；TCL积极扩张海外新兴的彩电市场，这三巨头基本稳住了全球的行业地位，但是国内彩电销量的龙头地位却给擅长价格战的小米抢去了。

据群智的数据，今年前三季度，小米电视内销出货量为660万台，同比增长59.1%，居于首位。小米电视今年全年在中国市场的总出货量将有望超过1000万台。而创维今年前三季度电视内销出货量为580万台，同比增长7.8%，排名第二；海信前三季电视内销出货量为526万台，同比减少1.4%，排名第三；TCL前三季度电视内销出货量为496万台，同比增长2.9%，排名第四。

从全球来看，TCL、海信、创维去年已经跃升至品牌彩电销量的行业前五位，没想到新生代的小米电视今年凭借高性价比，一下子抢占国内彩电销量的首位，今年还有望冲入全球前五。

唯变，求存。

首先是电视的产品变革。创维正在建设 OLED 电视的模组工厂，支持未来 OLED 电视的形态创新，以其可弯曲的特性满足多场景的需求；TCL 电子的兄弟企业华星光电已经研发出超高清的 8K Mini LED 背光电视；海信则继续做大激光电视，未来可以不投影在布幕上，直接在空间中实现全息显示。

人工智能、物联网技术的融合，更加如火如荼。虽然人们看电视的时间减少了，但是随时随地看视频的机会却增加了。所以，彩电与家居、出行结合成为趋势，像创维最近推出了智能交互茶几，未来电视屏可以嵌入茶几面、冰箱门、抽油烟机操控板，甚至汽车前窗玻璃。

其次是企业的业务变革。多元化势在必行。创维集团已搭建了四大业务板块，包括多媒体、智能家电、智慧系统和服务业务，从黑电到黑白电并举，从硬件生产扩张到服务产业，甚至金融投资，创维最近已设立了投资基金。海信电器的大股东海信集团在医疗影像、智能交通等领域都表现不俗，不排除将来更名为海视影像之后，把这些相关业务装进上市公司的可能性。而 TCL 实业控股在完成对 TCL 电子的全面要约收购之后，有可能把旗下的白家电、手机、产业园等业务装入其中。

最后是经营的模式变革。创维旗下的酷开、TCL 电子旗下的雷鸟、海信电器旗下的聚好看，这三大智能电视运营公司的活跃用户均已超过 4 000 万，它们还在向海外智能电视操作系统、智能家居操作系统两大方向扩张，运营已成为彩电企业的营收和利润新增长点。有意思的是，现在创维、海信电视的操盘手都是软件研发负责人出身，可见未来"软实力"制胜的趋势。

名正，才能言顺。这波彩电上市公司改名风潮是行业变革的信号灯。至于改名之后，能否改变自身的命运，还需看彩电上市公司变革的力度。从硬件到软件，从销售到运营，从家用到商用并举，从国内到全球布局，以 5G 通信、人工智能、物联网技术为舟，才能渡过彩电的苦海，在智慧显示的汪洋大海中扬帆远航，迎来新一轮的蓬勃发展。

2019 年 12 月 10 日

分享链接

海尔电器酝酿私有化
或是整体上市前奏

海尔智家（600690.SH）上周公告透露，正在初步探讨旗下控股的香港上市公司海尔电器（01169.HK）私有化的方案，如果换股完成，海尔电器将从港交所终止上市。这可能是海尔智能家居板块实现整体上市的前奏。

在中国三大白电巨头中，相比于美的、格力，海尔的国际化程度领先，从日本三洋电机、新西兰斐雪派克、美国通用家电到意大利Candy，接连的跨国并购，令海尔形成覆盖全球的自主品牌矩阵。海尔的高端子品牌也让对手羡慕，它旗下的卡萨帝已是国内一线高端家电品牌，近年从三星、松下等日韩企业手中抢去了不少中国高端家电市场的份额，美的推出COLMO子品牌也是受其启发。

不过，海尔的上市公司市值与其他两家差距明显。美的集团整体上市之后，大家电、小家电齐头并进，近年收购德国库卡，又修筑了机器人与自动化的第二跑道，营业收入和净利润稳健增长，市值已超4000亿元。格力电器的"混改"方案基本落定，治理机制将更完善，分红预期更稳定，管理层利益深度捆绑，即将入主的高瓴资本还有望带来智能化和电商渠道资源，令其市值超过3700亿元。而海尔A股公司虽然已从"青岛海尔"更名为"海尔智家"，突出智能家居的战略方向，但市值仅为1200多亿元。

这主要有产业链、治理结构、激励机制三方面的原因。

首先是主力产品和产业链不同。海尔一直是国内冰箱、洗衣机领域的龙头企业，市场份额多年稳居首位，但是因为一是空调市场的规模大于冰箱、洗衣机市场，一家可以有三四台空调，但冰箱、洗衣机往往各有一台；二是冰箱、洗衣机市场的品牌集中度略低于空调，而且安装难度也低于空调，产品溢价低于空调；三是格力、美的还掌握了空调上游压缩机的主要产能，而海尔并不拥有冰箱、洗衣机上游的压缩机和电机主要产能，所以，海尔的营收、净利润和净利润收益率低于美的、格力。

今年前三季度，美的集团营业收入2 209.2亿元，归母公司净利润213.16亿元；格力电器营业收入1 550.4亿元，归母公司净利润221.2亿元；海尔智家营业收入1 489亿元，归母公司净利润77.73亿元。

其实，海尔有多产品线和多品牌的优势。海尔的电热水器与美的并驾齐驱，收购了通用家电后厨房电器产品线进一步完善；海尔已形成卡萨帝、海尔、统帅等高中低端品牌阵营。因为产品线多、品牌多、管理架构也多，又分布在海尔智家和海尔电器两家上市公司里，反而影响了运营效率。

其次是治理结构。美的集团借整体上市的契机，完善了治理结构，形成大股东何享健、以方洪波为首的职业经理人团队与战略投资机构的三方势力相互制衡的科学决策机制。格力电器原来是国有控股企业，今年借混改理顺了治理结构，国资让出大股东之位，未来公司将走向市场化、制度化。而海尔智家的大股东是海尔集团，而海尔集团是集体所有制企业，如何进一步明确所有者主体，让海尔上市公司有更清晰的治理结构，还有待破解。

最后是激励机制。相比于总部位于广东顺德的美的，总部在山东青岛的海尔的管理团队的薪资水平相对较低。海尔集团创始人、董事局主席张瑞敏是一位管理大师，通过创立"人单合一"的管理制度，推动小微企业发展，让员工更多直接面对市场，并从创造的市场价值中分享收益。青岛海尔过去也实施过股权激励制度，但是相比之下，海尔管理团队的激励机制还可以更加完善和到位。

也许海尔最需要解决的问题是未来张瑞敏如何交接班。海尔集团的总裁、执行总裁已分别由周云杰、梁海山两位"少帅"出任几年，预计他们将来会联手接班。2019年张瑞敏刚好70岁，未来他一旦退休，海尔管理层的决策机制、激励机制如何衔接，也到了该考虑的时候了。

格力电器此次混改，管理层首次成立了合伙企业，并成为未来新大股东珠海明骏投资的合伙方之一，而且公司董事长兼总裁董明珠在管理层合伙企业中控股95.2%。这样，未来即使董明珠退休，她也可以通过所持股权在董事会决策中发挥作用，并享有未来公司成长的收益。

海尔集团的高层近年成立了多家合伙企业，如果海尔智家借海尔电器的私有化，实现智能家居业务的整体上市，并把治理结构、激励机制的短板也补上，海尔的市值迎头赶上也是可以期待的。

总之,家电是中国市场竞争最充分、国际化程度最高的行业之一,资本的民营化、治理结构的制度化、管理架构的扁平化将是大势所趋。

2019 年 12 月 16 日

分享链接

三、娜姐笔记

李 娜 | 第一财经高级记者，关注科技行业，在手机、通信以及芯片领域具有超过十年的报道经验。
lina@yicai.com

5G基带芯片"上路"，苹果的第三种选择

与高通互博之后留下的"牙齿印"还未消去，苹果便已加快了基带芯片的自研进度。

近日有消息称，苹果正在由资深副总裁约翰尼·斯鲁吉（Johny Srouji）带队开发自主研发5G基带芯片，并且已将其调制解调器芯片工程团队从外部供应链部门转移到内部硬件技术部门。约翰尼·斯鲁吉于2008年加入苹果，负责芯片设计，曾领导了苹果第一款芯片A4的开发。在加入苹果之前，他曾在英特尔和IBM的处理器开发设计领域担任高级职位。

虽然没有给出正面的回应，但是苹果的这一举动意味着，即便之后和高通达成和解，苹果也已准备花大力气打造自己的基带芯片团队，这会缓解对英特尔的依赖。

但从市场的竞争角度来看，高通和华为在通信领域的"王者之争"已经进入到白热化的阶段，抢夺5G终端头筹的阵营逐渐显现，遗憾的是，这里面并没有苹果的身影。究其原因，既有"队友"变成"对手"的无奈，也有iPhone红利"惯性"下的市场决策失误。

可以看到，随着5G时代的来临，通信能力在手机上的重要性不言而喻。而调制解调器芯片的最主要功能在于信号转换、同步传输等，用户想要在手

机中获得更快的数据传输、下载速度，5G 调制解调器尤为关键。目前，全球前三的手机厂商中，除了苹果，华为和三星都推出了自己的 5G 基带芯片，并且研发投入早已开始。

华为在基带芯片上的投入要追溯到 2007 年。华为海思的一名内部人士对笔者表示，当时在攻坚芯片解决方案的时候，由于常常遇到难以攻克的难题，就像攀登雪山一样，因此，巴龙成为华为芯片家族中 Modem 芯片的名字，资历相当于"老大哥"。

三星早在去年就已推出自研的 5G 基带 Exynos Modem 5100，采用 10 nm 制程工艺。三星表示，该款芯片是世界上首款完全符合 3GPP 标准的 5G 基带。

苹果之所以在早年没有在基带芯片上过多地投入，很大一部分原因是来自对高通的信任以及这家公司"可怕"的实力。

20 世纪 90 年代，诺基亚称霸全球手机业，由其带动的 GSM 技术也成为手机网络的主流制式。随着美国电信公司 Verizon 在 1996 年采用 CDMA 网络，并通过多次的并购成为美国最大的电信公司，也使 CDMA 成为美国主流的移动网络。随后，高通在 CDMA 上的网络技术也成为 3G 的重要标准，手机公司只要使用 3G 网络，就无法躲开高通的专利高墙。

基带芯片不仅仅是需要设计方案，还需要大量的通信专利支撑，对于苹果来说，做自己最为擅长的事情也许就是当时最好的选择。

但在全球智能手机增速放缓的今天，苹果需要考虑得更多的就是专利带来的成本压力。在日前美国联邦贸易委员会（FTC）针对高通的反垄断审判中，苹果首席运营官（COO）杰夫·威廉姆斯（Jeff Williams）出庭作证，谴责"高通税"过高，一台 iPhone 要向高通交 7.5 美元专利费，并认为高通按整机收取专利费非常不合理。这也是苹果首次向外界公开高通具体的授权费用。

苹果认为这一收费模式非常不合理，因为如果与高通芯片 IP 无关的其他硬件成本增加，高通收取的专利费也将提高，随后展开谈判。经过谈判，高通同意向苹果退还部分专利使用费。但同时，苹果只能选择高通作为独家供应商，否则，高通将取消退还专利费。

让步和妥协让苹果在一开始就丧失了主动权，之后与英特尔之间的合作无疑也触犯了高通的"底线"，在剧烈变动的市场面前，苹果现时作出的第三种选择不难理解。但任何一款芯片的成功都需要几代的迭代积累，或许持有大量现金的苹果可以通过"补课"来让这一时间缩短，但付出的代价却不仅仅是金额上的，还有来自市场落后的风险。

2019 年 2 月 14 日

分享链接

5G 杀手级终端应用，我们能期待什么？

几乎每隔十年，通信行业就会发生一次大的转变，从 2G 时代开始，无不例外。

还记得 2G 的时候，正值模拟电路向数字电路的转换期，手机开始变得越来越轻巧，短信开始流行。3G 的出现，则将手机与互联网连接起来，带来了 GPS、游戏、流媒体音乐服务和社会化媒体，如 QQ 等。

4G 更是掀起了一场新的智能手机革命，微信、抖音、移动支付等各类 App 出现，带来了大量全新的、令人兴奋的应用，如社交、共享单车。通过 4G，我们还可以与语音助手交流，在智能手机和始终连接的 PC 上同时进行作业。

那么，对于 5G "杀手级应用"，我们能够期待什么？

5G 是一个面向手机及多种终端运行和通信的标准和技术，带来的是超乎想象的速度、连接性和生产力。业内在形容 5G 速度时最爱使用的一个比喻是，一部电影的下载时间将会缩短至几秒。

但 5G 绝不只有速度。在与手机厂商接触的过程中，笔者发现，5G 仅从终端侧可以实现的场景就非常多。从长远来看，5G 的到来正在让数字世界和物理世界之间的边界快速消失。

VIVO 认为，随着 5G 商用，穿戴设备将凭借高质量和高效率的移动网络连接，在人工智能运用和计算力提升上出现历史性的突破机遇。比如，昂贵的太空旅行也许是大多数人一生都不可企及的梦想，但通过一副 AR 眼镜，梦想变得触手可及。通过佩戴轻便的可穿戴设备，消费者可以轻松实现"太空漫步"。

华为则认为，通过 AI，新的交互方式将击穿产业以往"烟囱"式的结构，来自智能家居、运动健康、影音娱乐、智慧出行、移动办公等领域的诸多应用将围绕智能手机这个"恒星"逐步爆发。

对于未来具体的落地场景，荣耀在不久前发布的《5G 青年空降手册》中指出，5G 带来最明显和直接的改变是在游戏、影音娱乐和影像创作三大场景。

在游戏方面，5G 时代的云游戏让零等待、低时延、全特效成为可能，彻底解决 4G 下载速度慢、网络延时久、手游特效差等用户痛点，随着年轻人对影音沉浸体验的强烈追求，5G 将带来超高清、多角度、临场感的多元体验，让全景超高清比赛直播、看剧的时候"左右"主角命运成为可能。

仅以云游戏为例，笔者注意到，今年科技巨头对云游戏的布局正在明显加速。上个月，微软刚刚发布了云游戏平台 Xcloud 的预览版；11 月 19 日，谷歌云游戏平台 Stadia 也正式上线。虽然口碑褒贬不一，但谷歌迈出的这一步，确实给整个游戏行业的变革拉开了序幕。曾有游戏厂商表示，与谷歌 Stadia 的分成方式将增加更多的收入，而开发成本也在降低。

另一个随时爆发的应用场景来自影像创作，5G 将激发全民 Vlog 创作，颠覆视频形式，实现低门槛、云共享、全景拍。可以预见，目前的直播经济将在 5G 时代得到进一步发展，高清的视频体验将让有个性的"个人主播"获得更多的机会。

此外，5G 还将在社交通信上满足虚拟相聚和远程互动，让远程 K 歌、异地排练变成现实。而在运动健康上，实现全面检测和身体预警。此外，5G 时代可实现虚拟课堂、全息教学、文件实时共享、互动学习和协同工作。

简而言之，5G 带来的速率提升的最大特点在于让一切数据走向云端，从而催生出云游戏、云视频和云购物。从近两年的数据来看，这些领域最有可能出现"杀手级"应用。

从未来 5 年的维度来看，随着 AI 技术的成熟，将赋能 5G 手机连接更多的智能硬件，创造出全新的应用场景，进入 5G 的 2.0 时代。不过，想实现真正的万物互联以及垂直行业的爆发，也许还要等到 5 年之后。

但就像每个时代所验证的那样，笔者认为 5G 带来的变革值得期待。随着数百亿终端接入网络，这些数据信息终将会像电力一样，往来穿梭于云端和终端之间，成为一种巨大的新能量。如何保护和应用这些数据，将是我们需要思考的问题。

2019 年 11 月 24 日

分享链接

TWS 耳机玩家激增，
价格杀入百元"红海"

虽然遭到股东的减持，但 TWS 的东风还是把漫步者（002351.SZ）的股价送上历史新高，自今年 8 月到现在，漫步者股价最大涨幅超 400%。12 月 18 日，漫步者股价一度涨停后回落，最后报收于 27.6 元。

这家曾经走在多媒体音箱跑道上的企业，现在更喜欢对外谈论耳机，后者的收入逐渐占到营业收入的一半。更重要的是，在前三季度，漫步者的净利润同比上升 48.7%。

显然，这是一个"有利可图"的行业。在调研机构的分析中，甚至将 TWS 的爆发比作"当年山寨机兴起"。

Counterpoint Research 认为，今年全球 TWS 耳机出货量为 1.2 亿副，光是第四季圣诞旺季就卖出 4 250 万副，几乎追上去年全年出货量水平，而 2020 年全球出货量将达 2.3 亿副，比 2019 年激增 91.6%。最新的消息是，圣诞假期还没开始，苹果新款 AirPods Pro 耳机已经在美国全网售罄。这或许也是近期 TWS 股价大涨的另一个诱因。

国信证券测算，按照 TWS 耳机 200 元的平均单价，以全球每年 15 亿部智能手机的出货量估算，如果 TWS 平均渗透率达到 50%，则理论上全球 TWS 耳机的年产值在 1 500 亿元以上。

但有利的地方就有风险。

笔者梳理发现，在苹果 AirPods 的引领下，新加入的正规军有华为、三星、OPPO、VIVO、小米等手机厂商，还有索尼、BOSE、漫步者等传统音频类厂商，甚至爱奇艺、网易云等互联网企业都加入 TWS 跑道。在非正规军中，以华强北白牌 TWS 为主要势力，随着白牌产业链的完善，特别是主控芯片的价格下降，有消息称，TWS 耳机的工厂每副出货成本已从百余元降至不到二十元。

光大证券梳理的一组数据显示，TWS 耳机的终端价格已经降至百元级别，根据对 ZOL 网站上 235 个 TWS 耳机的报价统计，100—500 元区间的 TWS 耳机型号达 160 余款，占比高达 68%。苹果 AirPods 的售价超过 1 200 元，华为、小米等厂商的 TWS 耳机价格已实现 100—1 000 元价格区间的全覆盖。

事实上，终端产品的快速降价也让这一市场迅速从蓝海走向红海。

此前，安卓 TWS 耳机的突破主要源于蓝牙芯片方案的使用。随着华为、高通 TWS、恒玄 LBRT 和洛达 MCSync 等方案的落地，让双耳直连的方案变得更加成熟，降低了连接不佳导致的功耗开销，续航也得到明显改善。

但随着更多覆盖中低端领域等主控芯片方案的推出，价格战的趋势越发明显地从下游传导至上游。亚系外资的报告显示，无线蓝牙耳机的芯片目前正面临价格的侵蚀和市场竞争，该风险持续扩大到不能忽视。高通的 TWS SoC 芯片的价格已降至 1.4—1.5 美元。

受制于上游晶圆代工产能紧缺的问题，近期 TWS 耳机的主控芯片售价又有所回升。

"我们的价格就是跟着市场波动，但大家对这一行业还是有所期待，目前，苹果 AirPods 的占比仍然比较高，对于我们来说，还有空间。"一家生产安卓 TWS 耳机的厂商对记者表示，销量好的厂商一个月可以卖出去两三千套，这个利润空间远高于其他品类。

相比于过去山寨机时代一部手机二三十元的利润，现在刚刚起步的 TWS 耳机对低迷的电子市场来说无疑是一个新的窗口。低线市场、渠道下沉甚至是海外出口，一个熟悉的复制路径正在重现。

2019 年 12 月 18 日

分享链接

十年来最糟糕的半导体市场正在进入复苏周期

12月16日，美国国会众议院通过一项法案，禁止政府从被认为是国家安全威胁的企业购买电信设备。这是继美国联邦通信委员会11月通过禁止运营商使用联邦补贴资金购买华为和中兴设备的决定后，美方针对中国电信企业的又一不友善举动。华为创始人任正非此前在接受采访时表示，美国政府将5G视为一种战略性武器，就像原子弹一样。

事实上，这种不安的情绪从今年年初就已经开始。

随着全球贸易摩擦升级，各国纷纷奉行保护本土技术的策略，导致半导体企业承压。尤其是在近一年来，日本加强对韩半导体材料出口限令，美国在芯片制造领域的出口方向变化都直接影响了半导体产业的发展。

最直观的一个例子，中兴禁运令发出之前，在大部分时间其60%—70%的手机产品搭载的是高通芯片。但是美国禁令发布之后，基于Canalys的数据遭遇大幅下降。

让2019年全球半导体掉头向下的根本原因仍然是市场的需求减少，固态存储、智能手机、PC需求放缓，产品库存高企让半导体市场遭到重挫，其中，存储芯片成为重灾区。

曾经，炒内存条被业内称为"比炒房还要赚钱的生意"。随着智能手机、服务器等终端的需求量激增，从2016年第二季度开始，DRAM（主要包括PC内存、移动式内存、服务器内存）的价格一路飙升，每个季度都在刷新销售额纪录。

调研机构IHS Markit的数据显示，2017年全球DRAM的产值到达72%，达到722亿美元，2018年的年增率达到16.9%。而上一次这样的盛景出现，还是在23年前。

但在今年年初，情况出现了反转。

上涨了两年多的内存市场在经历波动期后掉头向下，2月份存储芯片的价格更是罕见出现大幅下调。行业人士评价道，电子产品行业遇冷，变脸比变天还快，一时间，包括内存在内的多种元器件都在降价去库存。

这直接将全球半导体产业拖入下滑快轨。IHS Markit 的数据显示，2019 年上半年，全球半导体收入达到 2 087 亿美元，低于 2018 年上半年的 2 366 亿美元，下降比率达到 13.9%。而在 2009 年上半年大衰退开始时，芯片市场的下滑高达 26%。IHS Markit 预测，2019 年的半导体市场将会比 2018 年减少 12.8%。这将创造最近十年来半导体行业的最大跌幅。

值得注意的是，对中国半导体行业来说，外围的寒冬并没有浇灭行业的热情。

相反，在过去一年，中国半导体产业在政策以及资本的带动下变得异常活跃。在国家集成电路产业投资基金一期所投资的 15 家公司中，今年以来平均涨幅为 91.36%，国产芯片自主可控的声音越发强烈。

德勤曾预测，2019 年中国制造的半导体产品收入将从 2018 年的 850 亿美元增长 25% 至 1 100 亿美元，以满足国内对芯片组不断增长的需求。

一个好消息是，半导体行业有望在明年迎来复苏。

在 5G 以及数据中心的带动下，目前半导体的各项指标在逐步回升。其中，扩充产能、芯片价格和芯片库存三项指标开始出现回暖，显示全球半导体业需求转强。扩充产能是最明显的芯片产出领先指标之一。根据国际半导体设备与材料组织（SEMI）的统计，10 月芯片制造设备出货数字达到去年 12 月以来的最高点。

同时，存储芯片价格现已止跌回稳。根据韩国政府统计局的资料，韩国 9 月芯片库存比 8 月少了 16%，这是 2017 年 6 月以来的最大减幅。

从 5G 的产业链来看，无论是 5G 的基础设施、5G 网络还是 5G 终端，都已经准备就绪。调研机构 Strategy Analytics 预测，5G 手机整体市场将于明年突破 1.6 亿部，中国则是 5G 手机出货量的关键。

2019 年 12 月 24 日

分享链接

台积电 14 纳米受限？
谣言背后不能忽视的差距

一则 14 纳米受限的谣言将台积电推向风口浪尖，与之伴随的则是接盘侠的各路猜想。

受消息面影响，昨日在港股休市前，包括中芯国际、华虹半导体在内的晶圆代工概念股股价上扬，其中，受华为转单消息影响，中芯国际收市前报 11.42 港元，涨 4.2%。

从消息传播的过程来看，关于制程节点以及华为订单的描述更多的是外界的猜想和评论，原信息源甚至并未提到以上厂商的名字。台积电不得不在 25 日回应，目前美国还没有改变规则，台积电也不会对臆测性问题作答。

从长期来看，本土半导体产业要崛起，从设计到代工、封测都要自主化，中芯国际等晶圆代工厂商的崛起只是时间问题，承接华为等大厂的高标准订单在未来也许能实现。但从短期来看，集成电路制造是资本与技术密集型的产业，需要不断地进行资本投入，尤其是想要在"金字塔"塔尖上的晶圆代工中"超车"，需要承受巨大的开支以及"翻车"的风险。

在过去几年，芯片在每个节点处的微缩都变得更加昂贵和复杂。只有少数企业能够负担得起在先进节点上设计芯片的费用。根据 IBS 的数据，仅 IC 设计成本就从 28 纳米平面器件的 5 130 万美元跃升至 7 纳米芯片的 2.978 亿美元。

这导致的结果是，每片晶圆的平均营收已经撞及天花板。IC Insights 指出，制程技术的先进与否，影响了每片晶圆营收的高低，0.5 μ8 英寸矽晶圆每片平均营收只有 370 美元，20 纳米以下 12 英寸晶圆每片平均营收却达 6 050 美元。

出于市场的压力，部分晶圆代工巨头开始选择"停下脚步"，检讨不断"烧钱"投入先进工艺后带来的后果。去年 8 月，格芯（GLOBALFOUNDRIES，原名格罗方德）正式对外宣布搁置 7 纳米 FinFET 项目，并调整相应研发团队来支持强化的产品组合方案。

目前，台积电能保持一枝独秀的地位，主要原因就是其几乎占据了最先进制程工艺节点的市场，尤其是在今年的 7 纳米制程上，台积电斩获大部分市场订单。

根据集邦咨询的数据显示，今年第四季度，台积电以 102.25 亿美元的总营收排名第一，市场占有率为 52.7%，第二名为三星，市场占有率为 17.8%，中芯国际则排在第五，总营收达到 8.41 亿美元，市场占有率为 4.3%，与头部厂商相比仍有差距。

但这并不意味着大陆厂商没有机会。

中芯国际的 14 纳米工艺距离全球最先进的 7 纳米只落后两代。国信证券认为，大陆芯片设计公司寻求大陆代工是必然趋势。作为大陆半导体代工龙头，中芯国际产能充足、产线多样，满足众多芯片代工需求。以 14 纳米工艺的流片对中芯国际是一个良好的开局，从风险量产到规模量产，目前总计已有超过 10 个客户采用中芯国际的 14 纳米工艺。

但也要看到，在先进制程的投入上，"烧钱"的压力将会一直存在，另一个不能忽视的不稳定因素来自外围环境。

美国在上游供货端施加压力不会仅仅针对某家厂商，此前，荷兰光刻机供应商 ASML 的极紫外光（EUV）光刻机给中芯国际的计划推迟，不难猜测也是承受了来自美国的压力。如果针对华为的出口管制美国技术标准从 25% 调到 10%，受到打击的不会只有几家企业。企业此时唯有加快脚步，持续向研发扩充力量。

2019 年 12 月 25 日

分享链接

四、滴水成海

王 海 | 第一财经科技部记者，关注电商、新零售、大数据、AI等新赛道，擅长基于财务数据的商业逻辑分析报道。
wanghai@yicai.com

阿里影业能否从"喝汤"到"吃肉"？

2月25日，一部名为《绿皮书》的电影斩获第91届奥斯卡最佳影片、最佳剧本和最佳男配角三项大奖，并且还有两项提名，分别是最佳男主角和最佳剪辑。

该片的美国出品方参与者影片公司（Participant Media）和梦工厂影片公司（DreamWorks Picture），是斯皮尔伯格创立的安培林娱乐公司股东。2018年7月，阿里影业决定参投，并将该影片推荐给华夏电影负责发行。

"我们跟安培林合作的重要方面是不断看研发项目，帮它规划在中国的策略。"阿里影业总裁张蔚表示，他每次都会在安培林的董事会上关注正在研发制作以及出品的作品，帮助规划中国业务。

由于拥有很多数据和资源，能够帮助内容更好地进行商业变现。阿里影业希望为国际电影人更好地建立一条通路，以衔接到中国的观众。张蔚表示，希望通过做"小大正"（小人物、大情怀、正能量）的内容，给观众带来更好的精神体验。

阿里影业如此关注内容建设，在过去是不可想象的。

最初，阿里影业背靠阿里的资本优势和阿里大文娱构建的生态优势，以数据+生态为驱动，打造票务平台淘票票、宣发平台灯塔、衍生品授权和开发平台阿里鱼、影视金融娱乐平台娱乐宝等"水电煤"系统。在前端产品如火如荼发展的同时，阿里影业对电影行业传统意义中更为核心的内容端没有太多兴趣。

传统电影公司及猫眼则将资本和精力主要投入在"吃肉"的制作、出品、发行上，对投资占比低、只能"喝汤"的联合出品和联合发行则兴趣不大。阿里影业的出手则截然相反，并不在乎主投主控，反而对"联合"兴趣更大，主要产出集中在有平台优势支撑的"联合发行"上，如《红海行动》《唐人街探案2》《前任3》《芳华》等影片。

2017年6月举行的第20届上海电影节产业高峰论坛上曾发生一段小插曲。

彼时还担任阿里大文娱集团董事长兼CEO的俞永福，构建好了阿里影业的发展方向，强调要做电影产业的基础设施公司，要做产业用户和内容的服务平台，"因此，我们与从业者是服务的关系而非竞争的关系，这一点非常重要"。

在场的光线影业总裁王长田立马回应道："永福也许哪一天会收回他今天说的话，""我觉得有一天也许我们还是会竞争的，因为这个行业其实很小，大家做着做着就做成一样的公司了。"

4个月后，阿里影业换帅，樊路远接棒俞永福，此后一年多，在樊路远的主导下，立志做"水煤电"的阿里影业进行更加多元和丰富的市场探索，王长田曾经的一番预测如今正慢慢变为现实。

去年11月，阿里影业推出"锦橙合制计划"，宣布未来5年将在贺岁档、春节档、暑期档和国庆档四大档期内推出20部合制电影。该计划中，阿里影业将"以主投、主控或主宣发的身份，和制作团队合作，扶持青年导演、编剧"。

该计划的推出并非心血来潮。过去几年频频押中爆款影片已验证了阿里影业在战略和管理方面的有效性，计划进入下一阶段：从参投转为主投或主宣发，这一定位不仅提高了影片投资比例，也改变了此前承担主要发行的身份，与合制伙伴共同承担风险。

目前，"锦橙合制计划"第一部电影——动画电影《小猪佩奇过大年》已经在2019年农历猪年大年初一上映。

在"锦橙合制计划"释放阿里影业加码上游优质内容的信号后，今年1月，阿里影业再度出手，先后战略投资亭东影业，与华谊兄弟达成5年战略合作及 7 亿元的借款协议。

当前,内容制作在阿里影业的三大核心板块(互联网宣发、内容制作、综合开发)中处于快速增长阶段。截至 2018 年 9 月 30 日的阿里影业半年财报显示,内容制作在半年内实现营业收入 3.1 亿元,同比增长 83.9%;互联网宣发同比增长 19.2% 至 11.72 亿元;综合开发业务同比增长 55.7% 至 0.49 亿元。

阿里影业在电影市场的"卡位"正在发生变化,从发行端的"联合"向内容端的"主导"迈出了一大步。

据猫眼数据,《小猪佩奇过大年》截至发稿前累计票房达 1.23 亿元。虽然年前,此片的宣传片《啥是佩奇》着实在网络上火了一把,但从票房和口碑上看,确实还有很大的提升空间。

在庞大的电影市场,背靠大树的阿里影业要真正做到"吃肉"而不仅是"喝汤",还有待市场检验。

2019 年 2 月 26 日

分享链接

互联网巨头与实体经济融合正当时

8月4日下午,国资委官方微博发文称,近期国资委和互联网企业亲密接触,鼓励支持中央企业与互联网企业深化务实合作,推动数字经济与实体经济融合创新。

此前,国务院国资委党委书记、主任郝鹏会见了阿里巴巴集团董事局主席马云、腾讯公司董事会主席兼首席执行官马化腾。

作为第一家央企集团层面的混改试点企业,中国联通的混改一直备受关注。2017年8月,中国联通公布混改方案,腾讯、阿里巴巴均入围战略投资者。

混改后,中国联通在当年9月成立联通大数据有限公司;当年10月,联通和阿里宣布将相互开放云计算资源,在公共云、专有云、混合云三个方面深度合作;次年8月,联通与阿里共同投资成立云粒智慧科技有限公司。

除了中国联通,中国铁路总公司、中国石化等多家央企的改革也有腾讯、阿里巴巴等互联网巨头的身影。

笔者认为,借助互联网企业的技术优势和创新能力,央企能够加快实现从"工业革命"到"信息化革命"的产业升级。而互联网公司则可以撬动庞大的央企资本,进入新的产业领域,更好地发挥其技术和创新能力。

事实上,在助力企业从"工业革命"到"信息化革命"的产业升级上,阿里巴巴在采购、生产、销售等多个环节早有实践。

以采购环节为例,今年7月中旬,阿里企业采购和中国施工企业管理协会签署了"互联网+工程建设"行业战略合作,双方将在智慧建筑、工程物资编码和供应商服务标准等方面进行共建,打造数字化的建筑施工采购流通。此次基建行业率先示范落地,从企业采购数字化入手,将搭建大中小企业融通发展的新模式,规范企业采购流通,提升企业供应链效率。

"2015年在调研阿里巴巴之后,我们当时有两种方案:自建平台、借助外部平台。在对供应商资源、供应商评价体系的建设、降本增效等多重因素的考虑后,我们决定借助外部平台。"浙江交工集团股份有限公司集团机料中心主任孔万义表示，2018年公司在阿里内贸平台的交易规模约为5亿多元，相较于线下采购节约12个百分点，相当于6000多万元；采购效率也相较于传统采购效率压缩了至少两三天时间。

早在2017年，工信部就提出工业电子商务三年行动计划，大型工业企业采购销售要实现在线化、网络化、协同化大幅提升，业务向线上迁移。

数据显示，过去一年，阿里企业采购平台上采购需求近2000亿元，采购商询价单超100万张。其中，采购商超过六成为国企，全国基建行业特级资质企业中，已有超过20%的企业通过阿里巴巴企业采购进行数字化转型。

"和过去依靠采购员人工'盲人摸象'式的筛选供应商不同，通过网上询价比价，更多的供应商愿意参与报价，从而在降低采购成本的同时，还提高了采购工作效率和采购管理水平。"阿里巴巴企业采购总经理卢佳业称，对基建企业来讲，数字化采购突破了寻源半径的地理限制，降低了企业成本。

笔者认为，如果说过去20年是消费互联网的时代，未来20年必然是产业互联网的时代。中央企业与腾讯、阿里巴巴等互联网企业加强合作，将人工智能、大数据等与实体经济深度融合，推动传统产业转型升级、发展战略性新兴产业。

2019年8月5日

分享链接

过高的营销成本阻碍了在线教育产业盈利

近日,网易有道向美国证监会(SEC)正式递交IPO招股书,最多募资3亿美元。网易的教育板块意图独立上市,让在线教育市场的竞争更为激烈。

目前市场上的在线教育产品有两类:提供在线课程(如网易有道、新东方在线、51talk、跟谁学)、工具类(如拍照搜题软件作业帮、背单词软件扇贝、英语流利说)。

笔者认为,无论是课程式产品还是工具型产品,高毛利率的公司都有进一步盈利的可能性,但短期内都很难实现,根源在于获客成本的居高不下。

以网易有道为例,网易有道2017年、2018年及2019年上半年的营收分别为4.56亿、7.32亿以及5.49亿元。营收不断上涨的同时,净亏损也在扩大。2017年、2018年以及2019年上半年,有道分别净亏损1.64亿元、2.09亿元以及1.68亿元。

亏损的背后是不断增长的销售费用以及研发投入。2017年、2018年以及2019年上半年,有道在销售和营销方面的开支分别为1.36亿元、2.13亿元、1.86亿元;在研发费用方面的开支分别为1.33亿元、1.84亿元、1.11亿元。

在销售费用、研发投入的带动下,网易有道也获得了一定的用户。网易有道的学习服务和学习产品业务主要包含有道精品课程、网易云课堂以及中国大学MOOC(大型开放式网络课程)。招股书数据显示,2017年、2018年及2019年上半年有道精品课付费用户数分别为41.8万、64.3万以及33.8万人;有道精品课单用户付费金额分别为363元、559元以及751元,均呈现上升趋势。

网易有道的情况并非个案。目前在线教育上市企业普遍处于亏损状态,主要是高额销售费用投入。由于在线教育的高成长、现金流周转好以及教育抗周期的优势,参与主体逐步增加,市场竞争逐渐激烈。

根据艾瑞咨询的统计,截至2018年年底,我国在线教育的市场规模超过

2 500亿元，2012—2018年，年均增速超过20%，增速迅猛。

付费用户方面，截至2018年年底，付费用户规模超1.3亿人，同比增长23.3%。预计未来3—5年市场规模增速将保持在16%—24%，付费用户规模增速将保持在14%—21%。

日前，教育部印发《关于促进在线教育健康发展的指导意见》，提出到2022年，现代信息技术与教育实现深度融合，在线教育质量不断提升，学习型社会建设取得重要进展的目标。随着在线教育行业规范政策的逐步推进，一方面是师资、课程内容等一系列的规范性要求，另一方面是预收款的长度的限制，两者将提高在线教育供应链端的复杂程度和整体的竞争门槛。

同时，在头部企业已经实现规模化，竞争加剧使得行业流量价格持续抬升的背景下，整个在线教育行业的短期内出清将明显提速。

未来很美好，现实却很残酷。笔者认为，当前在线教育急需解决高性价比流量获取、教学质量控制两大核心问题。

2019年10月15日

分享链接

电商平台要赚钱,更要有趣

"如今逛天猫淘宝,很多人并不是为了买东西,更多是图个有趣,约 1700 万人每晚都会逛淘宝,但啥都不买。"近日,阿里巴巴创始人马云表示,网站不能仅是用来购物的,对一个网站来说,体验、有趣、交流、分享更重要。

衡量一个网站是否有趣,要看用户是否愿意在该网站停留。从电商行业整体看,用户停留的时长有所增加。QuestMobile 的报告显示,2019 年 9 月,移动购物行业月人均使用时长达 6.3 个小时,相较于去年同期增长 0.2 个小时,其中,下沉市场的使用时长为 6.2 个小时,同比增加 0.2 个小时。

对于贡献较大的下沉市场而言,在使用时长增加的同时,各个电商 App 对用户的抢夺也在加剧。QuestMobile 的报告显示,在小镇青年人群中,手机淘宝渗透率高达 67%,拼多多、京东分别为 19.2%、23.8%;在辣妈奶爸人群中,拼多多的渗透率为 62.4%,高于手机淘宝(52.6%)、京东(18.4%);在泛中老年人群中,拼多多的渗透率为 31.8%,略高于手机淘宝(29.5%)、京东(13.2%)。

笔者认为,手机淘宝、拼多多之所以能够在用户使用时长、渗透率方面表现突出,与两者在优化用户购物体验方面的努力不可分割。

对于淘宝而言,近几年投入精力最多的要数直播业务,以往的图文时代更多的是传统的货对人模式,交互性不足,以视频为主的 4G 时代的直播形式将传统的"货对人"变成了"人对人"。进入直播间,首先是看到一个主播给消费者讲解产品,消费者不仅可以向主播提问,主播还可以 360 度展示一个产品,同时,粉丝之间还可以在评论区互动。

今年天猫"双十一"期间,全天淘宝直播带动成交额近 200 亿元,仅用 63 分钟就超过去年全天,开播商家数和开播场次同比均翻番。其中,天猫美妆行业更夺得淘宝直播所有行业中冠军,"双十一"期间天猫美妆开播商家同比增长超 200%,直播订单数增长超 50 倍。

"我们有很多新的销售方式、新的用户体验,比如直播,今年全面应用到'双十一'里面,天猫有十万个品牌商家通过直播方式,在'双十一'当天跟消费者互动，我们看到非常多品牌通过直播的方式，在'双十一'期间实现成交过亿。"天猫及淘宝总裁蒋凡表示，这是跟以前非常不一样的、新的销售方式、新的用户体验。

《2019年淘宝直播生态发展趋势报告》的数据显示，2018年淘宝直播平台带货超过1000亿元，淘宝直播的日均核心用户停留时间接近1小时；淘宝直播日均直播场次超6万场，直播时长超过15万小时，相当于3.3万多场春晚。今年2月，想要加重这一业务筹码的淘宝直播还上线了独立的App。

对于做水果出身的拼多多，平台上拥有一批便宜、没有品牌知名度的商品，低利润但出货量大的厂家找到平衡是拼多多成功的真正秘密。

在购物习惯方面，淘宝、京东都是从PC时代发展过来，大量PC时代的动作都被合理化了，比如，消费者有个习惯，遇到想买的东西先加入购物车，在付款之前再比较购物车内的东西是否合算。而拼多多的逻辑是先付款再拼团，促进用户立即下单。

除了便宜，好玩也是拼多多的"主色调"。拼多多App首页20个入口，游戏化玩法相关的入口有限时秒杀、多多果园、9块9特卖、1分抽大奖、现金签到、金猪赚大钱、砍价免费拿、多多爱消除等。与淘宝、京东等常规电商相比，玩法可谓非常之多。

事实上，不管是淘宝押重注的直播，还是拼多多天生的游戏基因，其核心在于吸引用户的注意力，让用户拥有参与感、趣味性。

笔者认为，在电商平台进化的过程中，趣味性比商业性更重要，如果只注重商业性，很难在接下来的竞争中生存。

2019年11月19日

分享链接

跨境进口电商格局重构

"双十一"购物狂欢节过后,电商平台之间的战争并未结束,他们纷纷将目光瞄准进口产品。

近日,为了弥补品类的相对劣势,拼多多与亚马逊达成合作。亚马逊在拼多多上开设一家快闪店,提供大约1000种国外品牌商品服务,合作品牌包括任天堂、冠军、洁碧、美赞臣、多芬等,售后依照拼多多平台规则,仓配服务由亚马逊方面提供。亚马逊的海外站商品在拼多多 App 里有专门的售卖页面。此外,拼多多"全球购海外站"还与包括亚马逊在内的众多供应商展开了合作。

拼多多的全球购业务今年4月正式上线,成交额一直保持着100%以上的月环比增长率,进口母婴、进口美妆等商品类目的月环比增速甚至超200%。相对于老玩家们,拼多多全球购业务目前仅在美国、英国、德国和日本四个国家落地。

笔者认为,一个是全球电商巨头,一个是利用下沉市场和社交渠道异军崛起的国内新兴电商平台,随着拼多多与亚马逊合作的深入,跨境进口电商的座次或将再生变动。

对于低线城市起家的拼多多而言,当下最重要的问题是上攻一二线城市的用户。进攻的砝码以补贴为主,补贴策略结合此次与亚马逊的合作,在出售国际大牌的同时,拼多多也希望进一步提升客单价,并吸纳更多的一二线城市用户。

今年"6·18"期间,拼多多共售出了30万台苹果手机,"双十一"期间卖出40万台,今年到目前为止总共卖出超过200万台。今年,苹果手机在拼多多一直以全网最低价销售,拼多多平均为每台补贴超过500元。仅在苹果手机上,拼多多的补贴就超过10亿元。

拼多多最新的财报数据显示,截至9月30日,平台活跃买家年度平均消费额达到了1566.7元,同比增长75%,其中,一线城市用户每年在平台上的消费已经超过5000元。拼多多方面透露,伴随着品类的增加以及补贴战略,拼多多用户的购买频率也在逐步提高。

拼多多方面表示，未来3年内，拼多多将引入10 000个国际品牌，培育超过100个年销售额过千万元的进口品牌，以跨境直邮和保税商品为核心的全球购业务年销售额要超过2 000亿元。为了能够在全球购业务中取得突破，拼多多给商家开出的条件极具诱惑力，包括零佣金、低运营成本的商家入驻政策等。

拼多多对进口品类的抢夺或许引发了京东的关注。

11月22日，与拼多多宣布首次进军"黑色星期五"同一天，京东将"海囤全球"频道正式更名"京东国际"。京东国际整合了京东旗下跨境商品与一般贸易进口商品，进而发展成为进口商品的一站式消费平台。京东也效仿拼多多开启了"百亿补贴"，此次补贴范围涵盖的不止"黑五"，还包括"双十二"、京东年货节等，直到补完为止。

各家对于进口商品的补贴与进口电商平台的头部聚集效应有关。

今年9月，阿里收购网易考拉后，去年市占率第一的网易考拉和市占率第二的天猫国际被整合进天猫进出口事业部，占据跨境电商市场的半壁江山。收购完成后，天猫进口业务采取双品牌战略，将考拉定位为自营为主、平台为辅；将天猫国际定位为平台为主、自营为辅的模式，交易完成一个月内，考拉密集签约了茱莉蔻、欧莱雅、玉兰油、城野医生、菲洛嘉等30多家天猫大客户。

笔者认为，拼多多与亚马逊之间的合作只是一个开始，将来会有越来越多拥有资源优势、供应链优势的企业选择与拼多多进行合作，利用其在国内的流量和在下沉市场的优势，进一步扩展国内市场，而拼多多与京东之间的较量才刚刚开始。

2019年12月5日

分享链接

电商下半场：竞逐供应链

对电商而言，前端流量的抢夺硝烟弥漫，后端供应链的比拼也相当激烈。

前端创新的引流模式都需要与之相匹配的强大后盾。为了更好地支持在流量端的竞争，电商平台必然要在供给端进行优势资源整合能力的比拼。

近年来，直播带货如火如荼，而这也对后端的供应链提出更高的要求。

以蘑菇街为例，截至2019年9月30日的前12个月，蘑菇街年度活跃买家数为2880万，相较于上年同期下滑12.3%。但平台过去12个月商品成交金额（GMV）却同比增长9.7%，至178.25亿元。

前端导流固然重要，但要促成成交远不止导流这么简单。蘑菇街在平台活跃买家数下降的情况下，还能保证成交金额的增长，不仅因为蘑菇街与MCN机构、主播、KOL等方面的合作，而且在于整合供应链。在蘑菇街的直播通路中，前端是消费者，后端是供应链，中间是主播，蘑菇街作为平台实际上处于幕后隐藏状态。

服装是蘑菇街的核心品类，而服装又存在着换季快、库存大的问题。在供应链这一棘手问题上，蘑菇街借助直播逐渐构建起一套新型供应链，也就是很多制造业喊了很多年的柔性供应链，实现了大批量、小款式、慢更新向小批量、多款式、快更新的转变。

截至目前，蘑菇街拥有约5 000个供应链企业，它们广泛分布于全国58个产业带上，涉及服装、美妆、家居等多个行业。

除了广告上铺天盖地的大牌，中国还存在大量知名度不高的企业，谁能有效整合这些资源，帮助它们的货物卖出去，谁就能占据电商竞争的下一个制高点。

不只是蘑菇街，在电商流量争夺困难的情况下，跨境电商兰亭集势将目光放到工厂端、物流等环节。

物流是电商业务战争的延续战场，也是零售业升级的基础设施竞争；未来电商的竞争已不只是平台的竞争，也不是单一的供应链之争，是在新技术、新物流的驱动下，供应链生态的竞争。

去年 11 月，兰亭集势宣布以 8 555 万美元收购 Ezbuy 100% 的股权，由于兰亭集势的销售范围主要在欧洲、北美地区，Ezbuy 的销售范围主要在东南亚，在销售区域错位的情况下，两者进行后端仓储、供应链、物流仓储、财务等环节的整合有利于节约成本。

以物流仓储为例，以前双方在嘉兴、东莞各有一个仓库，整合后双方在当地合用一个仓库；由于合并后，一次性运送的货物量加大，对于航空、船运公司的溢价能力也在上升，"平均物流成本下降了 3% 左右。"兰亭集势 CEO 何建告诉笔者，相当于双方共用一个团队。

事实证明，这些举措是行之有效的。兰亭集势发布截至 9 月 30 日的第三季度财报显示，该司实现营业收入同比增长 34.6%，至 5 990 万美元；净利润为 1 000 万美元，上年同期亏损额为 1 780 万美元，同比增长 156.2%。这是兰亭集势上市 6 年以来首个季度实现盈利。

越来越多的电商平台意识到供应链的重要性。阿里聚划算、拼多多的新品牌计划、网易严选的商业模式大体类似。即通过大数据支撑、研发建议、生产端智能化改造以及流量扶持，帮助企业消除研发和生产的不确定性，实现按需定研、以需定产，推动工厂端直接对接内需市场的消费者，将产品优势和价格优势迅速转化为市场规模优势。

笔者认为，电商平台要跳出流量思维，深度挖掘消费者的需求，以更低的价格、更方便的渠道，给消费者提供更好的商品，搭建平台的超级供应链，这已然是摆在它们面前的最优解。

2019 年 12 月 11 日

分享链接

五、智丽观察

邱智丽 | 第一财经科技频道记者，关注 TMT 和创投领域，长期追踪 AI、智能硬件、数字娱乐、企业出海、风险投资报道。"智丽观察"专栏通过解析热点产业事件以及创业投资动向，揭示背后的商业逻辑。
qiuzhili@yicai.com

熊猫谢幕后直播行业还好吗？

在运行了 1 286 天之后，几度被传言破产的熊猫直播，最终倒在直播赛道的下半场，正式宣布关站。

在不少人看来，一年前，当腾讯在一天内同时加码虎牙和斗鱼的那一刻起，就已经写好了直播行业的格局。熊猫之"死"似乎又验证了互联网行业的怪现象：行业老大老二激战正酣，老三熬"死"了。

熊猫直播之"死"的确有其必然性。长达 22 个月的融资断裂，超过 7 亿元的巨额债务，以及一贯凭借挖角、花大价钱买主播的打法，让熊猫直播并未建立起良好的主播生态体系，外部输血空缺和内部造血不足，最终将熊猫直播拖向深渊。

如果说熊猫直播之死只是千播混战的注脚，对于熬过生死线已经走向资本市场的头部直播公司而言，日子也并不好过。

近日，包括映客、虎牙、陌陌、天鸽互动在内的直播平台纷纷公布了 2018 年度业绩，用户增长放缓、营收下滑成为直播业务的主旋律。

其中，映客 2018 年直播收入为 37.29 亿元，同比下滑 4.9%，受此业务影响，全年营收下滑 2.1%。天鸽互动在线互动娱乐业务收入也仅有 6.34 亿元，同比减少 25.6%。同期，陌陌、虎牙的月活跃用户和付费用户的增速也开始放缓。

营收结构单一是直播平台们共同面临的大问题。映客、欢聚时代、陌陌的直播营收分别占到总营收的 96.59%、94.39% 和 79.39%，直播平台营收仍旧未摆脱对直播打赏模式的重度依赖。

除了人口红利逐步消失，行业竞争从增量市场转为存量市场之外，以抖音、快手为代表的短视频平台崛起，也对直播行业造成分流，且这一趋势在 2019 年越发明显。

面对行业深度洗牌，资源越发集中，产品矩阵、出海、市场下沉成为直播行业的新"三把斧"。

为了提高直播平台的用户活跃度和用户黏性，突破买量瓶颈，弱化直播主营业务，直播平台们纷纷开始探索新业务。越来越"不务正业"的背后，直播公司试图用产品矩阵模式，在大娱乐主航线上寻找到更多的"小船"，以跟上年轻用户新的消费喜好。

例如，映客在过去的一段时间陆续孵化和上线 6 款产品，包括面向下沉市场的视频版趣头条种子视频、面向中老年人的老柚直播、语音交友平台音泡、音频互动娱乐平台不就、二次元兴趣社区 StarStar 以及地图交友产品 22。YY 旗下也囊括休闲游戏聚合社交平台 HAGO、LIKE 短视频、BIGO Live 等多款出海产品，甚至还上线 YY 借呗和主播贷等信贷产品。

如果说 2018 年直播平台们依旧是基于直播商业逻辑，用"直播+"来延长直播产品的生命周期，笔者发现 2019 年越来越多的直播平台开始打造产品矩阵，进行"去直播"多元化业务尝试。

存量市场之外，到海外组建公会、招募主播，寻找增量市场也成为许多直播公司的新选择。

在过去的 2018 年，虎牙推出海外市场游戏直播平台 Nimo TV，触手也在印度尼西亚上线触手海外版 game.ly，映客在最新财报中也表示要推出独立品牌，奔赴海外，进军中东市场。

鉴于人口优势、文化接近性和"一带一路"倡议政策红利，东南亚成为直播平台出海热点区域，除此之外，以沙特和阿联酋为代表的海湾六国，凭借人口结构年轻化、娱乐社交需求广泛、消费水平高等优势，也成为直播淘金新目标。

和几年前的中国市场如出一辙，在这些区域游戏和秀场是直播的主要内容，商业模式也主要依靠广告和礼物打赏。但对于直播平台而言，出海并非中国经验简单复制粘贴,本地化管理、宗教文化差异和运营监管红线都是更大的挑战。

在短视频平台的下沉策略下,小镇青年们成就了抖音、快手,直播平台们也尝试在下沉市场寻找增量。根据前瞻研究院的数据,2018年直播行业的观众主要分布在三线城市,占比为23.7%,这也被视为国内市场仅存的流量红利。

映客针对三四线及以下城市推出了新娱乐产品,陌陌也在下沉市场寻找机会。它们模仿趣头条的打法,通过奇闻逸事、搞笑段子、健康养生、历史军事等内容降低交流门槛,用社交和现金激励模式吸引用户。

资本从来都不是成功的必然因素,精细化运营和保持创新才是下半场选手的必备技能,而熊猫直播的谢幕是否成为直播行业探索的新拐点,还有待观察。

2019年4月2日

分享链接

20 亿美元回购投资人股权，OYO 速度背后的资本隐忧

传言融资许久的 OYO 终于拿到了"续命钱"，只是方式与市场预期有所不同。

近日，OYO 官方微信号"OYO 头条"表示，OYO 创始人兼首席执行官李泰熙（Ritesh Agarwal）通过旗下 RA Hospitality Holdings（开曼），将对 OYO 投资 20 亿美元，交易包括新股和老股。

此次投资是印度最重大的由创始人领投的管理层收购，光速资本和 OYO 早期支持者红杉资本（印度）正在出售其部分股权，以帮助创始人增加他的股份。创始人给自己公司领投 20 亿美元，回购早期投资人的部分老股，这样的融资方式在创投圈并不多见。

管理层回购股份一般是看好公司长期价值，通过回购的方式鼓舞公司士气。除此之外也可能计划引入新的投资，管理层为了避免股份进一步稀释，通过回购方式获得更多话语权和控制权。

李泰熙如何为这笔交易提供资金以及其持股情况，OYO 并未详细说明。这番花式操作背后，OYO 究竟意欲何为？或许需要追溯一下 OYO 的股权占比和融资历程。

《印度时报》报道称，通过此举，李泰熙持股比例将从 10% 增长到 32%—33%，成为第二大股东，此前软银通过多轮投资，拥有 OYO 45.69% 的股份，为第一大股东。而早在 2017 年 D 轮融资时 OYO 和原股东签订协议，限制其主要投资者软银在未经创始人和最大少数股东事先同意的情况下，将其在该公司的持股比例提高至 50% 以上。

有消息称，软银几个月前从 OYO 投资方 Greenoaks 回购了部分股份。软银的这一举动让李泰熙开始商讨增加其本人和管理层对公司的控制权，对此说法官方并未证实，但此前印度网约车平台 Ola、印度电子商务公司 Snapdeal 创始人也曾采取相似的方式，限制软银的持股比例，争取公司话语权。

在投资圈，软银的投资风格以激进著称，常常高举高打、狂飙突进，对滴滴、Grab、WeWork中国等项目的投资均在几十亿美元级别，大手笔的背后也意味着对企业拥有十足的话语权，甚至影响着公司的扩张速度和重大资本举措。

如此看来，通过回购扩大自己在OYO的持股比例，能够扩大创始人的话语权。相反，在融资紧张的情况下，相对集中的股权结构更有利于OYO吸引到软银或其他潜在投资者的进一步投资。

高估值和巨额融资，以及模式本身对资本"输血"的高度依赖，使得OYO想要在一级市场寻找到合适的投资者并不容易，而近期OYO遭遇业主解约、OTA封杀、裁员、融资受阻等负面新闻缠身，也可能致使资本选择观望，OYO的确需要新的资本动作鼓舞士气，哪怕是主动出击。

在业内OYO被称为蒙眼狂奔的融资怪兽，媒体常常将其与瑞幸、拼多多对比。根据笔者统计，从创办至今，OYO融资规模已超过17亿美元，仅2018年至今就获得包括软银、Grab、滴滴、Airbnb在内的13亿美元以上的投资。

在资本裹挟下，OYO的估值已逼近百亿美元，若从市值来看，OYO的体量仅次于华住集团。除了融资规模，更为令人惊叹的是OYO的扩张和烧钱速度，根据官方最新数据披露，OYO酒店和住宅管理的客房数量为100万间，在印度拥有超过20万间客房。

在中国市场，OYO仅用了19个月时间就拥有1万多家酒店、50万间客房，2019年的目标是覆盖全国1 500多个城市，2万多家酒店，最终成为全球最大的连锁酒店集团。相比较而言，华住集团目前在全国有4 000多家酒店，客房总量为42万间。

疯狂扩张的打法背后是OYO低门槛、免费加盟以及提供多形式加盟补贴的运营模式，这也使得OYO烧钱严重，在内部，信中创始人表示已经在OYO酒店投入30亿元人民币。无论是以3.6亿欧元收购LeisureGroup，还是向美团、携程支付的高额通道费，白热化的市场竞争下，OYO对于资本的需求尤为迫切。

对于投资人而言，要想达到规模经济效应，酒店数量和续签率是核心指标，为了吸引更多酒店业主、稳固加盟商，OYO推出收益保底2.0模式，将以往的合作方式从佣金抽成转变为向商家提供收益保底，营收超过保底的部分共同分享，这也将拉升运营成本支出。

亏损补贴的策略正在不断挑战OYO的融资能力，然而，整合单体酒店市场不能只靠简单的"贴牌"，在精细化导向下，"回血"后的OYO需要向市场证明自己的运营能力。

2019年7月24日

分享链接

游戏出海正当时，国产游戏迎来转型关键期

在国内游戏市场"两超多强"的竞争格局下，"不出海就出局"一度被视为中小游戏厂商的无奈之举。现如今，出海已经成为中国游戏公司的集体动作，作为游戏出口第二大国，在欧美日韩等传统游戏强国的强劲竞争下，中国游戏已经受到了市场认可。

在腾讯日前发布的三季度财报中，游戏出海销售成为一大亮点。这得益于《绝地求生》、《使命召唤手游》等几款游戏在海外市场创下的亮眼成绩。前者月活跃账户数同比增长一倍，后者则在推出后一个月内的下载量超过1亿，成为下载量最大的智能手机游戏之一，被动视暴雪总裁盛赞为"伟大的游戏"。

时间倒回至11年前，腾讯曾借助美国时代华纳子公司AOL（美国在线），以第三方插件形式向美国市场推出十余款QQ游戏，后遭下线。对于美国这个成熟游戏市场而言，彼时的腾讯更多被打上"抄袭"的标签，中国游戏产品在国外App榜上也极少进入前50。

从"被动选择"到"主动出击"，从"复制模仿"到"原创精品"，在笔者看来，中国游戏公司对长周期产品的研发、运营能力，对优质产品投入产出比的控制力，以及对新品类、新市场、新渠道的预判和执行能力与日俱增，国产游戏迎来转型的关键期。

首先，国内游戏厂商普遍面临增速放缓问题，企业亏损数量在增加，净利润率也有所下降。竞争的加剧和获客成本的持续攀升，企业走到了不得不寻找增量市场的关键时刻，尤其对于以腾讯、网易为代表的头部游戏厂商而言，在国内容量见顶的情况下，主力游戏不温不火的表现，迫使它们必须思考转型，来维持竞争优势和行业门槛。

其次，国产游戏具备了走出去的实力，自主研发能力在快速进步。尤其是在移动游戏方面，中国庞大的游戏玩家、游戏玩法和IP内容积累，以及高频的运营维护需求、线上线下交互经验等，使得中国在游戏研发和运营领域

的综合实力已经走在前端。

最后，作为全球互联网巨头兼重要的游戏平台，腾讯、网易已经借助资本力量在全球范围内投资和收购国际游戏公司，这些都有助于国产游戏引进、吸收、消化全球优秀的 IP、玩法和技术，进而拓展海外市场。

近日，伽马数据发布的一组数据印证了这一趋势。2018 年中国自主研发网络游戏海外市场实际销售收入 95.9 亿美元，预计 2019 年将突破 110 亿美元。十年间中国游戏海外收入增长上百倍，移动游戏产品出海成为主要增长动力。

处于转型关键期的中国游戏该走向何处？笔者认为，海外市场固然诱人，但竞争也在加剧。虽然在全球重要市场流水 TOP100 中，国产移动游戏总流水增长较高，但数量上却并未出现明显增长。这意味着各市场流水增长实际依然由少数产品支持，行业存在较高的竞争压力。

在笔者看来，出海的第一要义是要坚持精品游戏。相较于以往国内游戏出海更倾向于把文化相近、审美类似的东南亚市场作为第一站，现如今中国游戏海外出口前三大市场分别是北美、日韩和西欧，这些都是传统游戏强国，也是对游戏品质有着高要求的市场，唯有弃量求质，用研发思维替代买量思维，才具备胜出的可能性。

其次，要坚持精细化运营。出海并非降维打击，比拼的是执行细节，包括产品宣发渠道、用户导入途径、产品自身的品质和迭代，以及本地化团队管理、用户禁忌、运营技巧、政策法规等。

最后，要拓展游戏品类，尝试更多可能性。笔者观察到，在游戏品类上，中国游戏出口不再局限于 SLG 策略游戏和 RPG 角色扮演游戏等成熟品类，而是针对不同市场开拓出轻度化、女性向属性的休闲小游戏、二次元游戏等细分品类，且这些细分品类在海外市场汇聚了不少游戏玩家。

腾讯在全球范围内取得的成功，无疑让更多中国游戏同行看到多品类游戏和新商业模式落地成功的可能性。但不容忽视的是，虽然中国在游戏出海方面掌握越来越重要的话语权，但我国并非游戏原创大国，真正的国产 3A 级游戏大作依旧寥寥无几。面对庞大的业务体量，如何匹配同水平的研发能力，培育发展自己的知识产权，中国国产游戏仍然任重而道远。

2019 年 11 月 18 日

分享链接

退潮后的共享单车，
产业链迈入"共生"时代

"经过这一年的洗礼，ofo 押金其实已经成为哲学话题，或者唯物一点讲是量子状态的，信则有，不信则无。"在 ofo "购物返钱"活动推出后，一位投资圈人士在朋友圈如此感慨。这句话多少有些调侃的意味，但不可否认的是，ofo 的每一次"神操作"都牵引着社会大众的敏感神经。

由共享单车押金引发的信任危机在产业圈犹存。因为共享单车，中国自行车第一镇王庆坨镇曾一夜复活，满地是钱；却又伴随着共享单车的大败退，与共享单车企业对簿公堂，不少工厂甚至濒临倒闭。现如今，当笔者问及一位共享单车高层，共享单车对于供应商最重要的是什么，他的回答是："活着！"

在经历了破产、倒闭、合并惨烈洗牌后，笔者观察到，共享单车开始走向精细化运营，"生态圈+大数据价值挖掘"成为共享单车新的竞争维度，而产业链也开始从单纯的"客供"关系走向产业协同和价值共生。

"活着"的背后意味着共享单车企业是否能够围绕生态布局，给整个产业持续创造动力和需求。这并非只是"新概念"，共享单车向资本抛出的新故事关乎到共享单车企业在下半场能否存活下来以及良性变现的关键指标。

首先，唯有生态打法才能拓宽共享单车的盈利途径。在大规模补贴停止、政府监管力度逐渐加强的情况下，单车开始集体上调价格，缓解成本端压力。但笔者认为涨价只是止损的通道之一，只有在单车业务基础上进行场景延伸，挖掘单个用户的消费潜力，才能丰富造血能力。

因此我们看到，哈啰出行走向两轮生态，延伸出哈啰助力车、哈啰车服、哈啰换电等两轮出行服务。青桔单车、摩拜单车也开始演变为大公司的一项延伸和配套服务，前者用于提升网约车用户转化率，构建滴滴一站式出行平台；后者则在帮助美团完善本地生活流量闭环。

其次，唯有生态打法才能产生更大的协同价值，提升运维效率。哈啰两轮生态改变了传统两轮产品的产业链结构，除了两轮传统产业链制造和整车品牌商之外，还引入了电池制造、半导体、通信技术、贴片设计加工、基础材料、钣金柜体加工组装、电源电器件等领域企业。

新技术的引入倒逼产业内其他产业生态伙伴不断自我升级，匹配数智化要求，提升整体能力。借助产业的技术投入和数据驱动，从产品设计、精益生产到质量管理、运营管理等，单车的运维成本和使用率都在改善。

在近期的产业大会上，哈啰出行研发副总裁任亮亮就分享了一个典型案例。早期共享单车出现故障，用户会进行报障，但报障的准确率大约只有40%，存在不少错误报障的情况，致使运维人力和资金浪费。通过大量的系统参数学习，大数据算法可以有效识别报障的真假，报障准确率提升到80%，随后团队又在系统中加入图像识别技术，通过匹配识别用户报障照片，报障准确率提升到90%，极大节省了运营成本。

为了提升定位的准确性，哈啰在新的单车车锁上加入一个WiFi定位仪，以弥补城市高楼大厦信号不精准的问题，虽然前端制造成本增加，但由于运维精度的极大提升，整体成本结构也在大幅下降。哈啰出行供给经营管理中心总经理程亮告诉笔者，产业协同并不容易，需要对彼此业务的足够了解，双方优势的组合和价值的认同。

真正的企业社会责任根植于商业模式之中，当大家回归到以顾客为中心去创造价值，而不是传统的线性价值链时，就会消除很多无形浪费。

2019 年 12 月 2 日

分享链接

六、科技心语

钱童心 | 长期关注前沿科学技术领域，覆盖人工智能、神经科学、量子通信、生物医药、航天航空等行业，过去十年采访数百位跨国巨头公司的 CEO 和行业领导者、数十位诺贝尔奖得主，对苹果、特斯拉等企业战略有深度研究。
qiantongxin@yicai.com

在证明了电动车市场的需求后，特斯拉走向何方？

特斯拉需要生产让消费者能支付得起的电动车，但同时又要保持企业盈利。这是一直困扰马斯克的难题。

为了提升生产效率，从而能让产品更早降价，马斯克上周五再度宣布裁员7%，可能涉及超过3000个岗位。

特斯拉裁员背后的一个重要原因是来自传统汽车厂商的全面反击。如何使得特斯拉的产品相对传统汽车厂商的产品更有竞争力，是特斯拉面临的重大挑战。马斯克自己也承认，和那些传统厂商相比，特斯拉要年轻得多。这意味着在传统的汽车生产环节，特斯拉还欠缺很多经验。

数据显示，去年第三季度特斯拉的税前利润是每辆3200美元，但是去年前三个月，特斯拉仍然平均每辆车亏损超过8000美元。有数据显示，特斯拉去年的烧钱速度是每分钟6500美元。

传统汽车厂商正在加速转型向电动车发展。在底特律车展期间，福特已经表示将会在前2022年前投资110亿美元用于电动车的生产研发。福特董事长比尔·福特（Bill Ford）表示，旗下已有40款混合动力或者纯电动车正在研发中。

大众汽车则表示将投资 8 亿美元，招聘 1 000 名员工，在美国田纳西新建一座工厂，专门生产电动车。

通用汽车 CEO 玛丽·博拉（Mary Barra）也在底特律车展前宣告了一项雄心勃勃的计划，称公司正在研究推出一款纯电动版的凯迪拉克车型，这款车型如果如传言所说的为 SUV，将打破目前特斯拉 Model X 对 SUV 电动车市场的绝对占有地位。

尼桑旗下高端品牌英菲尼迪也宣布从 2021 年起，所有车型都将电动化，要么是混合动力，要么是纯电动车。在 2019 年北美车展上，英菲尼迪推出一款名为 QX Inspiration 的概念车型，这也是英菲尼迪有史以来第一款针对纯电动设计的概念车，宣告了英菲尼迪将首次步入纯电动车时代。

IHS Markit 分析师表示，整个汽车产业向电动化转型是明显的趋势，背后的原因是来自美国、中国和欧洲的减排目标。

笔者认为，特斯拉的意义在于向行业证明了市场上电动车需求的存在，尤其是其新推的 Model 3 纯电动车大获成功，证明了市场上对能够支付得起的电动车的渴求。现在当大车厂纷纷涌进电动车市场时，特斯拉的竞争力开始打上问号，它不得不通过提高生产率来达到降低成本的目标。

要让电动车成为人们消费得起的产品也一直是马斯克的梦想。2017 年美国市场电动车销量冠军是特斯拉的高端车型 Model S，全年销量为 27 000 辆，到了 2018 年，Model 3 在美国的销量有望突破 14 万辆。这暗示了纯电动车市场的巨大潜力。目前，Model 3 在美国的平均售价为 5 万美元。

来自特斯拉方面的数据显示，去年第四季度有约四分之三的订单是来自新客户的，这暗示了大部分新客户都在等待购置特斯拉 3.5 万美元的低价大众款电动车 Model 3，换句话说，特斯拉将覆盖越来越多的价格敏感购车人群。

几乎所有的传统车企都以特斯拉的价格为定价参考目标。凯迪拉克总裁史蒂夫·卡莱尔（Steve Carlisle）承认，特斯拉是他们认真研究的案例。他还表示，特斯拉在电动车的普及和让电动车深入人心方面做出大量的努力。

过去，传统汽车厂商总是回避特斯拉的成功，这让卡莱尔的表态格外引人注目。一些传统汽车厂商认为他们至少能够把产量做过他们的传统竞争对手，即便无法超越特斯拉。

卡莱尔认为，现在就认定特斯拉就是电动车领域的赢家还为时过早，因为电动车尚未在真正意义上实现规模化。

根据相关行业数据，去年美国电动车整体销量仅 36 万辆，占全部汽车销量不到 2%。电动车的发展尚处于早期，但是特斯拉和马斯克实实在在地影响了汽车厂商在进入电动车领域时的想法和采取的举措。

2019 年 1 月 22 日

分享链接

苹果高价策略受挫后,三星会不一样吗?

智能手机屏幕在越变越大之后,终于可以折叠起来了。

2月20日,三星在旧金山发布了名为 Galaxy Fold 的首款消费者可用的可折叠智能手机,定价高达1980美元。这款手机的 LTE 和 5G 版本将在4月26日正式在全球开售。

这也是消费者在等待多时后迎来的首个智能手机外形的突破性创新。Galaxy Fold 打开时可以用作平板电脑,折叠起来就是一款普通大小的智能手机。两块屏幕可以在大小屏之间随意切换,并且每块小屏都分别安装了一块电池。当然,这无疑会增加手机的重量。

随着智能手机市场趋于饱和以及中国手机制造厂商的崛起,市场份额正在发生剧烈变化。第三方研究机构 Canalys 的数据显示,去年第四季度,苹果全球出货量下滑7.3%,三星下滑5.3%;华为增长47.3%,Oppo 和其他智能手机厂商出货量增长超过20%。Canalys 今年早些时候发布的研究报告称,今年华为有望挑战三星全球销量冠军的地位。

在这样的背景下,三星率先推出首款消费级别的折叠智能手机有望占得市场先机,迎合一批渴望求变的消费者手机升级的需求。三星早在去年11月就已经发布了这款折叠手机的原型机。

不过,这款折叠手机的高价也引来市场的争议。这是继苹果推出价格高达1499美元的 iPhone XS Max 以来,智能手机价格再次突破新高度。

Canalys 分析师贾沫对记者分析:"折叠屏手机初期占领市场将会面临严峻的挑战,价格会是折叠手机碰到的一个非常主要的问题。一方面,行业的一些标准还没有制定出来,硬件和生产方面的成本也无法进一步大幅降低,这样的情况下,折叠屏手机很难有明显的发展,受众群体也比较小;另一方面,开发者也没有足够的动力去积极开发适配的 App,这又反过来影响了用户的体验。"

三星一直在销售策略上与苹果看齐。与苹果在高端产品路线上越走越窄有所不同,三星还保持自己的中低端 A 系列和 M 系列手机,能够覆盖到几乎所有的用户群体。贾沫告诉笔者,此次三星发布的 Galaxy S10 系列的价位覆盖范围较宽,从而在满足创新的同时也能保证出货量。

除此之外,三星还推出了包括 Galaxy S10e、Galaxy S10 和 Galaxy S10plus、Galaxy S10 5G 等另外几款旗舰机型,这些机型的起售价分别为 749 美元、899 美元和 999 美元,分别对标苹果的 iPhone XR 和 iPhone XS 系列,新机型将于 3 月 8 日开始销售。

苹果已经因过高的定价策略遭受市场的惩罚,并将自己的市场份额拱手让给华为和小米等中国智能手机厂商。市场分析认为,消费者并不愿意为高价智能手机买单,现阶段消费者持有智能手机的周期也比任何时间都要长。苹果知名分析师 Bernstein 的 Toni Sacconaghi 在本月早些时候表示,这是因为运营商的补贴政策发生了变化以及智能手机的价格正在急剧上升。

另一方面,智能手机的硬件突破正在面临瓶颈。过去人们之所以愿意为一款手机彻夜排队等候,是因为摄像头、屏幕以及手机芯片处理数据的能力相比旧机型有很大的突破,但现在当这些功能都已经得到满足后,人们的换机欲望就变得不再强烈,大多数消费者可能只有在手机电池寿命变短时才会考虑换机。

苹果是摆在三星面前的"前车之鉴"。苹果最新财报显示,iPhone 已经在中国市场丢失了近 30% 的份额,尽管如此,苹果在中国仍然是排名第四的智能手机厂商,而三星都不在前五之列。

为了销售更多手机,这些大型手机厂商必须要牺牲部分利润。以 iPhone X 为例,iPhone X 的成本比 iPhone 8 增长了 25%,但是售价比 iPhone 8 要高出 43%。iPhone X 的成本仅为 357.5 美元,但售价竟高达 999 美元。

今年早些时候,苹果公司承认全球经济的不确定性正在影响其业务,尤其是中国市场的增速放缓。苹果已经开始重新审视自己的高价策略,并且通过以旧换新等政策变相降价。

展望 2019 年中国智能手机市场,Canalys 并不认为厂商会有更多喘息空间。Canalys 预计中国手机市场将在 2019 年继续下跌 3% 至全年 3.85 亿台水平。随着中美关系持续动荡,无论是中国本土厂商抑或是美国品牌苹果,都遭受了不同以往的压力。

2019 年 2 月 21 日

分享链接

苹果要发信用卡，能否赢回市场芳心？

在 iPhone 销售陷入瓶颈之际，苹果正在认真地加大服务业务布局。上周，苹果不仅被曝与投行高盛联名发行信用卡，而且还在中国与蚂蚁金服合作，推出分期付款服务。

据了解，这张信用卡的用处主要是帮用户管理资金，并且可以在苹果钱包应用程序上直接管理自己的钱。这可以帮助苹果笼络一部分苹果支付用户。

就在同一天，外媒还报道称，苹果公司已与中国支付巨头蚂蚁金服和多家当地银行合作，提供免息分期服务。这是苹果首次为中国用户推出免息分期付款服务。

在苹果中国的官方网站上，苹果公司正在推广这项新计划。根据该计划，用户每月可以支付 271 元购买一部 iPhone XR，每月支付 362 元购买一部 iPhone XS。以旧型号手机换购的顾客可以得到更便宜的分期付款。

官网还显示，该计划是通过阿里巴巴旗下支付子公司蚂蚁金服运营的消费信贷服务花呗推出。中国建设银行、招商银行、中国农业银行和中国工商银行也为苹果产品提供免息分期方案，最低购买金额为 300 元。

笔者认为，随着苹果对其服务业务的发展赋予更高的期待，在中国，苹果急需要寻找到维持 iOS 硬件市场存量的方法，否则，将对这一业务在中国未来市场发展蒙上阴霾。

上个月，苹果罕见地发布了收入预警，随后苹果发布 2018 年第四季度财报显示 iPhone 销售大跌 15%，苹果大中华区营收同比下降 27%，至 130 亿美元。苹果首席执行官库克将苹果整体增长乏力归咎于宏观经济形势和汇率波动。

销售的骤降意味着苹果已经因过高的定价策略遭受市场的惩罚，并将自己的市场份额拱手让给华为和小米等中国智能手机厂商。

市场分析认为，消费者并不愿意为高价智能手机买单，现阶段消费者持有智能手机的周期比任何时候都要长。苹果知名分析师 Bernstein 的 Toni Sacconaghi 在本月早些时候表示，这是因为运营商的补贴政策发生了变化以及智能手机的价格正在急剧上升。

Canalys分析师贾沫告诉笔者:"苹果需要重新审视其定价策略,尤其是急需针对国内高端用户在购买行为上的变化来采取更加切合当地消费者的走向市场(GTM)方式,从而增强苹果手机继续高端化的认同感。中国市场对苹果所有产品线战略地位将会愈加重要,这是无法逆转的趋势。"

研究机构IDC上个月发布报告指出,苹果和三星等全球智能手机厂商的出货量正在跌至自2014年以来的低点,并且面临来自中国手机厂商低价策略的巨大挑战。"消费者的购买欲正在因为高涨不落的价格受到挫伤,经济的不确定性也令这些手机在市场的渗透速度放缓。"IDC的报告称。

与此同时,其他手机厂商已经在5G手机方面发力。当地时间2月20日,三星在旧金山发布了名为Galaxy Fold的首款消费者可用的可折叠智能手机,定价高达1 980美元。这款手机的LTE和5G版本将在4月26日正式在全球开售。

这也是消费者在等待多时后迎来的首个智能手机外形的突破性创新。三星率先推出首款消费级别的折叠智能手机有望占得市场先机,迎合一批渴望求变的消费者手机升级的需求。

尽管三星一直在销售策略上与苹果看齐,但比起苹果在高端产品路线上越走越窄,三星还保持自己的中低端A系列和M系列手机,能够覆盖到几乎所有的用户群体。贾沫告诉笔者,此次三星发布的Galaxy S10系列的价位覆盖范围较宽,在满足创新的同时也能保证出货量。

2019年将是国内5G时代的开端,大小厂商都在紧锣密鼓地筹备5G智能手机的发布。笔者认为,长远来看,中国市场的整体结构和消费水平正向更加高质和高端的市场转变,智能手机的平均售价有望在2021年突破400美元,厂商竞争的重点将聚焦在如何把最新的技术和消费者的更高层次需求联系起来。而苹果要抓住5G这波趋势,必须为消费者提供区别于竞争对手的产品及服务,才能重新赢回市场。

2019年2月25日

分享链接

买特斯拉比炒股损失更大？

过去一周，令"钢铁侠"马斯克有些应接不暇。首先是因为在推特上"满嘴跑火车"再度被监管推向风口浪尖，后来又因为全系列车型降价受到中国老车主的集体抵制，即便有着过人精力的"狂人"马斯克，也很"抓狂"。

3月1日，特斯拉突然宣布将在全球范围关闭大量线下门店，全面转向线上销售的模式以节省成本。随后，公司宣布正式推出令人期待已久的售价3.5万美元的基础版 Model 3 车型。同日，特斯拉中国官网将全系列车型售价再度进行下调，此番降价的力度之大立即引起特斯拉车主群体的巨大反响。

尤其是刚刚提车的车主对降价表达了强烈的不满，他们当中的一些人刚刚提车不到一周，而根据最新的价格，最贵车型 Model X 100D 的降价幅度高达30多万元。得知自己一夜损失数十万元，这令提车不久的车主懊恼不已，他们自称是"最贵的特斯拉老车主"，并表示"买特斯拉比炒股损失更大"。

很多车主在过去的一个周末向特斯拉门店讨说法。上周六傍晚，特斯拉终于在降价后首次公布了补偿方案。在特斯拉官网上的更新信息显示，所有在调价前购买特斯拉的车主，能够半价购买特斯拉辅助驾驶（Autopilot）和全自动驾驶（Full Self-Driving，FSD）服务，其中，Autopilot 原价4000美元、FSD 原价7000美元，优惠后售价分别为2000美元和3000美元，也就是说，如果两项都买，用户相当于节省了6000美元。针对已经购买了这两项服务的特斯拉车主，特斯拉将提供早期体验计划（EAP），EAP 会员有机会率先体验特斯拉推出的新功能。

笔者了解到，对于这一补偿计划，大多车主认为缺乏诚意。他们抱怨特斯拉的自动驾驶服务的售价本来就高，而且全自动驾驶在中国目前并无法使用。

马斯克在当天的 Twitter 中回应了中国老车主们的怨言，他说道："我们一直致力于生产更多可被负担得起的电动车和自动驾驶汽车。这是正确的方向。但是我们不能追溯过往，让以前的用户也都享受新的价格，这会把公司搞垮的。"

车主们对特斯拉又爱又恨的心理非常可以理解。毕竟，过去特斯拉是象征高端的车型，并不是每个人都能拥有的，如果未来特斯拉真的实现了像马斯克所承诺的"生产人人都能开得起的电动车"的目标，这些车主身上的自豪感和优越感必然会受到伤害。

这是特斯拉的使命，也是它的挑战。马斯克的梦想是改变世界，他已经改变了很多。他用最短的时间将特斯拉的"平民车型"Model 3实现了量产，并在全球实现交付；他史无前例地把特斯拉的工厂建到太平洋另一头的上海临港，并承诺开工一年内落成；就在上周六，他的另一家公司SpaceX实现了航天史的又一个壮举，一艘载有400磅物资的SpaceX的试验无人飞船驶向国际空间站，为美国宇航局NASA的载人飞船计划迈出第一步。如果今年7月按计划载人升空，将是自2011年以来美国首次重启载人航天项目。

梦想很大，仍要砥砺前行。特斯拉作为一家成立仅15年的汽车公司，还会经历很多磨难，除了在技术上不断提升，更大的挑战在于如何保持盈利。随着特斯拉开始把策略重点转移到卖出更多便宜的汽车，公司的利润率也势必受到影响。

特斯拉还需要足够充裕的现金流来还债。3月1日，特斯拉刚刚还了超过9亿美元现金的到期可转债。马斯克也收回了此前对于第一季度盈利的预期，认为盈利要等到第二季度，这直接导致特斯拉的股价大跌。

为了能让特斯拉"轻装上阵"，马斯克已经宣布了一系列的"减支"计划，包括将大规模关闭门店，全面转向线上销售；削减一部分销售等工作岗位，裁员比例达7%；马斯克也承认，如何让特斯拉的车比传统汽车厂商的车更具竞争力是一大挑战。

但不管怎样，降价总是受到消费者的欢迎。笔者了解到，已经有不少中国消费者下单等待购买更低价的特斯拉汽车。"特斯拉的技术比起其他电动车厂商还是领先很多，降价后我会考虑选择购买。"白领小邓告诉笔者。

2019年3月3日

分享链接

中端市场仍是手机厂商竞争的主战场

高价的苹果之后,三星、华为接连发布折叠手机,价格之高引发热议。未来的手机真的都要成为一种奢侈品吗?

笔者了解到,目前,业内普遍认为折叠手机还处于非常早期,价高量少的阶段,不会对主流市场产生大的影响。

与此同时,随着智能手机高端和低端市场两极分化的趋势更加突出,这给中端价位智能手机市场赢得了更大的空间,这也许将是未来手机厂商竞争的主战场。

在上个月举行的西班牙巴塞罗那世界移动通信大会上,研究机构GFK发布的数据显示,尽管2018年智能手机销量下降3%,但是收入反而增长了5%,达到5 220亿美元,主要原因在于智能手机的平均售价(ASP)上涨。

GFK的统计数据显示,2018年售出的智能手机中,价格超过800美元的手机销量占比达12%,超过2017年的9%。价格在150至400美元的中等价格手机市场销量占比达46%,超过2017年的44%,仍然是各大厂商竞争的主要战场。

另外,尽管高端手机的价格不断突破上限,然而缺乏有吸引力的创新继续延长了消费者对智能手机的更换周期,这使得去年第四季度全球智能手机的ASP同比下降2%至384美元。

研究机构Gartner高级研究总监安苏尔·吉普塔(Anshul Gupta)在上个月发布的一份全球智能手机的报告中称:"2018年第四季度全球市场对入门级和中端价位智能手机的需求依然强劲,但在高端智能手机市场持续趋缓。创新速度变慢和价格上扬,使消费者暂不考虑更换高端智能手机。"

在中国市场,根据研究机构Canalys的报告,2018年第四季度,中国智能手机ASP由2017年的342美元下滑至339美元,低于全球ASP的水平。

尽管中国已经成为iPhone等高端手机最重要的市场,但中国智能手机的整体结构和消费水平还有待提升。Canalys的数据还显示,2018年第四季度,中国600美元以上的高端手机销量占比达15%,超过2017年第四季度的

13%，不过，价格在200美元以下的低端手机的销量占比仍然维持在44%的水平，未来这一部分的手机用户拥有向中端价位手机升级的巨大潜力。

研究机构Strategy Analytics智能手机研究总监隋倩告诉笔者，中国市场目前仍然以中低端机型为主，虽然一、二线城市已经基本完成了向中高端手机更新的阶段，但全球平均下来的价格水平依然很低。她认为，售价在300至500美元区间的智能手机未来还有很大的成长空间，这也是中国主要厂商发力的细分市场。

在Strategy Analytics此前发布的88个国家和地区手机平均售价的市场调研报告中，2017年日本市场智能手机ASP高达557美元，位列全球榜首；中国2019年ASP仅为209美元，排名41位；美国ASP为425美元；作为当前智能手机增速最快的印度，ASP仅为128美元（Strategy Analytics的ASP价格均为批发价格，并不是市场零售价格）。

隋倩说道，中国的华为、小米、OPPO和VIVO都在努力提升平均售价，发力300至500美元的细分市场，其中，以华为的布局最为成功。Canalys于今年年初发布的报告也提到，2013年年底华为决定创建荣耀品牌，这使得华为如今只剩下五家头部厂商、涵盖七个品牌的竞争格局中，在高中低价位段均有市场机会。未来，华为有望在全球挑战三星的冠军地位。

同时，中国更为广泛的消费趋势正在发生变化。"拥有更少但更高质量的物品"的观念已经能被大部分中产阶层接受。人们也更倾向于把钱用于更好的体验上。根据Canalys的预测，中国智能手机的平均售价有望在2021年突破400美元。

"中国市场的整体结构和消费水平正向更加高质和高端的市场转变，未来厂商竞争的重点将聚焦在如何把最新的技术和消费者的更高层次需求联系起来。"Canayls分析师贾沫告诉笔者。

2019年3月10日

分享链接

底层技术决定人工智能"跑速"

从 DeepMind 的人工智能围棋高手 AlphaGo 到基因测序高手 AlphaFold，再到近期 Google AI 放出一种叫作 MorphNet 神经网络模型优化技术，谷歌总在技术的最前沿不断挑战人工智能的边界。这一切都源于谷歌强大的人工智能底层能力——开源机器学习框架 TensorFlow。

早在 2015 年年底，谷歌就将 TensorFlow 开放给全世界。这种人工智能的底层技术的重要性就好比芯片，它是一切运算的基础，对硬件的发展形成底层的制约，如果没有底层技术，再过人的想法都无法实现，因为 AI 开发者不能每开发一个模型就从最底层重新来过，要想进行算法训练、模型开发、应用部署，都必须在一定的开发平台上来完成。

在美国，各大科技公司都非常重视对深度学习框架的开发。比如，谷歌在云计算、硬件、语音助手、AI 教学等业务中，全都以"TensorFlow 优先"为主导，用尽各种办法将开发者引导至自己的开发平台上，并且坚决不兼容其他开发框架。

这种封闭的做法也引来其他美国巨头的不满。Facebook、微软就形成了以 Caffe、Python 结盟形式的"反谷歌联盟"，希望打破谷歌一家独大的垄断格局。

在中国，目前已经开发出深度学习框架的大型互联网公司屈指可数。百度从 2013 年开始研发自己的深度学习框架 PaddlePaddle，经过长期内部应用后，在 2016 年正式将其进行开源，从而在人工智能基础设施的争夺战中，占据了一定的话语权和产业壁垒。此后，百度提出 All In AI 战略，推出百度大脑、DuerOS、Apollo 等涵盖智能生活、自动驾驶等领域的技术平台，积极向谷歌靠拢。

BAT 中的另外两家则将更多的资源押注在新技术产业。阿里巴巴就在过去几年里发布神经网络芯片 Ali-NPU、全资收购中天微、成立半导体公司，并布局了量子计算等技术。腾讯也在自动驾驶、智慧医疗、云服务、量子计算研究、虚拟人等一些前沿技术方面开始布局。

但是必须承认，在硬件和底层技术方面，BAT 与谷歌等全球科技巨头仍有差距，但中国的开发者和企业从未停止过奔跑，尤其是大量中国人工智能初创公司，它们在 AI 底层技术的开放方面投入更多。

这也与近年来来自 BAT 等公司的巨量投资不断涌入这些 AI 初创公司有关。根据研究机构 CB Insights 发布的 2019 年全球 Top 100 AI 创业公司年度榜单，中国有 6 家公司上榜，其中，估值 10 亿美元以上的公司多达 5 家。

不仅如此，2018 年年度融资最多的 AI 公司前三名有两家来自中国，商汤以 16.3 亿美元的年度融资额高居榜首，旷视以 6.08 亿美元的融资额位列第二。

全球私人资本仍在不断流入人工智能领域。根据美国新创公司数据挖掘平台 Crunchbase 发布的最新数据，私人资本对 AI 领域的初创企业投资增幅明显，投资主要来源于美国和中国。

2019 年，全球 Top 100 的 AI 创业公司中排名前三位的中国公司分别是商汤、依图和第四范式，最高估值依次为 45 亿美元、24 亿美元和 12 亿美元。另一家入榜企业地平线机器人在榜单发布时尚未入选，不过今年年初，地平线宣布新一轮 6 亿美元融资，估值超过 30 亿美元。

值得注意的是，入选 2019 年 Top 100 的 AI 初创公司相比 2018 年有了较大的变化。2018 年入选的企业出门问问、今日头条、英语流利说、优必选、寒武纪这 5 家公司落选，取而代之的是依图、第四范式和地平线。巧合的是，这些公司都聚焦人工智能底层技术。

截至目前，商汤、依图、第四范式和地平线分别成为各自领域的头部公司，商汤和依图占据了安防领域的大部分市场份额；第四范式在金融反欺诈领域独占鳌头，而且集齐了中国五大银行的投资；地平线专注于人工智能致力于将芯片和算法结合。

以目前估值最高的 AI 初创公司商汤为例，与大多数搭建在已有底层系统的 AI 公司不同，商汤自成立以来，就致力于 AI 底层框架搭建，自主搭建了深度学习算法平台和深度学习超算中心，为原创 AI 算法与技术的迭代升级提供支持，这将为商汤带来更多的时间窗口，形成技术壁垒。

2019 年 5 月 5 日

分享链接

苹果的无人驾驶还有戏吗？

苹果对自动驾驶初创公司 Drive.ai 的收购终于尘埃落定。在市场近一个月的猜测后，苹果承认已将 Drive.ai 收入囊中，但未透露收购金额。

Drive.ai 是一家从事穿梭车服务的自动驾驶技术公司，累计融资 7 700 万美元，两年前估值就超过 2 亿美元。

今年 1 月，苹果遣散了 200 多名自动驾驶团队——泰坦计划（Project Titan）的员工，但收购 Drive.ai 意味着苹果在自动驾驶领域仍然抱有雄心。

收购 Drive.ai 后，苹果也将获得该公司自动驾驶团队的人才。据悉，苹果一直对 Drive.ai 这家自动驾驶创业公司的工程应用型人才非常感兴趣。

Drive.ai 由斯坦福大学的 8 名人工智能研究员创立。公司最大的强项是将普通汽车通过工具包改装为无人驾驶汽车。两年前，人工智能行业大咖吴恩达出任 Drive.ai 董事，令这家公司更加引人关注。

苹果目前在美国加利福利亚的道路上开始测试雷克萨斯的 SUV 自动驾驶汽车。今年 4 月，苹果被曝正在跟至少 4 家硬件供应商进行谈判，为自动驾驶汽车开发革命性激光雷达系统。

与谷歌和 Uber 相比，苹果的自动驾驶技术已经落后，谷歌 Waymo 和 Uber 都开始在公共道路上测试其自动驾驶汽车，Waymo 甚至已经在美国凤凰城等地展开自动驾驶试点服务。特斯拉也开始行动。特斯拉 CEO 马斯克早些时候表示，到 2020 年，特斯拉将会有 100 万辆自动驾驶出租车（Robotaxis）行驶在路上。

苹果的"造车之旅"并不顺畅。根据苹果汽车团队离职员工讲述，这是因为苹果对造车的方向还不明确。"目前，苹果汽车团队主要在开发无人驾驶接驳车项目，除此之外，公司并没有太清晰的战略。"这位离职员工告诉笔者。

去年 5 月，苹果公司被曝与大众汽车签署协议，计划将大众汽车一部分新的 T6 Transporter 小客车用于苹果的自动驾驶员工接驳车。

几年前，苹果公司就开始寻求与高端汽车制造商宝马和奔驰合作开发纯电动自动驾驶汽车,据笔者了解,由于苹果公司要求完全掌控数据,这些项目都未取得进展。苹果汽车团队的人数也从两年前顶峰期的1000多人规模不断缩减,目前只剩下几百人。人员的流失主要是因为公司对汽车战略的方向不断进行调整而损伤了士气。

苹果CEO库克在两年前首次承认苹果正在研发自动驾驶技术。库克当时在接受彭博社采访时表示:"自动驾驶几乎是苹果所有AI项目的母体,也是最难攻克的,但是自动化也让苹果为之兴奋,未来我们能够看到它会把我们带向何方。"

早在2016年11月,苹果公司就宣称,公司在机器学习和自动化方面投入大量资金,并对自动化系统在交通等方面的潜力表示乐观。库克表示:"自动驾驶、电动车、打车软件是对行业产生颠覆性意义的三大技术,这些技术几乎都发生在同一时刻。"

库克还表达了对电动车市场的乐观看法。他说道:"如果将来人们不需要到固定的加油站加油,这种体验将会是非常美妙的。"同一年,苹果斥资10亿美元投资滴滴出行。

在整车厂商和初创公司纷纷涌入自动驾驶领域的时候,缺乏造车经验的苹果公司的优势并不明显。IEEE(电气与电子工程师协会)高级会员、数字感知计划主席袁昱博士对笔者表示:"单纯实现自动驾驶技术已经不再是行业最难的问题,很多公司甚至个人都已经做到了。难的是实现水平高超、经验丰富的自动驾驶。"

这也意味着苹果"闭门造车"的模式行不通,收购Drive.ai之后,苹果有望借助其在自动驾驶方面的人才和经验,在无人驾驶的机器视觉和深度学习等方面追赶竞争对手。

2019年6月27日

分享链接

脸书被罚 50 亿美元，社交野心如何继续扩张

在全球拥有超过 26 亿用户的社交巨头脸书（Facebook）正在面临更加严厉的监管挑战。这已经对公司的利润产生了实质的影响，不过，脸书的社交野心并没有因此而停止，而是在积极布局。

Facebook 在美股周三盘后的财报中透露，尽管营收超预期增长 28%，但净利润同比大幅下滑近 50%，影响利润的主要因素是不断高企的监管成本。

去年，Facebook 的数据泄露丑闻令其付出了 50 亿美元的代价，以求与美国联邦贸易委员会（FTC）达成和解，这相当于脸书年收入的 9%，远高于欧洲《通用数据保护条例》（GDPR）所规定的罚款金额不超过企业全年收入 4% 的上限。Facebook 2018 年全年营收为 558 亿美元。不过，民主党立法者对美国联邦贸易委员会的决定表达了不满，认为"罚得还不够重"。

与此同时，Facebook 将为投资新技术和人力不断加大资金，"这会令 Facebook 的盈利受到影响。"Facebook 首席财务官在财报公布后的分析师会议上承认。

监管的趋严还将令 Facebook 在未来面临更多巨额的罚单。因被指在隐私操作方面披露不足，Facebook 还将被美国证监会（SEC）处以 1 亿美元的罚款。欧洲也在对 Facebook 等平台型的巨头科技公司展开大规模调查，以监督其履行《通用数据保护条例》的准则。

在提到关于广告业务遇到的困难与挑战时，Facebook 创始人兼 CEO 扎克伯格认为："现在 Facebook 对隐私保护给予了更多的关注和重视，这些因素都造成了目前和将来我们面临的一些困难。"

一方面，作为社交领域的巨头，Facebook 的盈利模式基于其巨大的用户数据，如果未来在用户数据使用方面受到更多的限制，也将直接影响 Facebook 的广告收入。第二季度，Facebook 高达 98% 的收入都来自广告业务，其中，移动广告业务的营收在总广告营收中的占比超过九成。

另一方面，Facebook 的用户增速已经明显放缓，过了高速增长期。为了创造新的收入来源，Facebook 也在积极布局。比如，公司宣布推出 Libra 加密货币，期待进入金融领域。

Facebook 称 Libra 将交由瑞士的非营利组织 Libra 联盟来运营，此举被认为可能颠覆美国现行的货币体系。该联盟成员除了 Facebook 外，还包括 Uber、Mastercard、Visa、PayPal、Spotify 和 Stripe 等。

在各方反对声音占据主导的背景下，Libra 正式推出前必将面临更大的监管挑战。对此 Facebook 已经表示妥协，在上周国会的听证会上，Facebook 称 Libra 发布初期将不寻求盈利，这与 Libra 白皮书上的表述有所不符。但长期来看，Libra 无疑将为 Facebook 的商业利润带来巨大的前景。

Facebook 已经开始探索多元化的盈利模式，并加大了电商领域的布局。今年 6 月，Facebook 宣布投资印度社交电商初创公司 Meesho。印度拥有超过 2.5 亿脸书用户，也是继中国之后的又一个社交电商大国。

这种大规模的收购正在受到监管部门的反垄断审查。当地时间周二，美国司法部宣布将正式对美国大型科技公司展开反垄断调查，法国也已经立法通过了对超级平台征收 3% 的"数字税"，其中的大部分是包括亚马逊、脸书和谷歌在内的美国科技巨头公司。

监管者认为，保证市场的运作和机制是非常重要的，尤其是当一家公司控制了整个创新和交流的生态系统。正如美国司法部长威廉·巴尔（William Barr）在审议听证会上所说的："企业规模大并不一定是坏事，但是很多人都想知道在硅谷的这些超大型公司是如何在反垄断监管的眼皮下发展到今天的规模的。"

科技公司则坚称，在不违反反垄断法的前提下赢得市场地位是完全可以做到的。在面临越来越多来自不同领域的企业激烈竞争的背景下，它们的产品和平台也促进了其他公司的成功。

尽管面临重重挑战，从股价来看，Facebook 今年已经累计上涨了 56%，这反映了投资者仍然看好 Facebook 的发展前景。在最新发布的《财富》世界 500 强企业榜单上，Facebook 的排名也由去年的 274 位一举跃升至 184 位，而且高居利润榜排名第 14 位。

2019 年 7 月 25 日

分享链接

智能可穿戴产品抢滩 IFA 展，生态系统闭环仍待构建

十年前，当 Fitbit 智能手环初次面世时，人们第一次不用走进医院的诊疗室，就能测量出自己的心跳和呼吸等生命指征。十年后的今天，当技术再次迎来爆发，智能可穿戴设备已不再是监测步数或者心跳那么简单，科技公司正在探索其更深层次的应用。

2019 IFA（柏林国际消费电子展）飞利浦的展台上，除了电动牙刷、电动剃须刀、空气净化器、空气炸锅等小家电产品被赋予了智慧 AI 功能之外，一款帮助人们睡眠的 Smart Sleep 舒鼾仪吸引了记者的关注。只需在睡觉时把这根带状可穿戴设备绑在胸口下方，它就能通过体位传感器监测到用户仰卧睡姿，继而让产品发出温和的震动，提示使用者调整睡姿，从而减少人们打鼾，提升睡眠质量。

"消费者对于个性化健康生活解决方案的需求与日俱增。他们比以往任何时候都关注自己的健康，并希望拥有更易于在日常生活中应用的健康科技产品。"飞利浦健康生活全球业务负责人贾博瑞（Roy Jakobs）在 IFA 上告诉笔者，"我们希望真正了解消费者的需求，并通过最先进的前沿科技提供符合他们需求的自适应健康科技解决方案。"

大数据赋能下，个性化医疗也正在由量变转为质变。现在的技术已经能够有效地解读从用户身上收集的数据，并以此追踪人们的健康状况。借助于医生的临床建议，每个人的数据都能够转化为洞察，来衡量人的健康水平、生活方式以及医疗需求。人们也能够通过监测到的数据自主控制饮食、管理睡眠，关注口腔健康等。

监测睡眠、心跳等身体的生物指征也是目前市场上大多数可穿戴设备正在努力的方向。

占据全球可穿戴市场最大份额的苹果公司也有望在即将召开的秋季发布会上推出其自有的睡眠追踪 App 应用，这也将成为苹果 2017 年收购芬兰睡眠

监测仪初创公司 Beddit 以来发布的首款针对睡眠的应用产品。

苹果有望借此进一步走在竞争对手 Fitbit 前面。苹果的可穿戴产品包括苹果耳机 AirPods、苹果手表和 Beats 耳机。在最新的季度中，苹果可穿戴产品收入同比增长近 50% 至 55 亿美元。相比之下，Fitbit 的增长只有 5%。

包括 Garmin 和运动品牌 Puma 等在内的公司都在今年的 IFA 展上推出了全新的可穿戴产品，华为也推出智能耳机。华为在 IFA 上发布的麒麟 A1 芯片也将用于华为即将推出的新款可穿戴智能手表 Watch GT2。

尽管智能可穿戴产品市场增速迅猛，但是如何通过构建生态闭环，有效利用监测到的用户数据，为用户提供个性化的健康咨询或者医疗解决方案，是决定未来各个厂商能否占据市场的关键因素。

支持和介入各大平台，苹果的 iOS 和谷歌的安卓是智能可穿戴产品构建生态闭环所不可或缺的，不仅要监测运动、睡眠、心率、血氧、血糖、血压等生命指征指标，更要找出关联性并为用户提供价值。

为此，飞利浦已经开始与苹果公司合作。苹果公司有数以亿计的移动设备，而飞利浦拥有深厚的医疗设备的积淀，光研究睡眠产品的专家团队就有千人，这促成了两家公司的深度合作。

"大量数据监测最大的意义在于能够提升用户主动监控、管理健康的能力，从而提前对疾病进行预防。"贾博瑞告诉笔者，"飞利浦也在不断提高技术，将数据驱动的洞察转化为医疗健康预防措施。如果每个人都能自主管理好身体健康状况，就会大幅减轻医院和医生的负担。"

给予用户对自己数据的掌控权非常重要。Canalys 分析师刘健森对笔者表示，采集来的数据谁能看到，存储在什么地方，会不会被第三方利用，这些问题都要回答清楚。

这也意味着企业要通过这些数据来变现，在道德和法律的约束下是非常困难的。科技公司和设备生产厂家的初衷，应该是通过技术突破和数据来帮助用户维持健康或者解决疾病的问题。

2019 年 9 月 9 日

分享链接

5G 成工业互联网引擎，消费级应用尚未爆发

苹果上周发布了最新的智能手机 iPhone11 系列，因缺乏 5G 功能备受争议。一些观点认为苹果输在 5G 的起跑线上，也有观点认为 5G 手机应用仍十分有限，苹果完全有理由等到时机成熟时再推出 5G 新机。

研究显示，因智能手机缺乏创新，市场日渐趋于饱和，消费者换机周期变长，5G 可能会让这种现象有所改观，但也不能过分乐观。

根据研究机构 IDC 的数据预测，今年全球智能手机出货量约下滑 2.2% 至 13.7 亿部。IDC 追踪全球移动设备的副总裁瑞恩·雷斯（Ryan Reith）表示，5G 的普及会慢于 4G，原因在于 5G 智能手机渗透率低。

报告指出，5G 将会率先令自动驾驶、物流、远程医疗、智慧城市、工业 4.0 等行业企业受益。

5G 作为人工智能和物联网的一个高宽带的连接技术，将成为工业互联网的引擎，带动工业互联网的发展。

工业行业已经开始积极拥抱 5G。上周在温州举行的首届"国际工业与能源物联网创新发展大会"上，正泰集团董事长南存辉说道，随着 5G 技术的应用，物联网传感产业将迎来集约化、规模化发展的新阶段。

5G 还将极大地赋能机器人制造领域。据统计，采用工业互联网的机器人能够帮助生产企业的生产效率提高 8%—15%，使得生产成本降低 8%—15%。

在 5G 环境下，机器人的应用潜力也正被源源不断地挖掘。以医疗机器人为例，目前通过 5G 网络传输的高清画面，专家已经能够远程操控手术器械，为患者实施帕金森"脑起搏器"的植入手术。

此外，通过 5G 通信技术、工业互联网和机器人技术的融合，将大幅度提升数据传输的实时性、完整性及吞吐量，极大地增强机器人智能化、柔性化和精准控制能力，提升机器人的应用潜力，推动机器人步入发展的快车道。

在谈到 5G 的落地应用时，西门子大中华区总裁兼 CEO 赫尔曼（Lothar

Herrmann）在上周举行的一场粤港澳大湾区论坛上表示："在制造业中，5G 能使我们以更高的速度和更大的带宽来开展业务，我们也为此做好了充分的准备，5G 对于电力、能源、智能制造等各行业来说都非常重要。"

赫尔曼认为，5G 能加快流程运行，提高运营的安全性。但这一技术的成本也相当高，需加大基础设施投入。因此，在思考 5G 环境下应用的过程中，需要政策制定者、投资者展现更多的智慧，否则，可能在 5G 方面进行了大量的投入，但是并未建立良好的客户基础。

在上海即将召开的工博会上，5G 在工业应用上的成果也将集中展示。在工业互联网展区，英特尔、上海电气等多家国内外企业将通过场景应用展现未来趋势性技术和最新应用场景，中国电信、中国移动、中国联通等通信服务商将现场展示 5G 在工业领域的最新应用成果。

2019 年 9 月 15 日

分享链接

IPO 估值遭质疑，优客工场会成为下一个 WeWork 吗？

上周，中国最大的共享办公空间运营商优客工场向美国证券委员会提交备案文件，计划在纽交所发售价值 1 亿美元的美国存托股票（ADS）。不过，最新消息暗示，这一计划可能遭遇挑战。

优客工场公布的一份更新版本 IPO 文件显示，花旗和瑞信已经退出主要承销商之列，取而代之的是海通国际和华兴资本。

一位业内人士对笔者表示："优客工场 IPO 还是会继续，中资投行仍在坚持，但募资规模可能会缩减，大环境对财务模型的要求也变了，比如对盈利的要求不如过去宽松了。"

就退出优客工场 IPO 的原因，花旗和瑞信方面尚未给出回应。上述人士向笔者透露，估值达不到预期是外资投行退出的主要原因。

另有消息称，参与优客工场的投资人也施加了压力，要求更高的估值，而退出的两家投行认为投资人寻求的估值与优客工场有望达到的估值差距太大。

优客工场在今年 11 月完成的最新一轮 2 亿美元 D 轮融资后称，其 IPO 前估值达到 30 亿美元左右。这一估值较 2018 年 8 月 C 轮融资获得的 18 亿美元左右的估值大幅增长。

优客工场的投资人包括蚂蚁金服、河南大宏、香港全明星投资基金等，阵容强大。自 2015 年成立以来，该公司已经前后融资近 20 轮。

目前，优客工场在全球 44 座城市布局了 200 多个共享办公空间。不过，公司仍然面临巨亏。根据招股说明书，今年前三季度，优客工场亏损达到 8 000 万美元。

优客工场的 IPO 遇冷让人联想到几个月前 WeWork 的惨痛经历。曾经估值达数百亿美元的 WeWork 在 IPO 前估值仅 80 亿美元，最终不得不放弃 IPO，甚至濒临破产。

WeWork 的溃败虽然不能被视为共享经济本身的失败，但至少让人反思共享经济是否走到一个发展的瓶颈。

这种困境背后更为市场敲响了警钟——以软银为代表的投资人"洪水猛兽"般的投资逻辑遭到了质疑，是资本的贪婪拖累了共享经济。当经历了疯狂烧钱的阶段之后，盈利点还是迟迟不出现，这时投资人和企业应该如何作出选择？

从 WeWork 的溃败到优客工场 IPO 遇冷，至少反应了两个层面的问题：第一，一级市场的估值太高，到了二级市场很可能不被投资者接受；第二个也是更深层次的问题，就是用巨额资金去推高企业的估值，这种让企业插上资本的翅膀"蒙眼狂奔"的投资逻辑现在正在遭受深层次的拷问。

好在不同于 WeWork 创始人亚当·诺依曼（Adam Neumann），优客工场创始人毛大庆曾就职于两家利润最高的房地产企业万科和凯德，他对房地产项目如何盈利有着丰富的经验。

但即便优客工场成功登陆美股，目前的美股市场对中资企业而言也是很大的挑战。不少在美股上市多年的中概股公司目前股价表现惨淡，有的甚至考虑退市，而新上市企业也面临破发的压力。

一些未上市企业选择在现阶段继续观望。同样是软银投资、已经递交了招股说明书却仍未上市的还有一家中国科技公司——达闼科技。今年 3 月，软银宣布其千亿愿景基金向达闼科技投资 3 亿美元，这令后者的估值目前至少达到 15 亿美元。

但由于达闼科技现阶段没有完全盈利能力，被指估值可能过高，公司已经推迟了赴美 IPO 的进程。根据达闼科技今年 7 月发布的上市招股书，现阶段以及未来几年内，该公司可能仍处于亏损状态。

2019 年 12 月 17 日

分享链接

第三部分
商业领袖访谈

默沙东全球研发总裁罗杰：
押注中国市场，提高销售额

吕进玉

默沙东公司（MRK.NYSE）在美国和加拿大名为默克（Merck & Co），该公司股价在2018年全年上涨逾30%，创下自2006年以来的最大年度涨幅，默沙东去年的突出表现在很大程度上得益于K药销售的强劲增长。

罗杰·马修·佩尔穆特（Roger M. Perlmutter）已经担任默沙东公司执行副总裁及全球研发总裁超过5年的时间，他曾是美国华盛顿大学免疫学、生物化学和医学系的教授。

这是他第一次到中国来。"我早该来了。"罗杰近日在接受第一财经记者独家专访时表示。

押注中国市场

中国是默沙东全球增长战略中至关重要的一部分，尤其是在2018年。据报道，2018年第二季度，默沙东佳达修全球销售额高达6.08亿美元，其中，实现了26%的同比增长，亚太区被认为是增长驱动力最强的地区之一。

虽然默沙东并没有公布中国市场的具体财务数据，但该公司在中国获批上市了几款重磅创新药物和疫苗，也许能反映中国市场对其未来的发展至关重要。

2018年7月，PD-1抑制剂Keytruda（pembrolizumab/帕博利珠单抗，下称K药）在中国获批，用于治疗经一线治疗失败的不可切除或转移黑色素瘤患者，这也是第二个在中国获批上市的PD-1/L1分子。

美国前总统吉米·卡特因为在阳光暴晒的环境中长大，晚年时患上黑色素瘤，而后，卡特接受了刚发布不久的K药的治疗。"我们可以看到，三年过去了，他的情况特别好，已经没有肿瘤了。这是非常令人惊讶的。"罗杰说道。

"在 K 药和其他晚期黑色素瘤的免疫疗法出现以前，黑色素瘤患者存活时间是以月为单位去计的。"罗杰告诉记者。

罗杰表示，随着时间的推移，会看到 K 药不断得到改善以拥有更多的适应证。

此外，2017 年 5 月在中国获批上市的四价宫颈癌疫苗佳达修（Gardasil 4）之后，九价宫颈癌疫苗（Gardasil 9）也在 2018 年 4 月获批上市，这进一步加快了该疫苗的增长势头。

罗杰对记者介绍道，默沙东整个公司在中国有近 5 000 人，包括主要位于上海的商业中心和位于北京的研发机构。

他对记者透露，默沙东在中国有一个正在进行的临床发展项目。该项目大约有 6 000 名患者正在参与临床试验研究，而明年这个数字可能会增加到目前的三倍。

他还表示，这为我们向中国药品监管机构提供必要信息提供了基础，从而确定药物的适用人群。我们的工作就是为世界各地的药品监管机构作出正确决策提供必要的依据。

肺癌和疫苗将成为新突破点

对于下一阶段默沙东在医疗方面的关注点，罗杰直言，已经为癌症治疗增加了种类极为广泛的专项研发资金，包括 K 药，同时还有与阿斯利康就药物 Lynparza 方面的合作，以及与日本制药公司 Eisai（卫材）在药物 Lenvima 的合作。他迫切希望中国的癌症患者有机会单独或同时使用 Keytruda、Lynparza、Lenvima。

罗杰说道："还有很多药物我们在不同的背景下进行研究。我们的研究成果已经产出了大量的报告和数据，现在这些都需要引入中国市场，要么我们直接在中国开展临床试验，要么中国患者数据直接被纳入全球的研究中。"他说道，"在中国的样品数据是非同寻常的，因为提交给中国药品监管机构的数据采集数量非常庞大。"

罗杰对记者强调，2019 年是默沙东突破性的一年。因为 K 药在中国首次获批是在黑色素瘤治疗方面，但在中国市场环境中，黑色素瘤并不是一个普遍的癌种。因而默沙东期待可以在中国更广、更重要、更具破坏性的疾病领域获批新药，尤其是在肺癌领域。

此外，默沙东还投资了超过 160 多亿美元（约合 1 200 亿元）来支持治疗专家的研究，以扩大默沙东在人乳头状瘤病毒（HPV）疫苗的生产，满足世界的需求和中国的需求。

罗杰对记者说到，人乳头状瘤病毒疫苗只是我们疫苗产品线的一部分，我们有非常细分的疫苗产品线，包括预防侵袭性肺炎、导致肺炎的细菌性疾病的新疫苗。我们长期生产称为 Pneumovax 的疫苗，并且我们相信新疫苗——肺炎球菌结合疫苗将会在中国广受欢迎。目前，正在进行关于疫苗临床研究的最后阶段。很快默沙东就会在细菌领域做更多的新疫苗试验。还有很多其他的疫苗正在研发中，默沙东致力于推进这个项目。

2019 年 1 月 6 日

分享链接

对话张勇：乐趣来源于创造价值，而不是毁灭别人

王 海 刘 佳

还有不到 8 个月的时间，阿里巴巴将更迭"掌门人"。

如果把阿里的事业比作一场 4×100 米的赛跑，马云说，自己只是跑了第一棒。在阿里独特的"合伙人"机制下，以张勇为代表的新一批领导者已经成为阿里的中流砥柱。

阿里巴巴内部有一个说法：张勇是在高速路上换引擎的人，而且把拖拉机换成了波音 747。12 年里，天猫以及"双十一"这一现象级商业盛事是他内部创业的成果；2014 年，他力举全集团之力"All in 无线"，并在 2017 年主导新零售引领全球商业模式升级。在张勇的带领下，阿里巴巴从电商平台发展为影响和塑造未来商业基础设施的数字经济体。

在互联网和移动互联网时代抢下头部位置的阿里巴巴，将如何创造更大的未来？近日，身着灰色纽扣式毛衣、黑色牛仔裤的张勇接受第一财经记者独家专访，坚定地给出自己的答案：阿里商业操作系统。

此外，他还分享了关于阿里近期组织架构调整的思考、对于商业操作系统的理解、阿里始终如一的文化、阿里的挑战以及阿里与世界的相处之道。

外界一贯评价，马云天马行空，张勇脚踏实地。张勇则认为，这八个字缺少哪一边都不行，"过去几年，我也在不断地挑战自己，必须把自己的性格改变一些。"

以下是第一财经独家对话张勇实录。

两个角色放在一个人身上是巨大挑战

记者： 还有八个多月，你就要担任阿里集团董事局主席了，能不能分享一下您是在什么样的情况下知道这个消息的？

张勇：说实话，具体场景记不太清了，肯定是在某次和马老师的聊天当中。经常过一段时间，马老师从外面跑一圈回来以后，我们就约个时间，喝个茶，聊两三个小时。具体提起2019年这个时间点，应该是在最近一年左右。去年9月份，他正式说了。

记者：如何完成这个转换和过渡，你觉得会有什么变化？

张勇：有些变化很大，有些变化不大。马老师为了这个事情也准备了很久。他这几年慢慢淡出公司具体业务的参与。他一年飞800小时、1000小时。特别是这三年来，我接任CEO后。所以，从这点上变化不大，但从作为董事会主席来讲，承担的职责变化会很大，无论与外界和公众的沟通，还有在社会活动层面，因为毕竟阿里这么大一个经济体，必须要跟社会紧密连接。

马老师在社会活动层面花了很多时间，我主要把精力花在公司运作上。现在如果两个角色放在一个人身上，对我是一个巨大的变化和挑战。

记者：外界评价马老师是激情澎湃、天马行空，他说你脚踏实地。这是否意味着阿里在你的带领下，会进入一个精耕细作的时代？

张勇：我比较喜欢这个说法——"天马行空、脚踏实地"。但我认为这八个字，缺哪边都不行，不能光精耕细作，还要有愿景，要看长远、看未来，看别人看不到的局，这非常重要。精耕细作也许能使公司效率获得显著提升，但没有办法发生化学变化。要想未来，想一些不确定的事情，对大的走势要有宏观判断。过去几年，我也在不断地挑战自己。

很难说最后阿里会变成一个靠精耕细作来成长的公司，如果这样会是巨大的问题，两者缺一不可。

数字经济的盛宴才刚刚开始

记者：从阿里财报来看，最近五个季度的增速在互联网第一阵营当中领跑。但从股价表现来看，中国互联网公司大部分都有20%—30%的下跌。怎么看互联网或者数字经济接下来的走向？

张勇：互联网经济跟股价没关系。我们在上市前路演的时候就说，阿里不按照股价来经营公司。当然，我肯定时不时还是会看一下，不看也不现实，但也不是每天盯着股价。更不能是股价高了就高兴，股价跌了就紧张，而且我们业绩并不差。

不仅对于阿里，这些互联网公司都非常幸运地诞生在全世界最大的市场。我们处于全世界最发达的数字经济市场。就数字经济而言，我们比美国发达，这是我们最大的优势，这个优势对未来经济的发展，我们能发挥的作用和获得的机会都是无与伦比的。

市场总有潮起潮落，不光对中国公司，包括海外公司。道理相通，还是要为未来做好准备，不能只就现在做应急反应，而是为未来的发展去做必要的准备。我认为，数字经济的盛宴才刚刚开始。

记者： 最近你一直在提阿里商业操作系统的概念。可不可以详细讲一讲？

张勇： 2018年，阿里其实已经在做很多组织准备、业务准备和人才准备。今天阿里说数字经济的商业操作系统，本质上是把我们过去19年做的东西呈现出来。业务的发展是这样，一块一块找到具体的机会和痛点，慢慢做出来。

今天面向未来，你发觉所有客户都在走向整体的数字化经营，不仅在网上销售，同时通过互联网来营销，进行用户管理、消费者运营。今天逐渐从需求端走向供给侧，我认为供给侧改革最重要的是供给侧数字化革命，把消费需求和供给完全对接起来。

过去生产什么就卖什么，卖得好就很高兴，卖得不好就很悲伤。今天应该根据市场要什么，就去组织设计什么，生产什么，供应链快速反应。从数字化销售、数字化营销、数字化供应链、数字化产品设计和生产乃至物流，到最源头的原材料准备，整个产业链都在全方位地数字化。

在全面的数字化当中，所有企业都需要面向消费者的市场，所有企业在经营中都需要流动资金金融服务和消费者金融服务，包括2B的金融服务和2C的金融服务。我们有所有企业都需要的让货品流转更高效的物流供应链管理，我们也拥有让企业变成数字化经营所需要的IT基础设施，就是窄义的云。

这样的商业操作系统是一种能力的输出，而不是一个工具的输出。

面向所有企业，我们提供的是数字化整体能力。阿里参与到分众运营后，最简单，分众传媒这样一个电梯楼宇广告或框架广告，原来是展示媒体，今天就变成一个数字媒体。操作系统的核心不是单块的，最终加起来是一种能力的输出，这个能力让软硬件结合得更好，让用户体验变得更好，所以，我们把它形象地称为商业操作系统。

记者：它的本质是不是去互联网化，真正变成互联网上的水电煤？

张勇：不是去互联网化。未来是将互联网从有形变成无形，更多是令互联网变得"润物细无声"，渗透在各行各业或产业链各个环节的能力。我甚至不太希望用"互联网化"这个词，而是用技术和思想，这跟互联网不太一样。一说到互联网，大家容易想到网站、手机客户端，其实，它是数字技术，思想也很重要。

阿里和世界的相处之道

记者：今天这个大环境下，阿里巴巴的使命——让天下没有难做的生意——有没有一些新的含义，阿里和世界的相处之道是什么？

张勇：对阿里来讲，这个使命非常宏大又非常具体。让天下没有难做的生意，这个说法历久弥新。不管在哪个阶段，让别人的生意做得更好，这是商业世界永恒的话题。我已经明确提出来，从现在向未来的阶段，在公司内部，使命还是这句话，让天下没有难做的生意，但前面加一个时间状语，就是"在数字经济时代"。

如果加上这个时间状语，你会发觉这个使命非常符合现在客观世界的需求，也为我们带来很好的方向和指引。使命跟着企业一辈子，但是在不同阶段有新的诠释，如今在数字经济时代，如何让天下没有难做的生意。

记者：现在有一种说法，阿里正进入全面作战的一个时代，电商可能有京东、拼多多。一方面，阿里自己探索新零售；另一方面，腾讯正在加码智慧零售。另外，云计算、支付、大文娱、物流等都有对手。2018年上半年，你在采访中也提到跟拼多多、美团、头条、腾讯的关系。现在你的观点会有一些变化吗？

张勇： 永远会有新的力量出现，因为大家都希望在数字和商业中间找到机会。而且商业业态和机会无处不在，永远会有新创业者、新模式，在某个领域打开赛道。

对阿里来讲：第一还是要善于学习，我们确实很大，也在某些领域很成功。但商业创新无止境，要不断学习，不断学习你的伙伴，甚至你的对手，看他们怎么做。

第二光学不行，创新来自自身，创新不是来自学习和模仿对手，更来自自身去创造新事物、创造新赛道。

第三要把所有创新和学习最后融于平台的成长和平台的厚度。就像爬山一样，一个小公司在某个领域快速突进的阶段，一开始一千米爬得很快，到两千米、三千米就慢下来，到三千米后就很累了。

对阿里来讲，建立平台公司的核心，不是人家造一个山头，我们也造一个山头，而是把这个山头与大的平台能够连接起来，让它有后劲，让它比较轻松地到一万米甚至更高。前两年我们讲前台的创新和中台的沉淀，就是这样的关系。

可能是我的性格，我觉得做业务的乐趣来自创造。当然，商业也是一种游戏，有时候也是一种战争，但它跟真实的战争最大的区别就是，它是创造价值，而不是毁灭别人。这是创造性最重要的来源，否则，就不会有乐趣。憎恨或者嫉妒、你死我活都带不来创造性。

组织架构调整

记者： 你刚才提到前台、中台，我记得你在 2015 年一次架构调整中提出，这几年基本上一直在调整架构，最近还有一轮新调整。阿里成立了阿里云智能事业群，天猫拆成三个，调整没有涉及淘宝，像进口、IoT、天猫精灵业务直接向你汇报。能不能讲一讲背后的思考逻辑是什么？

张勇： 这几年每年都有一个大调整。基本上按照我的习惯，"双十一"以后，一个大节点过去后不多久，临近年底为明年做准备，最重要的准备就是组织准备。组织调好后，开始做规划，看人，具体谁做合适，生产关系要及时调整。

这次调整也是在前几年的基础上，面向未来去打基础。云变成云智能，最核心是要把阿里中台的技术能力，跟云这个未来社会的商业基础设施更好结合。云如果要成为全社会商业基础设施的中台，首先要把阿里中台能力全部赋予云，同时，云不能只是卖虚拟服务器、卖硬件或卖资源，更重要的是它有智慧。云智能是一种能力，计算力也是一种能力，把这些能力跟我们的基础设施结合在一起，提供给客户。

现在上云好像被普遍认可。我会不断问一个问题，一个企业把本地部署的机群搬到云上，仅仅是因为可以省几个管理人员，可以少买几台服务器吗？当然这也是优势，可以带来便利。我们在不同行业，要形成云上面叠加的服务，智能化是所有行业普遍需要的一种计算能力。这是在云上面非常重要的变化。

天猫的这些变化，最重要是源自市场的变化。新零售提出两年后，基于品牌商的视角，基于零售商的视角，基于进出口的视角，整个商业模式都变得不太一样。所有组织的变化，无非就是纵和横、分和合两个序列关系，组织设计和变换，就是纵横怎么划，什么分什么合。你要跑得快，就要分，你就纵向；你要沉淀经验、沉淀知识积累，你就合，你就变成横向。

这次组织调整，一些新业务直接向我汇报，就是让这些未来的业务能更快跑起来。第二是让新一代领军人物更好地冒出来，而不是一层一层地被压在下面，也就是我们说的把第三排的人往第二排提，把师级单位变成军级单位。

至于淘宝，淘宝是我们的基座。淘宝前两年升级得很厉害，可能我的风格就是永远不会所有团队都动。如果站在三年、五年的视角，就会发现所有团队都动过了，每一年轮流进行这样的调整。我从来没有一年所有团队都动的，不会的。一定是今年到这个阶段，解决什么问题，为未来做什么。

淘宝是消费者业务创新的源泉和大头，也代表最广泛的用户认知。它做好支持创新的工作，本身也能产生很多新业务，这是我们对淘宝的定位。

记者： 天猫"双十一"，还有 All in 无线战略，让阿里在过去的发展迈过很多关键节点，最近，你在内部分享时提到每年会思考还需要哪些方面的人，哪些赛道是空的。可否分享一下，还有哪些赛道可能会引爆阿里下一个重要节点?

张勇： 我们需要更多拥有多样性特质的同事，对人才的需求是无止境的，你永远发现锅盖比锅要少。核心是我们要找的同事应该有非常好的行业经验，但是行业经验有时候是双刃剑，最重要的还是愿意学习。他愿不愿意接受新事物，接受不一样的思考方式，包容性、学习能力非常重要，也愿意放空自己，不论在哪个行业已经很牛了，可能来了以后，愿意放下自己，重新学习。

其实，你已经有的东西是你的本能，你需要增加不同纬度的知识和经验，跟你的本能自然融会贯通，而不是刻意守着我有什么经验，如果这样，反而是有问题的。对于我来讲，就是怎样找到这些有学习能力、谦卑、有好奇心的同事。他其实在某个行业已经很成功了，但是他愿意放下自己，这就是我的基本工作。每年找一些这样的新同事，通过三年、五年，能够成为阿里未来业务的核心，这一定是我持续的工作。未来再大，机会再多，最后都是靠人做出来的。

最终你会发觉，有些创新业务成功了，从一个想法变成一个真正的业务，而有些业务想法，三年以后还只是想法，这之间最大的区别是人不一样。

新赛道也是一样。新赛道跟人有关系，光自己想新赛道没有用，有些东西是因为有了这个人，想到了这个赛道；有些是因为有了这个赛道，去找这样的人，这是相辅相成的。

创造者要善于将0变为1

记者： 现在提到企业文化，很多人说阿里文化就是加班，你怎么看，你觉得阿里组织文化是怎样的？

张勇： 阿里的核心价值观和特质，就是客户第一、拥抱变化。这些是我们最核心的文化，你要主动拥抱变化，要敬畏客户。当然"客户第一"最难的一点，就是在消费者这样的用户和企业客户之间怎么平衡。你在不同的客户之间，他们是商业合作伙伴，也是产业链各自的关系，他们之间也有商业利益，你怎么平衡，作出取舍，这是"客户第一"最难的。

来加班是另外一个问题，前两天在内部的"百年湖畔"，就是总监以上的管理者培训中，有一个人问我，说逍遥子你给自己的工作和生活平衡打几分，能平衡吗？我回答我的分数是3.5-，肯定不能平衡，我认为还没到不及格，但已经很糟糕了。第二，工作和生活不可能平衡，我认为这个世界是公平的，你有双倍的付出，就有双倍的收获。

我们很多同事、团队，其实，一个阿里人背后是一个家庭在支持他们的工作。我们的工作量确实非常大，很多人是从异地到杭州，甚至全球异地。这样的情况下，每个人做好自己的决定。所以，我们叫"快乐工作、认真生活"，不是"认真工作、快乐生活"，我们希望能够平衡一点，但这很难做到，你努力做到最好就是你的选择。每个人都可以做自己的选择。

记者： 之前一次内部的演讲，你提到最珍惜员工给你的内网标签是"创造者"，你也经常提到"创造者"这个概念。对于拥有八万员工的阿里，怎么激发大家创造创新的精神？

张勇： 要求八万人的团队创造要从自己做起。如果这个团队的一号位，从上往下，最上面的人不能创造，就不能只要求你的团队创造。

当然，每个人的知识结构不一样，你擅长一个领域，团队有一些互补性，这时候你作为领导者，要善于观察，嗅觉要好，你要找到那些闪光的东西，哪怕他只有0到0.1。作为一个体系，要善于把1的东西变成10到100，到1 000。创造者本身要把0变成1。这是必须的，两者要结合起来。你必须从自己做起，而不只是说大家创新吧，每年给大家评个奖。

我对自己的要求是，每年有什么业务、什么想法是因我而起的。我要求创造出这个东西，或者说我组了一个局来创造这个东西。只有这样，工作才有乐趣，不然，无论CEO也好，还是主席也好，只是一个行政管理者。

记者： 你刚才提到团队，你觉得什么样的团队是优秀的团队？

张勇： 第一，团队必须要有它的特色，不能中庸，看上去什么都行，但是没有特点。你只要有特点，就可以用别的团队和别的人去补充它。人不怕有缺点，但就怕没特点。

第二，团队需要学习能力。学习也是一种能力。今天互联网、数字经济处于最前沿，再怎么讲，最后没有能力也是扯淡。你还是要想到别人想不到的事情，做别人做不到的事情，这很重要。

第三，心要开阔，最终团队还是要成就别人。就像我们说的，让天下没有难做的生意是成就客户，让客户变得更好，而不只是成就自己，来证明自己我有多牛。

记者： 对于内部团队，要找要有好奇心、有创造力的人。对外部的一些创业者，在目前的经济环境下，你有什么样的意见？

张勇： 大家说起风了，猪也会飞，现在确实风下来一点，倒是看谁真会飞。创业是一个最高风险，也是最难、最艰巨的经历，第一是要拼视角，怎么找到客户痛点，客户痛点就意味着市场机会。第二拼能力，你怎么想到别人想不到的东西，创造性地解决问题，解决客户痛点，你就有机会。第三，有的人有很好的视角，也有很好的想法，但是开始的时候很好，搞了一年以后就"众叛亲离"，团队没法在一起，还是要成就别人，成就别人有客户，也有自己的团队，这是一个系统工程。

创业是高风险、小概率成功的事件，无论经济好或不好都是这样。只不过经济不好的时候，大家把问题反映得更彻底一点。好的时候，把规模做上去砸钱，抬高估值，拿到更多的钱，再砸钱，再把规模做上去，变成定式。最终还是要耐得住寂寞，创造出一些核心价值。

记者： 去年大文娱板块出现一些调整，接下来会怎么走？对于它的盈利，有没有时间表？

张勇： 第一，阿里进入大文娱，不是希望做另外一个盈利的业务，而是对于六亿、七亿的用户来讲，在物质生活越来越丰富以后，精神产品很重要，这是我们进入大文娱的初衷。

第二，阿里进入这个产业以后，是个新来者，也有一个艰难的学习过程。我们仍然在这个过程当中，也会呛一些水，碰到一些问题。最关键还是坚信它是未来消费大生态必须的组成部分，这是我们的战略选择，而跟这个单独业务赚多少钱并没有什么关系。

阿里作为一个生态系统，阿里要有整体构架，学会羊毛出在猪身上的能力，最后只要能产毛就行。

记者： 你提到实现整个系统的数字化，包括生产链路各环节的数字化，真正实现这一目的，是个历史性的成就。阿里去做这个事情，底气来自哪里？

张勇： 我觉得是市场、客户的需要。阿里不做这个事情，客户也需要往这个趋势走。我们能够服务，让他们更高效地走向这一步。就像手机操作系统，好的操作系统会产生好的手机，而且每个做手机的人都会用，但不代表每一个做出来的手机都是好手机。这就是操作系统，它提供一个能力和标准，使得软件和硬件更好地结合起来，但最终要面对客户、面对市场，找到机会。

阿里提商业操作系统，更多从客户和市场出发。就像今天的支付、今天的物流、今天阿里商业市场，我们已经扮演了在数字经济时代的基础设施公司的角色。就像原来传统的能源公司、基础设施公司一样，比如自来水公司、电力公司。今天对所有客户来讲，我们希望阿里扮演这样一个角色，客户只要进入我们的商业操作系统，就能够找到市场、找到消费者，实现整个的数字化运营，这个过程不仅能够数字化运营消费者，也能数字化运营供给和生产，这是我们的理想。

记者： 在这个过程中，你会担心或者考虑一些监管方面的问题吗？现在的垄断可能不仅仅单纯是市场的垄断，还包括技术垄断。

张勇： 历史车轮滚滚向前，在今天的数字经济时代，为什么会出现平台公司？对于平台公司应该怎么样监管，在全世界都是崭新的课题。这个世界上事实上已经出现若干平台，Facebook、谷歌、亚马逊、苹果、阿里、腾讯，一定有它的必然性。就像当年马车流行的时候，出现了汽车，所有人担心马车夫要失业了，或者汽车会不会撞死人。还是要从人类社会发展的角度来看待，如今已经出现了大量平台级别的公司。

数字技术不光是技术，还有思想，数字技术有开放性、包容性、多样性。我经常在内部提一个观点——在阿里内部谁也没有讲过，这个业务或这种类型的服务只能一个团队做。

第一，从传统思想来讲，顶层架构设计得很清楚，你做这个，他做那个。当然，以前我们讲互联网野蛮生长，我也不允许野蛮生长，但必须要有包容性、多样性，因为永远没有办法证明唯一做的这个团队是最好的，而且你觉得你做得很好了，为什么不能做得更好一点？这是我的问题，没有比较就没有差距。

第二，团队的沟通方式。互联网公司的沟通方式是网状的，而不是树状的。传统所有的沟通方式、业务进展、业务运作，都是树状结构，我们免不了有树状结构的烙印，我是CEO，我下面有总裁，总裁下面有副总裁，行政职务可以树状，但是沟通和决策方式应该是网状的。

今天在阿里，我一天跟一两百人在钉钉上聊天，随时随地任何不同组织的人，可以拉一个群进行电话会议，以书面、口头方式讨论各种问题，它是网状的沟通方式，这个很重要。

记者： 新零售提出两年多，你最满意的地方是什么？最不满意的地方是什么？

张勇： 最满意的地方就是变成社会共识，今天不管社会上讲不讲新零售，无论在中国还是在美国，大家做的都是新零售。新零售是所有产业都要数字化的一个具体表象。不光是零售，互联网金融就是新金融，互联网金融不是P2P，互联网金融是整个金融产业的数字化，或者用数字化的方式产生新的金融产业赛道。零售也是这样，利用数字化的技术、思想重构的商业元素，来产生新的零售业态和服务用户的业务产品。最满意的是这个。

当然，在这中间，阿里取得很多进展，这是满意的。不满意的是变化还需要更快。最容易变化的是技术，最难变化的是思想和利益的重新分配。本质上它不是技术问题，是思想的问题，是利益问题。

记者： 你希望内部各个BU（产品线）间发生什么化学反应？现有BU当中，哪些BU之间的化学反应是让你满意的？

张勇： 过去几年，我们在技术中台的建设上，在中台和前台的关系上，取得非常大的进展，也成为业界学习的对象，所有人都在看阿里的中台战略是什么。我们三四年以前就提出了中台战略，进行统一的基础设施建设、计算平台的建设和资源调度平台的建设，把一些应用级别的多业务种类都要用到的技术进行抽象和平台建设,比如说自然语言处理。因为要服务海外消费者,翻译就变得很重要,只靠人翻译肯定不行,还要机器翻译,多个业务都要用到。十年以前每个业务做个小团队,现在我们建立达摩院,有专门的自然语言处理团队,用全世界最好的团队进行平台建设,服务各个业务方,我们走在一个正确的道路上,而且已经看到这样的优势。

2019年1月24日

分享链接

美敦力全球 CEO 伊什拉克：
要更贴近中国本土早期医疗创新企业

吕进玉

担任美敦力公司全球董事长兼首席执行官 8 年了，奥马尔·伊什拉克（Omar Ishrak）每年都要来中国两到三次。作为全球最大的医疗器械巨头的掌舵人，伊什拉克近日再次来到中国，他在接受第一财经记者专访时，毫不掩饰他对参与中国医疗科技发展的兴趣。

此次来华，他除了参加该公司设立在上海的医疗创新加速器启动仪式，还密集会见了中国医疗创投企业负责人，参观了创业公司和实验室，等等。这与以往会见员工、拜访外部相关方（包括客户、政策制定者）等常规行程有所不同。

美敦力"卡位"中国本土早期医疗科技创新

"在过去的近 70 年中，美敦力一直是一家医疗科技公司，我们的任务就是发明新的医疗技术，带来新的疗法，同时开拓新的市场。我们公司有一个很重要的目标，就是要开拓新的市场，并给这个市场带来新的变化和价值。"伊什拉克在向第一财经记者介绍时强调："最近我们发现新的技术和优秀的医疗科技创新企业越来越多地在中国出现，虽然它们还处于非常早期的阶段，但我们不想错过这波机会。"

伊什拉克对第一财经记者分享了他此次来华的行程，包括第二天在上海交通大学与校方在人工智能提升手术影像识别方面达成合作；以及落地第一天就参加的美敦力医疗创新加速器启动仪式。

"希望通过这样的平台能够找到一些非常出色的创新项目和公司，与他们分享美敦力在医疗科技行业运营的专长，帮助他们形成规模化，帮助他们的产品和技术实现市场化，使他们在中国乃至全世界都能够有好的发展。"他说道。

记者问及在中国投资标的筛选的标准。伊什拉克直言，首先是要符合美敦力的战略，即能够改变患者疗效、能够与疗法作衔接的医疗技术；其次会评估这些技术的新颖性、独特性和潜力，以及这些新技术和疗法在市场上取得成功所需要的时间。

"这些标准跟我们在世界上其他地方进行投资的标准没有特别大的区别。"伊什拉克说，"中国市场的竞争越来越激烈。我们投资的公司最终还是需要他们自主进行发展。美敦力与全球范围的技术专家有更广泛的接触，有能力帮助技术更快地获得评估、开发和供应市场，并使其形成一定的规模。我们注意到，中国市场对能够改善生命、改变治疗方式、降低医疗体系成本的新型技术有越来越高的兴趣。我认为美敦力在把技术更快引入国际市场，使之成为可用的产品或服务，并使其发展成一定规模等方面有更成熟的能力，因为我们具备在全球不同市场开展临床试验和发展技术的专长。"

据了解，投资外部的创业公司和项目对于美敦力来说并不是新的策略。过去，美敦力的投资更多是在美国、欧洲、澳大利亚、以色列这些相对成熟的市场。"我们一直都在关注新市场和新技术，因为作为一家公司是很难发明所有的技术的。"伊什拉克表示。

在中国，美敦力分别从创业企业发展的三个阶段进入本土创新医疗技术领域。包括面向创业早期企业，帮助其加速完善产品和进行临床审批所需的准备工作的美敦力 MLAB；面向产品进入上市准备期的企业，为其提供资金和市场策略支持的美敦力中国基金，该基金是在 2015 年与红杉资本合作共同发起的；同时，还有面向已经具备成熟产品的企业，通过并购或代理销售为产品拓宽市场渠道的美敦力业务发展部门。其中，根据披露的信息，美敦力中国基金已投资 5 家医疗科技初创企业和医疗服务机构。

医疗器械行业属于高研发投入的行业，新材料层出不穷，诊断治疗方式日新月异，导致产品和技术更新换代频繁，医疗器械的产品周期偏短。小公司虽然没有能力和大公司在销售端展开竞争，但是小公司可以相对容易地对市场作出迅速反应，一般专注某一领域或是某一技术，研发效率更高。而大公司为巩固市场地位，以扩充产品线、扩大市场份额或变相消灭潜在竞争者为目的的持续并购，成为医疗器械企业赖以生存的模式。

中国市场进阶提速

回顾美敦力的发展，外延式并购一直是其规模化扩张的重要手段。20 世纪90年代以来，美敦力完成了近100项并购交易，披露总规模超过730亿美元。2015年1月，美敦力以近500亿美元的价格完成了对爱尔兰医疗器械公司柯惠医疗（Covidien Plc）的并购，成为医疗器械史上最大的并购案。

"美敦力的增长来自有机增长，外加对其他技术公司的投资以及一些收购。像收购柯惠这样大规模的项目确实是相当罕见的，如此高金额的收购不会一直发生。但我们的常规收购一直保持着正常的节奏，我们不断获得新的技术和一些成规模的公司。"伊什拉克对自己主导的并购如此评价道。

据介绍，价值医疗是伊什拉克的标签，他重视以疗效为导向以及新兴市场。在他接任美敦力以前，这家营收接近300亿美元的医疗器械航母80%的收入来自美国本土市场；而他接手后，海外市场规模一直在扩大。在他的领导下，美敦力目前的营收超过强生。2018年，美敦力位列《财富》杂志世界500强榜单的第396名。

伊什拉克形容中国在美敦力的市场版图中扮演着越来越重要的角色。"过去的25年中，我一直都很频繁地到访中国，我看到了中国不仅仅在医疗健康领域有很大的变化，而且整个国家也经历了巨大的发展。"他说道。

他尤为感慨的是中国在医疗相关政策上的变化，"在过去几年当中，我看到最大的变化就是新技术、新产品引入的提速，以及不断提升的医疗服务可及性。5—10年前，中国市场在引入新的医疗技术方面，曾经比发达国家成熟市场甚至比其他一些新兴市场要晚好几年。"

他对第一财经记者解释道，这里面有几个原因，包括中国的监管部门坚持临床试验要在中国进行，而其他一些新兴市场通常会采用CE标准，也就是欧盟认证的临床结果来审批医疗器械产品。作为一家医疗技术公司，美敦力对此表示认同。同时，当时中国医院进行临床试验的能力在中国并没有特别成熟，公司会选择相对成熟的市场更早地开展临床试验，因此，新的技术和疗法在中国经过临床试验、审批之后进入中国市场的时间会比较晚。

"不过，在过去的三四年当中，我们非常欣喜地看到了两项重要的变化。一是中国医院和医生的能力在医疗政策支持、医生培训等多项支持下都有了显著的提升，还有在许多地区出现了更多比较成熟的大型医院，这些都让我们有信心更早地在中国开展临床试验。另外，中国市场的监管部门也意识到在应用新医疗技术上有滞后，因此推出了'绿色审批通道'等政策来缩短审批时间，加快了先进医疗科技产品在中国市场落地的速度。这些因素综合起来，都让我们有信心更快地把在海内外开发的新技术、新产品带到中国市场中。"伊什拉克对记者说道。

他还向记者描绘了中国市场未来的图景。他表示，中国巨大的医疗需求和医院规模是很大的优势，中国的一些大型医院可能相当于美国或欧洲四家医院的规模，它们有能力更高效、更快地招募患者进行临床试验。在未来的5年之内，因为能够更快完成临床试验，他认为世界范围内的新技术和新产品很有可能在中国比其他市场更快地得到应用。这些也是中国本土医疗科技创新可以利用的优势，这些创新可以因此进一步走向海外市场。

2019年3月28日

分享链接

达美航空首席执行官：
94岁的达美航空何以"老当益壮"

陈姗姗

对达美航空首席执行官埃德·巴斯蒂安（Ed Bastian）来说，中国并不陌生，已经来过多次，但这一次落地后，第一站却去了一座尚未建成的全新机场。即将于今年下半年启用的北京大兴国际机场，是很多航空公司进入时刻紧张又需求巨大北京市场的新希望，达美航空等外航也不例外。

"新机场非常漂亮，下半年启用后，我们会与合作伙伴东方航空一起从首都机场搬迁到大兴机场，也会共同投资相关基础设施，进一步优化旅客的中转体验。"在接受第一财经记者专访时，巴斯蒂安说道。

作为美国现存最悠久的航空公司，达美近年来的重点一直放在如何开拓新兴国际市场上，其中，中国是重中之重，不仅加开新航线投放新机型，还对东方航空进行了真金白银的投资。

对巴斯蒂安来说，更长远的目标是希望已经94岁的达美成为一个了不起的消费品牌，而不仅仅是一个交通运输服务的提供商。

利润逆势增长的背后

2018年，受油价高涨和经济增长放缓影响，全球不少航司净利润下滑，欧洲一些航司甚至陷入破产，而达美航空却取得盈利的逆势增长，调整后净利润达到39.17亿美元，同比增长13.8%。

"2018年我们所有区域市场的单个乘客销售收入都实现增长，单个乘客销售收入高于行业平均水平，高出部分创最新纪录。"巴斯蒂安介绍，其中，高端产品（包括商务舱、尊尚经济舱等超级经济舱产品）和非机票收入为达美贡献了52%的收入，增长率达到两位数，很大程度上带动了达美航空整体收入的增长。

这里所说的尊尚经济舱，是介于商务舱和经济舱之间的高端经济舱产品，提供比经济舱加大的座位排距和座位宽度，还可享受快速办理登机手续、快速安检、优先登机，加急行李等服务。更早时期推出的优悦经济舱也属于高端经济舱产品，在座位排距和座位宽度方面又介于尊尚经济舱和经济舱之间。

这样的产品细分，一直是达美这几年来在着力进行的推广举措。早在2012年，达美航空还最先提出"基础经济舱"概念，通常不包含免费托运行李额度，也不支持选座、升舱、改期，旅客需要排在最后登机。由于减少了运输之外的服务，基础经济舱的票价普遍比标准经济舱低，吸引对价格敏感、对增值服务没有特别需求的旅客。

"航空业以前一直被认为是一个同质化竞争的行业，我们正在使其摆脱同质化竞争，走向差异化业务模式，让客户能够从更好的产品系列中切实享受到更好的价值。"巴斯蒂安对记者指出，因为客户的确需要不同价值定位的产品，而且也愿意根据价值定位来付费。

这也正是美国市场辅营收入盛行的重要原因。2017年，全球航空公司从座位升级、托运行李等服务上获得的辅营收入达到472亿美元，其中，排名前三位的航空公司正是包括达美在内的美国全服务航司，消费者可以选择购买不同等级的服务、不同的座位、不同的行李费，这些原本是低成本航空才实施的定价机制。

"达美航空2018年净利润高达39亿美元，而美国三大航中的另两家美联航和美航的净利润加起来也才36.4亿美元，这里面有行业原因，美国经历了大规模的并购重组，由六大航重组为三大航，目前独立运营的干线航司只有11家，票价水平也越来越高，而中国独立的航司则有三四十家。"民航业内人士林智杰对记者分析，另外，达美的经营策略也很独到，在远程航线上充分借助东航、大韩、法荷航等合作伙伴的力量，有钱大家一起赚，在国内也加大技术投入，重视增值服务收入，取得了不错的成效。

中国市场策略

在达美航空的新机型上，产品细分体现得越来越明显。比如，今年夏季要在西雅图—上海航线启用的最新宽体客机A330-900neo上的舱位配置就空前丰富，有至臻商务舱套间、尊尚经济舱、优悦经济舱、经济舱四种。

事实上，达美的新机型也越来越多地被优先投放到中国市场。从去年1月开始，达美用全新的空客A350执飞北京—底特律航线，成为全球第一家在中美航线启用 A350 的航司，如今 A350 在达美 50% 的中美航线投入运营，中美航线也成为达美 2018 年在跨太平洋航空网络使用 A350 客机最多的市场。

"中国市场对我们来说很重要，是仅次于美国的最大市场，我们中美航线的营业额去年增长了 25%，2019 年第一季度，我们预计营业额增长 20%，因此会不断加码到中国的新航线，并在中美航线上投入新机型。"巴斯蒂安告诉记者，长期来看，达美发展面临的最大机遇是来自国际航线，在美国，很多目的地都已得到充分的开发，因此，机遇就是如何开拓新的国际市场，如中国、韩国、墨西哥、欧洲等。

在巴斯蒂安看来，美国和中国间的旅游市场正在发生很大的变化，"十年前，前往美国的中国旅客少于前来中国的美国旅客，现在中国旅客越来越多，我相信来自中国的需求在明年将会达到 70%，也就是说，中美航线上有 70% 的乘客是来自中国的。"

与中国航司达成更加密切的合作关系，被巴斯蒂安认为是更好了解中国市场、服务中国消费者的重要途径。

2015 年，达美航空投资 4.5 亿美元，收购东航 3.55% 的股份，之后双方的人员交流、业务对标越来越频繁。东航经常派员工到达美学习交流，达美也派员工到东航办公，探讨网络协同以及对新枢纽的规划等。

巴斯蒂安透露，新一年，双方的合作会进一步对产品和服务共同投资，同时对不久将投入使用的北京大兴新机场和上海浦东机场的卫星厅进行投资，优化旅客中转体验。"东航去哪里，达美也去哪里。"

除了对东航的投资，达美还先后投资了维珍大西洋航空、法航荷航集团以及墨西哥航空和巴西戈尔航空。

"我们一般是作为战略投资方进行投资，而不是作为财务投资人，所以，我们只对那些已经拥有良好合作关系的航企进行投资，由于有共同的商务诉求，投资让他们更好地了解美国市场和美国理念，也帮助我们更好地了解对方的本地市场。"巴斯蒂安如此解释投资标准，"如果未来我们看到这样的契合点，我们可能还会投资。"

不仅仅是运输公司

不仅航空业，达美更多的投资则聚焦数字科技，比如投入巨资重新架构 App 等技术平台。

2011年，达美是业内首家通过App为旅客实时追踪托运行李的航空公司；2017年，达美与初创型科技公司LocusLabs合作，在App上开发了"寻路地图"功能，通过乘客输入的关键词，自动判断他们身在何处，并为其提供相应的路线规划和导航，比如输入"咖啡"等通用名词，或"星巴克"等品牌名称，并从列表里选择准确的信息，来获取具体的路线规划。

去年年底，达美又在亚特兰大机场的F航站楼启用人脸识别技术，乘客从进入航站楼一直到登机口，都可以选择使用这项技术。

"我们的这一系列举措，最根本的目的不仅仅是为客户提供更好的信息，还让我们的员工获得更多客户的信息，这样就可以为他们提供更多的服务，不管是在空中，还是在机场、在电话中，员工可以预知客户的需求，提供更好的服务。"巴斯蒂安告诉记者，在全球范围内，达美每年服务的乘客数量大约2亿人次，如此之大的规模，要想与客户建立强有力的关系，必须借助科技。

在巴斯蒂安看来，达美不仅仅是一家航空公司，而是要成为一家了不起的消费品牌。"目前，大部分人还是把我们看作一个交通运输服务的提供商，而不是一个消费品牌，我希望我们所有的客户都能将我们视作他们日常生活中一个重要的品牌，不管是出差、度假、旅行，他们都会首先想到达美航空，这就需要我们对技术进行大量投资，需要对产品和服务进行持续投资，并充分了解客户需求。"

2019年4月9日

分享链接

沃尔玛全球总裁董明伦：
实体店与电商结合才有效

乐琰

时隔一年，第一财经记者前几日再次见到沃尔玛全球总裁兼首席执行官董明伦（Doug McMillon），他依然是一张娃娃脸，为人随和，背着双肩包，提前来到专访地点，身边甚至连个助理都不带。

就是这样一个毫无架子、专注于零售业的董明伦，在沃尔玛工作进入第29个年头。在董明伦看来，零售事业充满着变化，行业推崇新零售的过程中也的确存在痛点和问题，但从另一个角度来看，如今对于沃尔玛和零售业来说是个新的黄金时期。沃尔玛正在尝试用很多不同的方案来解决问题。

最近，关于一些大型电商的裁员、亚马逊或退出中国市场的传言不绝于耳，在这样竞争和挑战越发激烈的市场环境下，董明伦所带领的沃尔玛如何继续稳坐全球500强之首？如何在零售新时期解决痛点并驱动公司发展？日前，第一财经记者带着这些问题专访了董明伦。

第一财经： 您去年到访中国，是宣布沃尔玛全球的"10亿吨减排项目"启动，今年再次来中国，觉得零售市场和环境有什么变化？

董明伦： 2018年3月，我到访北京是为了"10亿吨减排项目"。目前，我们已取得不错的进展。中国市场的变化发展很快，尤其是新零售和数字化方面的发展。在这个过程中，行业自然会有痛点和问题。要解决这些问题，既要数字化的解决方案，也要有实体门店的实操建议，需要人和技术的结合，这是强强结合的过程，这也是为什么我们特别在意全渠道零售能力建设，通过新的科技人才和我们具丰富零售经验的员工一起才能把这些问题解决。沃尔玛正尝试打造线上线下无缝连接的全渠道零售解决方案。

沃尔玛最新研发的自动化系统叫Alphabot，这个系统在美国

商业领袖访谈

测试，该技术可以让我们在面对更多商品品类时，减少拣货时间，提高分拣效率。在中国市场，我们在持续推出和尝试一些新的解决方案，比如积极拥抱新的技术手段，尝试用这些技术来替代大量重复性工作，减少员工的日常烦琐工作。拥抱变化的思路贯穿着整个沃尔玛公司，沃尔玛中国的团队在前不久也推出一个叫作Omega 8的项目，和一些初创科技企业进行技术解决方案的合作。Omega 8作为科技创新的孵化平台，帮助沃尔玛中国和本地高科技初创企业共同合作，找到一些新技术来解决零售业可能存在的痛点。

第一财经： 沃尔玛和京东、腾讯合作是比较深入的，比如扫玛购小程序是与腾讯合作。未来在中国市场，沃尔玛与京东、腾讯如何更进一步合作？

董明伦： 我觉得未来的零售格局是一个生态系统的格局。在这个生态系统中，既包含传统线下门店的形式，也包含电商或第三方商城平台，既经营我们自己的商品，也有第三方的商品在这个平台上售卖。

沃尔玛在每一个有业务运营的国家，都有量身定制的方案和计划。我们非常高兴在中国能和腾讯这样的伙伴合作，在印度，我们投资了当地的Flipkart公司。从全球范围来讲，整个世界都趋向无缝连接，更数字化，各个环节密不可分，很难简单粗暴地进行分割。在中国市场，我们会继续和京东、腾讯合作，我们也会自行研发和开展我们自己的数字化尝试。我们的中国团队与合作伙伴一起想出了很多创新型的解决方案。比如和腾讯在微信小程序的合作，还有山姆会员商店推出的电子会员卡和创新的会籍模式等尝试。在3 000万用户的"扫玛购"基础上，今年第二季度我们会与腾讯合作开发一个基于微信小程序的电商服务，让顾客获得更好的线上线下无缝连接式的购物体验。

沃尔玛与京东的合作主要有三个方向：第一，打通门店、渠道的资源；第二打通顾客资源；第三打通库存。以打通库存为例，沃尔玛不只在京东上设有旗舰店，有时顾客在京东购买商品，由沃尔玛门店供货，京东派送员从距离最近的沃尔玛门店拣货，更快地把商品送到顾客手中。

第一财经： 近期有关于亚马逊或退出中国市场的传闻，京东也陷入裁员风波，沃尔玛在中国发展电商业务要如何规避风险？对京东的投资是否满意？

董明伦： 我们不作市场传言的评论，但相信做好上述与各大电商的合作，应该会有不错的发展。我们也很满意与京东的合作，未来还会继续深化合作。

第一财经： 谈了这么多与电商的合作，沃尔玛的实体店业务发展蓝图如何？现在家乐福等都在发力中小型门店，沃尔玛在紧凑型门店或小型店方面有什么计划？

董明伦： 我们在全世界有11 300多家门店，其中，三分之一是大型店，三分之一是中型店，还有三分之一是小型店。在中国市场，我们已开设了惠选超市这样的小型业态。去年我来中国时走访了深圳的惠选超市，我很满意，这样的超市业态在中国市场有发展潜力，我们还有紧凑型卖场。

电商和实体门店应该是携手共同发展的。我们发现，如果在一个没有实体门店的市场，电商发展的步伐就会受阻，只有把电商和实体门店结合在一起，才是最有效的方式。我们对于线下门店的认识要升级，它其实是一个混合体，不仅是购物场所，还可以成为电商业务的仓储和拣货场所。所以，山姆会员商店在中国发展的势头非常强劲，到2020年年底前，我们在中国市场会有40家新开及在建的山姆会员商店。中国市场对于沃尔玛全球投资布局是非常重要的一个板块，我们计划在中国开设更多门店，包括大卖场、山姆会员商店、惠选超市及前置仓。

第一财经： 您从事零售业已近30年，感觉您一直很热爱这个行业，展望未来，您觉得会有何种市场变化趋势？数年后您再回过头看今天的零售业，会有哪些行业发展要点？

董明伦： 我对未来整个零售行业的格局、业态变化感到非常兴奋。我们这样定义沃尔玛：我们不仅是销售商品的商人，我们希望让顾客一提到沃尔玛，更多地联想到我们能提供的服务，把我们看作服务的提供者。我们提供的服务包括可预测、预判顾客所需的商品或服务，同时以高效的方式提供给他们。大家回家看一看采购的商品，会发现有些是五年前、十年前就买的，因为这样的补货或复购一直在发生，我相信对于那些经久不衰，大家都喜闻乐见的商品，哪怕到五年后，人们还是会重复购买。同时，VR技术也会是顾客未来在沃尔玛购物体验的一部分。在不久的将来，数字化和现实、线上和线下的界限或许很快就不见了。

2019年4月22日

分享链接

对话英特尔CEO司睿博：
最大挑战在于如何激发内部潜力

来莎莎

历时7个月，英特尔选出了第七任CEO。这家全球最大的半导体厂商偏好从内部选拔具有数十年技术背景的工程师担任CEO。因此，司睿博（Bob Swan）的上任令不少人感到意外。

这位CFO出身的CEO，将带领英特尔这家具有51年历史的科技巨头走向何方？

近日，一身蓝色西服的司睿博来到英特尔北京办公室，接受了第一财经独家专访，这也是他担任英特尔CEO后首次接受中文媒体专访。

延续"以PC为中心转型到以数据为中心"的核心战略，司睿博更关注的是如何执行这一战略，并激发十万多名英特尔员工的潜力。他描绘了3 000亿美元的市场前景，并在不同场合多次强调要加强英特尔的"执行力"。

他对第一财经记者说："我所面临的挑战和机遇，从本质上就是在英特尔未来的发展过程中，如何重新定义和塑造英特尔的角色。"

最大挑战：充分激发英特尔内部的潜力

第一财经：得知自己出任CEO后，您做的第一件事是什么？

司睿博：我当时的感想颇多，兴奋、荣幸、激动、受宠若惊。我给英特尔十万七千名员工写了一封邮件，告诉他们我能够成为世界上最优秀之一的公司的掌门人，我非常荣幸，同时，我也需要他们的帮助和支持，来实现我们为英特尔设定的远大目标。

第一财经：担任英特尔CEO前，您职业生涯中主要的工作经历都是与财务管理相关的，实际上也打破了英特尔的传统。您的管理方式会对英特尔带来何种变化?

司睿博：我个人的职业背景还是比较丰富的，加入英特尔，毫无疑问是让我非常兴奋和珍视的一个机会。我所面临的挑战和机遇，从本质上就是在英特尔未来的发展过程中如何重新定义和塑造英特尔的角色。过去，英特尔是在一个相对比较窄的市场中占据着非常大的市场份额，因为我们拥有全世界最优秀的工程师资源。我现在的挑战，就是要让这些优秀工程师能够着眼于更加广阔的市场和机遇。

我们需要在四个核心领域继续努力。第一，我们开展的所有工作都要秉承"与客户交融"的理念。第二，我们要始终贯彻"一个英特尔"的战略。英特尔在全球范围内拥有数十万员工，如果数十万员工可以形成一个集体并共同努力，我们就能够实现一些难以置信的目标。第三，我们要确保公司上下能开放、透明地沟通，确保信息能够自由地流动。这样，我们就可以实现让一家大公司像小公司那样开展工作，无论是在创新还是在技术迭代方面。第四，我们拥有非常出色的企业文化，在继续秉承企业文化的同时，我们也要勇于冒险。英特尔拥有雄心壮志，而要实现这些梦想，我们就需要去尝试一些风险，并且要从那些未能实现的梦想中快速地汲取经验教训，让我们在面临下一个风险的时候能够做得更好。因此，作为这样一家杰出企业的CEO，我的职责就是要充分激发大家的雄心壮志，帮助他们实现目标。

第一财经：您希望英特尔像小企业一样灵活地开展工作，具体要如何重塑英特尔？

司睿博：英特尔是一家700亿美元的公司，我们正在经历着行业前所未有的大变局时代，创新越来越多，创新的速度越来越快，所以，我们的挑战是要充分利用我们的规模来获得独特的优势，同时要敏锐地抓住和利用市场机遇。

在这里有两件事情是我要强调的。第一是要重新定义一个远超以往的目标市场。认识到这一点可以充分激发公司内部的员工获得更加宽广的视野，提升他们的渴望和他们的创造力，来抓住新的机遇。第二是如果我们有雄心壮志，如果我们希望能够发挥更大的作用，我们就必须要勇于尝试风险。所以，我们关注的是要通过核心的、具有转折性意义的技术能力，在行业中发挥更大的作用；要能够帮助我们的客户获得成功，发挥更大的影响力，同时，要不断地提升英特尔自身的赢利能力。

第一财经： 执掌英特尔您认为最大的挑战是什么？

司睿博： 对我个人来说，最大的挑战在于如何充分激发英特尔内部的潜力。我们公司集结了这个星球上最聪明的十万七千名员工。他们在过去50年已经取得巨大的成功，如何能够进一步激发他们的潜能？让他们在未来能够发挥更大的作用？我认为最大的挑战就是要充分地激发英特尔员工和工程师们的智慧和士气，在他们已经对世界产生巨大影响的情况下，让他们能够为这个世界带来更大的影响。

第一财经： 您数次提到执行力，为什么现在执行力如此重要？

司睿博： 对我们来说，执行力前所未有的重要。我们希望能够在客户成功的路上发挥比以往任何时候更大的作用。我们需要重新定义市场，要去开发除了PC和数据中心所用的CPU之外更加广泛的技术。

要在客户的成功道路上发挥更大的作用，就意味着客户要非常依赖我们的能力，依赖我们能够完美无瑕的执行力。所以，为了能够实现在客户成功道路上发挥更大作用的目标，我们希望确保我们能够执行、兑现对客户的承诺。

世界正在以数据为中心

第一财经： 您在成为CEO后的公开信里提到，"英特尔正处于历史上最为成功的转型阶段"，如何定义"成功"？在继续推动英特尔迈向新高度方面，你有何计划？

司睿博： 的确，我谈到了英特尔正处于公司历史上最为成功的转型阶段。当我这么说的时候，我认为英特尔公司历史上主要是一家为PC

提供技术的公司。展望未来的转型，我希望能够进一步推动英特尔技术的发展，为所有一切提供支持。因为在当今世界，几乎所有的设备在某种程度上都是计算机，不仅仅是PC、数据中心、汽车、工厂或是零售商店，与日俱增的所有设备都在某种意义上成了计算机。在一个日益"以数据为中心"的世界，我们希望通过转型实现雄心壮志，就是通过技术的不断发展，为全球各行各业提供强大的支持。

第一财经：作为CEO，您当前工作的优先级或目标是什么？

司睿博：让所有一切成为现实。我们会持续加快创新技术的部署，让这些技术在越来越丰富的设备上普及，目前，遍布全球的互联设备已高达数十亿之多。我们的目标是在一个日益"以数据为中心"的世界，通过英特尔的技术，为这些设备提供更加强大的支持。

第一财经：过去三年时间里，英特尔取得了不俗的财务表现。在这三年里，你担任公司CFO。然而，2019年第一季度的数字令人略感失望，尤其是与数据中心业务相关的财务数据并不令人满意，这其中到底发生了什么？这是否意味着英特尔未来的增长速度会放缓？

司睿博：去年是英特尔公司成立的第50年。在过去的三年中，即公司创立以来的第48年、第49年和第50年，英特尔取得了创纪录的业绩表现。这使得我们对英特尔的未来发展前景感到非常兴奋。关于2019年，我们在上周刚刚向投资者披露了最新信息，介绍了英特尔2019年的预期目标。我们的数据显示，2019年将成为英特尔公司51年历史上业绩排名第二的年份。因此，我们在2019年的重点和目标，就是兑现我们对客户的承诺。

第一财经：所以您并不认为第一季度的表现会持续？

司睿博：在最终用户市场，我们看到对于强大的计算能力的需求正与日俱增，全球范围均是如此，需求极其强劲。想想你的日常活动，背后都蕴藏着对数据的需求，无论是你手里的设备，还是你所使用的电脑，或是你开的车，都存在大量对数据的需求，这种需求远超以往。英特尔技术实现了更加强大的数据存储、处理和分析能力，这与整个市场的需求是日益相关的。因此，在最终用户市场上，我们看到需求前所未有的强劲，而我们拥有非常广泛的技术覆盖和强大的技术实力，所有这一切都令我们对英特尔在最终用户市场上的表现异常期待和兴奋。

如果我们置于较长的时间范围来看，有些年景较好、有些年景并不那么好，这主要取决于对技术消费的水平。在上周我们发布的信息中，我们提到2018年是公司历史上表现最为强劲的年份。在2019年，我们的客户要开始部署他们在去年购买的这些技术。换言之，2019年是一个消化库存的年份。尽管如此，最终用户市场的需求前所未有的强劲，因此，我们的关注点会放在最终用户市场上。

如何确保成功转型？

第一财经： 2019年是充满挑战的一年，您计划采取哪些措施来确保英特尔成功转型并实现发展目标？

司睿博： 我们还是将关注点放在最终用户市场上。未来五年，半导体市场的平均年复合增长率是5%—7%。因此，我们的目标是要在这样一个大得多的潜在市场中发挥我们的价值，开发我们的核心技术，推动市场对英特尔技术的需求。

第一财经： Wintel联盟定义了PC时代，两家公司在移动时代都落后了。自从萨提亚·纳德拉就任微软CEO以后，微软的表现相当不俗。您如何看？董事会是否也对您有类似的期望？

司睿博： 的确，微软和纳德拉实现了公司非常棒的转型。对我们来说这是一个很好的学习机会，学习微软是如何从一个以PC为中心或者以Wintel联盟关系中不断实现自身发展，微软的经历能够给我们提供什么样的借鉴。我们也会从其他的合作伙伴那里学习，作为一家企业如何不断地扩大我们的视野。我相信英特尔董事会对我也有很高的期望。

第一财经：您具体学到了什么？

司睿博：我学到了大企业应该如何不断地向前发展。当PC市场能够为企业提供巨大机遇，使得企业发展非常成功的时候，如何来实现一个成功的转型，如何能够不断地推进企业文化的演进来抓住更多更广泛的机遇。

第一财经：您将如何应对转型过程中的失败和风险？

司睿博：说到失败和风险，我们需要能够从失败当中迅速地学习，我们要敢于拥抱失败，并且了解为什么我们会失败，然后，我们要去尝试更多的风险。我们是一家规模很大的公司，这本身就是一个独特之处。与此同时，我们也需要成为一个具有敏捷反应、强大的创新能力和创业精神的企业。

三大转折性技术：AI、5G和自动驾驶

第一财经：英特尔预期新的市场机会将达3 000亿美元，英特尔在其中将占据多大份额？

司睿博：（比原来）更多。在过去，英特尔在技术世界中所扮演的角色，是在PC和数据中心CPU市场占据约90%的市场份额。但现在情况有所不同，我们看到的是对终端市场计算能力的更大需求，人们需要能够及时地获得相关性更高的信息。因此，我们认为英特尔能够服务或者满足的市场机遇达到3 000亿美元，这个市场不仅包括CPU，而是指宽泛的技术市场，涵盖CPU、GPU、FPGA、人工智能、5G和自动驾驶等各种可以部署的技术。在这样一个更广阔的市场中，英特尔目前只有20%—25%的份额。从长远来看，我们有雄心进一步发挥英特尔的价值，让英特尔的技术持续为整个世界带来更加强大的动力。

第一财经：有具体的目标吗？

司睿博：英特尔拥有巨大的机会，可以将我们的技术部署到越来越多的设备上。因此，我们的关注点是让我们的技术真正得到使用，让英特尔在帮助客户获得成功方面发挥更大的价值。换言之，我们希

望能够获得更多的市场份额，希望英特尔在客户眼中的相关性更强，并为我们的股东带来更大的价值。

第一财经：人工智能和5G正在创造巨大的机遇，同时又是高度竞争化的市场。英特尔的优势在哪里？

司睿博：如今，整个半导体行业处于一个令人振奋的时间节点，我们看到一些非常关键性的技术转折点正不断涌现，正在创造大量新的机遇。其中，5G、AI、自动驾驶是三大核心的转折性技术，将给我们带来巨大的机遇，推动计算、分析、存储和检索方面的需求。因此，英特尔要与我们的伙伴一起合作，通过这些转折性技术继续发挥引领作用。在5G领域，我们要和合作伙伴一起推动5G在全球范围内的部署；在人工智能领域，我们的目标是在英特尔生产的每颗芯片中部署AI的能力；在自动驾驶领域，我们收购了Mobileye公司，借此让英特尔在业界扮演一个更加重要的角色，并通过Mobileye的技术在全世界范围内实现让城市交通更加安全的目标。

第一财经：说到5G就要谈到智能手机的调制解调器业务。自您就任CEO以来，英特尔决定退出智能手机的调制解调器业务。业界对于英特尔如何处理这些业务有很多传闻，其中包括出售给苹果，甚至有传言出售给中国的紫光展锐，这是否属实？

司睿博：当英特尔在谈及进一步扩展潜在市场机会，考虑一个市场重要性的时候，我们有三个关键标准：第一，这是否是一个确保我们拥有独特竞争优势的差异化技术；第二，是否能够让英特尔在帮助客户取得成功方面发挥更大、更关键的作用；第三，英特尔是否可以实现盈利。

在5G的大市场中，如果我们问自己这三个问题，答案都是"是的"，尤其在网络基础设施和边缘计算上。面向智能手机这一特定领域，我们已经宣布退出5G手机调制解调器业务，原因是在这个市场当中我们看不到英特尔可以盈利的机会。

因此，我们决定在网络基础设施、自动驾驶及其他一些技术

商业领袖访谈

领域加大我们的工作力度。

第一财经：确实是有潜在买家,对吗?

司睿博：英特尔投入数年的时间开发出与 5G 相关的、功能强大的知识产权和专利组合。我们也在评估这些技术可以给我们带来的选择和机会,其中包括如何在非智能手机应用中应用 5G 调制解调器以及在边缘的物联网设备中使用,我们正在评估各种可能性,找到能够最有效利用我们的工程团队开发出来的知识产权和专利的方法。

第一财经：近年来,英特尔收购了很多企业以实现自身能力的扩展,使得产品和技术的覆盖领域更广泛。您对这些收购的结果感到满意吗?

司睿博：的确,近年来英特尔完成了几项重要的收购,这些收购都符合我前面提到的一些标准。我们会非常关注新兴的技术以及那些能够让英特尔在行业内发挥更大作用的技术,有时候,是我们通过自身的努力来实现这些技术;有时候,是我们通过收购来获得一些非常关键的、重要的技术能力。我们希望能够填补我们的技术组合内的一些不足之处,并且让英特尔能够在行业中发挥更大的作用。

我们对具有转折性意义的技术领域非常关注。第一,我们非常关注计算机视觉技术,我们收购了 Movidius 公司,它有着独特的技术,现在也成为英特尔非常关键的一部分。第二,我们还收购了 Nervana 公司,它的神经元计算技术（NPU）在业内也变得越来越重要。第三,我们认为 FPGA 将在未来发挥更大的作用,尤其是在数据中心的业务领域内,所以,我们前几年收购了 Altera 公司。第四,我们要将计算机视觉的技术部署到汽车当中,所以,我们收购了 Mobileye,Mobileye 是无人驾驶领域内技术最先进的企业。

我们会寻求各种各样的机会,不断地扩大我们的视野。我们会关注核心的、具有转折意义的技术,我们会关注客户的成功和满意,我们也要确保能够有所盈利。因此,对这些收购以及这些收购在推动英特尔技术不断扩大和发展的过程中所发挥的作用我感到满意。

第一财经：您是否有计划要调整英特尔的投资战略？

司睿博：我应该不会做太大的调整。英特尔一直以来将大量的资金用于研发，研发投入高达 135 亿美元。同时，我们投入 150 亿美元用于工厂建设来生产高性能的产品。我们投入资金快速填补我们能力上的不足或者空白之处，或者进一步扩大我们在既有市场的作为。同时，为我们的股东带来更好的回报。这是我们过去做的，日后也将继续如此。

和中国市场协同发展

第一财经：您如何评价中国以及中国的产业生态？

司睿博：去年是英特尔公司成立 50 周年，我们根植中国近 35 年。因此，英特尔作为一家企业所获得的许多成功都是与我们在中国所获得的成功密切相关的。对英特尔而言，中国是一个非常巨大的市场，这个市场在不断增长，它的重要意义也在不断提升。我们有很多中国客户，长久以来和他们建立和保持了很好的关系，我们在中国有晶圆制造工厂、封装测试工厂、工程技术人员，还有英特尔投资，一直以来投资于在中国的技术创新，所以，英特尔和中国的关系是协同发展的关系。中国在英特尔过去 35 年成功发展的过程中，发挥了非常重要的作用。我们也期待着在未来中国会发挥更加巨大的作用。

第一财经：您就任 CEO 后是否会考虑在中国作出比较大的战略调整呢？

司睿博：我不觉得会作出战略调整。我前面已经说到过，中国对于英特尔以及英特尔过去所获得的巨大成功，发挥着非常重要的作用。所以，我们会让中国继续发挥非常重要的作用。

第一财经：如何与中国的合作伙伴展开进一步合作？

司睿博：我们和中国合作伙伴之间的合作关系已经持续了很久。在中国，我们与 OEM 厂商、与客户之间建立了非常重要的关系，这些客户包括阿里巴巴、腾讯、京东、百度、华为和中兴等。很多客户和英特尔合作，共同推动着技术部署不断演进。所以，我们要继续加强和扩大与中国合作伙伴之间的关系，让英特尔未来在支持中国产业方面发挥更重要的作用。

2019 年 5 月 6 日

分享链接

荷航首席执行官：
百岁航企如何更健康飞行

陈姗姗

6月底，阿姆斯特丹史基浦机场的荷兰皇家航空（下称"荷航"）机库里，一架"古董"机型DC-3和橙蓝相间的波音777-300飞机同时亮相，作为荷航古老和现代机型的代表，它们共同见证了即将于10月举行的荷航百年庆典倒计时。

100年前的10月7日，荷航诞生，成为世界上目前仍在运营的历史最悠久的航空公司。

100年的时间里，不断扩大机队规模和航线网络，是这家百岁航企的关键词，而100年后，荷航更加关注的，除了飞得更快更远，还有如何飞得更健康。

"2014年，当我开始担任CEO时，目标就是确保当我们100岁的时候，荷航能够再次成为一家健康、繁荣的公司，今天，我们正在订购新飞机，得到了很好的客户反馈，我们的货运业务也得到重组和推动。"荷航总裁兼首席执行官何强磊（Pieter Elbers）接受第一财经记者采访时表示，未来需要通过打造更具创新力而又高效运营的航空公司，来应对前方的各项挑战。

盈利翻番背后

面对不断波动的油价、更拥堵的领空和激烈的市场竞争，任何航空公司要生存下来都不容易，尤其是在欧洲。

由于市场分散，航空公司众多，再加上来自中东航企和瑞安等低成本航司越来越强势的分流，过去两年内，欧洲有超过十家航司陆续关门，包括国内旅客相对熟悉的柏林航空、俄罗斯维姆航空、英国君主航空、丹麦PrimeraAir等。

荷航却在2018年取得盈利翻番的业绩，2018年的净利润为10.73亿欧元，而2017年只有5.79亿欧元。

在何强磊看来，去年的盈利激增，与公司各个航点的网络日渐成熟带来的收入和利润增加有关，油价也比较有竞争力，与法航合作产生的协同效应也开始提升效率。

2004年，法航与荷航整合成立法荷航集团，揭开了欧洲航空市场整合的序幕。虽然法国航空和荷兰航空在合并后依然保留各自的品牌，但何强磊称两家已经在通过各个层面的合作实现协同效应。

"比如在优化机队结构方面，荷航有7架A350确认订单，法航有6架787确认订单，通过交换订单，荷航可以拥有更精简单一的机队（主要以波音机型为主），法航也可以拥有更大数量的A350。"何强磊告诉记者。

今年4月，花旗银行曾预测，到2025年，欧洲将只剩IAG（英航母公司）、法荷航、汉莎和瑞安这四大航司（集团）主导市场，何强磊对此表示赞同。"我们坚信欧洲航司的整合将继续下去，如果你把欧洲排名前五的航空公司和美国排名前五的航空公司放在一起看，会发现在集中度上还有很大的差别，这与欧洲各国在法律、语言等方面的差异有关，我认为在欧洲航司整合方面，我们还有几年时间和一些路要走。"

开飞中国二线的底气

在亚太地区，中国已经取代日本成为荷航的第一大市场，与在欧洲的其他同行相比，荷航在中国的航线开拓虽然不是最早的，但却是最"大胆"的。

自1996年直飞北京，1999年直飞上海后，如今荷航在中国的直航目的地已经扩大到成都、杭州和厦门等二线城市，这的确需要更多的胆量。

"虽然许多欧洲人对中国的二线城市不大熟悉，但像杭州这样人口规模大又发展迅速的城市，我认为早点开航是需要的，"何强磊说，"我们在中国已经建立了一个相当完整的航线网络，目前的关注点会放在增加航班班次上，成都、杭州航线在过去两年上座率增速明显，但运营仍面临挑战，我们还需与当地各方合作，开展更多的航线推广。"

事实上，让荷航有底气开辟更多二线城市的，还有与南航、东航、厦航等国内航司的密切合作。

目前，荷航与曾经同为天合联盟成员的南航、厦航和东航在多条中欧重点航线上都有联营合作，包括上海—阿姆斯特丹、广州—阿姆斯特丹、厦门—阿姆斯特丹等，通过收入共享、成本共担来化竞争为合作，同时优化转机和接驳时间。

"荷航在中国—西欧航空市场上只有 5.1% 的市场份额，在份额不高的情况下与中国航司合作，可以获得更大的收益。"民航业内人士林智杰对记者分析，通过与法航、东航、南航、厦航开展联营，5 家公司在中国—西欧市场上共占据 30.1% 的份额，与竞争对手国航—汉莎联营的 34.4% 可以分庭抗礼。

2017 年 10 月，东航入股法航—荷航 8.8% 的股份，使双方的合作关系更上一层楼。随着南航宣布退出天合联盟，业界也开始关注荷航与几家中国公司的合作是否会有变化。

"南航是我们在中国的第一个合作伙伴，南航退出天合联盟并不影响我们的短期合作关系。"何强磊指出。

如何更负责地飞行

为了获取更多的中国客户，荷航在本土化的各个方面也下足了功夫。除了竞争对手们普遍会在飞机上配置的中文娱乐系统和中国空乘，荷航早在 2014 年就开设了自己的微信公众号，旅客可以通过荷航的公众号购买机票、在线值机、查询航班状态，荷航也是第一家通过微信小程序为旅客提供航班价格提醒的外国航空公司。

除了微信，荷航在脸书、推特等社交媒体上用 10 种语言提供全天候服务，且社交媒体上超过 50% 的回复是由人工智能完成的，而在与本地化的生态系统合作方面，公司也快人一步，已在阿里巴巴旗下的飞猪开设了旗舰店，并筹备在携程上开设旗舰店。

"中国市场有着独特的生态系统平台，这些平台是用户生活的一部分，荷航要想在中国市场取得一席之地，就必须和这些生态系统建立直接的合作关系。"何强磊说，"我们坚信航空业也会经历数字革命，因此，也在加速各个层面的数字化转型，包括呼叫中心使用聊天机器人等，以通过人工智能更好地服务旅客，并让公司内部流程变得更快捷并节约成本。"

更长远地考虑，则是聚焦如何更负责任地飞行。早在 2011 年，荷航就成为全球首家使用生物燃料进行商业飞行的航空公司，并于 2013 年开启首个使用生物燃料的洲际航班。

在百年庆典倒计时期间，荷航更是制作了一段 80 秒的视频短片，向旅客提出诸如"你是否必须要见面?""你能改乘火车吗?""你是否可以补偿您的碳排放或轻装登机来作出您的贡献?"等问题。

对一家航空公司来说,这看似很反常——提示顾客减少飞行,或者改乘火车,相当于石油公司跟司机说不要开车。

对此,何强磊则认为,从长期来看,基础设施方面的挑战显而易见,"这也是百岁之后的我们可持续发展面临的一个挑战,需要整个行业的共同协作和努力。目前,从阿姆斯特丹出发的铁路网络还非常有限,我认为应该加快欧洲铁路网络的发展,考虑到欧洲领空的拥堵状况,我们真的需要高速铁路网的加快发展,比如500—700公里的距离,这也有利于更好地实施空铁联运,让旅客的行程更高效。"

2019 年 7 月 21 日

分享链接

英特尔CEO司睿博：推动文化变革以应对更大市场和更激烈的竞争

来莎莎

"跑得更快，跳得更高，敢于梦想"是新任CEO司睿博（Bob Swan）对半导体老将英特尔的新期待。

5G、AI、自动驾驶这些新技术带来更广阔的市场，但通用计算平台一招吃遍天下的时代已经远去。尽管英特尔引以为傲的通用CPU仍然占据半导体舞台的中央，但是谷歌、亚马逊、阿里巴巴这些客户都开始自研芯片，英特尔又能在新提出的3000亿美元的市场中占据多少份额？

企业变革，文化先行，司睿博为英特尔制定了文化"金字塔"，旨在推动内部转型。正式上任9个月，司睿博的文化演进进展如何？他如何看待越来越激烈的市场竞争？时隔5个月，司睿博在英特尔成都工厂再次接受第一财经独家专访。

"我们必须面对更多的竞争，承担更多的风险，加快行动。如果你在一个市场拥有超过90%的市场份额，意味着你的客户没有那么多选择；如果突然之间市场变大了，你只拥有25%的份额，你必须以更深入的方式与客户接触。"他强调，希望英特尔不要把更多的重心专注于内部竞争，而是要作为一个整体积极参与外部竞争。

上任伊始，司睿博说自己花费最多时间的地方是在和客户沟通上。一个有趣例子是，当英特尔开会决定投资什么产品或是产品交付时间时，都会在会议室放上一把空椅子，背面写上客户的名字，以此提醒自己在作决策时，客户是怎么想的，是否会对英特尔在这次会议上所作的决策感到满意。而这也是英特尔文化演进的表现之一。

通过文化演进推动整体转型，这位CFO出身的CEO是否能让51岁的英特尔重新焕发活力？

战略延续：以数据为中心

第一财经：现在英特尔公司的战略是什么？是否有所调整？

司睿博：战略并不是一个结果，战略是一个过程。我们的思维方式不断取得战略性的进步，但战略的核心并没有很多改变。我们的目标是把英特尔从一家以 PC 为中心的公司，逐渐转型为一家以数据为中心的公司，也就是一家构建技术驱动世界的公司。这就是我们一直追求的目标。

我们的战略方向不断演进，从一家为 PC 设计和构建 CPU，然后为服务器设计和构建 CPU 的公司，到为所有这些不同计算设备而设计和构建 XPU。它不再只是 PC 和服务器。你开的车越来越像电脑了；消费者进入的零售店越来越像一台电脑；我们生活的城市越来越像一台电脑；生产产品的工厂也越来越像电脑。因此，我们如何发展公司是建立在我们 CPU 核心能力之上，并把它们带入我们看到的计算无所不在的地方，这不仅是在桌面上或在我们手中，而是在围绕我们生活的所有不同的"物"之中。

第一财经：听起来有非常多的事情要做，那您如何分配时间？是把大部分时间花在文化变革、和客户见面，还是其他事情？

司睿博：我们有四个关键构成要素，客户、投资人、员工和我们所在的社区。我花时间的几个方向就是取悦客户、教育股东、激励员工以及确保我们作为雇主承担社会责任，回馈我们业务运营所在的社区。

第一财经：哪方面占用了您最多的时间？

司睿博：我们的客户。

文化"金字塔"推动转型

第一财经：上次您提到您个人最大的挑战是要充分释放英特尔员工的潜力。为什么花那么多时间在文化演进以及释放员工潜力方面？

司睿博：首先，这源自我们的抱负。我们想要构建驱动世界的技术。然而，我们如何激发这些充满天赋的员工，如何从沙砾开始最终创造出驱动世界的技术？对我们和大多数公司来说，公司的核心是由人构成的。对我来说，基于我们的抱负，要考虑如何战略性地通过教育来激发员工，让他们了解我们正在努力实现的目标、需要开发的产品以及背后的原因。在很多方面，我们需要为大家开路，让他们发挥出最大的潜力。

第一财经： 您制定了一个企业文化框架？

司睿博： 这个框架包含五个要素。第一，要与客户的需求交融。第二，我们要以竞争性的眼光来环视周围的世界，以英特尔公司为整体，即所谓的"一个英特尔"，合力解决客户所面临的问题。第三，无所畏惧，我们作为一家有远大抱负的公司，需要承担更多的风险。第四，尊重真相和透明度，信息在公司里快速流动，好消息和坏消息到处都是，所以，我们必须对我们需要做的决定进行更多的宣教。第五，多元和包容，这是我们做一切事情的关键要素。作为一家公司，我们如何让人才和员工团结在我们周围，并为他们提供工具，让他们作为英特尔大家庭的一员能够发挥出最大的能力。

这就是英特尔的文化"金字塔"。制定这一框架的根本原因在于，英特尔正从一个拥有90%市场份额的公司，重新定位到只有25%份额的新市场的公司。这意味着，在我们客户的成功中发挥更大作用，机会更大；同时，我们必须面对更多的竞争，承担更多的风险，加快行动。这迫使我们从一种非常特别的文化，发展到一种更能倾听客户意见，更能团结协作、无所畏惧的文化，真相和透明度是我们的工作方式，多元化和包容性将能发挥出我们11万名员工的潜能。

第一财经： 与之前英特尔的企业文化有哪些不同？

司睿博： 其核心是如果你在一个市场拥有超过90%的市场份额，意味着你的客户没有那么多选择；如果突然之间市场变大了，你只拥有25%的客户份额，你必须以更深入的方式与客户接触。

为什么？因为现在他们有选择，你只是他们成功的一小部分因素。现在我大部分时间是与我们的客户交流。因为他们现在有更多的机会和选择，他们对英特尔在他们的成功中所扮演的角色抱有期望。

因此，我们要更多地倾听客户，不是只会说，不是只会埋头苦干，而是要知道我们四周正在发生的其他想法。不要把重心专注于内部的竞争，相反，我们要作为一个整体积极地参与外部的竞争。这就是我们的文化演进所在，也是我们的团队正在积极做的事情。原因很简单：因为这是一个机会，让我们在客户的成功中扮演更重要的角色。换言之，就是创造增长，这是非常有趣的事情。

第一财经： 文化演进目前有哪些进展？

司睿博： 对于英特尔公司来说，这是一个历程。现在，我们谈论客户的事情相较于3个月、6个月、9个月、12个月之前要多得多。从行动上到思想上，我们都会把客户放在中心位置，以帮助我们作出决策，以及决定如何分配时间和精力。

例如，当我们开会时，我们要决定投资什么产品，或者什么时候必须交付该产品，我们会放一把空椅子。我们把它放到会议室中间，把客户的名字放在它的背面，以此提醒我们，我们在作什么决策，这个椅子（客户）是怎么想的，是否这个客户会对我们在这次会议上所作的决策感受更好。把"客户"带到房间的中心来作所有的决策，这是我们文化演进的表现之一。这是为了确保要把客户放在我们所有决策的核心。

绩效考核调整

第一财经： 英特尔已是非常成熟的公司了，在推动这样的文化演变方面，您遇到过重大的困难吗？在这样的困难中，您是如何应对和解决的？

司睿博： 我们最大的挑战是我们固有的成功。我们已经连续三年业绩创纪录了。然而，我们在很多方面有更大的机会。它要求我们行动更加迅速，跳得更高，要敢于梦想，有时人们只想做他们昨天做过的事情。因此，如果想对客户的成功产生更大的影响，并发明和交付能够驱动世界发展的技术，你就不能像昨天那样做同样的事情。

第一财经： 英特尔的董事会对您寄予了什么样的期望？他们会如何评判您是否成功？

司睿博： 这要回到我们的几大核心要素上来。董事会希望我能让客户满意；能为公司股东带来可观的回报；能激励员工，这样就能创造出令客户满意的技术；能保护和提升英特尔的品牌，在我们运营的社区中扮演重要的角色。其核心还是如何让英特尔的业务得到增长，这也是董事会对我寄予的期望。

第一财经： 有具体的数字吗？

司睿博： 每一个都有衡量维度。在让客户满意方面，看的是市场份额以及获取越来越多市场份额的能力；在投资者方面，衡量的是投资回报是否越来越丰厚；在激励员工方面，要看员工是否每天都喜欢来上班。

第一财经： 文化演进是否会影响对员工的绩效考核？

司睿博： 一定有影响。如果你想推动公司的演进，而这些文化要素也成为公司更重要的组成部分，对员工的评估系统就要做相应的调整。

我们之前的评价系统，更多是进行员工与员工间的横向比较。新的评价系统考虑更多的是，如何帮助员工充分发挥潜力，员工的优势在哪里，能让他们产生更大的影响的机会在哪里。这个评价系统就是基于我们谈到的文化要素的核心能力。你在与客户交融、满足客户需求方面起到什么样的作用？作为团队成员，你如何使公司专注于服务客户和更有效地竞争？这些文化要素、这些我们想要的结果，我们已将其纳入新的管理体系中。我们不用员工周围人的表现来衡量他，而是要用他的全部潜力来衡量。

竞争更激烈：通用计算不再适合所有客户

第一财经： 您多次提到竞争，总体而言，您认为英特尔目前主要面临的竞争

商业领袖访谈

是什么？

司睿博：如果你想在客户的成功中发挥更大的作用，从定义上讲，竞争会更激烈，我们并不是世界上唯一一个看到市场对数据产生巨大需求的公司。

至于我个人对竞争的看法，我认为世界上所有的好点子不会都在我们公司。除了英特尔之外，其他公司和员工也有非常棒的意见和想法。我们要向其他人借鉴想法，学习和了解他们所做的事情，并将其引入，以便让我们能够对客户产生更大的影响。

第一财经：英特尔在诸多业务领域都面临日益强大的竞争压力，CPU 有 AMD，GPU 有英伟达，FPGA 有赛灵思……英特尔虽然有完整的解决方案，但是如何分配公司内部资源？如何协同 CPU 业务和其他业务？

司睿博：当我们决定要进行什么样投入的时候，我们会和客户交流，了解他们现在所处的环境和需求，了解他们业务成长真正想要的东西，在他们构建的业务蓝图中英特尔的位置是什么，英特尔如何融入到他们的业务当中。

过去几年，客户一直告诉我们，"你们的 CPU 在我们的场景中扮演着非常重要的角色，CPU 是主力。然而，考虑到我们的工作负载和应用环境在发生变化，我们需要全新的、不同的计算架构。"因此，我们利用客户提供的信息，了解他们的世界如何变化，同时从员工那里了解他们正在开发的创新，把这些信息聚集在一起，确定我们将在哪里投入，如何投入，进而激发我们的客户、股东和员工。

英特尔的集成显卡非常领先。未来，我们还将有一个独立显卡单元，我们将在明年年底推出一款 GPU，这是客户对我们提出的要求。在未来世界存在真正的竞争，但我们有信心、有智慧和能力去开发这些产品，建立领先的市场地位。我们的竞争对手会在每一步都与我们抗争，我们对此坦然面对，这将会让我们变得更好。

第一财经：我们看到华为在研发基于 ARM 架构的服务器 CPU。华为和 ARM 在这方面都有强大的生态系统，您觉得给英特尔带来什么样的挑战？

司睿博： 英特尔所面临的挑战是如何继续提升创新的速度。在此过程中，总是会有许多竞争对手，我们自己的生态系统以及竞争者的生态系统。我们要确保，在可以最大程度发挥我们更大作用的领域中的创新要越来越快。竞争是游戏规则的本质，这不是什么新鲜事，一直是这样的。真正的变化是我们的雄心更大了。

第一财经： 您如何看待来自英特尔客户的竞争？越来越多英特尔的客户（包括亚马逊、谷歌、阿里巴巴）都在研发自己的芯片。您如何看待这一现象？

司睿博： 鉴于目前半导体行业的创新速度，我觉得这是一个自然现象。特别是在芯片行业中，对数据的需求非常大。每个人都想用新的方式来创建数据、消费数据、使其产生关联并对其进行处理。越来越多的人想进入芯片行业，意味着我们有重要的机会，就像背后有一股风推动我们加速创新。

其他人想这么做，说明我们走在正确的轨道上。我们必须如此，不能停滞不前。如果我们停滞不前，他们就会自己做。如果我们倾听客户的意见，将他们的想法融入我们的创新之中，并提供满足他们需求的优秀产品，其他一切都会迎刃而解。

第一财经： 因此，您的应对方式就是倾听客户需求？

司睿博： 我们要倾听客户的声音，尤其是那些拥有超大规模数据中心的公司，包括谷歌、微软、百度、腾讯，他们需要定制化的产品。他们不仅需要我们所说的通用计算，也就是谁都可以买到的产品。他们会说，"因为我的工作负载或环境不同了，你必须将你的通用计算定制化，并使它更有针对性地帮助部署技术和架构。"

我们必须参与到他们中间，倾听他们的声音，了解他们的不同之处。你要知道客户的客户需要什么，客户的竞争对手是谁。从这一点出发，要结合倾听客户意见，开发出越来越好的产品为他们服务。

通用计算不再适用于所有客户。因此，我们必须根据我们已有的以及在客户环境中长期运营积累的深厚知识,进行调整和适应。我们了解他们的工作负载,我们要提供定制化的产品来满足客户需求,而不仅仅是构建出满足我们需求的产品。

继续投入中国市场

第一财经: 现在英特尔中国的战略是否有所调整?

司睿博: 我们的策略没有明显的不同,即如何在这个市场上打造服务于客户需求的技术,以便在客户的成功中发挥更大的作用,这一战略超越国界,是我们主要专注的。

就战略执行而言,我们的存储业务不断增长,所有产品都在大连生产。我们的战略是全球一致的。在不同的市场执行时,会根据当地的业务布局以及客户、员工和生产制造的实际情况来推进。我们在中国有众多客户,在成都有封装测试工厂,在全国各地有研发资源。我们的存储业务不断增长,所有产品都在大连生产。经过34年的发展,中国市场对我们来说非常重要,我们将继续投入,为客户的成功发挥更大的作用。

第一财经: 如果要您和您中国的员工说一句话,您最想说什么?

司睿博: 跑得更快,跳得更高,敢于梦想。因为我们的客户、我们的投资者和你们的同事都期待你们在工作中发挥出最大的潜力。

2019 年 10 月 11 日

分享链接

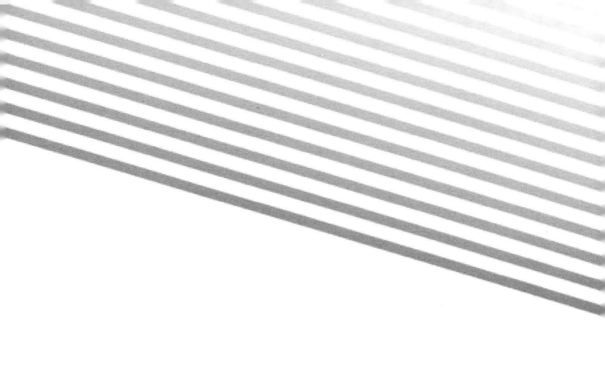

第四部分
调查

上牌发证、穿制服"执法"，私企"山东特勤"把监管做成生意

张 剑

"我们搞不清楚这是一个什么机构。"

从 2019 年年初开始，第一财经 1℃ 记者陆续接到来自山东烟台、淄博、青岛等多地的工程机械主反映：从 2017 年开始，一家带有"山东特勤"（以下单独所称"山东特勤"为统称）名号的机构曾多次找到他们，出示了政府安监部门（现已更名为应急管理部门）的文件，要求采集他们的工程机械信息，并要求他们出钱给工程机械设备"上牌照"以及出钱参加所谓的安全培训。他们对这家企业的性质及其行为心存疑虑。

就此，记者前往山东多地进行采访。

1℃ 记者调查发现，"山东特勤"实际由一系列机构组成，其形式与政府机构十分接近，层级分明，在省级设"总队"，地市级设"支队"，县级设"大队"，工作人员身着制式服装，大有权力机关"执法"气势，但背后的运营方却是私人控制企业。而"山东特勤"还将"特勤"二字注册为商标并通过了审核。

行业组织还是"执法机构"？

山东省烟台市芝罘区幸福南路 10 号的一栋三层小楼并不显眼，与周边各类商铺建筑并无太大区别，正门处挂着"山东特勤烟台工程机械应急支队"和"烟台市工程机械综合服务中心"的金色匾牌（注：办公点已于 4 月下旬搬迁至烟台市一技工学校内）。1℃ 记者从正门进入这栋小楼。

一楼面积有近百平方米，设置有咨询、维权、上牌等多个窗口，布局形式与诸多政府办事大厅几乎一致。大厅内设置有宣传栏，张贴着各类政府文件。身着浅绿色制服的工作人员的工作主要包括对工程机械及机主进行信息

采集和登记以及不同名目的收费。据1℃记者现场观察并结合其官方网站信息，这些人员的制服与交通执法部门的制服样式、颜色相似，分为春秋、夏季、冬季三种款式；帽子为大檐帽样式，帽徽中间并非国徽图案，中间为齿轮、斧头、锤子图案；胸标与公安胸标形似，中间为"特勤"字样；臂章中间标有"山东特勤"字样。

从门口悬挂的匾牌上提示的单位名称，再到工作人员的制服穿着，以及所从事的工作内容上，难免让来访者认为这是一个"政府执法部门"。

从现场工作人员口中，1℃记者确认了工程机械主们反映的一个基本信息，即当地工程机械必须到"山东特勤"登记和上牌。该工作人员称："信息采集和上牌是一件很重要的事，但很简单，填个表就可以。"他同时介绍，采集和上牌费用为550元，随后还会为车主和机械操作人员安排安全培训和水平评价，收费560元。

多名车主向1℃记者展示了"山东特勤"发放的"牌照"。这种"牌照"的底色为黄色，小于普通的机动车车牌。牌照信息的构成方式与机动车相似，首先为省份简称，以济南为例，牌照信息为鲁A+五位数字。

现场工作人员还告诉1℃记者，"山东特勤"属于行业组织，信息采集、牌照发放是行业自律行为。烟台市应急管理局也曾在回复工程机械车主的有关问题时明确指出，"山东特勤"的牌照发放是该单位对工程机械车辆实施管理和服务的一项工作事项，系行业自律行为，而非政府部门的行政行为，生产经营单位可以"自愿"加挂工程机械车辆牌照。

前述向1℃记者反映情况的工程机械主们则表示，他们曾听说"山东特勤"是行业组织，但是其机构名称和工作人员的制服让很多人误认为是政府执法部门，于是向其缴费并上牌，同时填报了工程机械信息和机主信息。在了解"山东特勤"的真实属性后，有些人质疑，"现在政府都在控制机构数量，一个行业组织却搞出制服，看起来跟执法人员没有区别，是谁批准他们这样搞的？"

据工程机械主们介绍，平时，"山东特勤"的工作人员也会找他们，有时进行"尾气检测"，有时还要求他们参加需要收费的"安全培训"。多名机主指出，"山东特勤"组织的"安全培训"并没有多大价值，"很多东西从网上都能搜到，讲课很枯燥"。但无论是要求上牌照，还是进行"安全培训"，"山东特勤"的工作人员都没有留下纸质文件，只是向机主展示一些安监、环保等部门的相关文件。

也有受访的工程机械主指出，如果是行业自律机构，真正进行各项服务工作，对行业是有好处的，但实际上，"山东特勤"只对上牌照、安全培训等收费项目感兴趣，这让他们很难理解，"虽然还没有强制收，但收的钱究竟干了什么，机主们很难了解到"。

"山东特勤"的相关网站文件称，其是获得国家级协会授权的行业自律组织，以服务为主，主要职责为开展工程机械安全信息普查，全面落实工程机械企业安全生产主体责任；强化工程机械从业人员安全生产教育培训工作；推广工程机械安全生产责任保险，化解或转嫁安全事故风险；开展工程机械安全检验、排放检测工作。这份文件并未提及其职责包括为工程机械设备上牌照，也未提及收费问题。

1℃记者关注到的一则信息也显示：为全面掌握烟台市大型工程机械分布、型号等信息，从而能在突发事件应急救援时可以迅速有序地调动与征用设备，烟台市安委办分别于2017年4月18日和2017年12月18日下发了两份委托文件，仅委托该机构对烟台全市工程机械进行普查登记，建立工程机械信息数据库，并未委托包含发放牌照在内的其他任何事项。

实为私企运营

让不少人误解为"执法机构"的"山东特勤"体系到底是什么？这是众多与之打交道的工程机械主心里始终猜测的一道谜题。

无论是"山东特勤"的总队、支队、大队，还是省、市、县三级"工程机械管理中心"，其背后的实际运营方均为私营公司。

通过1℃记者调查以及多种证据证实，山东特勤烟台工程机械应急支队（下称"烟台支队"）、烟台市工程机械综合服务中心（下称"烟台中心"）的运营主体为山东特勤救援装备有限公司（下称"特勤救援"）。天眼查信息显示，特勤救援成立于2015年11月，股东为王光群（持股98%）和王晴（持股2%），法定代表人为王光群。除了前述两个烟台的机构，特勤救援实际上还是山东特勤工程机械应急总队（2018年11月更名为山东特勤工程机械应急服务总队，下称"山东总队"）和山东省工程机械管理服务中心（下称"山东管理中心"）的运营方，该公司还全资持有山东特勤工程机械有限公司和河北环京应急服务有限公司。

1℃记者采访获悉，山东总队在地级市设置支队，在县级设置"大队"，"支队""大队"同时挂有所在地"工程机械管理中心"或"工程机械管理服务中心"的牌子，这一按照行政区划层层设置机构的模式与现行的行政执法机构基本一致。但无论是"总队""支队""大队"，还是、省、市县三级"工程机械管理中心"，其背后的实际运营方均为私营公司。

1℃记者发现，"山东特勤"已经将"特勤"二字注册为商标，商标注册证上显示的编号为20026662号。使用范围为导航仪器、移动电源（可充电电池）、灭火设备等多项。这一商标有效期至2027年7月6日。1℃记者登录中国商标网查询确认该商标信息属实。

"山东特勤"在其网站的文件中提到，其成立机构开展"行业自律"，获得了中国机电产品流通协会（下称"机电流通协会"）的授权。山东总队在其网站上也称，其主管单位是国务院国有资产监督管理委员会（下称"国务院国资委"）、中国机电产品流通协会工程机械综合服务工作委员会（下称"中机协工委会"）。

上述网站文件提到，机电流通协会作为政府职能延伸和行业管理组织，探索建立社会共建共治格局，于2017年9月授权山东总队在山东省开展工程机械安全信息、大气排放和应急资源普查，以及从业人员安全教育培训工作，旨在通过行业自律、行业自治的方式填补该领域管理空白，全面落实全员安全生产责任制和工程机械安全风险管控惠民工程，建立全国工程机械安全信息数据库，逐步完善和规范安全生产社会化服务体系，为政府有关部门制定法规政策提供数据支撑。

1℃记者在民政部网站查询得知，机电流通协会在民政部登记备案，主管部门为国务院国资委。中机协工委会是机电流通协会的分支机构之一。

值得注意的是，1℃记者通过采访确认，中机协工委会原秘书长王光群与特勤救援法定代表人王光群是同一人。但王光群已在2019年3月中旬辞去中机协工委会秘书长职务。

1℃记者调查还发现，"山东特勤"模式并非只存在于山东一个省份。机电流通协会已经在河南、福建、广东等多省授权成立"工程机械管理服务中心"，但运营方同样为私营企业，并称其为机电流通协会在本省的唯一授权单位，这些省级机构又在地级市发展机构，再度交由私营公司负责运营。前述三省的"工程机械管理服务中心"官网显示，其所从事的工作与"山东特勤"基本一致,即对辖区内的工程机械进行信息采集、上牌照、培训等,其工作人员同样配备制服,颜色样式与"山东特勤"的制服相似,胸标、帽徽等配饰与山东特勤有所不同。这三家省级机构所发放的牌照样式与"山东特勤"发放的一致。

北京中闻律师事务所资深行政法律师张鹏对1℃记者表示,机电流通协会仅为国务院国资委主管,性质为全国性行业组织,其权限应该仅仅可以发起成立行业自治、行业自律组织,其对外宣称对工程机械行业具有管理职能,看不到对应的法律依据。这一协会在各地授权成立的"工程机械管理中心"虽然宣称是行业自律组织,但从其发放工程机械牌照这一项工作来看,已经属于行政行为——行业协会无权实施行政行为,这种行为没有法律依据。此外,不管是"山东特勤"还是广东、福建等地的"工程机械管理中心",均由私营企业运营,且自制与政府执法部门制服相似的服装、标志服饰,让人误以为其是执法部门,明显不妥,甚至属于违法行为。

监管空白?

"这像是在把监管做成生意,收的钱也不透明,可能成为糊涂账"。一位工程机械主汪林(化名)在评价"山东特勤"模式时如是说。

在汪林看来,"山东特勤"模式并非如其所宣称的"行业自治""行业自律",尤其是收费培训、收费采集信息和上牌照这些工作并不具有必要性,且明显属于政府部门的职责。

"山东特勤"在有关文件中称,工程机械行业存在监管空白,因此,有必要采取"行业自律"和"行业自治"的方式进行管理。

"工程机械当然有监管,怎么会是监管空白?"汪林向1℃记者介绍,不管是盖房子还是修路,项目的施工方都会和工程机械主签订合同,合同里清楚列明了工程机械主的姓名、公司名、证件号码、负责施工的工程机械的型号等信息。如果工程机械在施工时出了事故,甚至闹出人员伤亡,也很快能根据合同找到工程机械主。此外,在施工现场,环保部门设置有排放监测设备,一旦工程机械的排放不达标,就会要求进行整改,"排放现在不是问题,工程机械在生产时就考虑了这个问题,除非老旧车辆,新车辆的排放一般都没问题"。

但汪林也坦陈,目前的工程机械很多是私人掌握,比较分散,在遇到应急情况需要工程机械集体进行支援时，可能会出现反应速度不快的问题，"这并不代表找不到机主，公安部门虽然不管理工程机械，但是遇到紧急情况调集工程机械并不是难事"。

1℃记者在多地采访了数十名工程机械主，所了解到的运行模式与汪林所介绍的情况基本类似。对于"山东特勤"模式，机主们纷纷表示并不认同。一些机主向1℃记者展示了关于工程机械的烟气排放标准——《非道路柴油移动机械排气烟度限值及测量方法（GB36886—2018）》，这一国家标准由生态环境部、国家市场监督管理总局于2018年出台，"这个重要标准由政府部门制定，说明对工程机械的监管肯定不是空白状态"。

1℃记者还发现，在"山东特勤"模式扩展到的河南省，已对工程机械管理作出了明确的规定，明确由住建部门负责工程机械的管理工作。其中包括：2019年10月底前完成全省住房城乡建设系统非道路移动机械摸底调查、编码登记及信息联网工作，包括非道路移动机械信息采集录入、尾气检测、分类环保标志核发、电子标签核发、号牌核发、北斗定位系统安装等工作，形成全省非道路移动机械信息库，并纳入机动车综合管控信息平台；配合生态环境部门，建立常态化联合执法工作机制，组织对全省住房城乡建设系统非道路移动机械、专项工程作业车的环保标识张贴、尾气排放、出场前冲洗情况进行监督检查，督促各地实行非道路移动机械环保标识管理和"电子执法"。

服务"超纲"

"山东特勤"及各地的"工程机械管理中心"背后还可能存在哪些问题？

北京市中闻律师事务所律师刘绍昆对1℃记者指出，机电流通协会宣称的按照《国务院机构改革和职能转变方案》，落实减少政府对市场和社会的干预，实现政府职能的外移，引入社会力量参与社会管理，所以由该协会承担全国工程机械管理与综合服务工作，这种说法其实并不成立。

刘绍昆说，机电流通协会的会员只能是全国机电产品流通企业，也就是销售工程机械的企业，而不能是拥有工程机械的公司和个人。这个协会只能规范加入协会的机电流通企业的行为，不能超越这个范围。

按照行政法的要求，行政权力法定，必须有明确的法律规定和来源。目前有协会组织在对行业进行管理，但都有明确的法律依据。例如，律协依据律师法成立并行使管理职能。

此外，必须有法律明文规定，行政机关才可以把具体的权力转让给有行业管理职能的其他组织。从现在的情况看，没有明确的行政部门授权给机电流通协会，因此就不存在机电流通协会授权给其他组织的可能性。最为重要的是，按照行政法的规定，即使有行政部门授权给机电流通协会，机电流通协会也不能再转授权给其他组织。

刘绍昆说，近几年，国家对安全生产工作十分重视，工程机械的安全生产是这项工作的一部分，不可能出现权力让渡。即使有权力让渡，也必须是通过法律法规明确下来。机电流通协会所搞的工程机械管理，已经远远超过行业自律的范畴。在行政机关有明确权力的情况下，开展这样的"管理"，有自设权力甚至窃取行政权力的嫌疑。

据知情人士透露，北京市在几年前就已经把工程机械信息采集工作完成了，主要由环保和住建部门在负责这件事，不存在权力空白。曾在政府法制办工作多年的刘绍昆表示，工程机械的安全生产应该是安监部门工作的一部分，它的排放是否达标，是环保部门工作的一部分，不需要再找协会来管。

2019 年 5 月 16 日

分享链接

650%暴利！奢侈品海外代购造假调查

陈 慧 林志吟 乐 琰 陈姗姗

当你拿到一款所谓的从欧洲代购回来的奢侈品包包时，可能从商品、包装、票据到物流单等都是假的。这些看似同样的款式和材质、堪比正品做工的高仿品，实际价格或许只有正品价格的十分之一。

第一财经记者近期实地调研并多方采访后了解到，奢侈品品牌及其附加内容带来的旺盛消费需求使不少商家看到以正品十分之一的低价采购高仿奢侈品，再以正品八九折的价格卖出去可获利润极高，这也促使制假售假产业链日趋成熟。随着高仿奢侈品充斥市场，也让假代购行业兴起，高仿品配合各类假票据以及物流配送，可以使一切看起来仿佛是从境外买回了高端商品，而其中的灰色利润高到难以想象。

另一方面，相关处罚量刑比率低下等因素，导致假冒奢侈品"斩草难除根、春风吹又生"，造假售假与查假打假在长期交锋。

从义乌到广州

5月的一天，第一财经记者上午9点半走进主营箱包皮具的商贸城3区时，商贸城内部纵横交错的通道两边商铺林立，大的一间不超过15平方米，小的只有3平方米左右，店主基本都是对接箱包皮具的生产厂家。

来到义乌4年，在淘宝、拼多多等电商平台上开了5家网店的郑大强对第一财经记者表示，对网店经营者来说，商贸城的货物价格还是偏高，网店业主熟悉行业规则后基本上都会从厂家直接拿货，一些依然从商贸城进货的人，建立关系后也很少来现场采购，大多是店主从商贸城或工厂直接发货。

第一财经记者走访了整个箱包皮具区，并未发现有奢侈品高仿的身影，能称得上仿品的，是造型、款式、颜色类似，但材料、做工相差甚远的箱包。更有不少款式相近、印着奢侈品品牌logo标志但logo形状还稍有区别的箱包。

在一家箱包店里，第一财经记者向店主魏芳询问店中摆出的一只有LV（路易威登）元素的包，对方表示仅供批发，35元一只，一件（120只）起售。"我们能摆出来卖的就是这种，不是奢侈品高仿，只是看着像，用一些老花等比较经典的元素，包看起来档次会高一些。"魏芳对第一财经记者表示，商贸城里做的就是普通的小商品贸易，有些商家想仿，款式、logo 也会做得不太一样。

在另一家街边小店内，记者看到店主正在推销 Gucci 仿品包，乍一看，外观和条纹都非常像正品，但仔细查看后，会发现拉链、内袋等细节处理得比较粗糙。店主表示，不同做工的包和皮夹有不同价位，从数百元到上千元不等。

一家销售外贸箱包的店主于齐悄悄对第一财经记者说，如果要找高仿奢侈品货源，自己可以帮忙牵线，大部分高仿奢侈品都是从广州那边来的，自己舅舅一家就是干这行的。

目光转向千里之外，广州市城北的三元里，这里是广州南北交通最繁忙的要道之一，汇聚着近 30 家大型皮具专业市场。大量的皮具从这里出发，发往全国，乃至全世界各个角落。一年的皮具贸易交易额达 400 亿元。车水马龙之中，这里还隐藏着一个庞大的高仿奢侈品交易市场。

几年前，电影《碟中谍》的上映，带火了 Prada（普拉达）"杀手包"。因抢购不到该款包，冰琪决定转战高仿奢侈品市场。于是，她托广州的朋友帮她在三元里入手这款高仿皮包。最后以不到正品十分之一的价格买到一只高仿包，与正品并无明显差异。

小马是三元里高仿皮具众多拉客仔中的一员。小马每天的行程就是游走于三元里的各个地铁口或天桥，派发宣传卡片，负责把客人拉到各个高仿皮具销售点。跟着小马的步伐，第一财经记者来到距离三元里地铁站 A 出口一公里左右的一排老居民楼处。楼下各种门店云集，门口三五成群地坐着人。从人群中穿过时，会不自觉地感到各种扫描一样的眼光向你"刷刷"投来，仿佛置身于 20 世纪 90 年代的警匪片现场。

"这是我们布下的'眼线'，最近查得太严了。如果对方来者不善，我们一眼可以识出。只要有任何风吹草动，这些人会马上知会后方工作人员。除非有我们的人陪同，不然这里不会有人给你开门。就算是熟客，自己单独前来，也不会有人给你开门。"小马坦承。

小马终于在一栋五六层高、楼龄 30 年左右的老式居民楼停下来，楼下大铁门紧闭。小马按下门铃之后，铁门打开了，出来几个工作人员，他们警惕地扫了一眼周围后才放行。沿楼梯往上，每个楼道里，都有不同的工作人员蹲守着。经过重重铁门后，记者来到一间销售高仿皮具的房间，房门口同样有几个工作人员把守着。进去后，房间大门立刻在身后关上了。一间不到100平方米的屋子里，琳琅满目地陈列着LV、Gucci、Dior等各大奢侈品牌的高仿皮包。房间分成几个隔间，每个隔间的产品有不同价位。

"现在的客人太挑了，都想买好的，所以太低级的高仿我们不做了。"销售人员介绍道。

除皮具之外，这座居民大楼里还销售高仿的饰品、香水、衣服等，这些产品分布在不同房间或不同楼层。每到一处，里里外外的门口都有人把守着。

制假、销假利益链

有需才有供，这样庞大的高仿奢侈品市场背后，首先是有大量的客源。第一财经记者多方采访了解到，一般高仿奢侈品的买家有几类人：一种是代购；一种是想要买正品却实际上买到高仿品的人；还有一种则是明确想买高仿品的人。

长年累月下，小马手里累积了大批客户的名单。这些客户里，有代购、实体店主等，来自世界各地。"有些代购，他们确实到境外采购奢侈品，但寄给客户的不一定都是正品，我接触不少这样的代购。"小马介绍道。

有了需求，自然有厂家生产高仿品。第一财经记者在三元里看到房间里陈列的包从材料、做工到配件，看起来与正品似乎并无差异。在这里，只要花上正品十分之一的价格，就可以淘上一款跟正品看似一模一样的商品。

"我们这里有客人拿货回去，当正品去卖，没人能辨得出来。我们这些产品都是老板去境外买的正品，回来拆解后，按1∶1的比例仿制出来的。"三元里一名生意人介绍称，"一旦正品有新款出来，这里几天内就可以仿制出来，在这里购买的产品，如果发生质量问题都能过来维修，我们提供售后服务。"

李莉销售各类高仿品多年，她很直接地告诉第一财经记者，做这行得产销一体化发展，从合作工厂到销售都是无缝连接的。"这些工厂本身就是专业制作箱包、服饰的，有些甚至就是给知名品牌做代工，因此技术是过硬的。如果你要做高仿奢侈品，无论是包还是服饰等，都可以做，但做得到底有多少分像，就看你愿意花多少成本。比如一款名牌风衣，你要低成本做，则衣料和做工都比较差，且细节会有所不同；如果你愿意多花些成本，则布料和正品一致，还会在纽扣等细节和做工方面接近正品；如果你再多花些成本，则工厂可以专门为你开模、打板，做出和正品几乎一样的产品。"李莉如是说。

于齐给第一财经记者举了个例子，一个正品售价2万元的包，高仿包一般分三个等级：原款、原单和顶级高仿。原款包用的是接近正品的材料和配件，每个包的拿货价为500元左右；原单包用的是从正品代工厂收购的剩余材料、配件，与正品包材质完全一样，拿货价在900元左右；而顶级高仿包，除了用的材料、配件好，做工比正品还好，拿货价在1500元—2000元，不是做这行的人绝对分辨不出来。也就是说，花正品十分之一的价格，就能买到与正品同款、同质甚至质量更好的包，从性价比来看，这似乎是个完美的选择。

这一点在李莉这里也得到印证，其最热销的是几个经典款LV包，高仿品的价格基本维持在正品价格的十分之一左右。比如一款1.4万元的LV包，高仿品价格是1500元。而李莉向工厂的拿货价不到1000元，因此，作为销售者，其利润率近100%。

于齐透露，高仿包里仿得最多的三个品牌就是Chanel（香奈儿）、Gucci和LV，这三个是老牌奢侈品的代表，经典款一直卖得很好，做经典款高仿就能有丰厚的利润，一些相对小众的奢侈品牌就做得比较少，而爱马仕是大牌奢侈包中高仿最少的。"因为正品爱马仕包单价太高，最便宜的也要好几万，采购正品回来开模的成本较高，且爱马仕高仿包拿货价最便宜一个也要好几千，买的人少。"于齐说道。

代购和物流的套路

制高仿品的工厂是利益链的第一个获益者，一名高仿包销售人员对第一财经记者透露，厂家制作一款高仿品，利润空间约在20%—30%，利润的重头在渠道。比如中间销售商则依靠正品十分之一的价格销售高仿品，但因拿货价更低，其可获约100%的利润率。接下来在购买者中，除了购买自用的消费者，还有一类人群即代购，他们也是获利者。

购买正品的代购者一般获10%左右的佣金收益，比如在欧美留学或生活的人。"我们保证买到的都是正品。比如一款1.2万元的LV包，正品在法国含税价是 8 000 元左右，我们在当地不能退税，我会加价 10%作为佣金，即以 8 800 元价格卖给中国国内消费者，消费者还是划算的。"在欧洲留学的何美婷告诉第一财经记者。

与何美婷这类正品代购者不同的是高仿品代购者，他们通过上述工厂或中间商以正品十分之一的价格拿到高仿品，再当作从海外代购回来的正品卖给消费者。第一财经记者从代购圈了解到，比如上述一款 1.2 万元的 LV 包，高仿品的价格在 1 200 元左右，代购买入高仿品后再以约 9 000 元价格假装是正品出售给消费者，该代购者的利润率高达 650%。即真品代购者赚取 10%左右的佣金，而高仿品代购者的获利是翻数倍的。

有代购人士对第一财经记者表示，有些代购可能常在朋友圈晒他们已去到海外哪些地方采购了，但未必都是真的。"国内有些地方可以提供场景模拟，专为代购服务。比如你看到有代购在国外专柜购物的场景，很可能他们是在国内某个地方录制的。"上述代购人士还透露，代购会以假乱真，最主要还是希望获得更高收益，毕竟出国一趟，成本较高，又不能一次带很多，不然会引起海关注意。万一被查就损失惨重。所以，如果一些代购出货量很大，其实是很值得怀疑的。

当然，高仿品代购也是一门技术活，除了产品要高度逼真之外，相关的票据、物流和后续处理都必须非常到位。

小马引荐的工作人员称，买下产品后，需要相关的发票证明，可以到楼下指定地方去购买，有全套的发票、POS 机单、物流单据等。

在购得一款高仿 Gucci 包后，在小马的指引下，第一财经记者来到销售发票的门店。这里除了销售发票，还销售皮具包装盒子。只要花上 3 元，就可以购得一份票据。这份票据涵盖产品小票、发票、刷卡票据，产品的金额可以自行决定。发票上的信息甚至可以追溯到是在境外哪些专柜店购买的。

"没有人会拿这个票据验证的，一来专柜的人不会给你验，二来这个验证的成本太高了。如果万一发生退货，那就退款好了，不要引发纠纷，毕竟退货率很低。"销售票据的老板说道。

整个环节中，物流必不可少。代购者将货品在线销售后，再到"代收点"充当中介揽收发运，形成一个复杂的灰色产业链。这里所说的"代收点"，主要负责把假货汇总后运输出去，且制造虚假路由信息。很多"代收点"本身也是长期从事跨境电商生意的公司，其手中既有真货，也有假货，物流单号和物流路径在真假货之间的转换也由其掌控。当然,"代收点"中也包括有些做了快递公司在当地的"加盟代理"。

第一财经记者与多家快递企业和相关业内人士交流后了解到,如果能获得美国网点的单号,然后再用美国网点的代码登录扫描设备,就可被实现为是美国的站点做了扫描操作。所谓快递单号,就像每个人的身份证号一样,每个快递单号都对应着某一区域的某个快递网点的包裹,快递员收到快递包裹及之后的分拣和运输的每个环节,都要通过扫描设备扫码单号,以形成明确的物流路径。

为让消费者更加信以为真,部分"代收点"甚至还会伪造国外快递查询网站,输入所谓的快递单号,就能显示物流路径信息,即快递可以"看起来"是从美国、澳大利亚、欧洲等任何地区发出的。有更胆大的"代收点"冒充快递网点参与造假,通过购买国外的"快递单号"提供"异地上线"服务,伪造快递查询网站,国内物流部分交由真正的快递公司递送。

在中国,除了中国邮政和顺丰,大多数壮大起来的快递企业都是通过加盟制迅速扩张,在这些快递企业中,总部把运单预收费作为主要的收入来源,加盟商每收一单快件,就要向总部缴纳1元或更多的运单费。加盟商数量越多,递送量越大,总部销售的运单就越多,获得的收入也就越多。此外,各地网点如果需要总部投建的转运中心进行中转分拨,还会缴纳一定的中转分拨费用。

这种发展模式导致一些加盟商甚至旗下的承包商,为获更多利益,与造假商家联手,帮助其提供虚假快递路由信息,获取利润的分成,毕竟,现在国内快递业还处于价格战阶段,很多加盟网点单靠收送快递根本不赚钱。

查处实刑率低,打而不绝

"生意最红火的时候是前几年,这几年冷清了不少,主要是相关查处越来越严了。生意不好做,一旦风声紧,我们当天就不做生意了。"一名高仿包销售人员告诉第一财经记者。

对制作高仿奢侈品的厂家来说,最核心的机密莫过于工厂地址,大多数制假厂家被查处,都是因为不慎泄露了工厂地址。一旦被查到,最大的损失就是制作机器和罚款。

"制作高仿包特别是顶级高仿的机器,都是从国外进口的,一台就要

1 000多万元，一旦被抓到损失巨大。"一家销售外贸箱包的店主于齐表示，罚款也不是按照高仿产品的售价来罚，而是按正品的售价来处罚，"舅舅的一个朋友也是做这行的，去年被查到了，仓库里面还有一批没出货的LV包，光是高仿包的罚款就罚了2亿元。"

对奢侈品制假售假日益严厉的查处，导致高仿行业风声日紧，现在不管下多大单子的客户，于齐的舅舅再也不会将人领到工厂去看货了，甚至连白云皮具城的展示店不是熟客也绝不带进去，宁可每次给客人发产品图片，确定购买意向并付款后，随机选择一个地方交货或直接快递发货。

奢侈品制假售假者的谨慎背后，是行业查假打假技术、行动和力度的不断升级。

有20余年打假经验的LV大中华区及蒙古国知识产权部刑事保护执行总监玄慈，就常年奔走在查假打假的路上。1999年，玄慈与义乌警方一起办了她经手的第一个涉及造假的刑事案件，该案件涉及13个制假窝点。

多年来，玄慈见证了打假从最初行政部门参与执法为主，到现在多方合作、技术赋能的发展历程，也见证了制假售假者的形式多变、花样百出。不少高仿品生产厂家只是在网上接订单后直接邮寄，根本没有存货。现场查不到足够立案的存货，对传统线下打假是巨大的挑战。如何确认电子证据、进行电子取证并认定涉事者犯罪，一度成为奢侈品品牌方和警方的新课题。

最近几年，警方、LV和阿里巴巴三方合力，破获多个制假售假的大案，玄慈也越发觉得打假早已不是哪一个机构的事了。打假不能只删除售假链接，还要摸清背后的制售假链条，端掉制假窝点，斩草除根。但要做到最后这一点，非常难。

2015年年底，阿里巴巴平台治理部成立。2017年，打假的合作模式再次"升级"，阿里巴巴打假联盟（AACA）成立。

尽管如此，依然不断有造假者换个地方重操旧业。随着警方对广州等造假重灾区打击力度的不断加大，一些造假者选择回乡"创业"。2017年年初，LV收到线报称湖南永州发现一家假冒品牌商标的皮料生产工厂，玄慈随即联合警方及阿里打假特战队展开行动。永州警方抓获10余名犯罪嫌疑人，查获350多卷LV、Gucci皮料，11只LV印花滚筒，涉案金额高达2.16亿元。

"一卷400码的皮料生产的假包能给制假者带来上千万元的暴利。"玄慈表示，每码皮料可生产3个手提包或10多个钱包，换算下来，这次被查获的皮革可生产数万个 LV 假包。

多年的打假经历让玄慈意识到，巨额罚款和实刑的意义更大，但实际操作过程中出现的实刑率不高现象，对制假售假者的震慑实在有限。

阿里巴巴 2017 年的打假数据显示：阿里巴巴平台治理部 2017 年排查出 5 436 条销售额远超起刑点（5 万元）的疑似制售假线索，执法机关接收 1 910 条，已进行刑事打击的有 740 条。

截至目前，通过公开信息能确认已有相关刑事判决结果的有 63 例，这些案件的平均办案时长约 344 天，共判决 129 人，但其中 104 人判的都是缓刑，实刑率仅 19%。被查处后重操旧业的，往往也是这些被判缓刑的人。

"必须要完善法律法规，对线下假货生产源头进行围剿，全社会共同推动制假直接入刑，并引入惩罚性赔偿，让制售假者倾家荡产，才能彻底遏制假货问题。"阿里巴巴集团首席平台治理官郑俊芳如是说。

（应被采访对象要求，文中郑大强、魏芳、于齐、冰琪、李莉、何美婷皆为化名）

2019 年 6 月 16 日

分享链接

奇瑞：何以"变道"？

唐柳杨　杨海艳

站在芜湖奇瑞汽车研究院楼顶往南望去，大片低矮方正的厂区映入眼帘。

正对面是奇瑞汽车股份有限公司（下称"奇瑞汽车"）的车间，奇瑞汽车的四周大大小小分布着近200多家配套企业，它们最主要的工作就是把各自生产的配件运送到奇瑞的车间，组装成一台台汽车，再由大板车运往全国各地。

视线继续往南，是美丽的银湖。银湖周边有十多个住宅小区，周遭还有医院、学校、酒店、餐厅等。

夜幕时分，下班的人们驾驶着多数是奇瑞牌的汽车从不同的厂区驾出，他们或相聚在某个餐厅，或回到各自的家。小区内的灯光依次亮起，祥和的夜晚拉开帷幕。

"20多年前，芜湖城北还是一片荒地，奇瑞改变了这里。"奇瑞汽车一位老员工对第一财经记者说道。

但如今奇瑞汽车和母公司奇瑞控股集团有限公司（下称"奇瑞控股"）不再是芜湖市的"香饽饽"。2018年，在当地主管部门的首肯下，奇瑞控股和奇瑞汽车发起了第一次股改，但以失败告终。2019年，奇瑞控股和奇瑞汽车再次发起第二次股改行动。

今天（12月4日），长江产权交易所发布公告，奇瑞控股和奇瑞汽车股改项目已成交，新股东方为青岛五道口新能源汽车产业基金企业（有限合伙）（下称"青岛五道口"）。增资扩股交易全部完成后，新股东将同时拥有奇瑞控股和奇瑞汽车51%的股份，奇瑞控股和奇瑞汽车将改制，芜湖将与其一手培育的奇瑞汽车渐行渐远。

对奇瑞汽车来说，改制无疑是一次全新的"变道"，其前景不可预知。

债务危机

奇瑞诞生的背景可以追溯到1993年，当时，经济落后的芜湖市开始着手建立自己的汽车产业。1995年，时任芜湖市市长助理的詹夏来负责芜湖汽车厂的工作，1996年，他将原本在一汽大众工作的尹同跃招至芜湖，开始整车项目的筹备。

1997年，奇瑞汽车在原安徽汽车零部件公司基础上建立。1999年12月18日，第一辆奇瑞风云轿车驶下生产线。当时正处中国严控汽车产能的时代，奇瑞汽车并没有获得"准生证"，不允许上市销售。如同其他地方的做法，在地方政府的运作下，奇瑞风云先是进入芜湖出租车市场，之后登上芜湖客车目录，以客车名录在其他省份销售。2001年1月，经国家经贸委协调，奇瑞汽车与上汽集团"联姻"，从而拥有了合法的汽车生产和销售权。

2001—2010年，中国车市连续井喷，奇瑞也迎来了首个辉煌的10年。2011年，奇瑞更是创造了历史最佳销量业绩64万辆，连续11年自主品牌销量第一，连续9年出口第一。

但销量成绩单背后的财务数据不容乐观。2011年奇瑞现金流净额为负，营业利润为负，净资产收益率接近于零。事实上，2005—2019年中的多数年份，奇瑞汽车营业利润都为负，仅有2006年、2007年、2013年和2017年的营业利润为正。

奇瑞汽车高层董严认为，由于庞大的债务和持续下滑的营业收入，如果不继续融资，奇瑞汽车未来一年的"存续都遇到挑战"。

据上海清算网披露的奇瑞汽车2018年三季度合并及母公司财务报表，奇瑞汽车三季度末资产总计为754.15亿元，流动资产322.39亿元；负债总额达562.06亿元，其中，流动负债达383.04亿元，其流动比率为0.84。

业内公认的流动比率应在2以上，即流动资产是流动负债的两倍，即使流动资产有一半在短期内不能变现，也能保证全部的流动负债得到偿还。与之对比，同属自主阵营的长城汽车2018年的流动比率为1.21。速动比率是衡量企业偿债能力的另一个系数，是指企业可以较短时间变现的速动资产与流动负债的比率。速动比率维持在1∶1较为正常，它表明企业的每1元流动负债就有1元易于变现的流动资产来抵偿，短期偿债能力有可靠的保证。根据奇瑞汽车2018年前三季度财务数据，当期奇瑞汽车的速动比率为0.755，长城汽车则为1.12。

理论上奇瑞汽车还可以发新债还旧债，但董严指出，这种方式很难走得通。因为每一笔债务都有着对应的利息成本，而奇瑞每一年的净利润都无法覆盖利息费用的支出，这会导致"债务的山越堆越高"。

2017年，奇瑞汽车生产经营所获得的息税前利润仅仅是利息费用的2.16倍。当年奇瑞汽车的税息折旧及摊销前利润（EBITDA）为47.51亿元，由此可以反推出其当年支付的利息就高达22亿元，而奇瑞汽车当年的净利润仅有2.64亿元。

横向对比，长城汽车2015—2017年，EBITDA利息倍数分别为230.87倍、296.6倍以及40.68倍。

联合资信评估有限公司（下称"联合资信"）多年来针对奇瑞汽车出具的多份《跟踪评级报告》都提及评级对象：主业盈利能力弱；利润总额对投资收益的依赖度较高、债务负担重、对外担保比率高等因素，认为这对公司信用水平带来负面影响。

据奇瑞汽车增资扩股公告中披露的数据，近3年来，奇瑞汽车的营业收入直线下滑，负债总额却不断攀升。2016—2018年，奇瑞汽车的营业收入分别为329.64亿元、294.71亿元和252.31亿元，负债总额却从2016年的581.2亿元增长到605.65亿元。

与奇瑞汽车相比，奇瑞控股的财务数据更不容乐观，据此前其在增资扩股说明书上披露的财务数据，到2019年6月30日，奇瑞控股的营业收入为104.22亿元，净利润为-1.56亿元，资产总额为904.18亿元，负债总额达到685.08亿元。

除自身的业务盈利能力弱带来的高负债外，母公司奇瑞控股不仅不能为奇瑞汽车"输血"，反而对其有大量欠款。2018年7月25日，联合资信对奇瑞汽车的跟踪评级报告披露，截至3月底，奇瑞控股对奇瑞汽车的欠款超过67亿元，该评级机构指出，此款项存在回收风险。

联合资信认为，汽车业务收入下滑，奇瑞汽车经营获现能力弱化，"考虑到近年来主业经营存在波动，资本性支出规模较大，且股权处置产生的现金流入不具备持续性，公司未来仍存在很大的外部融资需求"。

董严用"水淹到脖子"来形容奇瑞汽车的债务危机，如果奇瑞不能快速融资偿还债务，就会出现流动性困难。

战略迷途

从销量数据来看，奇瑞汽车从2011年起由盛转衰。但从财务数据看，

2007年才是其分水岭，大量失败的扩张从这一年开始。

奇瑞汽车的战略扩张可以分为两类，一类是非造车领域的扩张。如2007年奇瑞汽车收购芜湖新联造船厂，涉足船舶业，2009年与中集集团等公司联合创办生产重型卡车的集瑞联合重工有限公司等。

另一类扩张是整车项目扩张。2009年年初，奇瑞发布"布局2009，弯道超车"战略，实施多品牌战略转型，推出瑞麒、威麟两个子品牌，试图以三大品牌体系快速提升销量、进入更高级别的细分市场。当年，奇瑞汽车还推出面向面包车、轻卡等业务的开瑞汽车。

多品牌战略本身并无对错，只是当时奇瑞汽车的技术实力、管理能力和品牌溢价尚不足以支撑高端化的战略目标。

自推出后，瑞麒品牌下的车型G3月均销量持续只有1000多辆，G5月销量在100辆左右波动，G6车型月销量只有几十辆。威麟品牌方面，V5和X5月均销量分别只有100多辆和70多辆。奇瑞汽车内部人士称，瑞麒和威麟项目上马到结束一直亏损，从未实现盈利。

奇瑞没有公布多品牌战略失败的财务损失，根据奇瑞汽车2009—2013年财务数据，当期"汽车业务"的主营收入分别为265.11亿元、207.2亿元、280.11亿元、266.33亿元、226.54亿元，负债由247.12亿元增加至492亿元。

观致汽车是奇瑞汽车又一次高端化的尝试。2011年，奇瑞汽车和以色列集团联合推出观致汽车。截至2018年三季度，观致汽车连续第31个季度亏损，累计亏损达到124亿元。观致汽车注册资本为104.25亿元，奇瑞汽车的持股比例为50%，截至2017年年底，奇瑞汽车确认对观致的累计投资亏损为47.84亿元。

2017年年底，奇瑞汽车完成对观致汽车25%的股权转让，最终成交价格为16.25亿元。虽然在当年的合并报表中，确认2017年度合并报表层面投资收益为12.63亿元。但因为在交易过程中约定股东将继续对观致汽车进行增资，因此，奇瑞的股权转让款项事实上在后续被继续用作对观致汽车的增资。

宝能成为观致汽车大股东后的2018年，观致汽车前三季度的总亏损为13.62亿元，对应到奇瑞的账面投资当年前三季度的亏损超过3.4亿元。

奇瑞汽车在此期间还出现反复的战略摇摆。2013年，奇瑞汽车宣布终止多品牌战略，回归"一个奇瑞"，瑞麒、威麟两个品牌事业部撤销，两个品牌推出的车型绝大多数都停止生产和销售。

但是第二年（2014年），奇瑞汽车又成立了新的乘用车子公司凯翼汽车。如同观致等业务单元，凯翼汽车销量持续低迷，最高的年份也仅售出4.3万台汽车。2018年，奇瑞汽车将凯翼汽车51%的股权出售给宜宾市政府，作价26.94亿元。

2018年，奇瑞汽车再次推出捷途和星途两个独立的品牌。目前，捷途发展势头良好，星途则困难重重。

奇瑞汽车还大量涉足零部件及国际业务，其中的大部分业务处于亏损状态。2011年，奇瑞汽车在巴西投资4亿美元建设奇瑞巴西工业园。2017年，奇瑞汽车让出部分股权与巴西CAOA集团组建合资公司，奇瑞汽车内部人士称，合资的目的是为了降低亏损。

奇瑞最主要的盈利单元为奇瑞捷豹路虎合资公司，2016—2018年，奇瑞汽车先后收到来自奇瑞捷豹路虎的现金分红为5.85亿元、4.66亿元以及15.35亿元。

除了无序的投资失败，奇瑞长期亏损的另一个重要原因是新车开发效率低，失败车型多，研发与管理费用浪费。

2011年左右，奇瑞汽车同时在售的车型高达30款以上。仅QQ系列，就有QQ3、QQ6、QQ me等多款车型，再加上M1、G5、风云1、风云2、旗云1、旗云2、瑞虎以及东方之子，呈现在消费者面前的是盘根错节的产品格局。

尽管产品数量繁多，但奇瑞汽车大部分车型销量欠佳。2010年，奇瑞月销超过5 000辆的只有瑞虎、风云2以及旗云系列的3款车型。此后，奇瑞汽车大力缩短产品线，但新车效率依旧偏低，在瑞虎8推出之前，奇瑞汽车走量的车型主要为艾瑞泽5和瑞虎3等廉价车型，新推出的瑞虎7等高价值商品销量低下。

"一辆车往往需要4—5年才能开发出来，成本以亿来计算。如果卖不好要停产，前面开发的钱就白花了。"奇瑞内部一位人士说。

在中国乘用车从1 000万辆增至2 200万辆的2009—2019年，吉利汽车、长城汽车、上汽、广汽和长安等自主乘用车公司相继崛起，无论私企还是民企，都有成功的案例出现。而同期奇瑞汽车销量规模起伏不定，营业利润长期亏损，高层人事动荡频繁，由中国自主品牌的领头羊转变为追赶者。

管理困局

2000年至今，中国车市迅速经历野蛮生长、微增长以及负增长三个阶段的演变，总体来说，只要车企生产出符合市场需求、"正确"的车型，都能够在市场中获得一席之地，昙花一现的众泰、北汽幻速都是凭借一款或两款爆款车支撑起数十万台销量规模的样本。

在正确的商品定义前提下完成产品结构的搭建，合理覆盖不同的细分市场，企业的销量规模、经营质量、供应链能力与抗风险能力均能大幅提升，吉利、上汽、广汽和长安均体现了这一点。

同时期的奇瑞虽然投放了大量车型，但这些车型绝大多数都没有获得可观的销量，大量失败的车型带来的不仅是财务损失，还推高了产品开发的成本，破坏供应链的健康。一家汽车公司最核心的品牌规划和产品规划，在奇瑞汽车几乎没有得到体现。

为什么奇瑞持续无法产出"正确的车型"？过去十年，奇瑞引入了大量外籍以及具有外资公司背景的专家，并按照跨国公司的规范构建了新车开发流程，为什么这些投入和改变没能奏效？

某外资车企跳槽去奇瑞的高管沈文认为问题出在管理层，"奇瑞一直没有进入到管理人才职业化和经营管理系统化、制度化的阶段。"

奇瑞在2004年之后的15年里，除了陈安宁担任总经理的短暂几年，其余时间尹同跃均身兼董事长与总经理一职。奇瑞汽车的创始元老也持续在公司担任要职。在沈文看来，奇瑞长期以来处于第一代领导人治理的状态，没有真正形成职业经理人机制，江湖义气大于制度，行事的准绳不是以结果为导向，而是以人为导向，这是奇瑞管理低效、混乱的根源所在。

与之对比，2013年左右国内部分城市开始推行国企改革，董事长代表企业所有者，总裁代表经营者，二者之间协同的同时又存在制衡，并在后续的人事更迭中延续了董事长和总裁的制衡。这种制衡避免了权力过于集中，并建立了现代化企业的制度和体系。

持类似观点的并非沈文一人，奇瑞的中高层管理人员、普通员工、合作商代表等多人都向第一财经提到奇瑞汽车在管理方面存在的问题。

以新车研发为例，新车开发流程的起点为产品规划部，该部门与前瞻研究院协作，研判未来3—5年市场需要的车型，再与研发、制造、质量、采购、营销等业务单元，从可造性、成本等维度不断修订方案，这其中既有分工协作，也有彼此的制衡。正是这种制衡制造了产品的平衡点：它既需要满足市场需求，又要成本可控，同时具备一定的品质和性能，质量可靠。

但在实际操作中，"领导意志往往高于专业部门的意见，不确定性和变数太多，从上到下体系失效。"奇瑞研发部门中层管理者魏明表示。

配套奇瑞超过10年的某一级供应商总经理倪金告诉第一财经记者，某个零部件经过层层评审封样之后，却被突然告知"领导觉得屏幕亮度不够，要改"。

"评审会那么多人定了，工程师、副主任、主任、副部长、部长，采购部、质保部，都签过字了，领导说要改就改，封样还有什么意义？流程随时可以改，相当于没流程。"倪金说，"所有人都能说不行，没人能说行。"

奇瑞多个部门的人士在接受第一财经记者采访时表达了同样的观点，并称"小到改照片大到改模具是常态"，且奇瑞内部经常有不同职能部门的人员跳出流程和职责范围干预其他部门，如业务人员批评财务计算错误，工程人员批评规划定义错误。

杨超说，在奇瑞内部，遇到问题的唯一解决办法是归到某一个人或者几个人，在代表最高级整合思维的汽车工业，系统性的专业合作在奇瑞"没有体现"。

倪金称，由于失败车型过多，供应商的投资无法收回，一些供应商主动终止了与奇瑞的合作，其中不乏国际大厂大牌供应商。他认为，车企产品性能与品质提升的背后，离不开实力更强的大牌供应商。奇瑞由于失败车型多，高端供应商不愿意配套，产品性能和品质难以大幅提升，是一个恶性循环。

奇瑞管理的问题还体现在高管频繁地动荡。以营销板块为例，2003—2018年，奇瑞共更换了9位销售公司总经理，平均在职时间长度约一年半。2018年年底，奇瑞推出新的高端子品牌星途，不到1年的时间里，星途的营销高管便调整了4次。

奇瑞销售体系的一名老员工说："换一个领导就换一种思路，之前做的经常被推倒重来。因为销售经常换领导，营销体系和研发部门的协作也很少，往往是新领导来了，才知道接下来是一款什么样的车。"

2011年，奇瑞汽车与以色列集团合作推出观致汽车。奇瑞并没有依靠芜湖子弟打造高端品牌，而是大量聘请外部职业经理人，其中还有非汽车行业的麦肯锡咨询顾问。沈文评价说，观致的失败体现出奇瑞既没有技术输出的能力，也没有管理输出的能力。

董严认为，从奇瑞汽车自身的DNA、第一代创业型管理者的发展阶段和所处环境来看，其结果有其合理性，但"这种合理性不能用来解释经营失败的结果，它依然是不可接受不可原谅的，因为它浪费和破坏了社会资源的积累"。

成全与拖累

表面看来，奇瑞汽车营业利润长期亏损的原因是产品平均售价低、失败的车型和失败的投资较多。但奇瑞汽车高管杨超却认为，问题的根源正在奇瑞汽车自身独特的DNA上。

创业初期，芜湖地方政府的资金与资源导入帮助奇瑞汽车获取诸多便利，但也让它失去了在市场中拼杀磨砺而形成的企业精神。比如民企代表长城汽车和吉利汽车，它们必须通过残酷竞争获得各种资源，它们最突出的特征就是"动物精神"，这是真正的市场经济环境下竞争生存的动因。

与之相比，奇瑞汽车可以通过政府安排、国资关系和上汽"联姻"获得"准生证"，可以通过国有金融体系的系统内支持获得融资便利。

"当资源的获得是低成本的，对于资源回报的追求必然是低水平的。"杨超说，对于资源回报的低水平追求体现在奇瑞汽车过去二十多年的经营过程中，奇瑞汽车唯一显著的战略是"铺摊子"，追求规模远胜于追求效益，在成绩单上言必称销量而从不提资产回报率。

奇瑞汽车多名高管称，奇瑞汽车热衷"铺摊子"，也有不少是为了配合"政府的意见"。如2014年奇瑞重工出售时，一名员工称"奇瑞控股当年是配合地方政府孵化产业，并且共享上下游资源优势，选择退出主要是想聚焦发展乘用车板块。"

诞生于特殊年代的奇瑞，不仅是芜湖的明星企业，还曾经是中国自主品牌的领头羊，很长时间里和芜湖互相成全——奇瑞汽车因芜湖而生，芜湖也因奇瑞汽车而兴。奇瑞汽车之所以成为奇瑞汽车，既倾注了老一批人的大量心血，也体现了他们的思路；得益于地方政府的支持，也就有了多方位的参与。

根据奇瑞控股发布的信息，围绕汽车产业链，奇瑞控股在芜湖集聚汽车及零部件企业近900家，带动产值1 800亿元，因与奇瑞有紧密合作而来芜湖投资的世界500强企业近40家,整体带动就业岗位15万人。2018年,芜湖市GDP为3 278.53亿元。

2009年之前的奇瑞汽车总体算得上成功,有QQ等明星车型,销量也快速扩大,营业利润一度达到11.29亿元。但2007年起的无序扩张葬送了奇瑞汽车早期的资本积累和先发优势。最终,越滚越大的债务包袱将奇瑞和芜湖市政府压得喘不过气来,引进新的投资者成为一种切合实际的选择。

芜湖市政府方面连续两年抛出针对奇瑞汽车的股改方案,其中都涉及控股权的变更。此举一方面表明芜湖方面的开放态度;另一方面也表明当地政府在解救奇瑞这个问题上可能已经无能为力。

董严对第一财经记者表示,根据去年股改的信息,芜湖市政府的要求仅仅是股权变更后奇瑞工厂不能搬离芜湖。不过关于这一点,记者未能从芜湖市主管部门得到确认。

众多的受访者都对正在推进的股改寄予期待,他们希望控股权的变更不只是解决奇瑞当下最为要紧的债务问题,更是能够引进新机制、新思维,为奇瑞带来真正的变革与重生。

"股改的好处,其实就是希望从企业所有者、经营者关系,企业管理体系和制度等方面,纠正奇瑞的所有问题。资本有它自己的逻辑,有它内在的激励因素,它会改变奇瑞。"董严说道。

今天早上8点,长江产权交易所发布了奇瑞股改成交的公告,接盘方为青岛五道口,而非此前盛传的腾兴长三角(海宁)股权投资合伙企业(有限合伙)。其实,是谁接盘已经不重要,因为股改一旦达成,新的投资方将拥有奇瑞控股51%的股份。

等待奇瑞控股和奇瑞汽车的将是一个全新的开始。

(应被采访对象要求,文中董严、魏明、杨超、李然、沈文、倪金均为化名)

2019年12月4日

分享链接

附一 一财朋友圈

电影产业新力量启示

何天骄

与票房寒冬一同席卷而来的是资本寒冬。

过去几年,大量热钱进入电影产业,然而,在电影产业的高度不确定性以及有限增幅面前,资本又上演了大撤退。2018年"阴阳合同"事件曝光后使得整个影视链条受到影响,一些影视公司市值缩水、影视工作室补缴税费、从业人员被裁减。

鲸准研究院发布的《周期、重构、起航——2018中国新经济创投白皮书》指出,从大文娱行业投资事件数量来看,随着互联网巨头与投资机构对行业的关注加强,2014—2016年投资事件数量逐年增加,至2016年达到顶峰,为1 695起;2017—2018年逐年下跌,2018年投资事件数量仅为678起,较上年下跌超50%。

鲸准研究院相关分析师表示,2016年以来,资本由热转冷现象在文娱行业凸显,这是行业的发展阶段和市场的大环境等多重因素共同助推了资本周期的更替。从企业角度来看:一方面,在前几年行业较热时获投的公司已经过几年的发展,团队和产品已基本成型,商业模式正在受到市场的检验;另一方面,文娱行业不比互联网领域容易规模化复制,扩张受限。从机构角度来看,资本的退出渠道受阻,且资本对已投资的部分企业持续产生商业价值的能力保持观望态度。

北京大学文化产业研究院副院长陈少峰指出,2018年电影产业撤资比较厉害，估计电影数量会减少。2018年以来，很多电影公司面临困境。从2019年年初开始，资本撤离蔓延，再加上如今频出的整治措施，这对电影制作公司提出高要求，数量下滑，质量必须提升才能稳住当年票房持续增长的局面。

中国电影制作公司面临着不小的挑战。"2018年，整个影视行业都被要求规范运作，这无疑影响到整个行业，也标志着影视行业野蛮生长的时期已经过去，电影市场也会日渐规范，保持健康良性发展。如今，行业内不少影视公司面临利润亏损的问题。如何在监管日益严格的市场中，从实质内容上获得营收，是这些影视公司如今面临的重要问题。"CIC灼识咨询执行董事王文华表示，"要想应对市场挑战，首先要与市场回归内容的发展趋势一致，提升影视作品质量，打造优质内容并使其创造更加长线的价值，用优质内容'抗压'；此外，在整个行业遭遇资本退潮、身处压力的背景下，市场上积压了不少待播作品，影视公司需要加大研发制作和市场评估的力度，让作品去库存化。"

当然，资本方面并非全是利空，今年春节档的主角虽然少了华谊兄弟等传统影视公司，却多了爱奇艺、阿里、腾讯等互联网选手。随着互联网视频公司的崛起，并开始涉足内容制作领域，给电影行业带来了网络新势力，大批互联网资本进入电影、影视剧等产业，给电影产业带来新力量的同时也带来了更多想象空间。

今年春节档，由爱奇艺影业出品的《神探蒲松龄》于2月5日上映。虽然目前票房表现一般，但互联网带来的更多新玩法值得关注，爱奇艺方面透露，电影基于自有文学IP开发，由爱奇艺进行院线电影、VR电影、网剧、漫画、衍生品等开发。

业内认为，爱奇艺等互联网公司的玩法有望打破目前中国电影产业过度依赖电影票房的困境。在北美，一部电影的收入仅三成来自票房，七成来自游戏、衍生品、乐园等衍生产业，随着人口红利衰退，国内电影产业要实现高增长，显然要在衍生产业上下功夫，找到新增量才能持续推动电影产业发展壮大，而不是一味地在电影票房上下功夫。

2019年2月10日

分享链接

套现约 2840 万美元，
微软 CEO 纳德拉又给自己领工资了

赵陈婷

微软 CEO 萨蒂亚·纳德拉（Satya·Nadella）又套现了。

北京时间 2 月 10 日上午消息，美股交易数据显示，纳德拉于 2019 年 2 月 6 日以每股 106.01 美元的平均价格出售微软 267 466 股的股份。

在微软股票节节攀升的这几年来，纳德拉有过数次出售股票的举动。

2018 年 8 月，微软在向美国证券交易委员会提交的文件中披露，纳德拉以 109.08—109.68 美元的价格，分多次出售 32.8 万股微软普通股股票，进账逾 3 500 万美元。

两年前，纳德拉还曾以每股 57.97 美元的平均价格出售 14.3 万股公司股票，总计 830 万美元。

彭博社透露，按照微软的计划，纳德拉将在 2019 年继续出售股票。

不过，根据与微软的协议，纳德拉必须持有市值相当于其基本工资 15 倍的微软股票。

事实上，2018 年 8 月纳德拉抛售股票时，微软曾发表声明表示，纳德拉的出售股票是出于个人财务规划和多样化的原因。纳德拉目前所持有的股份远远超过微软董事会的持股要求。

考虑到硅谷高管的薪资一般包括基本工资和奖金（包括股票奖励）两部分，纳德拉的套现也算是领取工资的常规方式了。

2018 年 8 月，微软全球销售、营销和运营执行副总裁兼总裁让-菲利普·库尔托伊斯（Jean-Philippe Courtois）曾以每股平均 110 美元的价格出售2.8 万股微软股票，净赚 320 万美元。

要知道，纳德拉出任微软 CEO 之后，微软股东大会在 2014 年 12 月通过了针对纳德拉的 8 400 万美元薪酬方案。

在独角兽频出的美国科技界，成立于 1975 年的微软已经是绝对的老牌企业。

这40多年来，微软只出过三任CEO。作为微软创始人的比尔·盖茨（Bill Gates）在CEO位置上坐了将近25年。2000年1月，这个位置由盖茨的老同学、微软当年的第一位商务经理史蒂夫·鲍尔默接班，直到13年后鲍尔默宣布退休。

相比前两任，尽管早在1992年，年仅25岁就加入微软，但纳德拉在微软还是太过默默无闻。

而且由于上两任CEO都是微软的大股东，拥有数额不小的股权。比如，虽然鲍尔默在2013年薪酬只有130万美元，但其持有的股票价值却接近160亿美元。

对于非微软大股东出身的纳德拉，微软特地针对他设计了一个全新的考核机制，即根据微软业务发展确定薪资的绩效机制。

值得一提的是，纳德拉的8400万美元的薪酬方案还一度遭遇投资者顾问机构的反对。

股东代理顾问Institutional Shareholder Services曾发布报告表示严重关切微软授予纳德拉的巨额股票数量，并认为对授予纳德拉的股票奖励并没有设置适当的考核标准。

对此，微软董事长约翰·汤普森（John Thompson）还致信上述组织，解释了纳德拉的考核体系。汤普森表示，纳德拉80%的薪资靠微软"股东总回报"和标普500指数的对比数据来决定。如果想拿到全额奖金和股票奖励，微软的股东回报指标必须超过标普500指数中六成的公司。

要知道，鲍尔默在2013年8月就宣布退休，随后将近半年时间，微软的CEO处于空档期。

当微软寻找新CEO的时候，彭博社甚至写了一篇《为什么你不想成为微软的CEO》。显而易见，留给接任者的担子并不轻。

但纳德拉上任后的表现"打脸"了一切。短短四年多时间，纳德拉将微软的市值从2000多亿美元带向8000多亿美元。

北京时间2018年12月1日，微软市值成功超过苹果，实现了自2002年以来重回全球市值第一。

2018年，知名评级网站Comparably发布了2018年美国前50名最佳首席执行官名单，有29位CEO来自科技公司。其中，纳德拉荣获第一，谷歌

CEO 皮查伊第三。

2019 年 2 月 11 日

分享链接

只靠烧钱的中介迟早会"死"吗?

陈淑贞

2015 年,爱屋吉屋的巅峰时期,曾有人问,爱屋吉屋还能走多远?

这个问题到了 2019 年有了最终答案。近日,爱屋吉屋的网站、App、微信小程序被发现均已停止运营,除了核心团队,无人知道爱屋吉屋倒下前发生了什么。

真正的结束往往悄无声息。爱屋吉屋大张旗鼓地来,最后静悄悄地走。

2016 年,爱屋吉屋联合创始人邓薇上第一财经的电视访谈节目时曾表示,爱屋吉屋要从最会烧钱的公司变成最会赚钱的公司。爱屋吉屋最后并未做到。

爱屋吉屋成立于 2014 年,那一年,"房地产中介+互联网"风头正盛,深圳四家中介巨头中原、中联、美联、世华联手抗议搜房提高端口费用,控诉电商违规竞争,很快世华摇身一变成为 Q 房网,要拥抱互联网。

互联网中介的说法算是新鲜,吸引了不少资本加入,它们一把火烧遍江南江北,跟传统中介抢经纪人、抢盘源、抢曝光率。逼得连屹立香江数十载又在内地多个城市做龙头的中原都不得不花 10 亿元改进互联网系统。

此乃互联网中介当年盛况,其中有爱屋吉屋、Q 房网、房多多等。

笔者曾因此问过中原地产中国大陆区主席黎明楷,怕不怕互联网中介,对方答,不怕,它们的钱烧光了就会"死"。

果不其然。互联网中介的黄金期很短,成立五年的爱屋吉屋如今已停止运营,在此之前,Q 房网早卖身给一家沥青公司,房多多曾于去年传出上市消息,如今又杳无音讯。

下一个倒下的是谁?市场上的互联网房地产中介已不多见了。烧光了钱就"死"的判断,似是一个魔咒。

爱屋吉屋曾自诩互联网中介的代表,其死法也相当互联网。

来一个简单的复盘。爱屋吉屋曾在不到两年的时间里,融了 5 轮资金共计 3.5 亿美元,估值 10 亿美元。其最后一轮公开融资的消息止步于 2015 年年底,2016 年开始,便再无其融资消息。

可以追踪到的是其融资，疯狂烧钱抢占份额（在其总部所在地上海一度市占率近三成）、挤"死"竞争对手、再融资、再烧钱扩大规模的路径。这种路径在互联网公司中十分常见，ofo 也是这样，把钱烧光，然后"死"了。

可见，在互联网业中，疯狂烧钱抢占市场份额的方法不一定奏效，到了房地产业，更是如此。

业内曾断言，互联网房地产中介无法完成交易闭环的主要原因在于，房产是非标产品，交易频次低，交易流程长且复杂，金额大。

讲求便捷化手段的互联网无法改变房产中介业的天性，正如开始时主张无门店摆脱沉重线下资金的爱屋吉屋，到 2016 年也不得不开起门店。

跟 Q 房网、房多多等相比，爱屋吉屋的另一个劣势还在于出身土豆网的邓薇并无房地产和中介经验。要颠覆房地产中介业的爱屋吉屋，如何能深刻理解它所要颠覆的对象？

2018 年，房地产业因行业调控和资金面等因素，陷于下行通道，其所在的上海，连中原员工都要降薪过冬，减少福利，没有自我造血能力的爱屋吉屋又凭何逆袭？要知道，活下去本身就不容易。

至今日，一时风头无两的爱屋吉屋官网只剩下一个"一楼"的 App 下载广告，而无服务功能，这个仅存的租房平台 App 中，整租的房源只有 3 个，合租房源也只有数十个，业务几可忽略不计。

邓薇从土豆网出来后，曾创办过一款网约车公司"大黄蜂打车"，此后难以为继才有了爱屋吉屋这一段经历，邓薇或许还会再战商业江湖，但爱屋吉屋已行至末路。

2019 年 2 月 20 日

分享链接

物业公司对规模的追逐永无止境

陈淑贞

　　大多数开发商没有想到,又脏又累、利润以毛钱为单位抠出来的物业管理行业,会成为资本市场的宠儿,开发商稳定现金流的压舱石之一。

　　算上最新上市的奥园健康,不算 A 股,仅在港上市的物业管理公司就有 12 家。

　　2014 年 4 月,彩生活准备作为物业第一股上市时,总管理面积只有 1.26 亿平方米左右。近五年过去,彩生活 2018 年度业绩公告显示,集团的管理面积已达 11.22 亿平方米。

　　11.22 亿平方米是什么概念?彩生活执行董事兼行政总裁唐学斌对着一众来自香港的分析师说,是香港所有物业管理面积的两倍。

　　彩生活已经是中国最大的物业管理公司,放眼全球,恐怕也难有同行规模能与之比肩。

　　排在彩生活之后的是万科物业,据其官网资料显示,截至 2018 年 12 月底,万科物业合同面积突破 5.3 亿平方米,服务 480 万户家庭,超 1584 万人口。

　　即便是佛系的中海物业,2018 年度管理的建筑面积也由 1.28 亿平方米增加至 1.41 亿平方米。

　　回看那些上市的物业公司招股书,募资净得金额的大头,无一不是去收购合并,扩大规模。

　　最新上市的两家,奥园健康能筹集到的资金净额的 62% 将用于收购或投资第三方物业公司,来扩大商业运营规模及填充物业管理服务组合;滨江服务将所得款项净额的 35% 用以收购物业公司或物业管理相关业务的公司。

　　过去一年,大手笔收购的物业公司就有雅生活服务、南都物业、碧桂园服务等。

　　物业管理的规模争夺的白热化程度,并不逊色于开发商在销售规模上的热衷度。

其根本在于，无论是走对物的管理路线，还是要做人的服务，规模都是基础，只有规模扩大，物业管理面积扩大，收费基础增厚，物业公司服务的人群数量变多，增值服务才能扩大入口和流量。

问题的关键在于，物业管理领域有没有一条数学方程式，在追求盈利最大化的路上，有没有关于规模的最优解。

笔者向彩生活请教，但唐学斌给出的答案是，没有。彩生活定下的目标是，到2020年，管理面积达20亿平方米。他说，物业管理的规模没有边界，没有最舒服的状态，规模越大越好。

规模一旦扩展到足够大，管理难题怎么解决，规模不经济的问题怎么解决？

以彩生活为例，截至2018年年底，彩生活聘用驻场人员超过56 000名，2017年年底驻场人员还不足39 000名，仅仅一年，随着公司管理规模增长，便增加了17 000名驻场员工。再加上社保入税，物业公司的成本迅猛上涨。

唐学斌认可许多行业会出现规模不经济的现象，原因在于管理成本越来越高，但他也表示互联网时代物业行业已走出这个怪圈。

"我们的办法是把管理系统搭建成平台，彩生活旗下几千个项目，但会计和出纳不需要几千个，平台把出纳的活都干了，实现了无现金的支出。但未来还是希望组织机构更扁平化，如公司一个平台有500个财务人员，3年后希望能压缩到50个。"

这也从侧面佐证，作为劳动密集型行业，广泛应用互联网技术建设管理系统、平台，优化人员，提高效率，是物业公司减少成本、增厚利润的必要动作。

至于白热化的规模竞争背景下，如何才能提高规模则是新的难题。可以肯定的是，当收购成本越来越高，交易越来越难时，收购已不是一门好生意。这时平台增长的出路应在小股操盘合作、品牌输出等途径上。

在成熟的房地产开发领域中，开发商也是经过了近二十年的高速发展，经过了求规模、求周转路上的意外事件，才认识到管理系统的失控，开始生出慢下来的反思意识。但这并不意味着要开发商们要收缩规模。

或许，待物业公司的平台系统搭建完善，管理能力完全匹配上管理规模后，这个由房地产开发衍生出的行业，才能一改其劳动密集的面容，把规模变成流量入口，在估值和利润表现上都闯出一片新天地。

2019 年 4 月 8 日

分享链接

为什么不建议买学区房?

陈淑贞

秋季招生的脚步渐渐近了,但笼罩在深圳家长们身上的雾气还未散去。

过去两个月,深圳发生多起学区房维权事件,有新房,也不乏二手房:

先是龙岗外国语学校学位"说变就变",保利上城、东都花园初中学位被划出;深圳龙岗入学积分政策调整,住满8年上不了家门口学校,片区学生分流风险增加;深中南山创新学校划片公寓积分骤降20,明年家庭非唯一住房将没有入学资格。

再有学校刚升级就被剥夺学位,东海花园业主集体维权;深实验坂田校区取消"小初直升",实施统一积分入学……

随着积分制、电脑派位等教育政策的调整,"一套学区房,学区永流传"的传说逐渐走下神坛。

房产和户口教育资源高度捆绑。在教育资源稀缺的大城市,家长们追逐名校,而学校优劣带来的附加值不同,城市学区房价格畸高。

有统计表明,同一地段、类型产品,学区房和非学区房价格差能达两三成。

近期学区房维权事件频发的深圳,据2018年统计年鉴数据,深圳2016—2017年新生婴儿两年合计20.37万人,出生率逐年增加;此外,还有人才引进工程的推动,2018年深圳市以新增49.83万常住人口的数量,高居珠三角九市首位。

与此同时,深圳的学校却不见显著增加。据相关预测,2019年,深圳学位缺口高达7万多,未来还将继续扩大。未来难料,但2019年,深圳有7万个家庭孩子或将无学可上。

教育资源如此紧缺的城市,家长们对学区房的追逐可想而知。

乐有家研究中心发布的深圳各区学区房挂牌均价报告显示,福田、南山学区房挂牌均价普遍较高,其中,位于福田的深圳实验学校小学部学区房挂牌均价达到15.31万元/平方米,备受关注的"四大"中,深圳高级中学学区均价最高,为12.16万元/平方米;深圳实验学校学区均价为10.71万元/平方米;深圳中学学区房挂牌价为7.84万元/平方米;只有深圳外国语学校目前不按学区划分。

投资学区房成为一门专门的生意,小户型低总价的学区房产品往往最受投资客青睐,也有家长愿意为此买单,自家孩子用完学位,还能顺手卖掉赚钱。

但总有人会失望,学区房的风险从未消退,"竹篮打水一场空"不过是概率事件。

学校的招生地段往往由所在区教育局根据辖区人口分布、道路和住宅小区的边界等进行划分。由于影响因素复杂,教育政策时有调整,学区划分也随之不断调整。

换言之,刚买回来的学区房也可能变为非学区房,即便买了学区房,也不一定有学位。

随着积分入学、电脑派位等政策深入落实,这种可能性正在加大。

近日,深圳发布通知,要求各区优化和完善积分入学实施细则,充分体现教育公平,根据积分情况和招生计划安排学位,积分制的落地使原本的直升制面临不确定。这也是前述多宗维权事件的主要原因。

学区房的本质是用更高的价格来进行学区锁定,重点在于锁定,但教育政策却随每年具体情况来调整改变,重点在于变,这导致学区房天生具有政策调整风险。

多少项目打着名校学区的旗号来销售圈钱。

广州天河的奥体板块的华润天合,以"幼儿园、小学双名校"教育资源吸引业主关注,最后随着招生方案公布,名校消失,又触发一波业主维权。

近日,济南市发布的《关于进一步规范商品房销售广告和宣传活动的通知》,对商品房销售广告和宣传活动进行规范,明确开发企业销售人员不得以项目周边尚在规划论证阶段的交通、学校及市政配套设施为说明和承诺,推销商品房并以此方式诱导欺骗购房人,正是解决"华润天合"之类维权事件的矛盾所在。

从进化的角度来看,积分入学政策相比学区直升,追求一种相对更广泛的公平。

然而,只要资源稀缺,就必定存在鄙视链。即便是积分入学,也要分第一类、第二类和第 N 类，在报名地段购房、有户口当然优先，有房无户口的次之，至于无房无户，只能当作流动人口被最后考虑。

租售同权的真正落实尚需时间，如今讨论，言之尚早，回到正题，买房需谨慎，买学区房更需谨慎，没必要为了不确定的学区而额外支出高昂代价。

2019 年 5 月 23 日

分享链接

5G将深度变革电影内容与渠道

何天骄

5G时代的到来必将对多个产业产生影响,电影产业也不例外。

近日在上海国际电影节上,无论是移动电影院的海外落地,还是中国移动咪咕与上海国际电影节联合发起的首个短视频单元,都绕不开5G的话题,可以预见,随着5G时代的到来,将对有着上百年历史的电影产业从内容到渠道都产生深刻的变化。

在内容方面,5G将推动电影短片等内容形式的发展,当下,短视频正处于前所未有的行业发展风口,成为人们生活中随处可见的视听产品,在移动互联网时代大放异彩。而短视频行业的高速发展得益于移动网络技术的成熟,5G技术的应用及普及势必会给这个行业带来颠覆性的变革。

笔者了解到,5G商用元年,有90%的内容都会涌入视频领域,5G的推动将会给视频创作者带来更多便利。4G技术的普及促进了短视频行业的高速发展,5G时代下短视频将愈加火爆,让每一个创作者不仅能表达自我,忠于自己,还能够学会分享。

在这种情况下,电影准入门槛也将大大降低,电影时长的定义也将发生变化,二三十分钟甚至几分钟的电影将大批量涌入电影产业。而5G带来的电影渠道的变革更是为各类形式的电影内容提供了播映渠道,将进一步推动电影类型多元化。

5G将给渠道带来哪些变化呢?

很多人去电影院看电影主要有三个因素,更好的观影体验,最新上映的电影内容和社交。在5G时代,这三方面的因素都会受到深刻影响。

在观影体验方面,5G带动的超高清视频产业发展可以让人们在家中采用一些设备就可以获得不差于影院的观影体验,这也必将逼迫电影院不断采用更新的技术提高观影体验,与用户家庭影院或VR等观影设备来抢夺用户。5G带来的一系列技术将让用户足不出户就可以获得很好的观影体验,电影院只有提供超高的沉浸式体验才能把用户拉进影院。

最新电影内容也将被5G解决，5G带来的低延时可以让用户在家里就可以接受最新的电影内容，通过移动互联网和智能手机搭建空中通道，中国乃至全球的观众都可以把手机变成放映机观看最新电影，成为线上影院，打破线下电影院的垄断和增长瓶颈。

移动电影院就是线上影院构想的落地项目之一。有业者指出，电影是一个有仪式感的消费，用户体验是重中之重。为此，移动电影院从上线伊始便投入大量成本建设后台体系。随着5G时代的到来，移动电影院也将在未来布局5G+4K新技术，在5G网络大带宽、高速率、低延时的支撑下，让用户纵情观看5G技术支持的高清4K VR影片，不受加载时间过长、缓存时间过长、播放卡顿等问题所困扰。通过移动互联网技术赋能，随着5G+4K的技术支持与运用，移动电影院还可以不受线下院线资源的限制，逐步拓展海外市场，帮助中国电影出海。

事实上，长期以来，很多导演抱怨院线排片少，线上院线的搭建则可以解决这一问题，推动电影内容百花齐放。

在社交需求方面，随着线上影院的搭建，用户可以与好友相约一起在线观影，也在某种程度上解决了观影人群的部分社交需求。因此，5G与电影看似并无关联的两个产业，却又有着千丝万缕的联系，也必将擦出新的火花，打造出一个全新的电影视听产业。

2019 年 6 月 20 日

分享链接

《哪吒》"大闹"暑期档，国漫业却已跌入谷底

何天骄

一部动画电影《哪吒之魔童降世》（下称《哪吒》）炒热了冷寂的暑期档，也给沉寂已久的国漫产业打了一针强心剂。

截至7月29日下午3点多，《哪吒》票房已经突破8亿元，此时，该片才刚刚上映3天7小时，距离票房最高的本土动画电影宝座仅一步之遥，上映以来，该片已经连续打破多项动画电影票房纪录，猫眼电影预测其最终票房将有望达到27.55亿元，成为目前国内影史票房最高的动画电影。在很多人为动漫产业狂欢的同时不得不浇上一盆冷水，国漫产业正处在谷底。

《哪吒》火了，如果仔细回想上次有接近如此盛况的时候，则要追溯到4年前的暑期档，2015年《大圣归来》上映，该片在不被看好的情况下逆势而上，最终拿下9.56亿元票房。也正是因为有了《大圣归来》的票房胜利，才推动光线传媒（300251.SZ）下决心重点布局动漫电影产业，于2015年10月成立了彩条屋影业，然而，这一等就等了4年，才等来再一次引爆动画电影市场，足见动画电影出爆款之艰难，这4年，真人电影票房屡创新高，动画电影却一直乏善可陈，仅有的几部电影《大鱼海棠》《白蛇·缘起》也大都叫好不叫座，票房与大量真人电影相比真是小巫见大巫。

即便是《哪吒》，背后也藏着无数创作者的辛酸，据媒体爆料，为了实现动画电影梦，该片导演饺子曾"啃老"3年。

根据骨朵国漫对去年年报的统计，32家动漫相关上市公司中，新三板上市的28家有一半陷入亏损，主板上市的四家动漫上市公司有三家亏损，华强方特是三板动漫公司中唯一收入过10亿元（2018年营收43亿元），并且利润过亿元（2018年净利润7.8亿元）的公司。

腾讯动漫的数据显示，动漫市场规模在2018年已经达到1 700亿元，消费人群主要以"90后"和"00后"为核心，约60%的"90后"为动漫用户，94%的动漫用户在ACG（GCG是Animation、Comic、Game的缩写，是动画、漫画、游戏的总称）上有消费行为。

虽然有很多年轻用户，但动漫产业最大的问题是仅有年轻用户，无法"破圈"是动漫产业目前面临的最大问题，大多数动漫作品很难进入主流影视圈，大都在"90后"甚至"00后"的一些小众圈子流行。这也决定了大多数动漫作品无法实现高收益。

动漫产业难以破圈的最大问题还是在内容质量上，内容质量无法提升背后则是人才的缺乏。广州美术学院副教授钟鼎曾举例，广州美术学院动画专业学生的就业率是百分之百，然而，其中80%的毕业生最终并没有从事动画创作，而是去了游戏公司。在他看来，物质条件是导致网络动画产业人才流失的主要原因。

就业难、薪资水平低、上升空间窄是动漫产业的就业现状，这也导致大量人才远离动漫产业。钟鼎直言，一个好的网络动画人才需要具有三种能力：执行力、一专多能、自我完善。如今的网络动画专业学生，全部满足上述三种条件的不超过30%。

不仅如此，动漫产业也已经陷入资本寒冬。4年前《大圣归来》的火爆带动一批资本杀入动漫产业，然而大都铩羽而归。"如今已经没有多少资本愿意投资动漫，即便《哪吒》火了，一来大多数资本都清楚，要出一部《哪吒》太难了；二来，关注动漫的资本真的都没多少钱了。"一位文娱投资公司负责人向笔者表示。

当然，行业内也有一股新生势力在崛起，以腾讯视频为代表的一批互联网视频公司正在加速布局动漫产业，它们主打网文IP+动漫的模式，希望将已经积累了广泛粉丝的网文IP改编成动漫作品"曲线救国"，其成果如何尚待市场检验。

动漫爆款作品少，也带来另一个后果，就是动漫衍生品产业也没有能发展起来。除了低幼化的动漫IP开发成的衍生品尚有一定市场，成人化的动漫IP的衍生品市场几乎没有形成，且大部分市场被欧美、日韩占据，由于本土动画IP竞争力仍相对较弱，中国动画衍生品市场75%以上的营收利润流向日本、韩国、美国的动画衍生品厂商。

《哪吒》的确火了，要一下子推动动漫产业投资热可能很难，但希望《哪吒》至少能成为推动中国动漫走出低谷的一个起点。

2019 年 7 月 29 日

分享链接

用集体土地建可销售住宅，中小房企探索生存空间

陈淑贞

近日，北京大兴瀛海镇一宗集体建设用地出让成功，用以建设共有产权房。

值得注意的是，这不仅是北京首次利用集体建设用地建设共有产权房，也是全国首次利用集体建设用地建设可售的住宅产品。

过往，在对集体建设用地利用方向主要是产业用地和建设租赁住房上，如今农地入市，终于从梦想照进了现实。

房地产长效机制的建立，完善多层次、多主体供应的住房供应体系必不可少，毫无疑问，集体用地丰富了过去单靠国有用地供应的土地市场。

勇闯新领域的是一家偏居河南一隅的房企正商实业（00185.HK）。据公司报表，今年上半年，正商实业总营业收入仅为3.28亿元，同比增加2%，净利润为0.370亿元，比2018年的0.286亿元增加29.4%。截至期末，正商实业的账上现金仅为13.186亿元。

正商实业主要在河南郑州经营地产开发，今年上半年总共收购6宗地，分别在1月新增3宗、5月2宗、6月1宗，其中，5宗位于郑州，1宗位于登封。

瀛海镇地块无疑是正商实业下半年拿下的重要地块。9月12日，正商实业"欣然"公布，在北京获取一宗国有土地。这个错误直至9月17日才被正商实业意识到，发公告澄清此地块为集体建设用地。

上述瀛海镇地块被限制为销售均价每平方米2.9万元，含全装修费用，地块规划建设面积10.8万平方米，楼面价格每平方米约为1.4万元，加上建安及资金成本等费用，正商实业的利润空间有限。

走出发家之地，是每一家区域型房企的梦想，正商实业曾多次提及"第一、第二线城市发展的策略"，总算夙愿得偿，尽管进入的方式不算主流，但

近年来房企为进军一个有标志意义的新城市，或豪华掷重金，或曲线拿地，费尽心思。

对未进入的开发商而言，北京、上海、深圳的市场向来都是战略意义高于经济意义。这些年来，开发商一再为了攻克堡垒突破预算的例子比比皆是。今年6月24日，广州老牌房企越秀地产（00123.HK）为进入深圳，不惜以5.81万元/平方米的地价拿下深圳尖岗山项目，而此地块除了价高外，还背负着泰禾拿地4年尚无法入市的教训。

尽管共有产权房并非主流的房企开发方式，但开发规模、资金实力量级如正商实业，显然选择不多。

创新用地出让方式、创新住房供给方式，给了缺乏资金的中小房企更多表现机会，也给行业格局带来更多改变。

共有产权房自2007年起在江苏淮安进行试点，通过和政府共同拥有房屋产权的方式，让中低收入住房困难家庭减少买房成本。或许是有流通性等限制。目前，北京推出的共有产权房出现高弃选率现象，个别项目弃选率甚至超过95%，不过，也有试点城市的共有产权房颇受购房者欢迎。

除此外，租赁住房用地也是近年核心城市推地的新方向，如深圳于2017年11月推出首宗70年自持租赁用地，被深圳人才安居集团所获，2018年2月，人才安居集团又在深圳一口气拿下3宗租赁用地。

凡此种种，被视为构建房地产长效机制、稳定房价水平的动真格之举。

共有产权房未来如何推广、如何被更广泛的购房者所接受、租赁用房如何实现真正的"租购同权"、地产业寡头时代中小房企如何保有生存空间力争上游，依然任重道远。古老又传统的地产业，期待更多改变。

2019年9月19日

分享链接

对比港资，内地开发巨头转型为何步履艰难？

陈淑贞

有心观察中国房企转型的人士，定然有过这样的疑惑，为什么香港开发商能够成功转型，而内地即便是龙头房企，也是步步维艰。

在香港，以李兆基、李嘉诚、郑裕彤、郭得胜为大家长的"四大家族"，控制着四大地产巨头恒基地产（00012.HK）、长和（00001.HK）、新世界发展（00017.HK）、新鸿基地产（00016.HK），并以此为中心，把触手延伸至电讯、用水、燃气、百货零售、旅游、航运等多元业务，强势渗透进港人的衣食住行中。

其中，新鸿基成为不少内地房企的标杆。

国庆前，在万科（000002.SZ；02202.HK）举办的媒体交流会上，万科高级副总裁孙嘉在回应笔者关于万科转型暂未成功的问题时，还以新鸿基转型10年方成功的案例举证，万科转型才6年，需要更多时间。

这样以新鸿基为例的房企转型交流问答，笔者曾在多个场合听到过。

这些年来，正狂奔在转型路上的内地房企们，一定或多或少地研究过新鸿基模式。

新鸿基于1963年创办。1977年开始，新鸿基走上租售并举的转型之路，以开发物业为主，以20%的金融资源探索商业地产模式，直接1987年，完成转型的前期准备阶段。到1988年时，新鸿基开发物业已近乎零增长，集中拓展投资物业。

而此时的中国内地，房改还未正式开始。

20世纪90年代，新鸿基的多元化业务已现雏形，至今，新鸿基仍然维持着酒店、数码通、新意网等电讯及资讯科技业务以及香港三号干线等基建业务。

新鸿基2018/2019年财年业绩报告显示，报告期内公司物业合同销售金额为650亿港元，物业销售收入为413.13亿港元，物业销售净利润为

162.61亿港元；总租金收入同比上升6%至250.77亿港元，净收入同比上升6%至196.78亿港元。

传统的地产开发靠天吃饭，稳定的租金收入是平滑周期的利器。受政策变化、市场预期波动影响深之又深的内地房企们，对新鸿基、恒基地产等港企羡慕不已。

目前，国内转型的房企以万科为标杆。众所周知，万科于2014年正式开启转型之路。2014年3月，万科在2013年年报中指出："如政策引导得当，'房地产+服务'多个细分行业具备投资、收入超过万亿元的潜力，合计相当于新打造一个房地产业……对于房地产行业的龙头企业来说，如果能抓住转型的机会，新天地将比原来更加广阔。"

万科的转型至今仍未成功，新业务的价值和贡献没有从财务报表中体现出来。转型带来的副作用是，主营业务房地产开发及销售受到拖累，万科失去第一的交椅；财务上，万科为发展新业务，融资规模扩大，财务成本走高，压缩了利润空间。

实际上，比万科更早转型的企业也没有成功。

2012年，SOHO中国便宣布，在未来的三年，逐步告别一贯以来的散售模式，改为持有出租物业。然而，SOHO中国从散售转型自持后，营业收入及净利润连续三年下滑。于是，到了2016年，SOHO中国再次开启售楼模式，当年7月，上海的SOHO世纪广场被卖给国华人寿。

这样的"转身"并不华丽，至今日，SOHO中国已从主流地产企业圈层中淡出，潘石屹已然醉心摄影。

本质上，房企的转型是来自对主营业务地产开发的担忧，是其他行业发展潜力的看好。以今日的眼光看来，新鸿基风光无限，假如营商环境稳定，即便不再卖楼，每年都有200亿港元以上的收入。

新鸿基风光的背后，是长达十年以上的对新赛道的坚持。比照之下，内地的新鸿基何在？新鸿基模式是否可以为内地房企所复制？或者换一种问法，内地开发商的转型为何至今没有美丽、只见忧愁？

孙嘉对此给出两点答案：其一是时间。内地开发商转型布局时间不够长，新鸿基转型十年才成功；其二，香港房企多数是家族式企业，可以更有耐心地进行长时间的布局，内地很多房企的职业经理人任期一过就走，政策无法持续。

深圳一家中型房企的高层也曾与笔者深入探讨过此问题，关于思维惯性、团队以及市场容量。

该高层认为，内地开发商习惯于赚快钱，而多元化业务要求团队精打细算，赚慢钱，要求习惯于赚快钱的人来赚慢钱甚为艰难，因为思维方式截然不同。"不能让地产开发的人来做多元化，要想成功必须要换一套人马。"

反证，制造业团队转房地产很成功，一个典型的案例便是深圳的顶豪代表深圳湾一号。

此外，内地市场竞争激烈，而香港市场容量小，几大家族间互相以业务为凭据分割市场，减少无谓竞争与投入，也减少失败与试错的成本。

开发商转型还应与决心有关。一家熟悉香港市场的内地房企副总裁对笔者指出："香港地域小，开发强度和市场容量有限，开发商必须下定决心背水一战。但近年来，虽然有调控政策的限制，但内地楼市整体在上升期，开发商经常受到来自开发业务的诱惑，不够坚定。"

这个观点，与万科此前发表过的——作为一个千亿规模的公司，如何摆脱大企业的"创新困境"，回归创业心态，焕发创业激情，实现新业务的成功孵化——异曲同工。

说到底，转型是一门平衡的艺术，在某种程度上，新老业务的平衡是当下与未来的平衡。

总而言之，开发商转型涉及内外条件。内在，除了充沛的现金流、稳健的财务架构作支撑外，管理能力、团队匹配、战略与赛道的选择缺一不可；外在，必须有开放、透明、稳定的融资市场作为支持，房地产市场、商业市场也须稳定向上，商业地产才能获得良好估值、新业务才能谋求更加丰富的用户和融资产品的支持。

当下，多数上规模的内地房企习惯于高杠杆发展，自身并不具备充沛、健康的经营现金流，中小型房企的蜻蜓点水又难成气候。从大环境来看，当下的地产市场受政策和预期影响，仍未迎来稳定的长周期。

内地开发商的转型故事还在继续。

2019 年 10 月 9 日

分享链接

附二 时间轴索引

日期	标题	作者	专栏名	页码

1月

日期	标题	作者	专栏名	页码
2019年1月6日	默沙东全球研发总裁罗杰:押注中国市场,提高销售额	吕进玉	商业领袖访谈	323
2019年1月7日	一部电影带火一个酒庄,国产葡萄酒突围要更接地气	栾立	快消栾谈	170
2019年1月13日	东航试水基础经济舱,要抢廉价航空生意?	陈姗姗	姗言两语	003
2019年1月15日	全家过期食品风波,安全问题犹如达摩克利斯之剑	乐琰	乐言商业	032
2019年1月20日	宁德时代赢了比亚迪却遭四面埋伏	李溯婉	推本溯源	062
2019年1月21日	拼多多的大bug非个案,但"薅羊毛"也需谨慎	陈姗姗	姗言两语	007
2019年1月22日	在证明了电动车市场的需求后,特斯拉走向何方?	钱童心	科技心语	298
2019年1月24日	对话张勇:乐趣来源于创造价值,而不是毁灭别人	王海 刘佳	商业领袖访谈	326
2019年1月31日	折叠柔屏的世界,与其碰瓷不如合作	王珍	如数家珍	238

2月

日期	标题	作者	专栏名	页码
2019年2月10日	电影产业新力量启示	何天骄	一财朋友圈	399
2019年2月11日	疟原虫:传染病源能成为癌症克星吗?	马晓华	知晓健康	185
2019年2月11日	套现约2 840万美元,微软CEO纳德拉又给自己领工资了	赵陈婷	一财朋友圈	401

日　　期	标　　题	作者	专栏名	页码
2019年2月13日	没有戈恩的日产蒙上阴霾	李溯婉	推本溯源	065
2019年2月13日	地产、农业、机器人：碧桂园未来的三个重点	张歆晨	歆闻杂谈	157
2019年2月14日	5G基带芯片"上路"，苹果的第三种选择	李　娜	娜姐笔记	264
2019年2月19日	7个月3次架构调整：雷军释放了小米未来的哪些信号？	刘　佳	一佳之言	225
2019年2月20日	只靠烧钱的中介迟早会"死"吗？	陈淑贞	一财朋友圈	404
2019年2月21日	苹果高价策略受挫后 三星会不一样吗？	钱童心	科技心语	301
2019年2月24日	站在风口的新能源车企也焦虑	李溯婉	推本溯源	067
2019年2月25日	苹果要发信用卡，能否赢回市场芳心？	钱童心	科技心语	303
2019年2月26日	阿里影业能否从"喝汤"到"吃肉"？	王　海	滴水成海	275
2019年2月28日	巨头抱团入局，但出行不是一桩容易的生意	杨海艳	燕说车市	088

3月

日　　期	标　　题	作者	专栏名	页码
2019年3月3日	买特斯拉比炒股损失更大？	钱童心	科技心语	305
2019年3月10日	中端市场仍是手机厂商竞争的主战场	钱童心	科技心语	307
2019年3月15日	家电下乡，有多少市场红利可以重来？	彭海斌	海斌访谈	217
2019年3月19日	雷军输了"10亿赌局"，但IoT的竞赛才刚刚开始	刘　佳	一佳之言	228
2019年3月27日	"拷贝全走样"的上海老佛爷百货能否成功？	乐　琰	乐言商业	035
2019年3月28日	美敦力全球CEO伊什拉克：要更贴近中国本土早期医疗创新企业	吕进玉	商业领袖访谈	338

日期	标题	作者	专栏名	页码

4月

日期	标题	作者	专栏名	页码
2019年4月2日	熊猫谢幕后直播行业还好吗？	邱智丽	智丽观察	288
2019年4月3日	机上Wi-Fi离高速还有多远？	陈姗姗	姗言两语	009
2019年4月8日	物业公司对规模的追逐永无止境	陈淑贞	一财朋友圈	406
2019年4月9日	达美航空首席执行官：94岁的达美航空何以"老当益壮"	陈姗姗	商业领袖访谈	342
2019年4月10日	"看门人"单霁翔在故宫留下了什么？	乐琰	乐言商业	038
2019年4月11日	华润置地、中海地产等央企入局，优客工场们迎来搅局者？	刘展超	老刘说地	116
2019年4月14日	这样的飞机座位值得买吗？	陈姗姗	姗言两语	011
2019年4月15日	硅谷的世界不只有"996"	刘佳	一佳之言	231
2019年4月17日	复仇者联盟的终局之战，商家掘金的开局之机	乐琰	乐言商业	041
2019年4月22日	沃尔玛全球总裁董明伦：实体店与电商结合才有效	乐琰	商业领袖访谈	346
2019年4月24日	透视重庆经济降速之谜：引发高增长的两大支柱产业疲软	李秀中	秀言城事	128
2019年4月29日	机票越搜越贵，是大数据"杀熟"吗？	陈姗姗	姗言两语	014

5月

日期	标题	作者	专栏名	页码
2019年5月5日	底层技术决定人工智能"跑速"	钱童心	科技心语	309
2019年5月6日	对话英特尔CEO司睿博：最大挑战在于如何激发内部潜力	来莎莎	商业领袖访谈	350
2019年5月7日	国家免疫规划或将调整，疫苗市场扩容有望增12亿元	马晓华	知晓健康	188
2019年5月8日	遭遇经销商维权、多次变卖资产，谁会是下一个重庆力帆？	杨海艳	燕说车市	091
2019年5月9日	"甲骨文们"为什么输了？	刘佳	一佳之言	234
2019年5月12日	乐视网退市，贾式故事时代终结	王珍	如数家珍	241
2019年5月16日	上牌发证、穿制服"执法"，私企"山东特勤"把监管做成生意	张剑	调查	375

附二·时间轴索引

日期	标题	作者	专栏名	页码
2019年5月17日	中国显示面板业如何从大到强？	王珍	如数家珍	244
2019年5月22日	为什么丰田和本田没有被寒流击倒？	唐柳杨	唐言柳语	104
2019年5月23日	为什么不建议买学区房？	陈淑贞	一财朋友圈	409
2019年5月27日	日本全家与顶新纠纷后，加盟商的未来猜想	乐琰	乐言商业	044
2019年5月27日	错失30年战略机遇，广西能否靠"新通道"翻盘？	李秀中	秀言城事	133
2019年5月29日	数字化，快递业竞合的新战场	陈姗姗	姗言两语	017

6月

日期	标题	作者	专栏名	页码
2019年6月2日	高端白酒集体涨价，切莫一厢情愿脱离消费者	栾立	快消栾谈	173
2019年6月3日	企业到学校"抢人"！养老护理人才缺口超500万	郭晋晖	晋谈养老	200
2019年6月9日	老字号复兴不能只靠"怀旧"	栾立	快消栾谈	175
2019年6月12日	"格奥之争"背后，家电业的"6·18"恶战	王珍	如数家珍	246
2019年6月16日	永辉与腾讯的新零售"豪华朋友圈"	乐琰	乐言商业	047
2019年6月16日	650%暴利！奢侈品海外代购造假调查	陈慧 林志吟 乐琰 陈姗姗	调查	382
2019年6月20日	5G将深度变革电影内容与渠道	何天骄	一财朋友圈	412
2019年6月22日	孙宏斌与卢志强的朋友圈交易	张歆晨	歆闻杂谈	160
2019年6月24日	居家养老资本困局：九成老人在家养老，资本却独爱高端机构	郭晋晖	晋谈养老	204
2019年6月25日	自主品牌为何产生不了日系车的"白T恤效应"？	李溯婉	推本溯源	069
2019年6月26日	造车新势力为何热衷布局出行市场？	杨海艳	燕说车市	094
2019年6月27日	苹果的无人驾驶还有戏吗？	钱童心	科技心语	311

日期	标题	作者	专栏名	页码

7月

日期	标题	作者	专栏名	页码
2019年7月8日	试点三年实现社会和经济效应双赢，长护险能否成为社保"第六险"？	郭晋晖	晋谈养老	208
2019年7月14日	6月销量增幅一正一负，车市下半场命运几何	李溯婉	推本溯源	072
2019年7月21日	红星美凯龙想靠"买买买"成为中国家得宝	刘晓颖	晓说消费	163
2019年7月21日	荷航首席执行官：百岁航企如何更健康飞行	陈姗姗	商业领袖访谈	360
2019年7月24日	20亿美元回购投资人股权，OYO速度背后的资本隐忧	邱智丽	智丽观察	291
2019年7月25日	脸书被罚50亿美元，社交野心如何继续扩张	钱童心	科技心语	313
2019年7月28日	陕西着急了：如何摆脱"黑色"产业结构之困？	李秀中	秀言城事	138
2019年7月28日	华为、小米跨界凶猛，家电企业与"跨界者"如何竞合？	王珍	如数家珍	248
2019年7月29日	从贾跃亭到冯鑫，风口明星为何跌落？	刘佳	一佳之言	236
2019年7月29日	《哪吒》"大闹"暑期档，国漫业却已跌入谷底	何天骄	一财朋友圈	414
2019年7月30日	投资和工业双降，西北经济的出路在哪里？	李秀中	秀言城事	142
2019年7月31日	雷克萨斯为何成为不国产的豪华车异类	李溯婉	推本溯源	075

8月

日期	标题	作者	专栏名	页码
2019年8月1日	四川和重庆都在发展大数据，在贵州落户的产业巨头会变心吗？	李秀中	秀言城事	146
2019年8月1日	王朝酒业的艰难日子才刚刚开始	栾立	快消栾谈	177
2019年8月5日	互联网巨头与实体经济融合正当时	王海	滴水成海	278

日　期	标　题	作　者	专栏名	页码
2019年8月6日	《哪吒》大火，周边衍生产业亟待发展	乐　琰	乐言商业	050
2019年8月7日	经销商库存高企，后流量时代经销模式如何变革？	杨海艳	燕说车市	097
2019年8月11日	中西部城市房地产高依赖预警：西安经济"摔跤"	李秀中	秀言城事	150
2019年8月13日	彻底解决供应短缺！业界呼唤一类疫苗储备机制	马晓华	知晓健康	192
2019年8月14日	谁解TCL李东生的股价之惑？	王　珍	如数家珍	250
2019年8月25日	谁是上海第三机场？	陈姗姗	姗言两语	020
2019年8月26日	格力牵手威马，美的牵手吉利，白电巨头的汽车野心	王　珍	如数家珍	252
2019年8月28日	从迪士尼模式看文化产业如何持续经营	乐　琰	乐言商业	053
2019年8月29日	恒大半年核心利润303亿元，新能源汽车成新增长极	李溯婉	推本溯源	078

9月

日　期	标　题	作　者	专栏名	页码
2019年9月1日	上市航司半年业绩多下滑，补贴却越来越多了	陈姗姗	姗言两语	024
2019年9月2日	车市洗牌，剩者为王	唐柳杨	唐言柳语	107
2019年9月9日	智能可穿戴产品抢滩IFA展，生态系统闭环仍待构建	钱童心	科技心语	315
2019年9月10日	为什么便利店都爱卖咖啡？	乐　琰	乐言商业	056
2019年9月10日	自主高端品牌领克和WEY最大的敌人究竟是谁？	唐柳杨	唐言柳语	110
2019年9月15日	5G成工业互联网引擎，消费级应用尚未爆发	钱童心	科技心语	317
2019年9月17日	禁售燃油车时代真要来了吗？	唐柳杨	唐言柳语	113
2019年9月19日	用集体土地建可销售住宅，中小房企探索生存空间	陈淑贞	一财朋友圈	417
2019年9月22日	投资不过胡焕庸线？西南、西北房地产两重天	李秀中	秀言城事	154
2019年9月25日	让中国的年轻人为高性能车买单，时机到了吗？	杨海艳	燕说车市	100

日期	标题	作者	专栏名	页码

10月

日期	标题	作者	专栏名	页码
2019年10月9日	破碎的航空联盟，还能走多远？	陈姗姗	姗言两语	027
2019年10月9日	对比港资，内地开发巨头转型为何步履艰难？	陈淑贞	一财朋友圈	419
2019年10月11日	英特尔CEO司睿博：推动文化变革以应对更大市场和更激烈的竞争	来莎莎	商业领袖访谈	364
2019年10月15日	过高的营销成本阻碍了在线教育产业盈利	王海	滴水成海	280
2019年10月16日	国内不宜盲目引进落后液晶产能	王珍	如数家珍	254
2019年10月22日	6万亿元医养产业面临"落地、盈利、留人"三大难，90%的老人难享福利	郭晋晖	晋谈养老	213
2019年10月23日	SUV能否带动自主品牌触底反弹？	李溯婉	推本溯源	081
2019年10月29日	酒业新零售再现跑马圈地，增长质量将是关键	栾立	快消栾谈	179
2019年10月31日	房地产调控"一城一策"试点扩围，楼市何去何从？	刘展超	老刘说地	120
2019年10月31日	疫苗行业整合箭在弦上！这一类企业前景堪忧	马晓华	知晓健康	195

11月

日期	标题	作者	专栏名	页码
2019年11月10日	中国乳企国际化从买资源走向全球产业协同	栾立	快消栾谈	181
2019年11月12日	董明珠加码投资半导体，格力入股三安显野心	王珍	如数家珍	256
2019年11月14日	恒大"换道超车"：联手全球汽车工业巨头"站在巨人们的肩膀上"起跑	李溯婉	推本溯源	083
2019年11月18日	游戏出海正当时，国产游戏迎来转型关键期	邱智丽	智丽观察	294
2019年11月19日	"豪宅税"调整搅动楼市！深圳先行北京、上海不跟进	刘展超	老刘说地	124
2019年11月19日	电商平台要赚钱，更要有趣	王海	滴水成海	282
2019年11月20日	盈利秒杀中国三大航，美国航司强在哪？	陈姗姗	姗言两语	030

附二·时间轴索引

日期	标题	作者	专栏名	页码
2019年11月21日	景区"二消"的商业秘密	乐琰	乐言商业	059
2019年11月24日	5G杀手级终端应用,我们能期待什么?	李娜	娜姐笔记	267
2019年11月25日	消失的印度手机龙头	彭海斌	海斌访谈	219
2019年11月26日	外国品牌更好卖吗?不,现在外来的和尚也不好念经	刘晓颖	晓说消费	166
2019年11月26日	结核病治疗难破藩篱:研发经费缺口每年达12亿美元	马晓华	知晓健康	197
2019年11月27日	年末"车宴"背后的二八法则:有人缺席,有人升级	杨海艳	燕说车市	102

12月

日期	标题	作者	专栏名	页码
2019年12月2日	退潮后的共享单车,产业链迈入"共生"时代	邱智丽	智丽观察	296
2019年12月4日	白酒消费税维持不变,但长期变数仍存	栾立	快消栾谈	183
2019年12月4日	奇瑞:何以"变道"?	唐柳杨 杨海艳	调查	390
2019年12月5日	当年要排队才能吃到的翠华如今也亏了	刘晓颖	晓说消费	168
2019年12月5日	跨境进口电商格局重构	王海	滴水成海	284
2019年12月10日	彩电公司改名容易改命难	王珍	如数家珍	259
2019年12月11日	电商下半场:竞逐供应链	王海	滴水成海	286
2019年12月16日	海尔电器酝酿私有化或是整体上市前奏	王珍	如数家珍	261
2019年12月17日	IPO估值遭质疑,优客工场会成为下一个WeWork吗?	钱童心	科技心语	319
2019年12月18日	TWS耳机玩家激增,价格杀入百元"红海"	李娜	娜姐笔记	269
2019年12月24日	十年来最糟糕的半导体市场正在进入复苏周期	李娜	娜姐笔记	271
2019年12月25日	台积电14纳米受限?谣言背后不能忽视的差距	李娜	娜姐笔记	273

后　记

当我们在编辑这本《商业·洞察2019》书稿时，这个世界发生的一些事件正在连续刷新我们的认知。新冠肺炎疫情全球蔓延导致金融市场剧烈震荡，世界经济濒临衰退，全球产业链供应链面临重构，这场疫情对世界格局产生了深刻影响。

全球确诊病例的数字在不断更新，这个世界将会走向何方？从1918年全球大流感、1929年世界经济危机到1997年亚洲金融危机、2008年美国次贷危机，我们尝试从历史事件中寻找似曾相识的场景和轨迹，但在世界总人口接近76亿的经济全球化时代，所有的似曾相识都已今非昔比。

新冠病毒向全人类宣战，但人类不会就此屈服。西方世界的认知中有诺亚方舟的希望和新生，而在东方世界也有后羿射日、女娲补天、大禹治水、愚公移山的不屈和抗争。尽管世界充满不确定性，但第一财经对商业世界的观察和思考始终没有放下，我们始终在坚守这种洞察力和前瞻性。在《商业·洞察2019》中，我们从2019年《第一财经日报》名记者专栏中精选了123篇专栏文章，以及8篇世界500强商业领袖访谈和3篇调查报道。希望在这样一个特殊岁月里，这本书能有助于读者把握商业世界的发展脉络。

从《商业·洞察2017》《商业·洞察2018》到《商业·洞察2019》，一路走来我们初心始终未变，希望这套书对于商界人士分析商业事件逻辑和把握未来趋势，对于机构和个人投资者研究行业和公司规律，对于商学院师生开展学术研究，可以具有一些参考价值。

由于第一财经产经新闻采编团队一如既往的坚持，以及政经新闻团队的加盟，我们可以拿出第三本《商业·洞察》新书。产经新闻部主任胡军华、副主任彭海斌坚持在团队中培养名记者，政经新闻部主任杨小刚、副主任黄宾在这一年中也开出专栏打造一批名记者；专栏责任编辑赵雪婷、姚君清一年来辛勤耕耘，编辑刘泽南、沈晴为书稿挑选和整理付出了宝贵时间，几位专栏作者——陈姗姗、乐琰、刘佳、李溯婉、张歆晨、刘展超等，不仅自己勤于笔耕，同时还带领同事拓展专栏写作视野；此外，除了本书两位主编杨

后 记

宇东、蔡云伟,其他几位报纸终审发稿人杨燕青、姚剑、应民吾、苏蔓薏,对名记者专栏都给予诸多指导。

与复旦大学出版社的合作已经是第三年了,我们要特别感谢出版社会同恒大集团对出版本书的支持和推荐,也很荣幸由戚雅斯继续担纲《商业·洞察2019》的责任编辑。

本书每个专栏后面留有作者邮箱,读者可以直接和这些第一财经名记者交流;每篇文章后面的二维码链接到第一财经客户端的相应文章,读者可随时保存或者分享自己喜欢的文章,以及在文章评论区发表评论与作者互动。这是您书橱里的第三本《商业·洞察》,真诚希望广大读者对本书提出批评和指导,您的意见将会使下一本《商业·洞察2020》更加精彩。

编 者

2020年6月于上海

图书在版编目(CIP)数据

商业·洞察.2019/杨宇东,蔡云伟主编. —上海:复旦大学出版社,2020.9
ISBN 978-7-309-15151-0

Ⅰ.①商… Ⅱ.①杨… ②蔡… Ⅲ.①贸易经济-文集 Ⅳ.①F7-53

中国版本图书馆 CIP 数据核字(2020)第 118993 号

商业·洞察.2019
杨宇东　蔡云伟　主编
责任编辑/戚雅斯

复旦大学出版社有限公司出版发行
上海市国权路 579 号　邮编:200433
网址:fupnet@fudanpress.com　http://www.fudanpress.com
门市零售:86-21-65102580　团体订购:86-21-65104505
外埠邮购:86-21-65642846　出版部电话:86-21-65642845
上海盛通时代印刷有限公司

开本 787×960　1/16　印张 27.75　字数 454 千
2020 年 9 月第 1 版第 1 次印刷

ISBN 978-7-309-15151-0/F·2708
定价:88.00 元

如有印装质量问题,请向复旦大学出版社有限公司出版部调换。
版权所有　侵权必究